历 史 的 牌 底

何忆 〇 著

台海出版社

图书在版编目（CIP）数据

历史的底牌 / 何忆著. —北京：台海出版社，2018.5（2023.12重印）

ISBN 978-7-5168-1825-1

Ⅰ.①历… Ⅱ.①何… Ⅲ.①中国历史－通俗读物

Ⅳ.①K209

中国版本图书馆CIP数据核字（2018）第064123号

历史的底牌

著　　者：何　忆

责任编辑：姚红梅　　　　　　装帧设计：仙　境

版式设计：马宇飞　　　　　　责任印制：蔡　旭

出版发行：台海出版社

地　　址：北京市东城区景山东街20号　　邮政编码：100009

电　　话：010-64041652（发行，邮购）

传　　真：010-84045799（总编室）

网　　址：www.taimeng.org.cn/thcbs/default.htm

E-mail：thcbs@126.com

经　　销：全国各地新华书店

印　　刷：三河市嘉科万达彩色印刷有限公司

本书如有破损、缺页、装订错误，请与本社联系调换

开　　本：710mm×1000mm　　　1/16

字　　数：328千字　　　　　　印　　张：18.75

版　　次：2018年6月第1版　　　印　　次：2023年12月第2次印刷

书　　号：ISBN 978-7-5168-1825-1

定　　价：48.00元

前 言

　　中国历史源远流长,给我们留下了太多的谜案。虽然后人在其后的历史中一直在不停地研究、探索,但由于种种原因,许多历史之谜至今仍然众说纷纭、莫衷一是。"黄尘清水三山下,更变千年如走马。"历史的车轮在沧桑巨变中不断前进,而世人又渴望从艰涩滞重的印痕中探索历史的本原面目,这就使得原来就充满了神秘色彩的中国历史更加神秘诱人。谜一样的历史,谜一样的古人,无不闪耀着中华民族的智慧之光。在我们惊叹祖先勤劳与聪慧的同时,也更为中华民族源远流长的文明而感到骄傲。从秦始皇身世的由来,到传国玉玺的下落之谜;从宋太宗弑兄悬案,到雍正帝暴卒之谜……人们在不断探索历史的真相,为厚重的中国历史不断增添着解谜的元素,让我们这些后人在诸多杂乱的丝絮中窥视历史的原貌。这些谜一样的故事不仅催生了中华民族几千年传说的历史,而且还为专业的历史研究提供了永恒的题材。尤其是最近几年来,随着各种史料不断地被挖掘整理,历史谜案的研究获得了更多可靠的原始材料,人们随着历史遗留的诸多线索一步步探索下去,才发现真实的历史远比传说中的故事要曲折复杂。

　　比如雍正皇帝的死因,在《满清外史》《清宫遗闻》《清宫十三朝》等野史记载中,都认为雍正皇帝是被吕四娘刺杀而死,而且这种说法在民间流传非常广。茶肆卖艺的歌女,街头说书的先生无不以此作为压轴的秘闻轶事来吸引观众。据说雍正年间,江南吕留良一家因文字狱而惨遭族诛,仅有吕家的一个小女儿四娘被一个贴身童仆救出,逃到深山老林之中才幸免于难。吕四娘从此隐姓埋名,寻机为父母报仇雪恨。后来,吕四娘遇到了武艺高超的独臂神尼,在她的精心指导之下,吕四娘很快成为一名武艺高超的剑客。为了能够为家人报仇雪恨,吕四娘潜入京师,经过一番秘密的探查,吕四娘终于弄清了雍正皇帝的行动规律。在一个月黑风高的夜晚,吕四娘潜入圆明园杀掉了正在龙床上熟睡的雍正皇帝,并带走了他的首级。雍正皇帝死后,因找不到首级,只好做了一个金头入葬。据说在雍正皇

1

帝的陵墓中至今还有他的金头存在。传说如此，但是历史的事实是这样的吗？很多历史学家认为这种行刺之说纯属民间传说，根本不可信。因为吕案发生后，他的家人都处于严密的控制之下，根本不可能有人漏网。此外，圆明园在皇帝驾临的时候，防守极为森严。吕四娘根本不可能穿过昼夜巡逻的卫兵，轻易地就进入寝宫，刺杀雍正皇帝。根据《清实录》和乾隆皇帝谕旨中留下的蛛丝马迹推测，雍正真正的死因可能是因为长期服用丹药中毒而死。正如雍正皇帝之死这个例子，也许很多历史疑案本来没有什么神奇之处。只是因为岁月久了，很多知晓真相的人，或者记载真相的书籍渐渐被湮没在历史的烟尘之中，反而种种民间的传闻一代接一代地口耳相传，并且不断被添加着新的说法，为各种历史事件披上层层神秘的面纱，从而变得扑朔迷离，后人也就很难分辨到底哪种说法是真，哪种说法是假，难以看清历史的真相了。

　　本书作者在编写过程中，汇集了大量历史上悬而未决的悬疑谜案，在综合历史研究成果的基础上，还对诸多民间的秘闻传说进行了整理，试图将历史研究的科学性、知识性、探索性同民间传说的趣味性融为一体，充分汇集关于历史悬疑的各种说法，让你在前人众说纷纭的观点中拨开历史的迷雾，探究历史的真相。

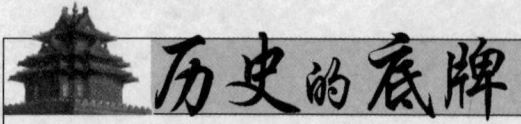

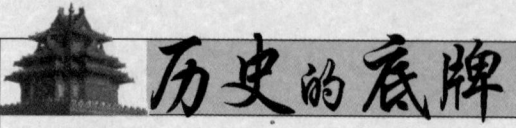

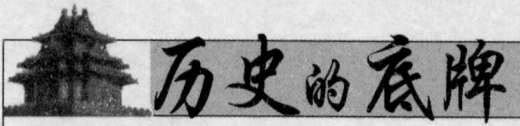

8

9

《孙子兵法》
两大未解之谜

孙子名武，又称孙武子，是我国古代军事家，兵家的创始者。齐国乐安（今山东博兴北，一说惠民）人。生卒年不详，约活动于公元前6世纪末至公元前5世纪初。孙武原为齐国田氏后裔，后来因为躲避战乱，流离漂泊到吴国，得到吴王的重用，帮助吴国改革图强。吴国在孙武的辅佐治理下西破强楚，南服越人，北威齐晋，显名诸侯，国力达到全盛。

孙子一生对后世最大的贡献是他的军事著作《孙子兵法》，它是我国现存最早、也是最杰出的兵法，历来被称作"兵经"。这本书总结了春秋末期及其以前的战争经验，比较系统地涉及战争全局问题，总结了若干至今仍有科学价值的作战指导原则，是不朽的军事名著。对后世产生了广泛而深刻的影响，哺育了我国一代又一代军事家。"治世之能臣，乱世之奸雄"的曹操专门为本书作注，他的《孙子注》颇为后人称道。唐太宗、宋仁宗、明代大儒王阳明、丞相张居正、清人朱塮都曾力主学习此书。毛泽东早在1938年在其名著《论持久战》中高度评价《孙子兵法》，称赞书中理论"知彼知己，百战不殆"是科学的真理。现在，《孙子兵法》已被翻译成十几种文字，传到世界各国。除了军事领域外，它还被运用到外交活动、企业管理、市场竞争、体育竞赛等方面，成为世界人民最喜爱的读物之一。

然而，这样一本旷世奇书，在广泛流传的同时，它本身的许多疑点也吸引着越来越多人的关注目光。

孙武

孙武，字长卿，即孙子，春秋末著名军事家。齐国人。曾与伍子胥率吴军破楚，五战五捷，攻入楚国郢都。

1

首先，《孙子兵法》的作者是谁，就是一个令史学家疑惑不解的问题。《史记·孙子吴起列传》记载，春秋战国时期有两个"孙子"，一是春秋后期吴国的将军孙武，一是战国中期齐国的军师孙膑，他们各有兵法传世。《汉书·艺文志》"兵权谋家"记载有《吴孙子兵法》和《齐孙子》两种，唐代训诂学家颜师古注前书的作者是"孙武"，后书的作者是"孙膑"。然而后世所能见的只有《孙子兵法》一部，据说孙膑的兵法书自东汉末年以后就失传了。

于是，自宋代以来，就有许多人开始怀疑和猜测《孙子兵法》的作者。有人根据《孙子兵法》阐述的多是战国时代的情况，认为此书源出于孙武而完成于孙膑，因为书中有大量关于战国时期的内容，在春秋时期的孙武是不能预测到他死后之事的。还有一些人干脆主张孙武在历史上根本不存在，《孙子兵法》是孙膑所作。1200年，南宋的军事研究者叶适就下了这样的一个结论：孙武并无其人，"其事其书皆为纵横家作伪"。他是这样质疑的：如果孙武像世人传说的那样"南服越人、西灭强楚、北威齐晋"，为什么没有被升为卿大夫？在举世公认的权威史书《左传》中，为什么没有关于孙武一字一句的记载？叶适的观点在当时掀起巨大波澜，影响巨大，直至近代。

另外还有几种孙武与他人"合一"的说法。一为"武伍一人"说，清朝中期的山东文人牟庭认为：《孙子兵法》是伍子胥的作品，"武"不是孙武的名字，而是《孙子兵法》原来的书名。一为"武膑合一"说，该观点认为孙武和孙膑是同一个人，孙子名武，膑是他的绰号。由于孙子在吴、齐两国都待过，司马迁没能分辨出来，就误以为是两个人，将二者记载于《史记》之中。

纷纭离奇的争论一直到中华人民共和国成立后才见分晓。1972年山东临沂银雀山发掘西汉墓葬，出土了大批竹简，包括《孙子兵法》和《孙膑兵法》。这一发现不仅使失传了1700多年的孙膑著作得以重见天日，而且证实了《史记·孙子传》和《汉书·艺文志》关于两个孙子有两部兵法的记载是正确的。

尽管如此，仍有一些学者认为，《孙膑兵法》的发现还不能证明《孙子兵法》就是春秋末年的孙武所撰，主要有以下几大疑点：第一，《孙子兵法》的许多用语都是战国时代流行而春秋时所未见的。如"形名""霸王"等。第二，《孙子兵法》记载用兵数动辄十万，但是春秋时期即使是大国用兵也不过二三万人，只有到了战国中期，才有用兵十万至数十万的记载。第三，《孙子兵法》所谈的战术多为运动战，主张深入敌后，长距离的调遣。这些都是战国时代的打法。第四，《孙子兵法》言兵，由"将"独当一面，这一军事格局是战国时期的写照，春秋时的战争一般都由国君亲自统率军队出征。第五，《孙子兵法》有关于苏秦的记载："燕之兴也，苏秦在齐"，而苏秦活动的时代当战国中后期，在孙武之后约200年。这些疑点不能正确解释的话，要断言《孙子兵法》系孙武所作，似乎有失偏颇。

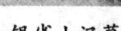

其次，《孙子兵法》究竟是八十二篇还是十三篇，这也是史学家和军事学家苦苦探索的问题。《史记·孙子吴起列传》两次提到兵法十三篇：一是吴王阖闾说"子之十三篇，吾尽观之矣"。二是"世俗所称师旅，皆道孙子十三篇"。《吕氏春秋·上德篇》记载："孙武，吴王阖闾之将也，兵法五千言是也。"这里的"五千言"也是指十三篇。曹操《孙子略解序》中称："孙子者，齐人也，名武，为吴王阖闾作兵法一十三篇。"这些记载都说明《孙子兵法》只有十三篇。八十二篇之说最早出现于《汉书·艺文志》，作者班固认为《吴孙子兵法》共八十二篇图九卷。到汉成帝时，任宏论次兵书，定著《吴孙子兵法八十二篇》。有一种观点认为《吴孙子兵法八十二篇》传至东汉末年，曹操认为世人对《孙子兵法》"失其旨要"，于是删掉了其中69篇，只注十三篇，这就是现今所说十三篇的来历。

但是《吴孙子兵法》八十二篇的真伪性令人怀疑，那"八十二篇删减说"也就没有多大的说服力了。1996年9月，新闻传媒报道在西安发现了《孙武兵法》八十二篇抄件，全世界为之震惊！抄件持有者张敬轩是清光绪时进士、晋陕名人张瑞玑之孙。光绪三十二年（1906），张瑞玑被调任陕西韩城知县，在赴任途中，他慧眼识宝，用重金买下了《孙武兵法》八十二篇图九卷汉简。1923年，张瑞玑辞职回家专门研究整理这些汉简。张瑞玑去世后，其子张联甲遵照父训，终将此书竹简整理成册。"文革"时期，张联甲恐汉简兵书"惹祸"，采取"毁简保兵法"策略，主动将竹简烧掉。在"红卫兵"监督疏忽时，从火中抽出一捆即将点燃的竹简(即八十二篇中的第三十一篇)，从而幸运地保存了一件汉竹简原物和张瑞玑父子梳理竹简的墨迹手稿。如今，这些珍贵的汉竹简原物和张氏父子的手稿保存在了张家第三代张敬轩手中，被人称为"中华民族灿烂的古文化宝库中崭新的华章"。

如果这些文物被证属实，那么《孙子兵法》应该是八十

银雀山汉墓

　　1972年4月在银雀山西汉一号墓出土了《孙子兵法》十三篇竹简、《孙膑兵法》十六篇和佚文五篇竹简。银雀山汉墓竹简的出土，对于我国军事史、文字学、古音训、古简册制度及古代历法的研究，均有重要价值。

二篇而不是十三篇，然而这则轰动一时的消息没过多久，就遭到很多人的质疑。许多历史学家和军事专家从科学的角度进行考证，结果发现漏洞百出。

其一，张瑞玑之后的身世是否属实？据考证，张联甲与张瑞玑根本无血缘关系，所谓张联甲是张瑞玑的儿子之说纯系捏造。这就使"张氏三代护国宝"的故事不攻自破，汉简来自"张氏家传"的说法也就成为无稽之谈。其二，从科学的角度分析，竹简在没有科学储藏条件的情况下，在地上经历两千年而不腐是不可能的，何况是经历了那么多折腾而保存完好。

孙子兵法碑刻廊

整个碑刻廊占地1300多平方米，呈"回"字型。碑廊正面是中文碑文和孙子的线刻画像。

其三，张敬轩拿出的所谓抄自其父于"民国十二年"的抄本原件，据专家考证，实际上是抄于20世纪70年代以后，这说明抄本也不是真品。其四，先秦著作一般不是出自一人之手，大多为同一派系的人累世完成。即使是《孙子兵法》十三篇，也可以看出有后人增益的成分，何况是篇幅更多的八十二篇！而据张敬轩介绍，孙武不仅独立完成了八十二篇巨著，还用自己的名字命名为《孙武兵法》，这也存在着许多的不合常理之处。

总之，新发现的《孙武兵法》八十二篇，无论从发现过程上还是从内容结构上，都存在许多可疑之处，其可信度也是让人持保留态度的。因此《孙子兵法》的八十二篇与十三篇之争仍在持续，悬案仍未解决。人们希望尽快看到被张敬轩收藏的八十二篇手抄本全文，只有这样，才能尽早地揭开历史谜案，给这场争论划上一个完满的句号。

和氏璧
下落之谜

春秋战国时期"卞和献玉""完璧归赵"的故事家喻户晓，这件玉璧也被战国各诸侯国奉为价值连城的"天下所共传宝"。各个诸侯国为了把玉璧据为己有，想尽办法互相争夺，许多无辜的性命也搭在了这块玉璧上，然而这件珍贵的玉器最后竟不知落到何处，成为历史上一大疑案。

　　最早记录和氏璧的是《韩非子·和氏篇》，春秋时期，有一个楚国人名叫卞和，一天他在荆山采到一块玉璞，为了表示自己对君主的忠心，他把这块玉璞献给了楚厉王。玉璞是一种天然玉料，如果不经锯割，外表看来和普通的石块没什么区别。楚厉王找来相玉家进行鉴定，但是玉工没有识辨出来，认为它是一块普通的石头，没有什么价值。于是厉王大怒，认为卞和在戏弄自己，命人砍掉了卞和的左足，并把卞和驱逐出楚国。

　　楚厉王死后，楚武王继位，卞和又去献宝，玉工仍鉴定为石头，武王又以欺君之罪砍掉了卞和的右足，又过了几十年，武王之子文王继位。这时的卞和还想去献宝，无奈自己已是风烛残年，又被砍掉了双脚，行动很不方便，眼看自己的愿望无法实现，卞和便怀抱玉璞来到楚山下痛哭三天三夜不止，眼泪都流尽了，眼睛直往外滴血。楚文王听说了这件

乾隆三年(1738)二月二十五日，疏通河道的民夫在江苏宝应县界首挖得一方玉玺。印文为"受命于天，既寿永昌"，江南河道总督高斌得到后，认为是汉代失传的传国玉玺，便进呈给乾隆皇帝。乾隆认为此玺是好事者仿刻，命将此玺藏于别殿。后来，清室善后委员会清点物品时在乾清宫西暖阁发现它，现藏故宫玺册库。

现存的"传国玉玺"

传说中的卞和得玉处——保康县五道峡

保康县五道峡,据史《山海经》记载:"景山其上多金玉。"景山也就是荆山,五道峡就在荆山腹地。《中国地名词典》记载:五道峡内"有抱玉岩、响水洞等名胜古迹,抱玉岩相传为春秋楚国卞和得玉处"。

事,派人接来卞和问:"天下被砍足的人很多,你为何哭得如此悲伤呢?"卞和答道:"我并不是因为被砍掉双脚而痛哭,而是因为明明是宝玉却被误认为石头,忠贞之士被当作欺君之臣,我是为大王哭泣,他是非颠倒,黑白不分啊!"文王听后,让玉工进行打磨,果然得到一块洁白无瑕、光润晶莹的宝玉。因为是卞和所献,便取名"和氏璧"。后人遂用"楚玉、荆玉、卞玉、卞宝"等,泛指美玉或玉,用以称誉人的才德之美,形容物的质地纯真;用"献玉、卞和三献、美玉三献"等表示奉献才艺或杰作。

春秋战国时期,各国交往,往往以玉为使臣信物,而玉中极品和氏璧更是国家君位的象征。就这样,和氏璧被楚国奉为国宝收藏着,然而和氏璧的消息很快传到了各诸侯国,各诸侯国的国君都想亲眼看看这件宝玉。公元前333年,楚国吞灭越国,楚威王因为宰相昭阳在消灭越国的过程中立下了赫赫战功,于是将和氏璧赐给了昭阳。昭阳某日请客时,出璧让各宾客观赏,席散时却不翼而飞。虽多方搜查也毫无下落。国宝的不翼而飞震惊了朝廷内外,楚王下令全国范围内搜寻这件价值连城的宝物,但是最终没有结果。人们把怀疑的目光投向了张仪,因为张仪当时正在楚国游说,曾与昭阳一起饮酒,人们认为他有机会偷窃和氏璧。楚王命人对张仪严刑拷打,张仪拒不承认,楚王无奈,只好将张仪无罪释放。张仪受辱后辗转到了秦国,后来成为秦国的宰相,为秦国日后的强大立下了汗马功劳。楚国为一件国宝损失了一个人才,这是他们所没预料到的。

和氏璧就这样销声匿迹了几十年后,有一天突然在赵国出现,至于和氏璧是怎样流落到赵国的,至今仍是一个谜。赵惠文王时,一个名叫缪贤的宦官从一名外人手中购买到这块玉,经过鉴定后,才知道正是失踪多年的和氏璧。赵王得知后,便下诏将这件宝物强行夺进宫中。赵国得到和氏璧的消息很快传到了秦昭王的耳中，秦昭王对这件稀世之宝产生了觊觎之心，于是派人送信给赵王，希望用 15 座城来换取和氏璧。赵王明知秦国想强取豪夺，但慑于秦国势力，怕得罪秦国招来灭国之灾，只好派蔺相如持璧出使秦国。

蔺相如到秦国后，把和氏璧献给秦王，秦王看到玉璧，非常高兴，将玉璧传给左右嫔妃大臣观看，众人皆呼万岁。蔺相如见秦王根本无意割城给赵国，就走上前去说："璧上有点瑕疵，让我指给大王看。"秦王将璧递还给了蔺相如，蔺相如持璧而立，大怒道："大王您想得此璧，派人送信给赵王。赵王召集群臣商议时，群臣们认为秦国依势欺人，拿 15 座城换玉璧只不过是一句空话。可我认为百姓之间交往都不会欺骗，何况秦国是一个大国呢！赵王采纳了我的建议，为了表示对秦国的尊重，赵王斋戒五日后，才派我将璧送给您。可大王您在召见我时无礼傲慢，还将璧传给众人看，这是在戏弄赵国。我看大王您根本无意割城易璧，就取回此璧。您若再逼我献出玉璧，我的头就和这玉璧一起撞碎在这柱子上。"秦王唯恐玉璧被撞碎，连忙道歉，并召人拿来地图，指出给赵王割去的 15 座城。蔺相如看出这不过是秦王的缓兵之计，就对秦王说："赵王派我送璧之前曾斋戒五日，现在大王您也应斋戒五日，并设九宾之礼，这样我才会献出玉璧来。"秦王没有办法，只好同意。蔺相如回到宾舍，认为秦王根本不可能割城给赵国。于是便派手下人乔装打扮，怀揣玉璧，连夜逃回了赵国。

五天之后，秦王在宫廷内设九宾之礼，命人宴请蔺相如。蔺相如进宫后对秦王说："秦国从缪公以来 20 余位君主，没有一位是信守誓约的。我担心因您的失约而辜负赵王对我的重托，所以已经派人把玉璧送回了赵国。秦国强盛而赵国弱小，如果大王先割城给赵国，赵国怎么会留璧而得罪您呢？我知道欺君之罪当杀，要杀要剐，您看着办吧。"秦王和众位大臣听后面面相觑。秦王想即使杀了蔺相如也得不到玉璧，而且还会使两国的关系恶化，不如厚待蔺相如，自己也可得一个明君的声誉。于是秦王在宫廷内以隆重的礼节款待蔺相如，并将他送回赵国，这就是历史上"完璧归赵"的故事，蔺相如以自己的勇敢和智慧保住了和氏璧。

公元前 228 年，赵国还是被强大的秦国吞并，赵幽王投降，献出了和氏璧。秦王嬴政统一六国，建立了强大的秦王朝，和氏璧最终落到了秦王嬴政的手里。但从此以后，和氏璧便从历史记载中消失得无影无踪了。

有一种说法认为：秦始皇得到和氏璧后，命玉工将宰相李斯书写的"受命于天，既寿永昌"八个鸟虫形篆字雕刻在和氏璧上，作皇帝的玉印。这样，和氏璧就成了国玺，代代相传。有人甚至还找到了用刻玺的边角料所制作的玉块。秦始皇死后，赵高利用和氏璧篡权。刘邦率兵攻入咸阳时，国玺落到了他的手中。刘邦建立汉朝后就把玉璧作为汉朝的国印，从此和氏璧成为"传国玺"。刘邦之后，传了九代皇帝。

西汉末年，王莽篡权。当时因小皇帝刘婴年幼，传国玺由皇太后代管。王莽让弟弟到长乐宫去要玉玺，皇太后气愤地把传国玺摔到地上，骂道：得这块亡国玺，看你兄弟有什么好下场！传国玺被摔缺了一角，后来王莽用黄金镶补，但无济于事，还是留下了缺痕。

但是，历史文献中关于秦国传国玉玺来龙去脉的记载还比较详细。《晋书·舆服志》、唐徐令信《玉玺谱》等记载"色绿如蓝，温润而泽"，指明它是用蓝田玉制成的，因此用和氏璧制成传国玉玺的说法是没有根据的。

和氏璧

和氏璧是历史上著名的美玉，在它流传的数百年间，被奉为价值连城的"天下所共传之宝"，又称和氏之璧、荆玉、荆虹、荆璧、和璧、和璞。

那么，和氏璧到底流落到何处呢？目前有两种推测：第一种推测认为和氏璧被作为随葬品埋在了秦始皇陵墓内，并没有作为传国玉玺流传后世。如果这样，将来有朝一日发掘秦始皇陵墓地宫，我们还有机会一睹和氏璧的风采。另一种推测认为和氏璧可能在秦末战争中丢失或者被项羽掠夺而去。秦末，项羽率兵进攻咸阳，焚烧秦宫殿，挖掘秦陵墓，掠夺宝物、美女，和氏璧可能就在其中。但随后而来的楚汉战争中，项羽兵败，又使和氏璧下落不明。玉玺或许藏在项羽的都城彭城（今江苏徐州），或许遗落在项羽败死的垓下（今安徽灵璧）。

和氏璧是中国历史上一件非常有名的无价之宝，在它流传的几百年间，多少人的命运、多少国家的命运都和它紧密地联系起来，而它神秘地失踪，又成为中国历史上的一大悬案。

西施
失踪谜案

西施，名夷光，春秋战国时期出生于越国苎罗村（今浙江诸暨市苎萝村）。因为天生丽质，貌美绝世，远近闻名，所以人们不喊她的名姓，只把这位西村的施家姑娘，称作西施。当时，吴王夫差为报杀父之仇，领兵打进越国，俘虏了越王勾践，越王夫妇被押到吴国做奴隶。三年以后，吴王夫差放回了勾践，勾践回国以后，卧薪尝胆，力图报仇雪耻。"十年生聚，十年教训"，他采用范蠡所献美人计，把西施献给吴王夫差。西施忍辱负重，以身许国，凭借她倾国倾城之貌和高超的琴棋歌舞，成为吴王最宠爱的妃子。从此吴王日日沉迷酒色，不理朝政，最后落得众叛亲离，为勾践的东山再起起了掩护的作用。在她的内应下，勾践终于灭吴复国。最后，吴王夫差拔剑自裁，结束了持续几十年的吴越战争。西施荣归故里，可是她回越以后又怎么了样呢？

对西施的结局，历来也有不同的说法。第一种说法是：她随范蠡归隐于五湖。西施和范蠡本来是情侣，后来西施为了救国，两人只能为国牺牲自己的爱情。待到西施功成归国后，范蠡认为勾践可以共患难而不可以共安乐，再待下去会有危险，建议西施随他一起逃走，归隐江湖，不知所终。因为有范蠡泛于江湖的传说，或许是后人不忍这位绝代佳人遭到悲惨的结局，就流传出西施和范蠡归隐五湖的美满姻缘的故事，以寄托对他们的同情。

这种说法似乎有一定的根据。根据历史记载，勾践这个人很有心计，早在他被吴国俘虏做人质之时，一次夫差生病，勾践前往探病，竟口尝了夫差的粪便。夫差很奇怪勾践的这种做法，忙问其故，勾践说："臣闻尝粪便之类，可知病情的发展；味甘则不佳，味苦则渐愈，今味苦，知大王之圣躬无碍也。"通过勾践这些话，可以看出他是一个心狠手黑、阴险毒辣的人。范蠡辅佐勾践几十年，对勾践算是看透了，所以等到越国灭吴复国之后，范蠡便退隐江湖，不失为一种明智的选择。纵观中国历史上的许多统治者，功成以后就杀功臣，这似乎是一个规律。所以勾践也不会轻易地放过西施。

但是问题的关键在于，即使是西施逃走，为什么一定会跟范蠡一起逃走呢？唐朝的《吴地记》转引东汉《越绝书》这样记载："吴之后，西施复归范蠡，同泛五湖而去。"唐代关于范蠡墓到底在哪，说法很多，一说范蠡墓位于山东肥城陶山主峰西麓，墓的四周原有一米高的石砌围墙，内有八棵千年古柏，墓附近是遮天蔽日的古柏林。墓前曾有两块墓碑，前边一块上刻正楷大字"越大夫范蠡之墓"，为清康熙五十四年（1715）所立。后边一块为唐贞观元年所重修，上刻篆文赞语："忠以事君，智以保身，千载而下，孰可比伦"，是秦代李斯陪秦始皇到泰山封禅时，专程到这里祭拜并题。碑后面刻着，汉代青松子，即丞相张良到此笑赞句："霸业朽，忠名在，此堆土，黄金块，传万古，人人爱，纲常维，宇宙赖。"这即是广为人们流传的"秦碑汉赞"。一说位于华容，据明万历《华容县志》记载："出城门而西，有田家湖，方十余里，有官渡通安乡，今废。有范西戎墓。旧志：城西田家湖上，有范蠡墓。《水经·郦注》：'夏水历范西戎墓南。'王隐《晋书·地道记》曰：'陶朱冢在华容县。树碑云：是越之范蠡。'碑是永嘉二年（308）立，观其所述，最为究述，似亲历其地。故违众说，从而立之。晋《太原地记》、盛弘之《荆州记》、刘澄之记，并言在华容之西南。"一说在安徽涡阳，据《安徽通志》载："越大夫范蠡墓在涡阳东南范蠡村"，范蠡、西施死后就合葬在西子河畔的范蠡墓内。

肥城范蠡墓

诗人杜牧所作《杜秋娘诗》这样写道："西子下姑苏，一舸逐鸱夷。"（这里的"鸱夷"代指范蠡，《史记·越王勾践世家》有关于范蠡这样的记载："浮海出齐，变姓名，自谓鸱夷子皮。"）根据这些记载，明代的戏曲作家梁辰鱼编成了颇具影响的《浣纱记》。他说："范蠡和西施早已定情。吴亡后，立下了汗马功劳的范蠡却认为越王凶残阴狠，可共患难，不可共富贵，于是急流勇退，在一个风清月白的夜晚，带着西施，驾着一叶扁舟，泛五湖而去。"上海前几年出版的《辞海》（修订本）也这样说："西施一作西子，春秋末年越国苎萝人，由越王勾践献给吴王夫差，成为夫差最宠爱的妃子。传说吴亡后，与范蠡偕入五湖。"据说范蠡和西施归隐五湖后，每天早上，西施对着青铜镜梳妆，随手将脂粉水倒入湖中，以致湖中螺呈五色。宋有张尧同诗云："少伯曾居此，螺纹吐彩丝，一夜秋境好，犹可照西施。"清人朱彝尊也写过这么一首诗："落花三月葬西施，寂寞城隅范蠡祠。水低尽传螺五色，湖边空挂网千丝。"说的也就是这件事。

然而今传的《越绝书》却并无"同泛五湖去"这段文字，另外几段关于范蠡和西施归隐江湖的记载都是根据唐朝版本的《越绝书》，这是历史更迭的时间链中的佚文还是唐朝人自己杜撰的美好的爱情故事，我们就不得而知了。

第二种说法是西施被沉水而死。这种说法最早见于记载的是《墨子·亲士》，记载说："比干之殪，其抗也；孟贲之死，其勇也；西施之沉，其美也；吴起之裂，其事也。"（"沉"，古作"沈"）这句话把西施是被沉于水中解释为是因为她的美丽。《修文殿御览》转引东汉赵晔所撰《吴越春秋》有关西施的记载说："越浮西施于江，令随鸱夷以终。"这里的"浮"字也是"沉"的意思。"鸱夷"，就是皮囊。这句话的意思是，吴国灭亡后，越王把西施装到皮囊里沉到江里去了。

冯梦龙的《东周列国志》和柏杨先生的《皇后之死》根据《吴越春秋》这段史实附会了如下情节:越王把西施掳回了越国,第一天晚上勾践就叫她侍寝:"夫差能够与你同床共枕,我为什么与你不能?"越王妻子大发醋劲,妒而生恨,背着越王,把西施沉入水中,还说:"此乃祸水,岂可久留?"当了"美人计"的工具,事成之后,被人弃之,还是合乎情理的。

同为苦命人的林黛玉也支持西施沉水的说法,她在《西施》诗中写道:一代倾城逐浪花,吴宫空自忆儿家。效颦莫笑东村女,头白溪边尚浣纱。诗中后两句意思是:不要去笑东邻那个效颦的丑女,她却能平平安安地在溪边浣纱直到白发。这诗的主旨就是说,靓女命短,丑女长寿。绝色美女的生命之所以逐浪花而去,是因为往往被政治家用作"美人计",成为男人争权夺利的牺牲品。而在事情大功告成之时,也就是这些薄命女子的寿终之日了。

当然,还有人认为西施被沉水并非皇后所为,而是她的恋人范蠡。这种说法颇为残酷,说吴国灭亡以后,越王因为西施的美貌想要将她留在身边,但是范蠡坚决反对,他要越王吸取吴王教训,不能被美色诱惑。他设下计策,派人用越王的车把西施骗到太湖,又把她骗上船,到湖心的时候把西施从船上推下,西施就溺死于太湖中了。这种说法是经不起推敲的,越国灭吴之后,范蠡不辞而别,改名叫"鸱夷子皮","鸱夷子皮"意思就是皮袋子。为什么在越国时候范蠡姓范名蠡,后来离开越国到陶(今山东定陶)的时候又改姓朱,却偏偏在离开越国的时候改名叫"鸱夷子皮",这件离奇的举动发生在西施沉江之后,因此是范蠡和西施相恋的铁证。范蠡并非无情无义之人,既然他已决意离开越国,他对于自己的恋人还不至于下此毒手。

还有一种观点认为,西施沉水是勾践吃醋而为。《吴越春秋》记载,越王"乃使相者国中得苎萝山鬻薪之女,曰西施、郑旦,饰以罗縠,教以容步,习于土城,临于都巷,三年学服而献于吴",西施在宫中三年学习期间,与范蠡之间深深埋下了爱情的种子。越王勾践显然也被西施的美貌打动,但他为了成就自己的伟业,只能将西施献于吴王。为了使

《越绝书》书影

《越绝书》是记载我国早期吴越历史的重要典籍。它所记载的内容,以春秋末年至战国初期吴、越争霸的历史事实为主干,上溯夏禹,下迄两汉,旁及诸侯列国,对这一历史时期吴越地区的政治、经济、军事、天文、地理、历法、语言等多有所涉及。

西施死心塌地替他完成使命，勾践和范蠡约定：灭吴之后，将西施赐予范蠡，这样不仅可成全二人的一番相恋，同时也稳住了西施的心，使之能身在吴宫，心存越国。但是灭吴之后，阴险的勾践变了卦。他不会让自己心爱的女人落到别人的手中，于是下令将西施鸱夷沉江。

另外还有西施不慎落水而卒的说法。人们并不希望西施这位无辜的弱女子有个悲惨结局，于是找出初唐诗人宋之问《浣纱》诗："一朝还旧都，靓妆寻若耶；鸟惊入松网，鱼畏沉荷花"为依据，认为吴国灭亡后西施回到故乡，在一次浣纱时，不慎落水而死。今天位于诸暨城南苎萝山麓的西施故里，唐朝时就建有浣纱庙，1986年重修，建筑群包括西施殿、郑旦亭、古月台等。浣纱江畔，有西施浣纱处，临江岩石上有王羲之所书"浣纱"二字。唐朝诗人李商隐曾作《景阳井》绝句一首："景阳宫井剩堪悲，不尽龙鸾誓死期；肠断吴王宫外水，浊泥犹得葬西施。"另一诗人皮日休也有诗题《馆娃宫怀古》共五首，第五首是："响屧廊中金玉步，采苹山上绮罗身；不知水葬今

西施故里——苎萝古村

位于浙江诸暨市的苎萝山麓，面对江畔"浣纱石"，古称浣纱庙，祀西施。唐时已具规模，历宋元而不废。明崇祯五年(1632)重修后改名西子祠。清道光、咸丰年间及民国十八年、二十三年均有重修，称西施殿。抗战时被日机炸毁。1990年重新修复。

何处，溪月弯弯欲效颦。"从这两首诗可以看出，唐代也流传过西施被沉于水的说法，可是都没有谈到西施与范蠡有什么关系。西施不慎落水而卒的说法似乎最理想，可是最缺乏证据，只是人们的一种猜测罢了。

显然，这几种说法尽管存在分歧，但是都是认为西施被沉水中是可信的。现在在此沿海的泥沙中有一种似人舌的文蜊，大家都说这是西施的舌头，所以称它为"西施舌"。20世纪30年代著名作家郁达夫在福建时，亦称赞长乐"西施舌"是闽菜中最佳的一种神品。

自古红颜多薄命，西施本是农家女子，只是因为天生丽质，做了越王政治斗争中的工具，事成之后，"兔死狗烹"，也是情理之中的事。至于西施到底是随范蠡归隐五湖还是被沉江底，只能由后人自己评说了。

秦始皇
生父悬案

秦始皇像

秦始皇（前259—前210），嬴姓，名政。十三岁即王位，三十九岁完成了统一中国的历史大业，称帝。公元前246年，秦王嬴政即位，因年幼朝政由太后和相国吕不韦及嫪毐掌管。公元前238年，秦王政亲理朝政，除掉吕、嫪等人，重用李斯、尉缭，自公元前230年至前221年，先后灭韩、魏、楚、燕、赵、齐六国，完成了统一全国的大业，建立了中国历史上第一个统一的、多民族的、专制主义中央集权国家——秦朝。创立了"皇帝"的尊号，称始皇帝。

秦始皇（前259—前210），统一中国的秦王朝的开国皇帝。史书记载，他有三个名字。一曰嬴政，他是秦庄襄王之子，"秦人嬴姓"，由于生于正月，故起名为正，古代通政，因此写作政，所以追根而论为嬴政。二曰赵政，先秦时，有以出生地为姓的习俗。秦始皇在秦昭襄王四十八年（前259）正月生于赵国首都邯郸，故以赵为姓，称赵政。三曰吕政，秦始皇又怎么会姓吕？这就牵扯到了秦始皇的身世问题。

据《史记·吕不韦列传》记载，嬴政的父亲子楚在赵国做人质时，当时赵国的政治投机商吕不韦钻了秦国宫廷的空子。吕不韦先与一个能歌善舞的赵姬同居，知道赵姬有身孕后，让赵姬去勾引秦太子子楚。不久子楚爱上赵姬，吕不韦便把赵姬献给子楚。赵姬足月后生下嬴政，子楚于是立赵姬为夫人。后来子楚回国继承王位，死后把王位传给子政。这种说法被班固所接收，于是《汉书》直接称嬴政为吕政。东汉高诱为《吕氏春秋》作注，他的序记载的情形跟司马迁的记载基本一致："不韦取邯郸姬，已有身，楚见说之，遂献其姬，至楚所，生男，名之曰正，楚立之为夫人。"唐司马贞《史记索隐》这样解释："吕政者，始皇名政，是吕不韦幸姬有娠，献庄襄王而生始皇，故云吕政。"

这种说法似乎有一定的道理。《史记·吕不韦列传》记载，"姬自匿有身，至大期时生子政。"期（古音为jī）即一周年。就是说子楚娶了赵姬一年后，赵姬才生嬴政。十月怀胎，一朝分娩，按照这样计算，嬴政应该是子楚所生。从两汉到宋元时期，一直都信奉秦始皇私生子之说，未有异议。

秦始皇果真是私生子？这是一个千古之谜，由于年代久远，事实已无法查实。然而有人从动机上开始怀疑《史记》记录的真实性，由于司马迁因祸遭到残酷的宫刑，在他的笔下，历代酷吏、暴君多少被涂上不良的墨迹，所以也不能排除司马迁在记录秦始皇时，因反感而夸大其词。

在明代，便有人开始对《史记》提出异议。明人汤聘尹以为，秦皇乃吕不韦之子是"战国好事者为之"。清代学者梁玉绳也提出异议，认为《史记》系从传闻得来，非从考实得来，并从行文剖析，以为司马迁在记述中即有所保留。明朝的王世贞则更进一步，他在《读书后记》提出两条理由：一是吕不韦为使自己长保富贵，故意编造自己是秦始皇的父亲的故事；二是秦灭六国后，原六国的贵族或失去他们的食邑、或家破人亡，他们除了进行言论攻击外别无办法对秦朝进行报复。于是在极端的愤恨中他们散播对秦始皇的身世的这一言论："秦始皇是吕不韦的私生子。秦宗室的香火到了这里也就熄灭了。六国虽亡，但秦国也同样灭亡。"另外，还有人对"大期"的解释提出疑问。期，一年也，所谓"大期"，是指过十二个足月之后分娩（一说十个足月）。按照常情，女子发现"有身"，一般在孕后一二个月，既然吕不韦在"献其姬"前已经"知有身"，据生育规律，赵姬何以能在归子楚后十二个月方分娩生政？怀孕超期分娩的情况也有，但赵姬的超期未免超得过于异常。所以他们认为《史记·吕不韦列传》所述值得怀疑。

郭沫若在《十批判书》中也怀疑吕不韦为秦王政生父之事，他指出三个疑点。其一，仅见《史记》，而为《国策》所不载，没有其他的旁证，这未免不让人产生怀疑。《战国策》是研究战国时期的重要史料，而秦国是战国时期重要的国家之一，为什么对于吕不韦偷天换日，有关秦朝血脉的事情只字不提，一直等到西汉时期的《史记》才来记载？其二，关于秦始皇故事的情节与春申君与女环的故事如同一个刻板印出的文章，情节大类小说。春申君与女环的故事大致梗概是这样的：赵国有个人叫李园，他想把自己的妹妹环献给楚王，但是听说楚王不能生育，唯恐妹妹进宫由于没有子嗣而得宠爱不长久。于是他跟妹妹商量，先将她献给春申君，等到怀孕的时候再献给楚王。事情果真如愿，春申君果真使李园的妹妹怀上了孩子。事情至此也就到了关键时刻，这时李园的妹妹引诱春申君说："今妾自知有身矣，而旁人莫知。妾之幸君未久，诚以君之重而进妾于楚王，王必幸妾。妾赖天而有男，则是君之子为王也，楚国封尽可得，孰与其临不测之罪乎？"春申君被说服，遂将女环献于楚王，生了个儿子，即后来的楚幽王。这段故事与吕不韦与赵姬的故事如此之相似，郭沫若先生据其推断，吕不韦与赵姬的故事可能流行于西汉初年吕后执政时期，是吕氏集团成员仿春申君与女环的故事编造的，目的是为吕氏称制制造舆论。其三,《史记·吕不韦列传》记载秦始皇的母亲是邯郸的歌姬,但是记载子楚回到秦国时候又说"子楚夫人,赵豪家女也",歌姬和豪家女,这二者之间的差距实在是太大,难以自圆其说。

但《史记》的历史地位还是让许多学者不肯轻易怀疑它记载事件的真实性,他们认为,明清学者以及郭沫若先生的论断都只是对于史实的一种臆测,论据不足。司马迁的记述虽然有矛盾之处,但他的著书风格一向以严谨、直笔而不是猎奇而著称,所以他对于吕不韦和赵姬的记述不可能是空穴来风。当代有的学者就对郭沫若的三点质疑,作了针锋相对的批评,认为:第一,《史记》的记载有不少是《战国策》没有载过的,这正是《史记》流传千古,受人称颂的原因之一。没有旁证,照样能保持《史记》的真实性。例如,司马迁的《史记》详细地描述了夏朝的世系,然而司马迁距商代已有千年之遥,以后也基本没有实证。所以20世纪之前许多学者尤其是西方学者对夏代的有无产生怀疑,但是20世纪初发现的殷墟甲骨文献,却雄辩地证明了司马迁记录的高度准确性。第二,吕不韦与赵姬的故事跟春申君与女环的故事类似,只能说明这种斗争手段,在当时是被不少政治上的风云人物所运用。第三,关于《史记》记载矛盾的地方,其实并不矛盾,二者还是有相通之处。假如子楚果真看上了吕不韦的小妾,这无疑给吕不韦提供了另外一个机会,因为一旦子楚回国即位,他和歌姬肚子里的孩子就有可能成为皇帝,这一想法符合吕不韦的野心。吕不韦是一个冷静的人,他善于处理各方面关系,也知道如何利用这种关系。他能想到异人看上了歌姬,也就想到歌姬肚子里的孩子能够有承国的希望。所以他会尽一切能力掩饰歌姬的真实身份,为歌姬营造一个良好的家庭背景,所以出现《史记》记载的那样"赵豪家女也"。另外,根据常理分析,当时的子楚作为一名王孙,娶妻纳妾总要有一定的排场的,否则又怎能名誉盛于诸侯? 这也会要求歌姬有一定背景,所以就出现了称谓前后矛盾的地方。

另外,不论《史记》也好,《战国策》也好都记载了秦王政当上皇帝之后,吕不韦与太后私通。如果吕不韦以前和太后没有任何关系的话,吕不韦必然会爱惜自己的政治生命,不会去和太后私通。只有吕不韦有所依仗(包括吕不韦认为秦王政就是自己儿子),或者和太后早有私通,才会冒险与太后私通的,否则,一个后庭美女如云的丞相,如不是有什么隐情,冒着生命危险与太后私通,让人难以理解。

转眼间,两千多年过去了,有关秦始皇身世的争论仍未取得一致看法。但不论赵姬是否是有娠而嫁,还是嬴政真为皇室血脉,这些刍议均无法掩映他在中国历史上的重要地位及作用。也许正是由于秦始皇的雄才大略和扑朔迷离的身世,才使得许多电视剧一部一部地戏说下去。

15

秦始皇
是怎么死的

始皇三十七年(前210),被称为"千古一帝"的秦始皇死于他第五次东巡途中。或许秦始皇注定是一名历史上争议颇多的人物,他的死如他的身世以及雄才大略,同样引起了后人的争议。目前史学界有两种截然不同的观点,一说死于疾病,一说死于非命。

持第一种观点的人认为,关于秦始皇之死,《史记》记述很多,分别见于《秦始皇本纪》《李斯列传》《蒙恬列传》等处,死因已明,无可置疑。公元前218年,秦始皇东巡时遭人行刺,身后的一辆副车被刺客用重锤砸得粉碎。随后,又发现了刻有"始皇帝死而地分"的陨石和出言"今年祖龙死"的"仙人"。秦始皇很迷信,这些现象使他感到恐惧不安。为了消灾避难,寻找长生不老药,秦始皇听从了一名相卜者的建议,准备第五次巡游。然而由于一路劳顿,秦始皇到平原津(今山东平原附近)就病倒了。赵高奉命写遗书,给受命监军河套的秦始皇长子扶苏:"与丧命咸阳而葬。"信还未发出,秦始皇就死在沙丘行宫(今河北邢台市广宗附近)。

据《史记》记载,秦始皇自幼有疾,所以体质较弱。他为人又刚愎自用,事无巨细都要亲自裁决;每日批阅文书一百二十斤,工作极度劳累;加以巡游中七月高温,以上诸因素并发,促使他在途中病发身亡。至于他死于何病,有人认为他死于癫痫。癫痫发作一般分四个时期:起初头晕、胃部不适,继而突然意识丧失,膈肌痉挛,面色青紫、瞳孔散大、呼吸暂停,然后全身肌肉抽动、口吐白沫,最后数十分钟才能清醒。郭沫若根据《史记·秦始皇本纪》记载"秦王为人蜂准,长目,鸷鸟膺,豺声,少恩而虎狼心……"推测秦始皇幼时患有软骨症,时常患着支气管炎,所以他长大后胸部和鸷鸟一样,声音似豺狼,后来由于政务繁重,引发脑膜炎和癫痫等病症。后来秦始皇渡黄河,癫痫病发作,后脑壳撞在青铜冰鉴上,加重了脑膜炎的病情,人处于昏迷状态。当车赶到沙丘后第二天,赵高、李斯发觉秦始皇已死去多时。

持第二种观点的人从几篇有关秦始皇死亡情况的史书推敲,发现了可疑之处。赵高是一名宦官。他的父母都是秦国的罪人,他的父亲受秦宫刑,母亲是一名官奴婢。赵母在秦宫中生下赵高兄弟几人,都是生而为奴。后来秦始皇听说赵高身强力壮,懂点"狱法",提拔他为中车府令。赵高在秦始皇病重和死后的种种表现,使人不得不怀疑秦始皇的死与赵高有关。这次出游随从人员主要有赵高、李斯、胡亥等人,上卿蒙毅也在随行之列。蒙毅是蒙恬的亲弟弟,扶苏的亲信,可是当秦始皇在途中病重时,蒙毅被遣返回边关。从突然的人事变动来看,这似乎是赵高等人的计谋。因为蒙恬领兵三十万随公子扶苏驻防上郡,从秦始皇的身边遣走蒙毅,也就是去掉了扶苏的耳目;加之赵高曾被蒙毅治罪而判死刑,后因秦始皇赦免,赵高才恢复官爵,赵高从此对蒙毅恨之入骨,发誓要灭掉蒙氏一族。赵高在秦始皇病重时遣走蒙毅,也为自己后来计谋的实施清掉了一块绊脚石。

秦始皇死后,赵高采取了说服胡亥威胁李斯的手法,三人经过一番密谋,假造秦始皇发布诏书,由胡亥继承皇位。同时,还以秦始皇的名义指责扶苏为子不孝、蒙恬为臣不忠,让他们自杀,不得违抗。在得到扶苏自杀的确切消息后,胡亥、赵高、李斯这才命令车队日夜兼程,迅速返回咸阳。为了继续欺骗臣民,车队不敢捷径回咸阳,而是摆出继续出巡的架势,绕道回咸阳。由于暑天高温,秦始皇的尸体已经腐烂发臭。为遮人耳目,胡亥一行命人买了许多鱼装在车上,迷惑大家。到了咸阳后,胡亥继位,是为秦二世,赵高任郎中令,李斯依旧做丞相,但是朝廷的大权实际上落到了赵高手中。赵高阴谋得逞以后,开始对身边的人下毒手。他布下陷阱,把李斯逐步逼上死路,李斯发觉赵高阴谋后,就上书告发赵高。秦二世胡亥不仅偏袒赵高,并且将李斯治罪,最后将李斯腰斩于咸阳。赵高升任丞相,由于他是宦者,可以出入宫禁,特称"中丞相"。

赵高的最终目的是要做皇帝,而他不能支配活的秦始皇,秦始皇第五次出巡途中病重,对他来说是天赐良机,只有在秦始皇死后,他才能假传遗诏,一步一步实施他的计谋。秦始皇是病死还是被害,目前尚无定论,如果是被害,赵高又是如何使秦始皇致死的呢?

郭沫若曾写过一篇历史小说《秦始皇之死》,曾这样描述秦始皇死时的症状:右耳流黑血,右耳孔内有一根寸长

秦始皇陵

秦始皇陵位于陕西省西安市骊山北麓,它南依骊山的层峦叠嶂之中,山林葱郁;北临逶迤曲转、似银蛇横卧的渭水之滨。陵墓规模宏大,气势雄伟。陵园总面积为56.25平方公里。陵上封土堆高约115米,现仍高达76米,陵园内有内外两重城垣,内城周长3840米,外城周长6210米。内外城郭有高约8-10米的城墙,今尚残留遗址。墓葬区在南,寝殿和便殿建筑群在北。

秦始皇兵马俑

兵马俑坑是秦始皇陵的陪葬坑,位于陵园东侧1500米处。1974年春被当地打井的农民发现,被誉为"世界第八奇迹"。兵马俑坑现已发掘3座,俑坑坐西向东,呈"品"字形排列,坑内有陶俑、陶马8000多件,还有4万多件青铜兵器。

的铁钉。郭沫若认为这是胡亥害怕夜长梦多，担心赵高、李斯发生动摇而下的毒手，这事李斯和赵高事先也不知道。实际上赵高进行谋害的可能性比胡亥大，因为诏书、玉玺都在赵高手中，继承王位的决定权也掌握在他与李斯手中。而胡亥即使弑父，如果得不到赵高、李斯的配合，不仅得不到王位，反而有杀身之祸。而赵高常随侍在皇帝左右，趁机行事不露痕迹，所以比胡亥方便得多。

然而赵高为什么要谋害秦始皇？主要原因就是赵高唯恐扶苏继承王位。赵高曾对李斯讲："长子（即扶苏）刚毅而武勇，信人而奋士，即必用蒙恬为丞相。"如前所述，由于赵高对蒙恬、蒙毅恨之入骨，所以他不希望蒙氏尊崇，所以必须阻止扶苏即帝位。但是秦始皇宠爱长子扶苏，只有伺机杀掉秦始皇，才可拥诏立十八子胡亥。秦始皇平时居于深宫，戒备森严，赵高根本无法下手，现在他在旅途中病倒，这真是天赐良机，正如赵高劝胡亥时所说："狐疑犹豫，后必有悔，断而敢行，鬼神避之，后有成功。"所以他果敢地对重病中的秦始皇下毒手，提前结束其生命，这完全有可能。

那么，赵高是否敢冒着弑君的罪名，去做这风险极大的勾当呢？事实上，赵高的言行已作出了最好的解释。他对胡亥说："臣闻汤武杀其主，在下称义焉，不为不忠。卫君杀其父，而卫国载其往，孔子著之，不为不孝。"赵高不仅有以上弑君议论，而且后来还有弑君的公开行动，当秦二世拜赵高为中丞相后不久，大泽乡陈胜、吴广揭竿而起，燃起农民斗争之火，这时，赵高认为天下已乱，准备篡位称帝。可朝中大臣有多少人能听他摆布，有多少人反对他，他心中没底。于是导演出一出"指鹿为马"的闹剧，准备试一试自己的威信，同时也可以摸清敢于反对他的人。

后来，赵高认为直言为鹿的都是反对他的人，便将他们一一暗害。而对那些在事实面前表示沉默的人，特别是对那些存心说假话而巧于阿谀奉承的小丑，则成了赵高网罗的对象。赵高摸清了底细，不久便派他的女婿咸阳令阎乐率士兵千余人，乔装谎称为盗，闯入望夷宫，逼胡亥自杀，胡亥苦苦求免，阎乐骄横地说："臣受命于丞相，为天下诛足下。"胡亥无奈，只好自杀身亡。事后，赵高把玉玺佩在自己的身上，欲自立为帝，可是群臣一致反对，他无可奈何，只好立胡亥的侄子子婴为王。从这般逼宫的行径就可以看出，赵高这种心狠手辣的人，他弑君并不为怪。

这种观点认为秦始皇之死，实质上是一场宫廷政变，而这场政变的导演是赵高，而扶苏、蒙恬、蒙毅、李斯、胡亥等就是被他支配的牺牲品。至于赵高怎样使秦始皇致死，这正是历史上的缺页。

是病故还是被害？这两种观点至今尚无定论。不过，人们对解开此谜充满信心。据考察，秦始皇陵没受破坏，秦始皇可能遗体尚在，而且墓中大量的水银形成的水银蒸气对遗体有冷凝防腐作用。待秦始皇陵发掘之时，秦始皇死亡之谜自然而然就可以解开了。

秦始皇坑儒之谜

秦始皇统一六国以后,采取了一系列措施加强中央集权。在完成政治上许多举措之后,秦始皇开始了精神上的控制。公元前213年,秦始皇在咸阳宫为儒生大摆酒宴。在宴会上,众多儒生围绕着是否实行分封制,发生了激烈的争论。王绾、博士生淳于越等人主张实行分封,而丞相李斯等赞同实行郡县制,并指责淳于越等"不师今而学古""道古以害今"。最后秦始皇支持李斯的观点,并采用李斯的"焚书"建议,下令除秦纪(秦国史书)、医药、卜筮、农书以及国家博士所藏《诗》《书》、百家语之外,凡列国史籍、私人所藏的儒家作品、诸子百家著作和其他典籍,统统焚毁。同时,禁止谈及《诗》《书》和"以古非今",违者定当严惩乃至判死罪。

秦始皇称帝以后,力求长生不老,先后派徐福、侯生、卢生等人寻求仙药。侯生与卢生当初是秦始皇身边的方士,长期为秦始皇求仙人和仙药,却始终没有找到。依照秦朝法律,求不到仙药就会被处死。于是,侯生、卢生悄悄地远走他乡。这使秦始皇十分恼怒,于是下令对所有在咸阳的方士进行审查讯问,欲查出侯生、卢生两人。秦始皇最后把圈定的四百六十余人,都在咸阳挖坑活埋。

这就是秦始皇的焚书坑儒,这

秦坑儒谷

历史的底牌

秦坑儒谷

秦坑儒谷位于陕西骊山，《史记》之《秦始皇本纪》云："始皇三十五年（前212），书生议政有犯禁者四百六十余，皆坑于咸阳"。据《汉书·儒林传》颜师古注："今新丰县温汤之处号愍儒乡，温汤西南三里有马谷，谷之西岸有坑，古老相传以为秦坑儒处也"。卫宏《诏定古文尚书序》云："秦既焚书，患苦天下不从所改更法，而诸生到者拜为郎，前后七百人，乃密令冬种瓜于骊山谷中温处。瓜实成，诏博士诸生说之，人人不同。乃命就视之。为伏机，诸生贤儒皆至焉。方相难决，因发机，从上填之以土，皆压，终乃无声。"唐玄宗时，建祠儒庙于此，命中书舍人贾至撰文勒石影祭先贤，1970年于此遗址中，发掘出古唐刻儒生像一尊，现存临潼博物馆。

是一段非常残酷的历史。史籍对此多有记载，历史学家也多有论述。但是各类书籍只对焚书作了详细记载，对坑儒一事则显得十分笼统。并且在坑儒的问题上，还出现了分歧：对于坑儒的次数，有的说只有一次，有的说有过两次坑儒；对于坑儒的数量，一说坑了四百六十余个，一说坑了一千六百余人。更有甚者，说秦始皇只焚书，没有坑儒。在秦朝的历史上到底是否有过坑儒事件？如果有这一事件，那么究竟几次？秦始皇到底坑过多少个儒生？这一系列问题，至今仍众说纷纭，莫衷一是。

争议之一，秦始皇是否坑过儒？焚书坑儒一直被人们引为秦始皇尊法反儒的重要证据。然而，有的学者认为，所谓秦始皇坑儒实是坑方士之讹。持论者主要从以下两个方面进行了论证。

第一，史籍中对此事件所提及的具体人物为侯、卢二生，以及韩众、徐市等四人，《史记》载明他们的活动仅限于访仙和求仙药，四人皆为神仙学派的方士。他们为秦始皇求仙，求不死药也纯粹是方士活动，后来没有成功，秦始皇感到上当受骗，发怒杀了这些人。这与后世君主肆意杀人的性质一致，只不过这次株连面过宽，冤假错案太多，所以才引起了人们的注意。侯、卢二生指责秦始皇无道，与儒家观点类似，但是这与儒家的政治主张或学派观点无关。司马迁记录焚书坑儒事件，用的是方士或方术士，明确指出是神仙学派之士。汉初大儒如贾谊、董仲舒等对秦政多有评论，屡屡谴责焚书事，但也从未论及坑儒之事。汉朝离秦朝时间之近，以贾、董之博学，焚书坑儒的事情应当知晓，假如秦始皇所坑确实是儒，尊儒的贾谊、董仲舒等绝无不议之理。据此可以判断，坑方士之说，才是更接近历史的真实情况。只是到了东汉以后，时间距秦已远，"剧秦"之社会

20

舆论、儒家独尊之地位，加以"今文学派"虚指浮夸甚至作伪之学风日盛，提供了炮制秦始皇坑儒这一情节的土壤。班固用术士一词，其词义就更加广泛，他在《汉书·儒林传》中写道："及至秦始皇兼天下，燔《诗》《书》，杀术士，六学从此缺矣。"从这段话可以看出，他所谓的术士已有隐指儒生之意，于是就被后人附会为焚书坑儒。

第二，对被杀者所定罪名是"诽谤"皇帝，而并非因信仰或传播儒家学说。也就是说，引起秦始皇愤怒的并不是某一派的政治主张或某一学派的议论，而是方士们从他那里骗得"费以巨万计"的赏赐，可是"终不得有药"。反而却作诽谤之言，最后一个个逃跑了。皇帝上当受骗，于是惩处他们，这就是坑儒为坑方士的直接原因。所谓坑儒，实际是皇帝个人报复的恣意行为，并不是秦王朝的政策。秦始皇一怒之下，共杀所聘之"文学、方术士"四百六十余人。因此，即便四百六十余人中确有儒生之流，但秦始皇并非因信仰或传播儒家学说而定罪杀人，所以不能称为坑儒。而且，据《史记·秦始皇本纪》所记始皇三十四年（前213）焚书，所焚者为民间私藏之"百家语"，而非针对儒家。

根据以上两点，不能说被杀的四百六十余人中没有儒生而全是方士，但由其代表人物为侯、卢二生可推知，被杀者的主体应是方士，其被杀的原因更与儒家的政治主张或学派观点无关。因此，不能说秦始皇是坑儒，只能说是坑方士。但是，关于焚书坑儒，占主导的观点还是赞同传统的说法，即秦始皇坑的是儒，而非仅仅是方士。只是在坑儒的次数上，颇有争论。

争议之二，秦始皇坑儒次数以及人数。对于这一问题，《史记》《资治通鉴》《藏书》以及现代的《中国通史简编》，都说始皇坑儒仅有一次，即公元前212年的那一次。翦伯赞主编的《中国史纲要》也认同这一观点，书中这样写道："第二年（前212年）又发生了坑儒事件。起因是有些书生对始皇不满，说他'专任刑律''乐刑杀为威'等等，秦始皇以为他们'或为妖言，以乱黔首'，就把他们逮捕，严刑拷问。先后逮捕了四百六十多名儒生，最后全部在咸阳坑杀。"但也有一些材料记载：秦始皇起码坑了两次儒。第一次是在咸阳坑儒四百六十余人，这是公开坑杀。其目的是想"杀鸡骇猴"，"使天下知之"，以儆效尤。第二次规模更大，一下坑了七百余人，不过采取的是秘密暗害的手段，方法也更为"巧妙"和残忍。东汉卫宏在《诏定古文尚书序》中记载，秦始皇在骊山温谷挖坑种瓜，以冬季瓜熟的奇异现象为由，诱惑博士诸生集于骊山观看。当众儒生争论不休、各抒己见时，秦始皇趁机下令秘杀填土埋杀，七百多名儒生全部被活埋在山谷里，外人不得可知，一直隐瞒了二百余年之久。后来唐朝张守节编写《史记正义》时，将这段史料编入了史书。唐朝颜师古注《汉书·儒林外传》也引用了这段故事。

有人认为，既然载入了《史记·儒林传》《史记正义》，秦始皇骊山坑儒应当是事实，只不过因为手段秘密，当时人知之者甚少，极少数知情者又不敢公开罢了。不过，也有人虽不否认骊山坑儒的史实，但却认为秦始皇坑儒只是一次，认为咸阳坑儒、骊山坑儒,是一件事的两次不同记载。不过,这种说法的支持者不多。因为这两次坑儒差异太大:一次是在咸阳公开坑杀,另一次是在骊山温谷秘密坑埋;前一次是四百六十人,后一次是七百余人。尤其需要指出的是,首次记述秦始皇第二次坑儒的卫宏是一名治学态度相当严谨的学者,他的著作都是经过长期的深入采访、研究、整理才写出的,学术价值很高。加之东汉光武帝比较开明,重视学术研究,所以卫宏揭露的秦始皇第二次坑儒真实度很高。

这一说法得到了不少人的认同。元代史学家在《文献通考》卷四十《学校考》记载:"始皇使御史案问诸生,转相告引,至杀四百六十余人。又令冬种瓜骊山,实生,令博士诸生就视,为伏机,杀七百人。"《太平御览》所引《古今奇字》记述

骊山风景

传说秦始皇以骊山温谷冬季瓜熟为奇异现象,诱博士诸生集于骊山下谷观看。当众儒生们各持己见,争论不休时,秦始皇下令趁机填土秘杀而埋之。这些儒生全部被活埋在山谷里。

也同意这一说法:"秦始皇密令人种瓜于骊山温谷处,瓜实成,使人上书曰:瓜冬有实。诏下博士诸生说之,人人各异。则皆使往视之,而为伏机,诸儒生皆至,方相难不决,因发机,从上而填之以土,皆压死。"有人据此认为,秦始皇坑儒不止发生一次,并且进一步指出秦始皇第二次坑儒的原因:因为第一次只坑杀了在京都的四百六十余博士、诸生,广大儒生还散布在全国各地,更加强烈地继续反对秦始皇的暴政,就连秦始皇的长子扶苏也说:"天下初定,远方黔首来集,诸生皆诵法孔子,今上皆重法绳之,臣恐天下不安,唯上察之。"这种说法也有一定的道理,有其当时的历史背景。所以秦始皇坑儒到底几次,多少人,至今没有统一的答案。其实,四百六十人也好,七百人也好,焚书坑儒(即使所坑是方士)属于一种极端残忍的野蛮行为,秦始皇也因坑儒之举背上千古骂名。然而,直到今天,秦始皇究竟有没有坑儒以及数量等谜团还是有待解开。

韩非
为何被杀

韩非

韩非子（约前280—前233），战国末思想家。原为韩国贵族，与李斯同师苟卿，为法家的集大成者。多次上书韩王变法图强，不见用，乃发愤著书立说，以求闻达。秦王政慕其名，遗书韩王强邀其出使秦国。在秦遭李斯、姚贾诬害，死狱中。现存《韩非子》五十五篇。

韩非(约前280—前233)战国后期重要的思想家，韩国的贵族，"喜刑名法术之学"，后世称他为韩非子。他和李斯都是荀子的弟子。当时韩国很弱，常受邻国的欺凌，他多次向韩王提出富强的计策，但未被韩王采纳。韩非写了《孤愤》《五蠹》等一系列文章，这些作品后来集为《韩非子》一书。秦王嬴政读了韩非的文章，极为赞赏。他对左右说："寡人得见此人与之游，死不恨矣。"大有相见恨晚之意。但是韩非到秦国之后，并没有如秦王所言那样，反而被投进牢狱，不久就被处死。有关他的死因，从西汉起就有不同的说法，至今学术界仍无定论。

一种意见认为，韩非死于李斯的嫉贤妒能。据《史记·老子韩非列传》记载：韩非出身于韩国贵族世家，曾与后来在秦国飞黄腾达的李斯同为荀况的学生。他不善言谈，但很会写文章，连李斯也自认不如他。韩非曾上书韩王实行变法。但他的建议未被采纳，只得退而著书立说，以阐明其思想。他的著作传到秦国，秦王读后大为钦佩，于是秦王下令攻韩国，韩王派韩非出使秦国。秦王得到韩非后很高兴，这使李斯非常嫉妒，害怕自己的地位被韩非所取代，于是伙同大臣姚贾，在秦王面前说韩非坏话，伺机将他置于死地。韩非因而被关进监狱，不久在狱中服毒自杀，而送给他

23

毒药的就是李斯。《史记·老庄申韩列传》对此也有记载："李斯、姚贾害之,毁之曰:'韩非,韩之诸公子也。今王欲并诸侯,非终为韩不为秦,此人之情也。今王不用,久留而归之,此自遗患也,不如以过法诛之。'秦王以为然,下吏治非。李斯使人遗非药,使自杀。韩非欲自陈,不得见。秦王后悔之,使人赦之,非已死矣。"此外《史记·秦始皇本纪》也记载"韩非使秦,秦用李斯谋,留非,非死云阳"。根据司马迁的意思,韩非是死于李斯的嫉妒陷害。

有的学者认为上述意见不能成立,《史记》中的记载,不仅歪曲了历史的本来面目,也使李斯等人蒙上了不白之冤。他们的理由是,当秦王读到韩非的文章后,认为"得见此人与之游,死不恨矣"时,向他推荐韩非的正是他的同门李斯,如果李斯有妒贤嫉能之心,又何必多此一举? 另外,韩非被囚禁进而被杀,不是在秦王重用他时,而是在还未信用的情况下发生的,根据当时的情形,韩非并未对李斯构成任何威胁,根本谈不上什么嫉妒的。李斯在秦二世继位之后,甚至被投放监狱的时候,还多次引用"韩非之言",劝二世实行韩非之术,这足以证明李斯对韩非是一直敬重的,故暗害之说无从谈起。

还一种意见认为:韩非之死固然与李斯、姚贾有关,但关键因素在于秦王的多疑。秦王为人"少恩而虎狼心",他对韩非学说的倾倒,并不能消除他对韩非的不信任。韩非使秦是韩国弱秦计划的一个重要步骤,他的到来是为存韩之目的,因而处处站在韩国的立场上考虑问题。秦王对他的到来疑虑很多,于是下了毒手。如果秦王没有杀韩的打算,李斯是不敢轻举妄动的。首先,韩王曾找韩非详细商量过对付并削弱秦国的问题,正当秦国派兵攻打韩国的时候,韩王把韩非派来秦国,难免不引起秦王的怀疑。其次,《史记》虽然记载了韩非死后秦王很后悔,但是他既没为韩非平反,也没有追究李斯、姚贾二人的诬陷罪,可以推测出当初杀韩非是出于秦王的本意。

也有人不同意这一观点,他们认为秦王政对韩非的著作一直赏识之至。为了得到韩非其人,可谓绞尽脑汁,甚至不惜调动千军万马发动战争,这才使韩国被迫交出韩非,秦王得到了自己想要的人才,他还不至于"叶公好龙",当韩非真的来到他身边的时候,忽然心生猜忌,不仅不重用他,还将他置于死地。

第三种意见认为,韩非的死因与当时秦韩两国政治斗争有关,并非李斯的嫉妒陷害。韩非咎由自取,百般阻挠秦国的统一大业,具体表现为:第一,游说秦王进攻赵国。战国后期,秦国势力强盛,扩张势头很猛,韩国首当其冲,对此"韩王患之,与韩非谋弱秦"。韩国的"弱秦"计划,开始是派水工郑国到秦游说。抓住秦王好大喜功这一点,用兴修水利的计策来消耗秦之国力,但此事不久即败露,并且修建的"郑国渠"不仅没有"弱秦",反而使秦更趋富强。在不得已的情况下,韩非亲自出使秦国。到达秦国后,立即抛出上秦王书,旨在破坏李斯的计划,企图把秦军引向赵国,从而达到"存韩"的目的。第二,破坏秦之君臣关系。这一点西汉刘向在《战国策·秦策》中有所提及：楚、燕、赵等国想联合起来对付秦国，秦王招大臣商议，姚贾自愿出使四国，姚贾的出使制止了四国的联合行动，回秦后得到重赏。然而韩非对此颇为不满，就到秦王面前说姚贾的坏话。开始时攻击姚贾用秦国财宝贿赂四国君王，"以王之权，国之宜，外自交于诸侯"；接着对姚贾进行人身攻击，说他是"梁之大盗，赵之逐臣"，认为重赏这种人是不利于"厉群臣"的。秦王召姚贾质问，姚贾对答如流。坚持以财宝贿赂四君是为秦国利益考虑，如果是"自交"，又何必回秦国；对自己的出身他也毫不隐讳，并列举姜太公、管仲、百里奚等人为例，说明一个人的出身低贱和名声不好并不碍于效忠"明主"。他劝秦王不要听信谗言，于是秦王信任姚贾而杀了韩非，从这里看，韩非似乎咎由自取，妒忌别人而终害自己。

　　持相反意见的论者指出这一观点的缺陷。第一，《战国策》这部书相当庞杂，虽然经过刘向校录，但是仍然错误百出。而司马迁对于史料的鉴别相当认真和慎重，他在《史记》中采用了《战国策》的材料十几处，但是唯独没用《秦策》"四国合一"的内容，可见这一段的真实性值得怀疑。第二，韩非"为人口吃，不能说道"，在韩国时，他只是"数以书谏韩王"，为何到了秦国后能一反常态，在秦王政面前唇枪舌战起来？所以这种韩非之死咎由自取的观点不可靠。

　　还有几种观点比较有新意，但都属于一家之言，没有史学根据。一种观点认为韩非之死是与李斯争权夺利失败所致。这种观点认为人们总把韩非视为爱国者，为"存韩"而死，实际上并不然。韩非和李斯都是战国时代的纵横游说之士，换一种说法就是政客。韩非到秦国去是与李斯争权夺利，要说嫉妒之心两人都有，两人钩心斗角的结局则是李胜韩败罢了。另一种观点认为韩非之死是文人的性格

《韩非子》书影

　　《韩非子》是战国末期韩国法家集大成者韩非的著作。《韩非子》一书，重点宣扬了韩非法、术、势相结合的法治理论。韩非法术势相结合的理论，达到了先秦法家理论的最高峰，为秦统一六国提供了理论武器，同时，也为以后的封建专制制度提供了理论根据。

25

司马光

北宋著名政治家、伟大史学家，主持编纂了我国第一部编年体通史《资治通鉴》。司马光为人温良谦恭、刚正不阿，其人格堪称儒学教化下的典范。对于韩非之死，他评价为："臣闻君子亲其亲以及人之亲，爱其国以及人之国，是以功大名美而享有百福也。今非为秦画谋，而首欲覆其宗，以售其言，罪固不容于死矣，乌足愍哉！"

所致。这种观点上升到了很高的理论高度，认为中国知识分子最大的毛病在于不忘政治，在文章中每一句话甚至每一个字都有政治上的微言大义。搞政治时与写文章混为一谈，只会引经据典作长篇大论或者上万言书，对现实中的人性、利害关系与权力结构一无所知。韩非在自己的文章中宣称按照某一标准或某种法令某人该杀某人该流放，其实只是书生意气，并没有针对具体的人。但是言者无意，听者有心，韩非这样说难免不会被某些人理解成为采取某些行动的先兆。而秦王作为一名政治家，他对韩非学说的倾倒，并不能消除对韩非的不信任。他需要的是能实现他统治野心的工具，不能充当这种工具的人，不论学问多好，也没有存在的价值。所以韩非之死，为中国封建历史上文人从政的悲哀。第三种观点认为，韩非的死是由于没有遵守说客的道义。扬雄《法言》中这么认为，韩非的死是因为"说不由道"。这里的"道"，有天道、礼义、仁德等含义。韩非游说秦王，他的指导思想是与"道"相背离的。作为说客，韩非知道说服他人服从自己的意愿是件很难办的事情，所以，他为了达到自己的目的便不择手段：为秦国谋划，不惜出卖、灭亡自己的祖国。最终，他背叛了作为说客的准则，导致了自己的人生悲剧，并为史家所不齿，司马光评论韩非之死时说："臣闻君子亲其亲认及人之亲，爱其国以及人之国，是以功大名美而享有百福也。今非为秦画谋，而首欲覆其宋国，以售其言，罪固不容于死矣，乌足愍哉！"

总之，对于韩非之死，历来争议颇大。或许，真实的历史总是被隐藏在各种各样被裁减过的文字里，也许我们永远都无法知道真相。韩非之死，也就成为千古悬案。

徐福
东渡之谜

徐福东渡一事,最早出现于司马迁的《史记》。据《史记·秦始皇本纪》记载:秦始皇二十八年(前219),"齐人徐福等上书,言海中有三神山,名曰蓬莱、方丈、瀛洲,仙人居之。请得斋戒,与童男女求之,于是遣徐福发童男女数千人,入海求仙人。"秦始皇三十七年(前210),徐福再次求见秦始皇。因为九年前第一次入海求仙药,花费了巨额钱财未果,这时徐福谎称由于大鱼阻拦所以未能成功,于是请求配备强弩射手再次出海。秦始皇便相信了徐福的谎言,第二次派徐福出海。徐福于是率"童男童女三千人"和"百工",携带"五谷子种",乘船泛海东渡,成为迄今有史记载的东渡第一人。对于徐福东渡,《史记·淮南衡山列传》也有记载:"(秦始皇)遣振男女三千人,资之五谷种种百工而行。徐福得平原广泽,止王不来。"

徐福东渡把秦代文明传入日本,促进了日本社会质的飞跃。徐福因此在日本被尊为农耕神、蚕桑神和医药神,日本纪念徐福的祭祀活动历千年而不衰。但是,自从司马迁在《史记》中第一次记载徐福东渡活动以来,也把与徐福有关的疑谜留给了后人。

疑团之一:徐福东渡是否到达日本?关于徐福的目的地的问题,学术界大多数学者认为,徐福东渡确实到了日本,甚至有人提出,徐福到日本后建立了日本王朝,徐福就是神武天皇;也有学者对此一说法提出质疑。认为到了海南岛或者是朝鲜,还有人提出到了美洲。

据《史记·淮南衡山列传》中的记载:"徐福得平原广泽,止王不来。"可以推测徐福登陆地是一平原。日本是一个由三千多个小岛组成的岛国。本州、九州、四国与北海道是其中四个大岛,总面积达到37.67万平方公里。全国有百分之二十四的面积为平原。较大的平原有关东平原、浓尾平原、畿内平原等。除日本列岛外,其他岛屿没有"平原广泽"的地理特征。

另外,徐福东渡日本,在后世的史书资料中也有记载。在《三国志·吴书·吴主传》中也有记载:"长老传言秦始皇遣方士徐福将童男女数千人入海,求蓬莱神山及仙药,止

日本的御手洗井

御手洗井位于日本佐贺县，据说是徐福东渡到日本后为了取得干净的水，离上岸地点不远的地方挖了井，用井水洗手，此井被称为御手洗井。这个井在8世纪时曾经修缮过一次。由高僧命名为照江。之后连续发生火灾、瘟疫等，又改名为寺井，并由僧侣加了盖。

此洲不还。"《后汉书》中，把徐福入海求仙事件附在倭国之后。五代时期义楚和尚所写《义楚六贴》中提到："日本亦名倭国，在东海中，秦时，徐福将五百童男，五百童女止此国。"在日本学术界，也有不少史料记述徐福到日本的情况，有《神皇正统记》《林罗山文集》《异称日本传》《同文通考》等文献。松下见林在《异称日本传》中说："夷洲、澶洲皆日本。相传纪伊国熊野之山下有徐福墓。熊野新宫东南有蓬莱山，山前有徐福祠。"新井君美在《同文通考》中说："今熊野附近有地曰秦住，土人相传为徐福居住之旧地。由此七八里有徐福祠。其间古坟参差，相传为其家臣之冢。如斯旧迹今犹相传，且又有秦姓诸氏，则秦人之来往乃必然之事。"和歌山新宫町《秦徐福碑文》这样描述："今东海可当蓬莱者，无可舍皇国他求，则谓日本国，得其实也必矣。"

然而，有些学者认为，徐福东渡日本只是传说。日本古文献中载有徐福传说者以《神皇正统记》（1339）为最早，其他大约是十七八世纪的记载，因此他们推断是受了宋元以来中国文献的影响。在隋唐时期，日本与中国交往极为频繁，但在文献之中却罕见"徐福"二字。又有学者认为，徐福东渡是历史事实，但不是去了日本，而是美洲，因为徐福东渡的时间与美洲玛雅文明的兴起相吻合。前上海暨南大学教授、南京古物保存所所长卫聚贤在《中国人发现美洲》考证，美洲特产四十多种动植物矿产为先秦人民所知。如《春秋》记载"六鹢退飞过宋都"，"鹢"即美洲特有的"蜂鸟"。是殷朝被灭国后，部分殷人逃到北美后，回国观光带回六只蜂鸟，齐桓公为纪念此次远征，特在旗上绘制"蜂鸟图"。卫聚贤认为哥伦布在发现美洲之前，已有多位中国人到过美洲，故徐福后来东渡美洲很有可能。吴人《外国图》指出"澶洲去琅琊万里"，根据距离分析根本不是日本，而是美洲。最早记述倭国的《后汉书》是把澶洲与日本区别开来的。"澶"字有大岛的含义，美洲大陆像"澶"字。故以字形命名。

现在檀香山还遗有带有中国篆书刻字的方形岩石，旧金山附近也有刻存中国篆文的古箭等文物出土，所有这些都是徐福东渡美洲的明证。

疑团之二：徐福为何东渡？关于徐福东渡的原因，据《史记》所言，秦始皇不惜以巨资支持徐福东渡，是为了寻神山仙药，求长生不死药。《十洲记》也这样记载："秦始皇时，大宛中多枉死者横道，数有鸟衔草，覆死人面皆登时活，有司奏闻始皇。始皇使使者赍此草，以问鬼谷先生，云是东海中祖洲上不死之草，生琼田中，一名养神芝。其叶似菰，生不丛，一株可活千人。始皇于是谓可索得，因遣徐福及童男童女各三千人，乘楼船入海，寻祖洲不返。"

并非所有的言论都支持这种说法，还有不少史书提出了避祸说，《汉书》及《后汉书》中都有相应的记载。《汉书·郊祀志下》这样说："徐福、韩终之属多赍童男女入海，求神采药，因逃不还，天下怨恨。"《后汉书·东夷传》说："又有夷洲及澶洲，传言秦始皇遣方士徐福将童男女数千人入海，求蓬莱神仙不得，徐福畏诛不敢还，遂止此洲"。唐代诗人汪遵《东海》诗也写道："漾舟雪浪映花颜，徐福携将竟不还。同舟危时避秦客，此行何似武陵滩。"作者把徐福入海不归比作陶渊明《桃花源记》所写的武陵郡渔人避秦乱而移居桃花源之事。南宋祖元和尚为了逃避元代的统治，也东渡到了日本。他有一首祭徐福的诗："先生采药未曾回，故国山河几度埃。今日一香聊远寄，老僧亦为避秦来。"祖元把自己去日比作徐福避秦。日本新宫市徐福墓碑文也写道："盖徐生之避秦……"

还有一些人持"海外开发"的观点。他们认为，以秦始皇的雄才大略，绝不会轻信长生仙药之说，他派徐福出海，可能跟海外开发有关。《吕氏春秋·为欲篇》指出了秦国统治者的理想："北至大夏，南至北户，西至三危，东至扶木，不敢乱矣。""扶木"就是"扶桑"，即后来所说的日本。秦始皇一再派徐福等入海寻找三神山，绝不是单纯为了采神药，而是为了把东方疆土开拓至日本。

秦始皇统一天下只有十二年的时间，但是四次到东方沿海巡视，这说明他对东方诸岛的极大关注。有的学者说："始皇东巡的根本目的在于实现东至扶木的理想，而徐福探海东渡正是实现始皇理想宏愿的具体行动。"秦始皇在琅琊刻石中说："普天之下，抟心揖志。器械一量，同书文字。日月所照，舟舆所载。皆终其命，莫不得意。"又说，"西涉流沙，南尽北户。东有东海，北过大夏，人迹所至，无不臣者。"从中可以看出，秦始皇早有吞并日本之意，徐福东渡，或许正与此有关。

疑团之三：徐福的船队从哪里起航？关于这一点的主要说法有：河北省的秦皇岛和黄骅附近说，浙江省慈溪和舟山说，江苏省海州一带（现在的连云港赣榆县）说，山东省登州湾（龙口市黄县）及胶州湾徐山（青岛）琅琊、成山头说。

对于河北盐山县出海说的说法，持这一观点的人认为徐福入海确有其事，无棣沟入

徐福祠

徐福祠位于赣榆县金山镇，是为纪念东渡日本的秦代方士徐福而建造，占地面积2400平方米，建筑面积132.62平方米，仿汉古建筑，造型精美，古色古香。祠内设有正殿，东西配殿，东西长廊以及祭坛、香炉、钟、鼓等附属设施。正殿供有高3.79米，古铜色的徐福塑像，面向东南，目视远方，表现出徐福刚毅、睿智和离别乡土的眷恋之情。

海处即徐福入海处，至今犹存的古秦台旧址就是见证。秦始皇二十八年(前219)，秦始皇东巡至琅琊，徐福第一次请求入海。因入海地点选择不当，中途受阻而归。秦始皇三十七年(前210)，秦始皇再次来到琅琊，徐福请求再次入海。他根据秦始皇的旨意，更换了出海地点，在原齐国旧地饶安(今盐山县旧县镇)，经无棣沟入海。这次东渡到达日本一直未归。

然而，最有可能的一种是琅琊出海说。徐福的渡海求仙，与琅琊的关系最为密切。秦始皇巡视天下曾三临琅琊，其间两次召见徐福。由于他上书地点在琅琊，其出海准备工作和入海地点自然就是琅琊。《史记》这样记载，"(秦始皇巡幸江南)还过吴，从江乘渡，并海上，北至琅琊。方士徐福等入海求神药，数岁不得，费多，恐谴，乃诈曰：'蓬莱药可得，然常为大鲛鱼所苦，故不得至，愿请善射与俱，见则以连弩射之。'始皇梦与海神战，如人状。问占梦，博士曰：'水神不可见，以大鱼蛟龙为候。今上祷词备谨，而有此恶神，当除去，而善神可致。'乃令入海者赍捕巨渔具，而自以连弩候大鱼出射之。自琅琊北至荣成山，弗见，至芝罘，见巨鱼，射杀一鱼，遂并海西。至平原津而病。"司马迁明确地指出，秦始皇与徐福自琅琊启航北上，绕成山至芝罘，射杀一巨鱼后，秦始皇返回至平原津而病，不日逝世。而徐福则自芝罘射巨鱼后即远航异域，从中可以看到，徐福船队的启航港应是琅琊港。

迄今为止，仍有众多有关徐福的疑谜无法作出肯定或否定的结论。大海茫茫，徐福东渡之谜，遂成千古悬案。

孟姜女
哭倒长城传说

孟姜女哭长城的故事，是我国古代著名的民间传说，它以戏剧、歌谣、诗文、说唱等形式，广泛流传，可谓家喻户晓。这个故事大致梗概是这样的：秦朝时期，秦始皇发动八十万民工修筑万里长城。苏州有个书生叫万喜良，为了逃避官府的追捕，四处躲藏，误入孟家花园，结果因此结识孟姜女，后来结为夫妻。然而新婚不到三天，万喜良就被公差抓去修长城了。半年过去了，万喜良一点消息也没有。这时已是深秋季节，孟姜女惦记丈夫，就启程到万里长城寻夫。一路上吃尽千辛万苦，谁知到了工地后才知道万喜良已经累死了，尸骨被填进了城墙里。听到这个消息，孟姜女伤心地痛哭起来，直哭得天愁地惨，日月无光。忽然听得一声巨响，长城崩塌了几十里，露出了数不清的尸骨。孟姜女咬破手指，把血滴在一具具的尸骨上，她心里暗暗祷告：如果是丈夫的尸骨，血就会渗进骨头，如果不是，血就会流向四方。最后，孟姜女用这种方法找到了丈夫的尸骨。这就是我国孟姜女哭长城的传说。

当然，根据常识来判断，孟姜女哭倒长城是不可能的。那么，孟姜女的故事是怎样产生、流传与演变的呢？有人认为，孟姜女的故事发生在齐国。齐为姜太公的封国，《东周列国志》等书中出现的"×姜"，一般是齐国人。孟姜者，姜氏之长女也。所以，他们认为，孟姜女传说的雏形是《左传》记载的孟姜。孟姜为齐将杞梁之妻，杞梁于公元前549年在莒战死，齐庄公在郊外见到孟姜，对她表示吊慰。孟姜认为郊野不是吊丧之处，拒绝接受，于是庄公专门到她家里进行了吊唁。孟姜除了知礼外还有善哭的记载，淳于髡曰："杞梁之妻善哭其夫而变国俗。"在齐地产生了孟姜哭调。严格说来，这时的孟姜女故事和杞梁妻故事之间，还是有一定的差距的。

首先，杞梁的身份与万喜良的身份不同，一个是齐国的贵族战将，一个是苏州的书生、秦国的筑城役人。其次，从二者行为的性质看，贵族杞梁不贪敌贿，战死疆场；万喜良则是不堪辛苦，偷偷逃走。再次，从二位女人哭的原因来看，同样是哀哭崩城，贵族杞梁之妻是表达心中悲哀；民女孟姜女则为寻求被筑在城中的丈夫遗骸，哭到长城崩倒、白骨尽出。最后，从二人哭的地点看，杞梁妻是在城郊等候迎接亡夫的棺柩，再抚尸而哭；孟姜女则自己前往长城，哭倒长城。

姜女坟

姜女坟在姜女庙东南海中,有四块礁石突出于海面之上,传说这就是孟姜女的墓,称为姜女坟或姜女石。

随着故事的流传,情节进一步增加和完善。西汉刘向的《说苑》,增加了"夫死后向城而哭,城为之崩"的情节。他的《列女传》中,又添了"投淄水"的情节。这样,杞梁妻的故事到了汉代,开始接近于孟姜女了。到东汉时期,王充的《论衡》、邯郸淳的《曹娥碑》进一步演义,说杞梁妻哭崩的是杞城,并且哭崩了五丈。西晋时期崔豹的《古今注》继续夸大,说整个杞城被孟姜女哭倒。到西晋时,杞梁妻的故事已经走出了史实的范围,演变成文学作品了。到了唐代,杞梁妻更加接近孟姜女。诗僧贯休在诗歌《杞梁妻》中,把春秋时期的事情挪到了秦代,把临淄的事搬到了长城内外,把城墙演化成长城。这样,杞梁妻的故事开始向"孟姜女哭长城"的传说靠近。到了明代,政府大修长城,招致民怨沸腾。老百姓为了发泄对封建统治者的不满,又改杞梁妻为"孟姜女",改杞梁为"万喜梁",加了诸如招亲、夫妻恩爱、千里送寒衣等情节,创造出全新的"孟姜女哭长城"传说。

有些人不同意杞梁妻演化成孟姜女这种观点,他们的根据是现在山东北部长城铺村的传说。故事梗概是这样的:在泰山西边有一条由齐国通往鲁国的交通要道,在这条大道的咽喉处,南北排列着几个村庄,最南边的叫界首,中间的叫皮家店,再往北的村庄叫铺子。当时这里正是齐鲁两国的交界点,鲁国为了防御强大的齐国,就在边界一带由西向东修建了一道边防寨墙,只在路口处留有寨门,并屯兵把守。不久,就形成了一个村庄,取名就叫界首。以后为了经商的方便,齐国商人便把货物运到两国边界附近的地方安顿下来,并在这里建商铺客店,很快形成了村落,村名也就被称为铺子和店子。

有一年铺子村迁来一户齐国都城临淄的姜姓人家,生了个女孩,取名叫孟姜。小孟姜聪明伶俐,十分招人喜爱。随年龄的增长,小孟姜不仅长得越来越漂亮,而且手也越来越灵巧,爹娘一直都把她当成掌上明珠。当孟姜女长到十七八岁的时候,上门求亲的人家络绎不绝,最后爹娘为她选中了一户也由都城临淄迁来的万姓人家的男青年,青年的名字叫万杞梁。

小夫妻结婚后，二人恩恩爱爱，相敬如宾。但他们结婚不久，齐国为了加强防御，就在国内大力征调人力修筑长城。当时青壮年基本都被征调，万杞梁也在其中。起先他在家乡一带修长城，虽然又苦又累，但终究因为离家较近，所以孟姜女能随时到山上探望丈夫，送衣送饭。经过几年的艰苦修筑，在铺子村的东西山上都建起了十分高大的长城。泰山以西的长城修筑完以后，万杞梁又被征调到沂山以东去修筑长城，一去几年，音信皆无。有一年冬天特别寒冷，孟姜女心疼在外的丈夫，便连夜赶制棉衣，沿着长城向东，为丈夫千里送寒衣。她一路经历几多艰难险阻，最后终于在莒国打听到丈夫的消息，但是此时丈夫已经累死，被埋在了长城之下。

孟姜女十分悲伤，如万箭穿心，再也忍受不住心头的悲痛，一头扑向埋葬丈夫的城墙边上，号啕大哭起来。就这样，孟姜女哭了十天十夜，感动了上天，长城崩塌了一大片，自己丈夫万杞梁的尸体也完好地显露了出来，她扑上去为丈夫穿上了新做的棉衣，并选了背风向阳的地方，重新埋葬。孟姜女本想随夫而去，但为了照顾公婆，强忍泪水返回。但不久公婆从别人嘴里得知儿子已死的消息，伤心过度去世。孟姜女在万念俱灭的情况下，投进村东的红石江而死。铺子村的村民为了纪念孟姜女，所以便把村子改名为长城铺，后又改成长城村，并在城门阁楼东边修建了孟姜女庙，庙内香火不断，孟姜女哭长城的故事，也就世世代代流传了下来。

这个传说并非没有任何根据。杞梁妻哭夫的故事最早的记载是公元前 549 年，这时的秦长城还没有修建。而根据我国历史学家的考证，齐长城西段早在周灵王十五年（前557）就已完成。《史记·楚世家》正义引《齐记》载："齐宣王乘山岭之上，筑长城，东至海，西至济州，千有余里。"可见孟姜女哭的是齐长城，而不是秦长城。至于山海关附近的孟姜女墓，已有史可查，是清朝把一座贞女坟改成的孟

姜女庙

姜女庙是为纪念孟姜女而修建的，位于山海关东十三里的望夫石村北凤凰山上。此庙建成于明万历二十二年（1594），清代重修。殿内悬有"万古流芳"匾和清朝乾隆皇帝题写的《姜女祠》等诗。东面墙壁上嵌有从山海关东门楼临摹下来的"天下第一关"门额石刻。西面墙壁上嵌有历代文人墨客所作诗文的刻石。

33

姜女墓。齐长城考察队对齐长城进行了全面考察后，认为孟姜女的原型就是杞梁妻，孟姜女埋完丈夫后，回到长城铺，痛哭一场，投村东红石江（现有殉情遗址）。通过这个传说，可以看出孟姜女在长城铺哭夫，进而演化为孟姜女哭长城。

万里长城图

孟姜女故事的原型到底是谁，这两种说法似乎都有一定的道理。顾颉刚是我国研究孟姜女故事的专家，他对传说故事进行精细和系统的考证，写出了《孟姜女的故事转变》和《孟姜女故事研究》，从纵横两方面提出了故事的历史系统和地理系统，对孟姜女的传说进行了系统的研究。研究结果表明，从孟姜女故事已看不清杞梁妻的真正历史面目了。所以顾颉刚提出唐代以来孟姜女故事由春秋时杞梁之妻演化而来的说法，即第一种观点。不少学者同意顾颉刚的上述论点。例如钟敬文先生就认为："民间传说，是民间文学（口头文学）的一种形式。在流传过程中不断变化，正是这种文学的重要特点。""孟姜女这个故事，流传了2000多年，传播地区几乎遍布全国，它的变化多姿是必然的。""孟姜女传说，由原来的齐国杞梁之妻，逐渐演变，到了隋唐之前，急剧转变为孟姜女哭倒埋夫尸的万里长城，正是口头文学这种规律的表现。"

当然，并非所有的专家都同意顾颉刚的观点。苏联汉学家鲍·李福清在1961年出版的《万里长城的传说与中国民间文学的体裁问题》一书中指出："顾颉刚在分析各种有关孟姜女的作品时，并没有把民间文学创作与人民的生活联系起来。""顾颉刚认为孟姜女传说起源于古籍资料，这一结论是不能令人同意的。"近期，国内部分文物专家聚会山东省长清县齐长城遗址，参加"中国齐长城文化艺术研讨会"，与会专家确认了在我国流传久远的孟姜女哭长城的故事发生在山东省长清县境内。

孟姜女故事的原型，专家尚且存在争议，我们就更不清楚她到底是谁了。

楚汉
争霸决战何处

楚汉战争进行到公元前 203 年,楚强汉弱的形势已经彻底改变了。刘邦后方稳固,兵强马壮;而项羽却三面受敌,粮草不继,战略形势明显处于劣势。项羽没有办法,只能与汉王讲和,约定以鸿沟为界,双方相安共处。但是,刘邦在张良、陈平等人的劝说下,很快背弃和约,向楚军进军,双方在垓下进行了惨烈的决战,这次战役汉军大获全胜,而楚军近十万精锐部队全军覆没,一度叱咤风云的西楚霸王项羽,也走向了穷途末路,自刎乌江。垓下之役是楚汉战争的最终的一次大决战,是刘汉王朝奠定霸业的关键性的一战。

然而,楚汉战争至关重要的地点垓下的详细地点到底在何处,历来争议很大。目前史学界对垓下有两种截然不同的说法:著名史学家范文澜认为垓下为今天的鹿邑,他在《中国通史简编》写道:"垓下在河南省鹿邑县境。"这一观点的根据是唐代张守节《史记正义》的记载:"高岗绝岩,今犹高三四丈,其聚邑及堤,在垓之侧,因取名焉。今在亳州真源县东十里,与老君庙相接。"范文澜这样分析,唐朝的真源县是秦汉时的苦县,故城在今河南鹿邑县,老君庙即今天鹿邑城东的太清宫,所以垓下在今天的鹿邑。此说由于晚出,因而从其说者较少。史学泰斗郭沫若认为垓下应该是灵璧,他在《中国史稿》中这样写道:"垓下在安徽省灵璧县南、沱河北岸。"郭老的观点是根据下列史书记载的,《汉书·地理志》沛郡侯国这样注释:"垓下,高祖破项羽处。"《水经注·淮水篇》载:"洨水东南流,经洨县故城北,县有垓下聚,汉高祖破项羽所在也。"唐《元和郡县图志·河南道五》也在宿州虹县下载言:"垓下聚,在县西南五十四里,汉高祖围项羽于垓下,大破之,即此地也。"这种观点是最传统的说法,绝大多数学者都支持这一观点。

然而,根据陈可畏先生最新的研究,上述两种说法均不能成立。陈可畏推断垓下应该是陈县(即今河南淮阳县)。他首先指出探究垓下的一条重要信息,即在楚汉之争中,项羽被围垓下之前与刘邦发生的一场固陵之战(固陵在河南省淮阳、太康、鹿邑县境内)。

垓下古战场遗址

　　垓下古战场遗址位于今安徽省灵璧县城东南，韦集镇单圩老庄胡村附近。公元前202年，楚汉两军决战于此，刘邦大败项羽，迫使项羽演出"霸王别姬"和自刎乌江的历史悲剧。

　　刘邦与项羽以鸿沟为界平分天下之后，刘邦的军事实力逐渐强大。后来刘邦采用张良的建议背弃和约，于公元前202年10月率军渡过鸿沟进击项羽。刘邦追杀项羽的部队到阳夏（太康）以南，并约定与大将韩信、彭越等人相会，在固陵一带消灭项羽。但是，刘邦率军到固陵后，韩信、彭越的军队却没有按期到达，致使刘邦兵败又被项羽追杀。刘邦率众退守固陵，在固陵城周围坚壁不战，使得楚汉两军在固陵城一带形成暂时的对峙局面。固陵战场方圆百里，运师数十万，楚军在固陵城附近阻击汉军，以防汉军东进或南下。刘邦被困固陵，危急中以裂土封王为代价，封韩信为齐王，封彭越为魏王，以换取韩信、彭越等及时出兵。

　　公元前202年12月，韩信、彭越等部约四十万人分别从齐、梁等地出发夹击项羽。刘邦也在固陵开始反击。同时汉将灌婴也率部从彭城西进，参与了这场决定楚汉成败的固陵之战。项羽的军队被汉军以十倍之师层层包围在垓下达三个月之久。项羽被汉军重重围困，兵少粮缺，陷于困境，楚军军心大乱。刘邦等人见时机成熟，深夜用楚歌瓦解楚军军心。这样，才引出了项羽悲壮的"霸王别姬"。后来项羽率八百随从冲出重围，连夜逃亡，于凌晨到达乌江一带（今安徽和县东北）。然而，项羽自叹无颜见江东父老，自刎身死。

　　陈可畏认为，根据《史记》《汉书》记载，固陵之战以后，汉王退保固陵县城，深堑拒守。其时楚军集结在附近进行阻击，以防止汉军继续东进或南下。而至垓下之围前，史书并没有项羽从固陵附近败走的记录，也没有汉王从固陵追击至垓下的记载，那就是说，垓下应距固陵县城不远，否则两军无法交战。而垓下如在今安徽灵璧的话，相隔二百多公里,楚军根本无法阻止汉军东进。况且,灵璧一带,自古是平川,县东南是古蕲水、古波水、澳水、沱水、唐水的五河河网地带,既不能攻,又不能守,根本不适合兵团作战。

垓下也不可能在今鹿邑县。理由主要有三点:第一,鹿邑县城东距固陵约有七十公里左右,不可能近距离作战,楚军当然也不可能阻止汉军东进南下。第二,据史书记载,汉军包围垓下前,灌婴的军队由彭城(今江苏徐州)西进,降留、薛、沛、鄑、萧、相诸县,破苦县(今鹿邑县)、谯县(今安徽亳县),又西至苦县之颐乡驻军,最后才破楚军于垓下。如果垓下在鹿邑的话,灌婴军就应来回穿越项羽大军的驻地,而史书上没有这样的记载,事实上也没有发生这种情况,因此,垓下不可能在鹿邑。

推翻了上述两种观点,陈可畏举出垓下在陈县(即今河南淮阳县)的理由。首先,《史记》《汉书》中几个参加此次决战的将领的传记中,有明确的记载。如《史记·樊郦滕灌列传》记:樊哙"从高祖击项籍……围项籍于陈,大破之";夏侯婴也"从击项籍,追至陈,卒定楚";灌婴"从击项籍军于陈下,破之"。《史记·曹相国世家》亦云:"韩信为齐王,引兵至陈,与汉王共破项羽。"《汉书》的记载也与此相同。这些史料都不可能是凭空杜撰。其次,陈县北部正与固陵相接,垓下在陈县,正与楚军阻止汉军东进或东南进的军事形势相符。从军事防御的观点看,楚军无论是单纯的防守还是以攻为守,驻军于距固陵不远的陈县北部是最恰当的。不仅如此,陈县北部古代有很多丘陵和山冈,利于防守。所谓"垓",阶次也。有山有冈的地方,自然会形成阶梯地形,垓下正是这阶梯地形之侧。其三,史书记载项羽从垓下突围,是在夜间率骑南逃,平明始达淮河北岸。如果垓下是在安徽灵璧的话,灵璧离淮河很近,骑马南奔,不需要一

虞姬墓

虞姬墓位于今安徽省宿州市灵璧县城东,宿泗公路南侧。公元前202年楚汉决战垓下(今灵璧城南沱河北岸城后大队),项羽兵少粮尽,四面楚歌,陷入重围,遂夜饮帐中,面对宠妾虞姬、骏马乌骓,慷慨悲歌:力拔山兮气盖世,时不利兮骓不逝,骓不逝兮可奈何,虞兮虞兮奈若何!项王歌罢而泣,虞姬知军情突变,哀叹大势已去,歌而和之。虞姬歌罢,拔剑自刎;项羽突围,仓皇出走,途中筑冢葬此。

霸王祠

霸王祠是为纪念西楚霸王项羽自刎乌江而建的，历史已相当久远，位于安徽省马鞍山江对岸的和县乌江镇。

个晚上的时间。最后，陈县是一个军事战略要地，它傍鸿沟，接颍水、淮水，有邗沟直通江南，最宜于屯兵驻军。据考古发现，淮阳"贮粮台"遗址有屯粮的痕迹，有人推测这实际上就是楚汉决战时楚军的军粮仓。当时，项羽不派文官而派武将利几为陈县县令，就是要利几保护至关重要的军粮仓。

垓下之争在史学界延续了很久，如今又出现了陈可畏的新观点，究竟哪一种是正确的呢？事实上，现在很难说到底谁的观点正确。引发垓下之争的原因是多方面的，首先，垓下作为一个地区名，并没有明显的标志。史书等记载，仅记其名。这样，一些地名等因文言简记，而会产生一些不同的解释或推断。如"垓下"可理解为"垓"之下，即山之阶梯之下，也可理解为"垓下"，为一个地名。其次，史志书籍的转摘沿用等，也会产生一些谬误，有时甚至会以讹传讹。许多史志书籍都有参考前人，甚至转摘前人的现象。若底本记载有误，则就会引出许多后来者的误解，如"垓下聚"和"垓下"在史志中解释并不一样。再次，附会现象、攀附心理也能引起史志地名或事件的误传。中国人传统思想中都有一种攀附心理，攀名人、名地、名事等。正因为这种心理，才会把一些名人名事附会到各处。中国民间，梁祝故里之争、三顾茅庐之争、垓下位置之争等等都没有摆脱这种观念。

如今，《中国历史地图集》把垓下标在安徽灵璧的东南部；大型工具书《辞海》释"垓下"条目："在今安徽灵璧东南沱河北岸"；各种历史教材对此也众口一词。假设陈可畏的论点成立，那么这些书籍将要改写。然而，楚汉之争的地点的定义，并不是很容易能够推翻的。或许，再过几十年，还会有人推翻陈可畏的言论，提出新的观点。

韩信
是该杀还是冤杀

韩信(？—前196)，秦汉之际的著名军事家。韩信原本是项羽手下的一员大将，后来归附刘邦，协助刘邦制定了还定三秦以夺天下的方略。楚汉战争期间，韩信率兵数万，开辟北方战场。破魏之战，针对魏军部署，明修栈道，暗度陈仓，攻其不备，俘获魏王豹。井陉之战，背水为阵，使将士死地求生，奋勇争先，大破赵军。潍水之战，借助河水，分割楚军，各个击灭。参与指挥垓下(今安徽灵璧南)决战，击灭楚军。韩信熟谙兵法，战功卓著，为刘邦夺取天下立下了汗马功劳。司马光《资治通鉴》中称："汉之所以得天下者，大抵皆信之功也。"汉高祖刘邦也盛赞韩信的功劳。西汉建立后，他分析楚汉成败原因时说："夫运筹帷幄之中，决胜千里之外，吾不如子房(即张良)。镇国家，抚百姓，给馈饷，不绝粮道，吾不如萧何。连百万之军，战必胜，攻必取，吾不如韩信。此三者，皆人杰也，吾能用之，此吾所以取天下也。项羽有范增而不能用，此其所以为我所擒也。"然而，这位百战功臣却不能寿终正寝，在汉高祖十一年(前194)，被吕后、萧何设计诱杀，他全族也遭诛，落得一个可悲的结局。

对于韩信的死因，有人说他是因谋反而遭杀戮的，罪有应得；有人说是刘邦不容人，他是含冤而死。那么真实情况如何？目前这两种完全对立的观点，谁是谁非呢？

持谋反说法的人主要有以下佐证：汉高祖四年(前

淮阴侯庙

淮阴侯庙位于淮安市淮阴区码头镇境内，原来为韩侯祠，门口立柱写有对联："清淮水远，故城址渺，湖波风木若慨言桑海；漂母陵高，胯下桥低，爱恨情仇皆烘托英雄。"韩侯祠始建于汉惠帝四年(前192)，从此以后，文人墨客纷纷前来凭吊，留下许多优美的诗文辞赋。北宋时的苏东坡非常崇拜韩信，将韩侯祠更名为淮阴侯庙，并亲题《淮阴侯庙记》，刻碑立于院内。

39

203),平定齐地后,韩信派人对刘邦说:"齐人伪诈多变,是一个易于反复的国度,如果不设王位来镇守,大局难稳定,希望你委派我当个假王。"此时刘邦正被项羽围困在荥阳,日夜盼望韩信前来增援,见到韩信使者带来的信,震怒异常,骂道:"我被困在这里,早晚盼他来援救我,他竟然想自立为王!"身旁的张良和陈平见势不妙,凑近他的耳朵说:"汉军正处困境不利,怎么能禁止韩信称王?不如做个人情,就此立他为王,好好善待他,让他为我们守一方之地。否则……"刘邦经提醒,顿然醒悟,连忙改口,说道:"大丈夫平定了诸侯后就是真王了,又何必还要当假王!"于是,他派张良赴齐,立韩信为齐王。之后,征调韩信的部队与项羽会战于垓下,大破项羽。楚汉之争结束后,刘邦就夺了韩信的兵权,并徙封他为楚王。从此埋下了对韩信的戒心。

项羽兵败后,他的逃亡将领钟离眜因素来与韩信关系很好,就投奔了韩信。刘邦记恨钟离眜,听说他在楚国,就下令楚王逮捕他。那时韩信初到楚国,到各县乡邑巡察进出都派军队戒严。汉六年(前201),有人告韩信谋反。刘邦用陈平的计策,说天子要出外巡视会见诸侯,通知诸侯到陈地相会,说:"我要游览云梦泽。"其实是想要袭击韩信,韩信却不知道。

刘邦将到楚国时,韩信打算起兵谋反,但又认为自己无罪;想去谒见刘邦,又怕被擒。这时有人向韩信建议:"杀了钟离眜去谒见汉高祖,高祖必定高兴,也就不用担心祸患了。"于是韩信把此事与钟离眜商议,钟离眜说:"刘邦之所以不攻打楚国,是因为我在你这里,如果想逮捕我去讨好刘邦,我今天死,随后亡的定是你韩信。看来你也不是位德行高尚的人。"结果钟离眜自杀而亡,韩信持钟离眜首级去陈谒见刘邦。刘邦令武士把韩信捆绑起来,放在随从皇帝后面的副车上。韩信说:"果然就像人家说的,'狡兔死,良狗烹;高鸟尽,良弓藏;敌国破,谋臣亡。'现在天下已经安定了,所以我也应该死了!"高祖刘邦却说:"我抓你是因为有人告你谋反。"说完就给韩信戴上械具。回到洛阳,刘邦没有马上杀掉韩信,而是赦免了他的罪过,改封他为淮阴侯,让他寓居长安整天无所事事。韩信快快不乐,常常称病不上朝。

韩信部将陈豨被封为巨鹿郡郡守,前来向韩信辞行。韩信辞去左右,拉着陈豨的手叹道:"你所管辖的地方,是屯聚天下精兵的地方,而你又是陛下亲信宠爱的臣子,若有人说你谋反,陛下一定不相信;如果再有人告你谋反,陛下就会产生怀疑;如果第三次有人告你谋反,陛下定会大怒而亲率军队征讨。我为你在京城做内应,就可图谋天下了。"陈豨平素就了解韩信的才能,相信他的计谋,表示一切听从韩信的指示。后来陈豨果然谋反。刘邦亲自率兵前去征讨,韩信称病不随高祖出征,暗地里派人到陈豨处联络。韩信与家臣谋划:可以在夜里假传诏旨,赦放那些在官府中的囚徒和官奴,率领他们去袭击吕后和太子,与叛将陈豨里应外合。这时韩信的一位门客得罪了韩信,韩信囚禁了他并准备杀他。那位门客的弟弟就向吕后密告韩信要谋反的事。吕后打算把韩信召来,又恐怕韩信不肯就范,于是与相国萧何商议,假装有人从皇上那里来,说陈豨已被杀死,诸侯群臣都前来进宫朝贺。萧相国欺骗韩信道："虽然您有病，还是要勉强朝贺一下。"韩信入朝进贺，吕后派武士把韩信捆缚起来，在长乐宫中的钟室里斩杀了他，并诛灭三族。

持冤杀观点的人认为，韩信无意反汉，他是被屈杀的功臣。一些学者指出，所谓韩信密谋假传诏旨，赦放官府中的囚徒和官奴，率领他们去袭击吕后和太子，并试图与叛将陈豨里应外合，都是没有实据的。首先，告发者是韩信准备处死的一个罪犯的弟弟，有挟怨诬告的嫌疑，即使韩信确有密谋，也不可能让这个人知道；其次，当年韩信雄踞齐地，握有重兵，有人劝他反汉并与楚联合，三分天下称王，韩信却认为刘邦待他不薄，不忍心背叛刘邦。在绝对有利条件下尚且不反，而在闲居长安，既无兵权，又无武装的情况下，韩信为什么又要造起反来？再次，韩信被擒之后，未经审讯，立即被斩于长乐宫钟室。假设谋反有证据，为什么不昭示群臣？最后，刘邦平定陈豨是在汉高祖十一年（前194）年底，而韩信"谋反"却在第二年春正月，此时陈豨已经兵消瓦解，韩信又怎能与他里应外合？刘邦平叛归来后，对于韩信的死，"亦喜且怜之"。所喜者，心腹之患已经除掉，所哀怜者，大臣无辜遭诛杀。从这种心情也可以看出，刘邦本人也并不认为韩信真会谋反。

也有人认为，韩信虽有可疑之处，但没有谋反之心，他的被杀完全是刘邦猜忌的结果。在汉初功臣中，若论灭楚兴汉的功劳，韩信当数第一。韩信其人，虽有大将之才，但在个人品行上是有懈可击的。据《汉书·韩信传》记载，韩信击杀楚骁将龙且后，项羽派武涉劝说韩信背汉降楚，反复陈说利害，都被韩信谢绝。而韩信帐下策士蒯通，更为韩信进行透彻的形势分析。确如蒯通所言，当时"天下权在信"，韩信"为汉则汉胜，助楚则楚胜"，成为左右大局的关键性人物。如果韩信采纳蒯通建议，与项羽、刘邦三者鼎足而立，改写历史并非没有可能。这一点，具有卓越军事才能的

漂母墓

漂母墓位于江苏省淮阴市码头镇东约三华里处，俗称泰山墩。北魏郦道元在其所著的《水经注·淮水》中写道："淮阴故城东西两冢（冢：坟墓）西者漂母冢也，周回数百步，高十余丈。"墓北有石碑两方，建于民国十九年（1930），正碑上刻"漂母墓"三字，并有附文，记载漂母食信于淮阴的事迹。唐代刘长卿路过此地曾经赋《经漂母墓》诗一首："昔贤怀一饭，兹事已千秋。古墓樵人识，前朝楚水流。渚蘋行客荐，山木杜鹃愁。春草茫茫绿，王孙旧此游。"纪念此事。

41

韩信不会想不到。蒯通分析韩信如果不自立,"必履危道,此乃势也",这一点韩信有所考虑,但是始终不能断然突破感情上的束缚,不忍背叛汉朝。所以,韩信对于汉室,大节无亏。但刘邦对于韩信,早存防范猜忌之心。早在楚汉争霸期间,他就两次夺走韩信所率部队,垓下之战后,刘邦立即"驰入齐王信壁,夺其军"。马上削夺韩信兵权,并且徙封为楚王。此后,有人控告韩信图谋造反,刘邦根本不加核实,利用韩信朝见机会,予以逮捕,虽然查无证据,但仍削去王爵,改封淮阴侯。最后韩信被牵连进陈豨叛乱事件之中,遭受夷灭三族的惨祸。还有学者指出,韩信"谋反"是由吕后一手编导的,先被诬造反,由楚王贬为淮阴侯。再又被诬造反,惨遭杀戮。韩信功高震主,加以"贪""骄"相循,因而招致杀身灭族之祸。

韩信像

另外,有人分析汉初全部异姓诸侯王的命运,将他们分为三类:一类是与韩信一样,并没谋反,也无他罪,但最终以谋反借口被杀贬,如梁王彭越、赵王张敖;第二类是由于刘邦的疑忌、逼迫以致走上反叛道路的,如淮南王英布、燕王卢绾;第三类是免于杀戮的,如势力最小的吴芮。根据上述分析,凡那些功高震主的将领,不管是否谋反,皇帝总是要找理由杀掉。刘邦对于韩信,虽然佩服他那"连百万之军,战必胜,攻必取"的军事才能,但是对他这种才能极不放心,一旦夺取全国政权,其才不可留,终下杀手。这样,韩信当然免不了一死。谋反云云,只不过是刘邦在政权到手之后杀戮的借口而已。

总之,韩信有无谋反之心,是否参与陈豨叛乱,目前史学界尚未论定。韩信被杀真相,如处迷雾,难以认清。

董仲舒
是否提出"罢黜百家，独尊儒术"

西汉初期，汉武帝采纳董仲舒的建议——"罢黜百家，独尊儒术"，这一政策的核心是罢黜诸子百家，只允许通晓儒家学说的人做官，以此来统一思想，加强专制主义中央集权制度。在这一政策指导下，汉朝在太学设立五经取士，用儒家经典来教育贵族子弟。选拔官吏，也以儒家学说为标准，从此，儒家成了中国封建社会唯一的统治思想，成为维护封建统治的正统思想。这是中学课本都有的历史事实，中国理论界把它当作一个千真万确的学术信条，在古今中外涉及儒学的著述中被广泛征引，然而有人对这一观点提出了质疑。

持这种观点的人认为，汉武帝从未采纳董仲舒"罢黜百家，独尊儒术"的建议，更未真的有过"罢黜百家，独尊儒术"的实际行动，他只是"绌抑黄老，崇尚儒学"。汉武帝"罢黜百家，独尊儒术"与汉初的政治、经济以及思想斗争的实际情况不符，也与汉武帝以后的整个中国思想史不合。因此，汉武帝"罢黜百家，独尊儒术"是学术谎言。这一观点提出后，在学术界引起了轩然大波，赞同和反对声一直不断。

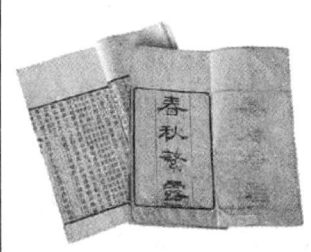

《春秋繁露》书影

43

为什么会将"罢黜百家，独尊儒术"的思想与董仲舒连在一起呢？主要由于董仲舒在著名的《天人三策》中提出"《春秋》大一统者，天地之常经，古今之通谊也。今师异道，人异论，百家殊方，指意不同，是以上亡以持一统，法制数

董仲舒墓

董仲舒(前179—前104)西汉哲学家,今文经学大师。广川 (今河北枣强东) 人。专治《春秋公羊传》。曾任博士、江都相及胶西王相。董仲舒墓又叫下马陵,在西安南城墙东段内侧下马陵街。

变,下不知所守。臣愚以为诸不在六艺之科、孔子之术者,皆绝其道,勿使并进。"因此,董仲舒长期以来因"独尊儒术"成为儒家元老,也因此一度而成为罪魁。那么,董仲舒该不该为这一思想的提出负责呢?关键在于董仲舒的《天人三策》在哪一年提出。

据《汉书·武帝本纪》记载:"建元元年(前140),诏举贤良方正、直言极谏之士。承相缩奏:'所举贤良,或治申、商、韩非、苏秦、张仪之言,乱国政,请皆罢。'奏可。"这就是说,在建元元年(前140)就已经有了"罢黜百家"之说。在元光元年(前134)岁首《孝武本纪》记载,"窦太后治黄老言,不好儒术,使人微得赵绾等奸利事,召案绾、臧,绾、臧自杀,诸所兴为者皆废。"又在五月记载了汉武帝诏贤良对策的事,"五月,诏贤良……于是董仲舒、公孙弘等出焉。"如果董仲舒在元光元年刚刚被举孝廉并参加对策,那么,他就不是"罢黜百家"的创始人了。

反对者认为,历史上宣传的汉武帝采纳董仲舒的建议"罢黜百家,独尊儒术",实际上指的是从汉武帝元年(前140)开始到汉武帝六年(前135)截止的几次大的思想斗争或学术斗争。根据司马迁的《史记》和后来班固的《汉书·武帝纪》记载,汉武帝初期有儒家学者两次大的思想斗争:一是罢"申商韩苏张"之言,其中心人物是丞相卫绾;二是"议立明堂",其参加者有赵绾、王臧、申公、窦婴、田蚡,反对者是窦太皇太后。第一次进行得较顺利,第二次则遭受了惨重的失败。王、赵被杀,申、窦、田被免官。不过,经过这番较量,儒学反而更深入人心了。《史记·儒林列传》载:"及窦太后崩,武安侯田蚡为丞相,绌黄老、刑名、百家之言,延文学儒者数百人。"董仲舒提出的"罢黜百家,独尊儒术"的建议,晚于田蚡"绌黄老、刑名、百家之言",而且根本就没参与汉武帝六年以前的所有尊儒活动。因此,不是"汉武帝采纳董仲舒的建议'罢黜百家,独尊儒术'",而是田蚡"绌黄老、刑名、百家之言"后才出的董仲舒,董仲舒只是"延文学儒者数百人"时所延的一个儒者。

　　既然汉武帝从未采纳董仲舒的建议"罢黜百家，独尊儒术"，那么这一说法是怎么产生的呢？史学家司马迁在《史记》中绝口未提此事，他自始至终认为是田蚡"绌黄老、刑名、百家之言，延文学儒者数百人"。"罢黜百家，独尊儒术"这一说法的始作俑者是东汉史学家班固，他在《汉书·董仲舒传》的结尾处有这样一段话："自武帝初立，魏其、武安侯为相而隆儒矣。及仲舒对册，推明孔氏，抑黜百家。立学校之官，州郡举茂材孝廉，皆自仲舒发之。"

　　班固这段话既背离了《史记》，也背离了其《汉书》的《武帝纪》和《儒林传》。唐代韩愈写《原道》时，根本未将董仲舒列为汉代重要的儒学传人。到了宋朝，班固的说法被司马光借鉴，他在其史学名著《资治通鉴》之《汉纪》中这样写道：武帝元年"冬，十月，诏举贤良方正直言极谏之士，上亲策问以古今治道，对者百余人。广川董仲舒对曰：'……《春秋》大一统者，天地之常经，古今之通谊也。今师异道，人异论，百家殊方，指意不同，是以上亡以持一统，法制数变，下不知所守。臣愚以为诸不在六艺之科、孔子之术者，皆绝其道，勿使并进，邪辟之说灭息，然后统纪可一而法度可明，民知所从矣！'天子善其对，以仲舒为江都相。会稽庄助亦以贤良对策，天子擢为中大夫。"同时，司马光在《通鉴考异》中解释："今举孝廉在元光年十一月，对策在下五月，则不得云自仲舒发之，盖《武纪》误也。"司马光在这里把董仲舒在元光元年（前134）贤良对策的时间提到了建元元年（前140）。

　　南宋人洪迈不同意司马光的说法，他认为应该是元光元年，"对策者百余人，帝独善庄助对、擢为中大夫。后六年，当元光元年（五月），复诏举贤良，于是准仲舒出焉。"清人王先谦也赞同此说，并作补充说：董仲舒对策中有"夜郎

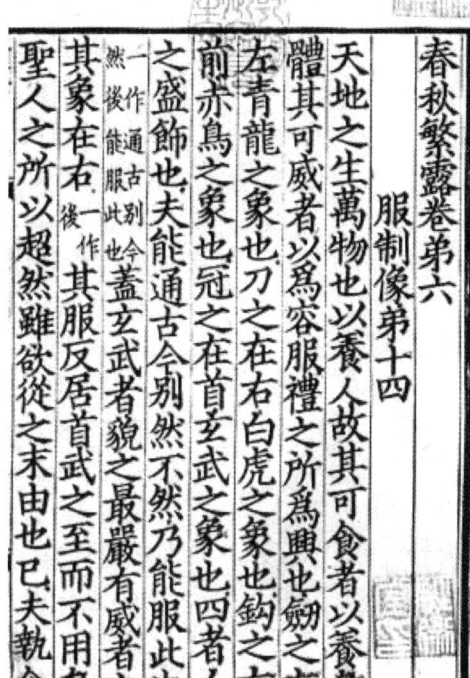

《春秋繁露》书影

　　《春秋繁露》，共17卷，82篇，《春秋繁露》系后人辑录董仲舒遗文而成书，书名为辑录者所加，隋唐以后才有此书名出现。我国现存最早的《春秋繁露》版本，是南宋嘉定四年（1211）江右计台刻本，现藏于北京图书馆。注本很多，最详尽的是苏舆的《春秋繁露义证》。

康居，殊方万里，说德归谊"之语，据《汉书·西南夷传》记载，夜郎之通，在建元六年（前135）发生，次年，也就是元光元年（前134）董仲舒对策时才可能说出夜郎归德的话。

千百年来，对于建元元年（前140）和元光元年五月两说对峙，直至今日。施丁先生同意并证明了元光元年之说，因为董仲舒对策中有"今临政而愿治，七十余岁矣"之语，汉自建立至建元元年并没有七十年，而到元光元年，正好有七十二年，这一论断与《董仲舒传》中的"皆自仲舒发之"不矛盾，这里的"发"可以理解为"发挥""发表议论"。况且，设置《五经》博士，也并非从建元元年开始，在文景之时就有了。

孙景坛先生则坚持建元元年之说。他认为，元光元年的诏贤良与建元元年的举贤良不同，前者对策的内容为《五经》，后者为百家。《五经》对策，必须以五种经学内容为理论根据来回答皇帝的提问，用其他理论回答均不对。《汉书·武帝纪》记载：武帝五年才"置《五经》博士"，如果没设置《五经》博士，是不可能用《五经》策问的，所以不可能有董仲舒"罢黜百家，独尊儒术"的建议。张大可先生也同意孙景坛的说法，并作了补充。他认为，从史实上看，武帝一朝举贤良名系列传的有董仲舒、冯唐、袁故生、严助、公孙弘等五人，据《史记》《汉书》记载，这五个人都是建元元年举贤良，没有一个人为元光元年举贤良。由此这两人认为，把董仲舒对策的时间提到建元元年是站不住脚的。董仲舒对策不是武帝"绌黄老、刑名、百家之言，延文学儒者数百人"的起因，而是其结果。司马迁与董仲舒生活在同一个时代；而司马光不仅跟董仲舒的时代相隔久远。《资治通鉴》的基本原则是"谨名分"，董仲舒是宋明理学的思想先驱，司马光有可能给董仲舒"谨名分"，所以伪造"汉武帝采纳他的建议'罢黜百家，独尊儒术'"。

总之，董仲舒的《天人三策》作于何时关系到他是否提出"罢黜百家，独尊儒术"，由于古代史书对这一时间的记述出现了偏差，所以导致了现在对董仲舒是否提出"罢黜百家，独尊儒术"的疑问。至于这一争议何时休止，除非出现确凿史料证明，否则将会永无休止地继续下去。

西汉唯心主义哲学家和政治家董仲舒

《左传》
的作者是谁

《左传》是我国第一部详细完整的编年体历史著作,它以丰富的史料和优美的文笔,闻名于世,为"十三经"之一。因为《左传》和《公羊传》《穀梁传》都是为解说《春秋》而作,所以它们又被称作"春秋三传",《左传》又名《春秋左氏传》。也有人认为《左传》是一部独立的自成体系的历史著作。此书西汉时已经定型,东汉许慎《说文解字·叙》记载:"北平侯张苍献《春秋左氏传》。"司马迁撰写《史记》,多采《左传》材料,王莽时刘歆大力推崇,"教子孙,下至妇女,无不诵读",《左传》才得以广为流传。两千多年来人们一般都认为《左传》的作者为左丘明,此说最早见于《史记》。《史记·十二诸侯年表序》云:"……孔子明王道,干七十余君,莫能用,故西观周室,论史记旧闻,兴于鲁而次《春秋》,上记隐,下至哀之获麟,约其辞文,去其烦重,以制义法,王道备,人事浃。七十子之徒口受其传指,为有所刺讥褒讳挹损之文辞不可以书见也。鲁君子左丘明惧弟子人人异端,各安其意,失其真,故因孔子史记具论其语,成《左氏春秋》。"这一说法自两汉至隋的学者都奉之为权威,但是从唐以来,就有学者产生了质疑。但《左传》的作者到底是谁呢?目前主要的说法有三种:

一说左丘明所作。《左传》称鲁国为"我",对鲁国国君单称"公",记述鲁国的事情非常详尽,并且都站在鲁国立场上叙事评论。所以有人认为作者为鲁国人无疑。再观《左传》的行文,其中叙述孔子之言时多称孔子之字"仲尼",而孔子学生在《论语》中都是尊称其师为"子",从未称字,所以"仲尼"之称应为孔子的好友对他的称谓。孔子的好友是谁呢?就是左丘明。《左传》深得《春秋》之微言大义,较《公羊传》《穀梁传》为胜,其人必亲与夫子论史,而深明夫子之理。至于《左传》中某些预言要到战国时才应验,而且又记载了些战国时的历史,这应该是后人增添,而全书之绝大部分还是写成于春秋晚期。而孔颖达引前人语曰:"孔子将修春秋,与左丘明乘,如周,观书于周史,归而修春秋之经,丘明为之传,共为表里。"

左丘明墓

左丘明墓位于山东省肥城市石横镇东衡鱼村东，该墓地占地30余亩，其基台长60米，宽40米，墓的直径为20米，墓高8米。左丘明墓的记载最早见于《魏书·地形志》，该书载曰："富城（今肥城）有左丘明冢。"唐朝《元和郡县志》载："平阴东南有左丘明墓。"（当时衡鱼属平阴县）宋祥符二年（1009）平阴县令范讽重修《左传精舍》载："县之东肥子国地即左子故里，故庙犹存，访其遗址知此即为作左传春秋之处，故名左传精舍。"清光绪十七年（1891）《肥城县志》载："左子墓在县西南五十里衡鱼。"明邑令王惟精《鲁史左丘明墓铭》曰："春秋为明史外传心之书，左传又为传圣心之书。不有经传，何以明经？不明，后世咸朦。嗟嗟古墓，荒草成窝。瞻彼肥水，潺潺柔波。先儒难再，吾谁切磋？幸有贤裔，聚族斯河。文崇百代，启我实多。争光日月，万古不磨。"墓地修有墓坊、石碑、灵堂、碑像，后经历代重修，建成石围大墓，墓前有高大石碑，有供桌、翁仲，有落棺大厅三间，内有画像、牌位，名人字画等。墓前有明嘉靖九年（1530）敕建门坊一座，御书"先儒之墓"四个大字。

然而，在这同一看法中，尚有许多分歧。对于作者的名字，有人认为"左"是官名，"丘"是姓，"明"是名，刘师培《左传答问》这样解释"以丘明为鲁太史，左史即太史，左其官，丘其姓，明其名。其不称丘氏传，而称左氏传者，以孔门弟子讳言丘也。"也有人认为"左丘"是复姓，刘宝楠《正义》说："史记自序：'左丘失明，厥有论语。'史公以左丘连文，则左氏是两字氏，明其名也。左丘亦单称左，故旧文皆言左传，不言左丘传。"按这个说法，司马迁所记《国语》的作者复姓"左丘"，而写《左氏春秋》者姓左名丘明。另外，这一观点还有不少人持反对意见。他们认为，如果说《左传》为左丘明所作，那么里边有许多不能解释之处。《左传》成书于战国时期，进一步说成书于公元前403年至公元前386年之间。而根据《史记》《论语》等一些资料记述，左丘明生活在鲁国的襄、昭、定、哀公时期，年龄大约与孔子相仿。由此计算，即使左丘明年龄小于孔子二三十岁并且高寿，也活不到公元前403年。

二说为战国时人所作。这一派学者认为《左传》是战国时人根据各国史料辑录而成。宋代就有人如此主张，例如王应麟在《困学纪闻·六》中说："王介甫疑左氏春秋为六国十人者十一事。"叶梦得在《春秋考·卷三》中也认为《左传》的作者"殆战国周秦之间人无疑也"。郑樵在《六经奥论·卷四》、朱熹在《朱子语类·卷八》中也都认为左氏是六国时楚人。到了现代，以钱穆、郭沫若为代表的一些学者也赞同《左传》是战国时期的作品，并且进一步指出其作者为吴起而非左丘明。钱穆在《先秦诸子系年·吴起传〈左氏春秋〉考》中，从《左传》的预言是否应验来看其成书的年代，进而判定《左传》一书出于吴起而与左丘明没有关系。郭沫若也主张《左传》成书于吴起而非左丘明。他在《青铜时代·述吴起》中认为："吴起去魏奔楚而任要职，必已早通其国史；既为儒者而曾仕于鲁，当亦读鲁之《春秋》；为卫人而久仕于魏，则晋之《乘》亦当为所娴习；然则所谓《左氏春秋》或《左氏国语》者，可能是吴起就各国史乘加以纂集而成。"还有人指出，《左传》尊奉季孙氏，而《韩非子》记载，"季孙新弑君，吴起仕焉。"吴起对季孙感恩戴

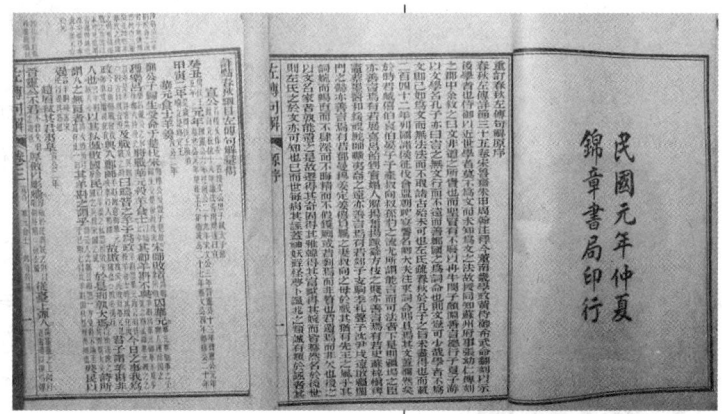

德。《左传》中之晋史尊魏氏，而魏文侯正是重用吴起。《左传》之楚史尊王而贬臣，吴起在楚国受到楚王重用，而大臣反对他，阻挠其变法。吴起是大军事家，而《左传》正是长于描写战争。吴起为"卫左氏人"。所以吴起应该为《左传》之作者，但某些预言的应验又是吴起不能看到的，某些内容可能为其门人所添加。

《左传》是中国古代一部编年体的历史著作。《左传》全称《春秋左氏传》，原名《左氏春秋》，汉朝时又名《春秋左氏》《左氏》。汉朝以后才多称《左传》。它与《公羊传》《谷梁传》合称"春秋三传"。

三说为刘歆伪作。此说源自于清代经学家刘逢禄《左氏春秋考证》，而强烈认为此书为伪书的，则是康有为。他在其所著的《新学伪经考·汉书艺文志辨伪》中大张其说，断言《左传》是西汉末年刘歆的伪作。梁启超总结了康有为的观点："一、西汉经学，并无所谓古文者，凡古文皆刘歆伪作。二、秦焚书，并未厄及六经，汉十四博士所传，皆孔门足本，并无残缺。三、孔子时所用字，即秦汉间篆书，即以'文'论，亦绝无今古之目。四、刘歆欲弥逢其作伪之迹，故校中秘书时，于一切古书多所羼乱。五、刘歆所以作伪经之故，因欲佐莽篡汉，先谋湮乱孔子之微言大义。"崔适也同意这一观点，他在《史记探源》中进一步阐述《左传》是刘歆根据《国语》编造而成的伪书这一主张。他说："刘歆破散《国语》，并自造诞妄之辞，与释经之语，编入《春秋》逐年之下，托之出自中秘书，命曰《春秋古文》，亦曰《春秋左氏传》。"钱玄同也曾多次著文，力证《左传》是刘歆将原本《国语》一书瓜分为二的。此论一出，引起学术界的激烈争辩。

钱穆

钱穆(1895—1990),江苏无锡人,字宾四,著名历史学家。在《左传》作者争议的问题上,他并不支持刘歆伪作说。

钱穆强烈反对这一观点。他认为:第一,刘歆没有作伪的时间。刘向死于汉成帝绥和元年(前8),刘歆复领校五经在绥和二年(前7),刘向死离刘歆领校五经才几个月,刘歆"何得遍伪群经"?"在数月之间,欲伪撰《左氏传》《毛诗》《古文尚书》《逸礼》诸经,固为不可能。"第二,从刘歆个人的经历及同时代人的言论上判断,古代的书籍由繁重的竹简制成,以刘歆一人之力难以伪造出群经。如果说是众人所为,那么与刘歆同时代的学者,有的还与刘歆共同参加整理五经的工作,为什么没有一人泄露其秘密说刘歆伪造诸经?第三,刘歆没有必要伪造群经以助莽篡汉。钱穆考证,刘歆为古文诸经争立博士时,王莽刚刚退职,刘歆没有必要为一个失势的外戚大臣造假献媚。当时流行着阴阳五行学说,阴阳轮换、五行转移、汉运将终的观念早已流行于世间,刘歆不可能凭一己之力逆转风气。再者,他也没有必要,也不可能为王莽篡汉制造"符命"。因此,钱穆认为《左传》作为史书是非常可信的。本书一定是春秋之间了解各国史料者所记。刘歆凭一己之力是没有这个能力伪造此书的。《左传》真伪之所以是一件大学案,就是由于康有为的发挥才成所谓的"学案"的。

总之,关于《左传》作者的争议,从前争议不断,现在也没有一个定论。《左传》作者是谁,当然还有其他的观点。然而其他诸说,论据不足,难以信服。自唐朝以来,就有不少人对左丘明作《左传》质疑,并且也能出示论据。但是直到现在也没有定论,这三种主要的观点也没有确凿之证据表明《左传》确为某人所作,所以《左传》作者究竟何者我们也没有办法证明。《左传》真伪及其作者的争论和研究,必然仍将进行下去。

造纸术
是蔡伦发明的吗

在纸出现以前，人类曾经使用过许多材料来写字记事。最初是把文字刻在龟甲上或兽骨上，叫作甲骨文。商周时代，人们又把文字铸在青铜器上，或者刻在石头上，叫作钟鼎文、石鼓文。到了春秋末期，人们开始使用新的书写记事材料，叫作"简牍"，"简"就是竹片，"牍"就是木片。把文字写在竹片、木片上，十分便捷，可是连篇累牍，十分笨重。当时，也有用绢帛作书写材料的，但绢帛价格昂贵，一般人用不起。

伴随着生产的发展，社会的进步，人类不断地在寻找新的书写材料，最终发明了理想的书写材料，那就是纸。造纸术的发明，不但改变了"简重而帛贵"的现状，而且促进了人类文明的进程。那么造纸术是谁发明的呢？长期以来一般都归功于东汉时的宦官蔡伦，《后汉书·蔡伦传》明确记载："自古书契多编以竹简，其用缣帛（即按书写需要裁好的丝织品）者谓之为纸。缣贵而简重，并不便于人。伦乃创意（发明、创造）用树肤、麻头及敝布、渔网以为纸。元兴元年（105），奏上之。帝善其能，自是莫不从用焉，故天下咸称'蔡侯纸'。"由于《后汉书》作者对这一事件的记录非常明确，而且《后汉书》在当时和历史上都具有重要意义和地位，所以在没有其他历史文献为证的情况下，后人认定，是东汉蔡伦发明了造纸术。一些学者把蔡伦向汉和帝刘肇献纸的105年，作为纸的诞生年份。

但自从1933年，已故考古学家黄文弼在新疆罗布淖尔地区发现了一片西汉中叶古纸后，部分学者开始对造纸术

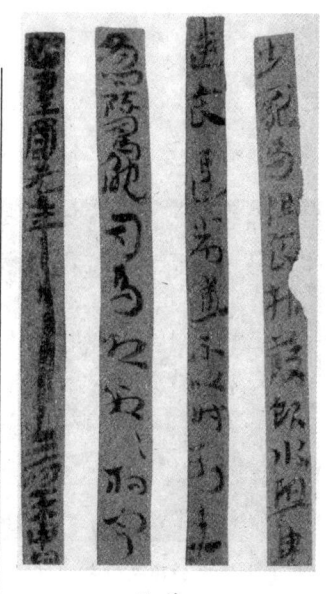

竹简

简牍是竹简、木牍的统称，把竹子、木头劈成狭长的小片，再将表面刮削平滑，这种用作写字的狭长的竹片或木条叫作竹简或木简，较宽的竹片或木板叫作竹牍或木牍。简的长度不一样，有的三尺长，有的只有五寸。较长的文章或书所用的竹简较多，须按顺序编号、排齐，然后用绳子、丝线或牛皮条编串起来，叫作"策"或者"册"。

51

的发明问题产生了不同的看法。这是一片麻纸，长约四十厘米，宽约一百厘米，纸面可清晰见到麻，在同一遗址中还发现有汉元帝元年（前48）的木简，因此，黄文弼认为该纸当为西汉时期的文物，比"蔡伦造纸"早了一个半世纪。其后是1957年，在西安市东郊的灞桥再次出土了比新疆罗布淖尔的纸还要早约一个世纪的西汉初期的古纸，而且有数十张之多，灞桥纸主要由大麻和少量苎麻的纤维所制成。在此之后，1973年在甘肃居延汉代金关遗址出土了西汉时的麻纸居延纸，1978年在陕西扶风中颜村汉代窖藏中，也出土了西汉时的麻纸扶风纸。1979年在敦煌汉代烽燧遗址中掘出的马圈湾纸，1986年，在甘肃天水市附近的放马滩古墓葬中，出土了西汉初年文、景二帝时期（前179—前141）的绘有地图的麻纸放马滩纸。1990年，在敦煌甜水井西汉邮驿遗址中发掘出了多张麻纸，其中三张纸上还书写有文字。2002年，甘肃敦煌悬泉置遗址出土了二百多片纸文书残片和麻纸，定名为蔡伦前纸——悬泉置纸。从同时出土的纪年简牍和烽燧砖块看，遗址的上限为汉武太始三年（前94），下限至魏晋，历时400年左右。主要用麻织物和很细的丝织物制作，用于书写文件、信件及包裹物品。

这部分学者指出，除此以外，早在蔡伦以前，在史籍里也有一些关于纸的记载。如《三辅旧事》上曾说：卫太子刘据鼻子很大，汉武帝不喜欢他。江充给他出了个主意，教他再去见武帝时"当持纸蔽其鼻"。太子听从了江充的话，用纸将鼻子掩盖住，进宫去见武帝。汉武帝大怒。这件事发生于公元前91年。又如《汉书·赵皇后传》记载：汉武帝宠妃赵飞燕的妹妹赵昭仪要害死后宫女官曹伟能，就派人送去毒药和一封"赫蹄书"，逼曹伟能自杀。据东汉人应劭解释，"赫蹄"就是"薄小纸也"（后人称为丝绵纸）。再如《后汉书·贾逵传》说，76年汉章帝令贾逵选二十人教以《左氏传》，并"给简、纸经传各一通"。以上有关纸的文献记载，都早于105年，即蔡伦向汉和帝献纸那一年。

综合考古发现和史书记载，持否定造纸术是蔡伦发明

考古发现的西汉时期的纸

1933年考古学家黄文弼先生在新疆罗布淖尔发现了西汉时期的纸，其共存物的绝对年代为西汉宣帝黄龙元年，即公元前49年。后来西安灞桥又出土了一些西汉纸，年代为武帝时期，即公元前140年至前87年间。说明我国在西汉时期已经有纸存在了。

的学者认为，"发明造纸术的是西汉劳动人民。东汉劳动人民在继承西汉造纸技术后，又有所改进、发展和提高。至和帝时，尚方令蔡伦组织少府尚方作坊充足的人力、物力，监制出一批精工于前世的良纸，于元兴元年奏上，经推广后，'自是天下莫不从用焉'。"这是争论中的一种意见。现在学术界倾向于这一种观点，就连中学教科书也将"蔡伦发明纸"改为"蔡伦改进纸"。

然而，另一种意见则坚持认为，蔡伦是我国造纸术的发明者。这部分学者指出，根据汉代许慎《说文解字》中有关纸的解释，在蔡伦之前古代文献中所提到的纸，都是丝质纤维所造的，实际上不是纸，只是漂丝的副产品。根据造纸的一般原理，要造成一张中国式的植物纤维纸，一般都要经过剪切、沤煮、打浆、悬浮、抄造、定型干燥等基本操作。21世纪考古学家发现的几种"纸"，实际上都不符合这一特征。

例如灞桥纸，经过实体显微镜和扫描电子显微镜对其纸样进行观察，不少纤维束横过整个纸状物表面，而且大多数纤维在自然端部并未断开，从纸状物的边缘又折回到其表面上来。这说明所谓灞桥纸基本上未经过造纸过程必不可少的重要环节——剪切。显微镜还观察到灞桥纸纤维壁光滑完整，无帚化分丝起毛现象，这说明所谓灞桥纸未经过造纸的另一个关键环节——打浆。灞桥纸没有经过剪切、打浆等造纸的基本操作过程，不能算真正的纸。或许只是沤过的纺织品下脚料，如乱麻、线头等纤维的堆积物，由于长年垫衬在古墓的铜镜之下，受镜身重量的压力而形成的片状。并且灞桥纸的发现过程也值得怀疑，当时出土物已经离开了现场，是四天之后在工人宿舍存放的出土物中捡到的，而且捡来之后散乱地放置在取土处一旁的空地上，长时间无人管，并非是外界宣扬的从西汉墓取出。有的研究者还从出土的灞桥纸上辨认出上面留有与正楷体相仿的字迹，酷似新疆出土的东晋写本《三国志·孙权传》上的字体，据此认为灞桥纸可能是晋代的产品。

对于蔡伦前纸——悬泉置纸被定为西汉纸，同样证据不足。悬泉置纸出土遗址一年中大多数时候风沙强劲，风沙搅动地表随时可扰乱废弃堆积物（古纸主要是从垃圾堆积坑中掘得的）。历史上，悬泉驿站曾多次翻修重建，旁边有魏

蔡伦

东汉和帝元兴元年(105)，蔡伦在总结前人制造丝织品的经验的基础上，在洛阳发明了用树皮、破渔网、破布、麻头等作原料，制造成了适合书写的植物纤维纸，才使纸成为普遍使用的书写材料。但是这一传统观点已经越来越受到挑战。

晋烽燧遗址,烽燧亦多次坍塌重建和修缮,驿站本身曾被掩过,被大火烧过。在这诸多的因素下,考古中的土层和器物的关系就显得有些复杂,许多时候需要考古人员用经验去识别和判断,如果机械地仅仅依据土层和器物共生的关系,难免会捉襟见肘。譬如在第一层(表土层),就出土了不应该同时出现的西汉纪年竹简和宋明时的器物。并且根据书法学家鉴定,悬泉西汉纸上的字迹明显地显示了魏晋时代的书法特征,这与西汉纸出现了时间上的错位。

另外几种西汉纸,经现代技术检测,居延纸与扶风纸属同一种类型,它们虽具备了纸的初步形态,但它们只经过部分最简单的制作环节,非常粗糙,只能算作纸的雏形。马圈湾纸被鉴定为双面涂布纸,而加填和涂布工艺是很晚的时候才出现的工艺。有专家曾鉴定此纸为唐纸。至于放马滩纸,也有不少疑点,假设此纸地图是从西汉墓中取出,但该墓内已被积水长年浸润,而且死者衣服尸骨皆荡然无存,一张经过两千余年风化的薄脆的纸怎么能完好存世呢?

汉朝造纸工艺流程图

这部分学者也举出史书记载与否定蔡伦造纸的学者针锋相对。(1)《后汉书》有关蔡伦造纸的记载主要取自刘珍的《东观汉记》。刘珍和蔡伦是同时代的人,应为可信。(2)王隐在《晋书》中记载:“蔡伦以故布捣剉作纸。”(3)晋人张华在《博物志》中说:“蔡伦煮树皮以造纸。”(4)东汉人桑软在《水经》中称蔡伦“捣故渔网为纸”。(5)《后汉书集解》引用了《晋书》版本之一称“蔡伦捣故布、渔网抄作纸”。

总之,对于“造纸术发明人是否是蔡伦”的争论,四十多年来,学术界也一直未能达成统一意见。坚持“蔡伦造纸”的学者认为,中国的重大历史问题不应轻易否定;而否定者则认为:在考古实践与文献记载发生矛盾时,应该以考古事实修正文献记载。其实,不论蔡伦是造纸术的发明者,还是造纸术的改良者,造纸都是中国的伟大发明,是我国人民对世界文明的伟大贡献,这一历史定论是无可非议的。

传国玉玺
失踪之谜

"**玺**"在秦以前尊卑通用,官、私印均可称"玺"。汉蔡邕《独断》云:"玺者,印也;印者,信也。"到了秦始皇时,秦始皇下令镌刻皇印,宣称只有皇帝印才可称玺,奉为天命的象征。又独以玉,作为历代帝王相传之印玺,所以叫传国玉玺,又称传国玺。传国玉玺方圆四寸,上纽交五龙,正面刻有李斯所书"受命于天,既寿永昌"八篆字,以作为"皇权神授、正统合法"的信物。秦始皇死后,历代帝王都以得此玺为符应,奉若奇珍,尊为国之重器。得到此玺则象征其"受命于天",失去此玺则表示其"气数已尽"。如有皇帝登大位而没有此玺,就被讥为"白版皇帝",显得底气不足而为世人所轻蔑。这更加促使后世皇帝对这块传国玉玺的争夺,致使这块宝物屡易其主。然而,它在流传一千多年后,却神秘地失踪了。几千年来,有关它的传说也无不充满着神秘的色彩。

传国玉玺就材于和氏之璧。春秋时,楚国人卞和在山中得到一块璞玉,献给厉王。楚王让玉工辨识,玉工鉴定为石头,楚王以欺君罪断卞和左足。后来武王即位,卞和又献玉,但仍以欺君罪再断右足。公元前690年,文王即位,卞和抱玉痛哭。文王派人问他,他说:"吾非悲刖也,悲夫宝玉而题之以石,贞士而名之以诳。"文王让人把璞剖开,果然是宝玉,因称之为和氏璧。楚威王时,相国昭阳灭越有功,威王将和氏璧赏赐给他。但是不久昭阳就将它丢失,有人怀疑是他的门人张仪偷走,拘留张仪审讯。张仪一气之下,离楚入魏,后来到了秦国,被拜为秦相。

战国时,赵惠文王从太监缪贤处得到了和氏璧,秦昭王得知后,打算强取,后来蔺相如据理力争,将和氏璧"完璧归赵"。秦王政十九年(前228),秦王嬴政破赵,得和氏璧。嬴政一统天下,称始皇帝。命李斯篆书"受命于天,既寿永昌"八字,咸阳玉工孙寿将和氏璧磨平,雕琢为玺,即为传国玉玺。秦王政二十八年(前219),秦始皇过洞庭湖口,这时风浪骤起,龙舟将倾,于是始皇将玺抛入湖中,祈神镇浪,传国玉玺就此第一次失踪。而八年后,华阴平舒道有人又将此传国玉玺奉上。从此,传国玉玺随江山易主凡不下十数次，尽尝坎坷流离之苦。

传说中的传国玉玺图文

据说传国玉玺是秦始皇用和氏璧所刻，丞相李斯所书，其文曰"受命于天，既寿永昌"，秦亡后，秦王子婴献给了刘邦，后用作历代皇帝传位之用，即后人所传说的传国玉玺。

秦子婴元年（前207）冬，刘邦率军入咸阳至霸上，秦王子婴投降，奉上始皇玺。秦亡后刘邦即天子位，传国玉玺得归刘汉。因御服其玺，世世传授，称为"汉传国玺"，也称"汉传国宝"。

西汉末年，王莽专权，当时皇帝孺子年仅二岁，传国玉玺置于长乐宫，由元帝王皇后代为掌管。王莽篡位，建立新朝，派他的弟弟舜前去索要，太后大骂："我老已死，如而兄弟，今族灭也！"将传国玉玺摔在殿廷，玉玺被摔碎一角，后来用黄金镶补。23年10月，王莽被杀，玺被校尉公宾所得，献给绿林军将领李松。又由李松派人送给更始帝刘玄。刘玄为赤眉军所掳后，传国玉玺落入赤眉军拥立为帝的刘盆子手中。后来刘盆子兵败宜阳，将传国玉玺拱手奉于东汉光武帝刘秀。东汉末年，宦官专权，外戚何进谋诛宦官不成，反为宦官所害。袁绍领兵入宫诛杀宦官，宫中大乱，汉少帝夜出北宫避难，仓促间未带传国玉玺，返宫后传国玉玺杳无下落。

东汉末年，董卓叛乱，天下豪强在袁绍、袁术的率领下讨伐董卓，洛阳城内一片混乱，董卓弃城逃往长安。孙坚率兵驻扎在洛阳城南宫殿中，一天突然发现宫殿中一口井内闪着五彩的光，孙坚感觉奇怪，于是命令手下人下井探望，不想却捞着一位宫女的尸体，妇女的脖子上戴着一个锦囊，打开一看，内有一个用金锁锁着的朱红小匣，启开小匣，里面有一玉玺，上面有篆文八字"受命于天，既寿永昌"，玉玺缺一小角。孙坚知道这正是秦始皇的传国玉玺，窃喜这莫非是天意让他当皇帝。孙坚将玺秘藏于妻吴氏处，没想到他手下的一个士兵与袁绍是同乡，将此事告知袁绍。袁绍早有篡夺帝位之心，当然想占有传国玉玺，他下令扣押了孙坚的妻子，孙坚被逼无奈，只好交出玉玺。后来袁氏兄弟败在了曹操的手下，传国玉玺又回到了汉献帝的手里。

曹魏代汉，传国玉玺作为"君主神授"的象征，落入曹丕之手。曹丕使人在传国玉玺肩部刻下八个隶字"大魏受汉传国之玺"。西晋受禅，传国玺又落入司马氏手中。此后，北方陷于五胡十六国分裂动荡的局面，传国玉玺几经辗转，又落入东晋征西将军谢尚之手，谢尚把它用三百精骑连夜送至首都建康，献给晋穆帝，传国玉玺重归晋朝司马家。420年，刘裕废东晋恭帝自立为帝，国号宋，史称刘宋；在南朝，传国玺历经了宋、齐、梁、陈的更迭。南朝梁武帝时，降将侯景反叛，攻破官城，劫得传国玉玺，不久侯景败死，他的部将侯子鉴将玉玺投到了栖霞寺的井中，有一个寺僧将玉玺捞出收存，后来他的弟子将玉玺献给了陈武帝。杨坚建立隋朝后，589年，灭陈统一全国，传国玉玺入了隋宫。唐初，太宗李世民因无传国玉玺，于是刻数方"受命宝"、"定命宝"等玉玺，聊以自慰。630年，李靖率军讨伐突厥，同年，萧后与元德太子背突厥而返归中原，传国玉玺归于唐朝。唐末，天下大乱，群雄四起。朱温篡唐后，传国玉玺又遭厄运。后唐废帝被契丹击败，登楼自焚，玉玺也遭焚烧，下落不明。郭威建后周后，遍寻传国玉玺不着，无奈镌"皇帝神宝"等印玺两方，一直传至北宋。北宋哲宗时，有一个农夫在耕田时发现了传国玉玺，送至朝廷。经十三位大学士依据前朝记载多方考证，认定这就是始皇帝所制传国玺。但是朝野也有一些有识之士怀疑它的真伪。宋靖康元年（1126），金兵破汴梁，徽钦二帝被掠走，传国玉玺也被大金国掠走，随后便销声匿迹。

1294年，元世祖忽必烈去世，在大都传国玉玺忽然出现于集市，伯颜命人购买，玉玺从此归入大元。伯颜曾将元

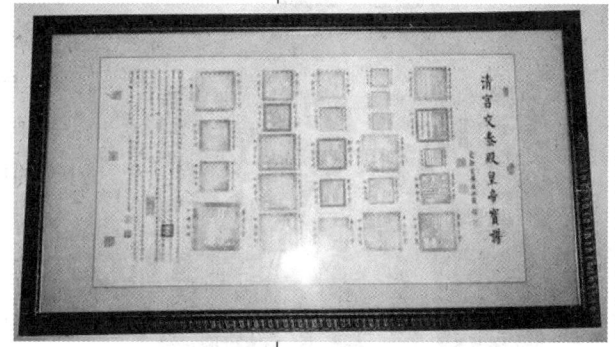

清朝交泰殿所藏皇帝玉玺

交泰殿位于乾清宫后，是明清时存放皇帝玉玺的地方，其中的二十五宝为清乾隆皇帝所定，象征皇权的国玺。中国历时最长、世数最多的朝代，共历二十五代，乾隆皇帝希望大清也能历二十五代，因此将国玺定为二十五个。

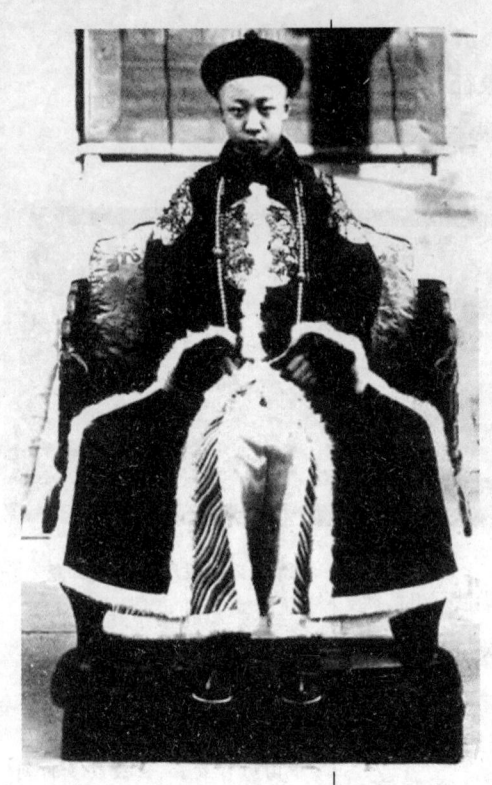

末代皇帝溥仪

帝国从各处收缴来的历代印玺磨平，分发给王公大臣刻制私人印章。1368年，朱元璋在建康称帝，建大明。大元朝廷逃往蒙古草原。明朝初，明太祖遣徐达入漠北，追击遁逃的蒙古朝廷，期望得到传国玉玺，最终还是空手而返。至此，经历了一千五百多年风风雨雨的传国玉玺就此湮没在漫漫的历史长河中。

明清两代，偶尔有传国玉玺现身之鼓噪，但是都是附会、仿造之赝品。明弘治十三年（1500），有一名陕西人得到一块玉印，据称为传国玉玺，呈献明孝宗，但明孝宗对此深表怀疑，没有采用。明末，相传由元顺帝带入漠北的传国玉玺，为其后裔林丹汗所有，林丹汗兵败之后，玺落入后金太宗皇太极手中，皇太极因此称皇帝，定国号为"大清"，表示要占领中原，取代明朝的统治。清朝初期，故宫交泰殿藏御玺三十九方，其中一方刻有"受命于天，既寿永昌"八字的玉玺被称为传国玺。但乾隆钦定御玺时，却将这块玉玺剔除在外。由此可见，这是一块传国玉玺的赝品。直到1912年11月，冯玉祥发动北京政变，末代皇帝溥仪被冯玉祥驱逐出宫，此传国玉玺复不见踪影。当时冯部将领鹿钟麟等人曾追索此镶金玉玺，至今仍无下文。据说，玉玺现在台湾的故宫博物院，这只是一种猜测，台湾方面没有承认此事。

由是，历经两千余年风风雨雨，传国玉玺数隐数现。自从五代时期传国玉玺失踪，这块国宝真假难辨。那么，真正的传国玉玺到底在哪里？没有人能回答。

诸葛亮
是否造出木牛流马

《三国演义》第一百〇二回中,有诸葛亮制造木牛流马的描述:忽一日,长史杨仪入告曰:"即今粮米皆在剑阁,人夫牛马,搬运不便,如之奈何?"孔明笑曰:"吾已运谋多时也。前者所积木料,并西川收买下的大木,教人制造木牛流马,搬运粮米,甚是便利。牛马皆不水食,可以昼夜转运不绝也。"众皆惊曰:"自古及今,未闻有木牛流马之事。不知丞相有何妙法,造此奇物?"孔明曰:"吾已令人依法制造,尚未完备。吾今先将造木牛流马之法,尺寸方圆,长短阔狭,开写明白,汝等视之。"众大喜。

紧接着介绍了制造木牛之法:方腹曲头,一脚四足;头入领中,舌着于腹。……每牛载十人所食一月之粮,人不大劳,牛不饮食。造流马之法:肋长三尺五寸,广三寸,厚二寸二分……众将看了一遍,皆拜伏曰:"丞相真神人也!"

司马懿听说后,派人去抢了数匹木牛、流马,并将这些木制的牛马拆卸开来,描图画形加以仿造,不到半月,竟也造出了千余匹,一经使用,也与蜀军所造效果一样,奔走进退如活的一般。于是,魏军也用它们去陕西搬运粮草,自以为得计,"往来不绝"。岂不知,这恰恰中了诸葛亮之计。原来,表面上看,魏军造的木牛流马与蜀军所造几无二致,但在这些牛马的口舌之内却有诀窍机关。当诸葛亮发现魏军开始用他们仿造的木牛流马搬运粮草时,不由得心中一阵暗喜,便派大将王平带领一千名士兵以魏军打扮混入运输队,暗中将木牛、流马口中舌头扭转,牛马便不能行动。正当魏兵怀疑为怪物时,诸葛亮又派五百名士兵装扮成神兵,鬼头兽身,用五彩涂面,一边燃放烟火,一边驱牛马而行。魏兵目瞪口呆,以为诸葛亮有神鬼相助,也不敢追赶,诸葛亮就这样轻而易举地获得许多粮草。这么神奇的运输工具,能够"人不大劳,牛不饮食",在当时可算是巧思绝作了,因而有诗赞曰:"剑关险峻驱流马,斜谷崎岖驾木牛。后世若能行此法,输将安得使人愁?"然而根据现在的质量守恒定律,木牛流马类似于永动机,这是不符合历史规律的,所以不少人认为,所谓木牛、流马纯系小说家的杜撰。

59

武侯墓

武侯墓，即诸葛亮墓，位于陕南勉县定军山西北脚下，坐南向北，为明清两代所建三院并连的大庙，占地约4.5万平方米，共有宇舍43间，主要建筑有山门、献殿、崇圣祠、大殿、厢房、寝宫、后坟亭等。大殿即正殿，龛台上有诸葛亮塑像，两书童站立两厢，龛台下有关兴、张苞塑像。正殿后为墓冢，覆斗形，周长60米，高约6米，墓前后皆有墓亭。墓后还有寝宫三间。墓周和庙内，有著名的汉桂、汉柏，郁郁苍苍，景色幽异。

然而根据史书记载，诸葛亮确实制造过木牛、流马。《三国志·诸葛亮传》记载："（建兴）九年（231），亮复出祁山，以木牛运，粮尽退军……十二年（234）春，亮悉大众由斜谷出，以流马运，据武功五丈原，与司马宣王对于渭南。"尽管上述记载没有《三国演义》描绘得那么神奇，但也可以从中看出诸葛亮以木牛、流马运粮的历史事实。那么，木牛、流马究竟是什么样的机械呢？《诸葛亮集》中的一段文字，应该是可靠的资料："木牛者，方腹曲头，一脚四足，头入领中，舌著于腹。载多而行少，宜可大用，不可小使；特行者数十里，群行者二十里也。曲者为牛头，双者为牛脚，横者为牛领，转者为牛足，覆者为牛背，方者为牛腹，垂者为牛舌，曲者为牛助，刻者为牛齿，立者为牛角，细者为牛鞅，摄者为牛鞭轴。牛仰双辕，人行六尺，牛行四步。载一岁粮，日行二十里，而人不大劳。"这段记载，尽管对木牛形象作了描绘，并且下文还对流马的部分尺寸作了记载，但是因为没有任何实物与图形存留后世，多年来，围绕着木牛、流马，人们作过许多猜测。

一种意见认为，木牛、流马都是经诸葛亮改进的普通独轮推车。这种说法，源自《宋史》《后山丛谈》《稗史类编》等史籍，认为木制独轮小车在汉代称为鹿车，诸葛亮加以改进后称为木牛、流马，北宋才出现独轮车的称呼。这两种独轮车都很独特，其车形似牛似马，具有独特的运输功能。木牛有前辕，引进时人或畜在前面拉，人在后面推。而流马和木牛大致相似，只是没有前辕，行进时不用拉，仅靠人推。值得一提的是，三国时蜀汉偏处西南一隅，马匹有限，并且多被用于骑兵作战。运粮运草主要靠人力，这样，木牛流马便应运而生，发挥了很大的作用。这种说法还以四川渠县蒲家湾东汉无名阙背面的独轮小车浮雕等实物史料为佐证，认为这些东汉的独轮车，都再现了木牛、流马的模样。但是，有人对此颇有微词，认为四轮车与独轮车的机械原理十分简单，无需大书特书，诸葛亮的本领也不至于如此平庸。

还有一种意见认为，木牛、流马是新款的自动机械。《南齐书·祖冲之传》说："以诸葛亮有木牛流马，乃造一器，不因风水，施机自运，不劳人力。"意思指祖冲之在木牛流马的基础上，造出更胜一筹的自动机械。以此推论，三国时期利用齿轮制作机械已属常见，后世所推崇的木牛流马，不可能是汉代已有的独轮车，很有可能是令祖冲之感兴趣的、运用齿轮原理制作的自动机械。然而遗憾的是并无实物留于后世。

蜀道遗址

第三种意见认为，木牛、流马是四轮车和独轮车，但是何者为四轮，何者为独轮却观点截然相反。宋代高承《事物纪原》卷八认为："木牛即今小车之有前辕者；流马即今独推者是，而民间谓之江州车子。"而范文澜则认为，木牛是一种人力独轮车，有一脚四足。所谓一脚就是一个车轮，所谓四足，就是车旁前后装四条木柱；流马是改良的木牛，前后四脚，即人力四轮车。虽然它们的尺寸与古代的木牛流马不相同，但工作原理差不多：木牛的载重量比较大，行进缓慢，比较适宜在平缓的道路上运行；流马则是专门用于山区运输的工具。并推测，当年诸葛亮北伐曹魏，所需粮草需要从遥远的川西平原运到秦陇地区，沿途既有平原也有山地。尤其是出川的"蜀道"，艰险崎岖，沿江的许多栈道是在峭壁上开凿的，又窄又险，有的只有一米多宽，也只能容纳"流马"这种独轮车通过。这两种完全相左的论断，我们也没法评判哪一种正确。

蜀道又称阁道，栈阁，是古代川陕之间著名蜀道遗迹。历史上许多文人墨客曾有不少描写，以唐李白的《蜀道难》最脍炙人口。栈道开凿始于先秦，《史记》有"栈道千里通于蜀汉"的记载。历代续有修葺，三国时期曾用作攻曹运粮之道，今阁道已废，岩壁上洞孔犹存。洞分上中下三层排列，中层孔洞用作插木桩，上铺木板以作行道，下层作支撑孔眼，上层用以搭篷避雨。每个洞孔约30厘米见方，深50厘米左右。远观栈道，宛若凌空廊阁，故又有云阁之称。

61

装有立架的独轮车

还有一种争论更有意思，即木牛和流马究竟是一物还是两物。全国知名的研究三国史专家谭良啸认为，木牛和流马为一物，是一种新的人力木制四轮车；新疆大学机械工程学院高级工程师王湔也认为，二者同属一物，并制造出一种具有牛的外形、马的步态的模型。也有其他专家认为，木牛与流马是两种东西，前者是人力独轮车，后者是经改良的四轮车。同济大学园林建筑专家陈从周等则勘察了川北广元一带现存古栈道的遗迹，掌握了宽度、坡度及承重等数据，认为二者乃二物：木牛有前辕，引进时有人或畜在前面拉，后面有人推；流马与木牛大致相同，但没有前辕，不用人拉，仅靠推力行进，外形像马。

上述几种观点，不一而足，究竟哪一种说法最符合木牛流马的原貌，至今仍难以评说。后来，四川省博物馆文物修复专家李刚把三千多块碎陶片复原成一辆完整的三轮马车，该车的断代在东汉与三国之间。他认为就是历史上传说的诸葛孔明的木牛流马。这辆是一件殉葬品，只有实物三分之一大。高一点一五米，车厢高一米，全长二点五六米。该车有很多先进之处。首先，一般马车只有两个轮子，这样，马不仅要费力拉车，还要承担车身的重量；而三轮马车的出现减轻了马的承重负担，增加了马车的稳定性，让它的牵引力更大，从而运送更多更重的货物。其次，传统二轮马车的车身和马之间靠"辕"连接，"辕"的长度注定了马车转弯半径大，不适合在狭窄的山路上行走；而三轮马车在前面的轮子和后面的车厢之间有个"转向器"，适合在狭窄山路上转弯。不过对于"人不大劳，牛不饮食"，李刚也不能解释清楚。诸葛亮如果九泉之下有知，一定会后悔当初没有留下详细的制作图解。

曹操
杀华佗之谜

华佗（约2世纪—3
世纪初），字元化，
沛国谯（即今安徽省亳县）
人。他在年轻时，曾到徐州
一带访师求学，"兼通数
经，晓养性之术"。沛相陈
圭推荐他为孝廉，太尉黄
琬请他去做官，都被他一
一谢绝，遂专志于医药学
和养生保健术。他行医四
方，足迹与声誉遍及安徽、江苏、山东、河南等省。

华佗墓

华佗墓位于许昌市北10千
米苏桥乡小清河畔。墓高5米，
周围30余米，呈六角形。塚前树
一碑楼，碑上镌刻着正楷书写的
"神医华公之墓"，还有华佗的生
平事迹和后人敬仰之词。碑楼高
约2米，楼顶结构为北方农村门
楼式样，花脊翘拱几只瓦制鱼兽
仙立于上，古色古香。

曹操闻听华佗医术精湛，征召他到许昌为自己看病。
曹操常犯头风眩晕病，经华佗针刺治疗有所好转。《三国
志》对此的记载是："佗针鬲，随手而差。"后来，随着政务和
军务的日益繁忙，曹操的头风病加重了，于是，他想让华佗
专门为他治疗头风病，做自己的侍医。但是华佗却不愿意。
他借口妻子有病，告假回家，不再到曹操那里去了。曹操非
常愤怒，派人到华佗家里去调查。曹操对派去的人说：如果
华佗的妻子果然有病，就送给他小豆四十斛；要是没有病，
就把他逮捕来办罪。

传说华佗被逮捕送到曹操那里以后，曹操仍旧请他治
病。他给曹操诊断了以后，对曹操说："此近难济，恒事攻

治，可延岁月。"意思是说，你的病在短期内很难彻底治好，即使长期治疗，也只能苟延岁月。而要全部治好，使之不再重犯则需要先饮"麻沸散"，麻痹脑部，然后用利斧砍开脑袋，取出"风涎"，这样才可能去掉病根。多疑的曹操以为华佗是要借机杀他，为关羽报仇，于是命令将华佗杀害。

华佗知道曹操不会放过他的，于是抑制住悲愤的心情，逐字逐句地整理他的三卷医学著作——《青囊经》，希望把自己的医术流传下去。这三卷著作整理好以后，华佗把它交给牢头，牢头不敢接受。在极度失望之下，华佗把它掷在火盆里烧掉。牢头这时候才觉得可惜，慌忙去抢，只抢出一卷，据说这一卷是关于医治兽病的记载。华佗没有留下专门著作。这是我国医学的一个重大损失。

但是，华佗之死责任果真全在曹操吗？华佗真的没有任何过失吗？

《三国演义》中有一节《治风疾神医身死，传遗命奸雄数终》，描写了华佗被曹操杀害的情形。《三国演义》虽然是文学作品，其中有着大量的虚构成分，但是，华佗因为要给曹操"开颅医病"而被曹操杀害确是不争的历史事实。受《三国演义》的影响，今天的许多史学家大都认为，华佗不仅医术高明，而且医德高尚，时刻心系天下百姓的疾苦，不肯服侍权贵。华佗真是这样一个人吗？

在中国古代社会里，"万般皆下品，唯有读书高"和"学而优则仕"是众多读书人的信条。华佗所生活的东汉末期，社会上读书做官的热潮已经达到顶点，公卿大多数是熟悉经术者，汉顺帝时太学生多达3万人，学儒读经成为社会风尚，而医药技术虽为上自帝王、下至百姓所需，但却为士大夫所轻视，医生的社会地位不高。这种社会风尚不能不对华佗有所影响。据《三国志·魏书·方技传》记载，华佗年少时曾经在徐州一带游学，是个"兼通数经"的读书人，在当地很有名气。众所周知，科举制起源于隋朝，东汉时期普通读书人进入仕途的途径只有被"举孝廉"，也就是因为品德高尚而被推荐进入官场。

沛国相陈珪和太尉黄琬都曾荐举华佗为孝廉，征辟他做官，但是华佗却颇为自负，认为自己才气大，而不屑于去做他们举荐的那些低级文案工作，再者，华佗此时已经迷恋上医学，他不愿意为此小官而抛弃所喜好的医学。

正如《三国志·魏书·方技传》中写的那样："然本作士人，以医见业，意常自悔"，华佗在行医的过程中，深深地感到医生地位的低下。由于他的医术高明，前来请他看病的高官权贵越来越多，他的名气也越来越大。在这些高官权贵的眼中，华佗即使医术再高明，也只是一个医生而已，在同他们的接触过程中，华佗的失落感更加强烈，性格也变得乖戾了，难以与人相处，因此，范晔在《后汉书·方术列传》中毫不客气地说他"为人性恶，难得意"。在后悔和自责的同时，他在等待入仕为官机遇的再度降临。

恰恰在此时，曹操得知了医术高明的华佗，而华佗也仿佛看到了走入宦途的机会。华佗正是想利用为曹操治病的机会，以医术为手段，要挟曹操给他官爵。头风病确实比较顽固，在古代的医疗条件下，想要彻底治愈确实很困难，华佗虽为神医，也未必有治愈的良策。但若说即使"恒事攻治"，也只能苟延岁月，死期将近，就未免危言耸听了，很明显有要挟的成分在内。

但是，曹操毕竟不是一般的人物，他识破了华佗的用心。他后来说，"佗能愈此。小人养吾病，欲以自重"，意思是说，华佗能治好这病，他为我治病，想借此抬高自己的身价。曹操对华佗的"要挟"很不满，他并没有满足华佗的要求。

于是，华佗便以家中有事为借口，请假回家。到家后华佗又托词妻子有病，一直不回，对曹操进行再度要挟。曹操大怒，将华佗拘捕。为了治病，曹操再度容忍华佗，没有将他处死。但是华佗却提出了用利斧砍开脑袋，取出"风涎"，去掉"病根"的治疗方法。多疑的曹操再也不能容忍，将华佗杀害。

那么，假如曹操真的同意用此方法疗病，会出现什么结果呢？

首先，动手术则克服不了感染的问题。当时的医疗条件下，华佗所使用的器械"利斧"根本不可能做到无菌，在有菌的条件下进行头部的手术，曹操在手术后肯定会发生颅内感染，由于当时没有有效的广谱抗生素，仅仅一个感染就足可以置曹操于死地。现代医学那么发达，手术后的感染经常发生，稍有不慎就会造成感染不愈合。曹操那时动手术，后果就可想而知了。除非曹操的抵抗能力非常强，否则他是必死无疑。然而曹操当时已经不再强壮了，他的抵抗能力能经得住华佗的折腾吗？

五禽戏

五禽戏是一种中国传统健身方法，由五种模仿动物的动作组成。据说五禽戏是汉代名医华佗发明的，是其模仿熊、虎、猿、鹿、鸟5种动物的动作创编的一套防病、治病、延年益寿的医疗气功。但也有人认为华佗是五禽戏的整理改编者，在汉代以前已经有许多类似的健身法。最早记载了五禽戏名目的是南北朝陶弘景的《养性延命录》。

华佗墓

位于许昌城北苏桥村南石梁河西岸，墓呈椭圆形，前有清乾隆十七年（1752）立石碑一通，楷书："汉神医华公墓"。

其次，华佗能够顺利地进行脑部手术吗？华佗的确是当时最杰出的神医，但他对人的大脑研究以及是否做过脑科手术，在史书中并无一字记载。按照颅脑的解剖来看，人的大脑不同区域的功能也不同，有分管语言的语言中枢、有记忆中枢、有视觉中枢、有味觉中枢。人类认识大脑的解剖只不过是近代的事情。就是现在，大脑斜坡部位仍是手术的相对禁区。按照当时的认识，华佗不可能知道大脑的精细解剖结构。如果真动手术，稍有不慎，曹操就会立即命丧黄泉。

再次，华佗能否对曹操进行急救也是一个问题。开颅手术时要有起码的急救设备，比如心电监护设备、输血补液设施、吸氧设备等，这些起码的设备缺一不可。一旦血压下降或者是心跳骤停，在这些起码的急救条件不具备的情况下，曹操开颅就会凶多吉少。

除此之外，华佗开颅面临的医学问题还有不少，不论哪一项不具备开颅都是十分危险的事情。曹操不开颅尚且可以存活一段时间，如果开颅必然是九死一生。生性多疑的曹操岂能容忍这样的结果？在这种情况下，曹操认为华佗是在故意暗害自己也是讲得通的。

曹操杀害华佗虽然主要是凭借自己的好恶，但是，从《汉律》上讲，也有他的依据。曹操在"挟天子以令诸侯"的情况下，以"动以王法从事"著称。无论是理政还是治军，甚至齐家、诫子，曹操都以《汉律》为基本准则。依照《汉律》的规定，华佗犯了两宗罪：一是欺骗罪，二是不从征召罪。而令华佗命丧黄泉的是主要是后者。《汉律》中有"大不敬"罪，对"亏礼废节"之犯者要处以重刑，《汉书·申屠嘉传》便载有人"通小臣，戏殿上，大不敬，当斩"的案例。"大不敬"的具体内容较多，其中"征召不到大不敬"适用于华佗所犯之罪。在当时的情况下，曹操以此为华佗定罪，别人也就无话可说了。

曹操
七十二疑冢之谜

曹操,字孟德,小字阿瞒,沛国谯县(今安徽亳州)人。中国东汉末年军事家、政治家及诗人。他出生在官宦世家,其父亲曹嵩原是夏侯氏的后裔,后来成为宦官曹腾的养子。曹操文武双全,《魏略》说他"才力绝人,手射飞鸟,躬禽猛兽,尝于南皮,一日射雉获六十三头"。《三国志》说他"才武绝人"。

192 年,他正式组建了自己的军事集团"青州兵",196 年率军进驻京城洛阳,"挟天子以令诸侯"。后来,经官渡之战等战役,打败袁绍和其他割据军阀,统一中国北部。建安十三年(208)十二月,于赤壁之战中败于孙权和刘备联军,从此形成中国历史上魏蜀吴三国割据的局面。213 年,曹操晋爵魏王,名义上虽为汉臣,但权倾朝野,实际上已是皇帝。曹操死于 220 年 3 月 15 日,终年六十六岁。

但是这样一个权力与地位不亚于帝王的枭雄却提倡薄葬,218 年,他颁布了一道《终令》,再次提出死后不要厚葬,要将自己埋葬在瘠薄的土地上,依照地面原有的高度作为圹基,陵上不堆土,不植树。一年后,他为自己准备了送终的四季衣服,并留下遗嘱说:我如果死了,请按当时季节所穿衣服入殓,金玉珠宝铜器等物,一概不要随葬。

为了防止死后陵墓被盗,在力主和实践"薄葬"的同时,他还采取了"疑冢"的措施。传说,在安葬他的那一天,七十二具棺木从东南西北四个方向,同时从各个城门抬出。那么这种传说到底是不是真的呢?假如是真的,这七十

曹操像

曹操(155—220),字孟德,小名阿瞒,沛国谯县(今安徽亳州)人。东汉末年杰出的政治家、军事家和诗人。在政治方面,曹操消灭了北方的众多割据势力,恢复了中国北方的统一,并实行一系列政策恢复经济生产和社会秩序。文化方面,在曹操父子的推动下形成了以曹氏父子(曹操、曹丕、曹植)为代表的建安文学,史称建安风骨,在文学史上留下了光辉的一笔。

67

董园村石墓曹操宗族墓地

董园村石墓，位于亳州市董园村东南，1973 年清理发掘，根据《水经注》记载和出土文物考证，墓主人是曹操祖父曹藤。董园村石墓，外形为一高大土丘，内系青石筑砌，墓门朝东，墓内长 15.3 米，宽 10.2 米，高 3 米，甬道、前室、中室、后室、南北耳室、东西偏室等组成，共用 872 块大条石筑成，董园石墓内各室均有壁画如仕女图、游天图、天象图、仙境图等，整个石墓建筑考究，工程浩大，俨然是一座宏伟的地下宫室，对研究东汉历史和地下建筑有重要意义。

二座陵墓在什么地方呢？

一种观点认为，曹操并没有秘葬，更未设疑冢，只不过是主张丧葬从简而已。

从现存的史料看，曹操对自己墓葬的安排得到了认真的落实。他的儿子曹丕的《策文》、曹植的《诔文》中都描述了葬礼和入殓的情况，不仅交代了葬在邺城之西，而且写到曹操入殓时穿的是补过的衣服。晋代文人陆机、陆云兄弟的《吊魏武帝文（并序）》等作品中，都有关于曹操丧葬和墓田情况的介绍。在《三国志》《晋书》等史书中司马懿、贾逵、夏侯尚等人的传记里也都有他们护送曹操灵柩到邺城入葬的记载。

如果一定要说曹操设疑冢的话，那他就是在留给后人的这么多史料上都作了假，不仅在生前，死后还有儿子、大臣以及改朝换代后的文人、史家出力，且在随后的几百年间无人发现，之后却被人没有多少切实依据而指出来，这似乎有些荒诞。

根据有关记载显示的情况是，由于丧葬从简，没有建设高大坚固的祭殿，在战火中，曹操的祭殿逐渐遭到了破坏。因为曹操的墓中没有随葬金玉器物，也不为盗墓者所重视，再加上没有封土建陵，也没有植树，过了几个朝代之后，曹操墓所在便无人知晓了。史料显示，到唐代人们对曹操墓的位置还没有什么疑问，唐太宗李世民曾过曹操墓，作文为祭。宋代司马光著的《资治通鉴》中仍有曹操葬于高陵的记载，元人胡三省的注中更是指出高陵在邺城之西。从《三国志》到《资治通鉴》，曹操的丧事和墓葬，在史书记载中没有多少疑问。从北宋开始，虽然曹操墓位置在史书上有记载，但在实际的地理环境中就没有人知道其真实的所在了。

从北宋开始，因为多种原因，曹操奸雄形象开始定型，其墓址不详就成了反映他奸诈的一个证明。邺城以西有北朝墓群，被传为曹操的七十二疑冢，并从口头传说逐渐进入诗文，罗贯中在《三国演义》中，将传说加以渲染，成了曹操遗命于彰德府讲武城外，设立疑冢七十二。传说成了遗

命，显示出曹操一息尚存就要行诈，渲染了其奸雄形象。南宋人罗大经《鹤林玉露》说："漳河上有七十二冢，相传云曹操冢也。"愈应符在《曹操疑冢》中写道：生前欺天绝汉统，死后欺人设疑冢。人生用智死即休，何有余计到丘陇。人言疑冢我不疑，我有一法君未知，尽发七十二疑冢，必有一冢藏君尸。元人陶宗仪《南村辍耕录》也写道："曹操疑冢七十二，在漳河上。"

邺城遗址

蒲松龄《聊斋志异》中也收入了一篇《曹操冢》并将地点从邺城扩大到许昌城外，位置从地下扩大到水底，点出曹操墓可能在其设的七十二疑冢之外，更显示出其诡诈。褚人获《坚瓠集》续集有"漳河曹操墓"条，说有捕鱼者，见河中有大石板，旁有一隙，入行数十步得一石门，"初启门，见其中尽美女，或坐或卧或倚，分列两行。有顷，俱化为灰，委地上。有石床，床上卧一人，冠服俨如王者。中立一碑，渔人中有识字者，就之，则曹操也。"随着这些杰作的流传，曹操墓之谜就更加引人注目，也更加扑朔迷离了。在众口相传的民间舆论面前，史料显得有些苍白无力。

1988年《人民日报》发表一篇文章《"曹操七十二疑冢"之谜揭开》说："闻名中外的河北省磁县古墓群最近被国务院列为第三批全国重点文物保护单位。过去在民间传说中被认为是'曹操七十二疑冢'的这片古墓，现已查明实际上是北朝的大型古墓群，确切数字也不是72座，而是134座。"关于疑冢的说法便被确证不是准确的了。

那么，曹操的墓葬在哪儿呢？

一些人根据古诗"铜雀宫观委灰尘，魏之园陵漳水滨。即令西湟犹堪思，况复当年歌舞人"，认为曹操墓是在漳河河底。还有人根据民谣"漳河水，冲三台，冲塌三台露出曹操的红棺材"，认为曹操墓在邺城的铜雀台等三台之下，这几种说法与史实明显不符，也没有考古发现的证据。

还有一些人认为，曹操的陵墓在其故里谯县的"曹家

邺城遗址位于临漳县西南20千米处漳河北岸的邺镇，建安十八年(213)，曹操为魏公，定都于此，这时就是邺城作为都城所经历的第一个朝代——曹魏。此时邺城得到大规模营建，城垣东西七里，南北五里，外城有七个门，城内筑宫殿、衙署、苑囿等，并以城墙为基修筑了三座高大的台榭(金凤、铜雀、冰井)。据说曹操墓就在这个遗址的范围内。

69

铜雀台遗址

建安十五年（210）冬，曹操筑铜雀台。《三国志·魏志》：铜雀台新成，公将诸子登之，使各为赋。次子曹植，才思敏捷，援笔立就，写下了《登台赋》，传为美谈。元末，铜雀台被漳水冲毁一角，周围尚有一百六十余步，高五丈，上建永宁寺。明朝中期，三台还存在。明末，铜雀台大半被漳水冲没。

孤堆"。据《魏书·文帝纪》载："甲午（220），军治于谯，大飨六军及谯父老百姓于邑东。"《亳州志》载："文帝幸谯，大飨父老，立坛于故宅前树碑曰大飨之碑。"曹操死于该年正月，初二日入葬，如果是葬于邺城的话，那魏文帝曹丕为何不去邺城而返故里？他此行目的是不是为了纪念其父曹操？《魏书》还说："丙申，亲祠谯陵。"谯陵就是"曹氏孤堆"，位于城东20千米外。这里曾有曹操建的精舍，还是曹丕出生之地，此外，又据记载：亳州有庞大的曹操亲族墓群，其中曹操的祖父、父亲、子女等人之墓就在此。由此推断，曹操之墓也当在此。但这种说法也缺乏可信的证据，遭到许多人的质疑。

近来，一些文物、文史工作者为寻找曹操墓进行了不懈的努力，并出土了可证明曹操墓位置的石碑、石刻，虽然还不能确定曹操墓的准确位置，但基本上认定了其大致范围，即在河北磁县时村营乡中南部和讲武城乡西部或河南安阳县安丰乡境内，他们的依据是：曹操生前对自己墓葬位置有明确安排，《遗令》中说要葬于邺之西冈上，与西门豹祠相近，这里方位与之相符；《遗令》中还说要其后人时时登铜雀台，望吾西陵墓田，经实地考察，这一带处在从铜雀台一带登高西望所见的最好位置；这里地势较高，漳河不能灌溉，土质较差，至今这里不少土地仍难以耕作，符合曹操《终令》中古之葬者，必居瘠薄之地的要求；《三国志》《晋书》等正史中都有曹操葬于这一带的有关记载；从选墓的古代堪舆学理论，这一带也适于建造帝王陵墓。他还认为当地的地名如武吉、西曹庄、朝冠、东小屋、西小屋等也与守陵和祭祀有关。后来出土鲁潜墓志也证明了这一点，鲁潜墓志反映的曹操墓位置，与磁县时村营乡中南部和讲武城乡西部，只隔一条漳河，属于一个方向。

相信经过考古发掘，曹操墓之谜最终会解开。

刘禅
并非是"扶不起的阿斗"

刘禅,刘备之子,于刘备去世后继位成为蜀国皇帝。诸葛亮等贤臣相继去世后,蜀国逐渐衰败。后魏国大举伐蜀,刘禅投降。刘禅被俘虏到洛阳后,司马昭为了笼络人心,稳住对蜀汉地区的统治,用魏元帝的名义,封他为安乐公,还把他的子孙和原来蜀汉的大臣五十多人封了侯。有一次,司马昭大摆酒宴,请刘禅和原来蜀汉的大臣参加。宴会中间,还特地叫了一班歌女演出蜀地的歌舞。一些蜀汉的大臣看了这些歌舞,想起了亡国的痛苦,伤心得掉下了眼泪。只有刘禅看得喜笑颜开,就像在他自己的宫里一样。司马昭观察了他的神情,宴会后,对贾充说:"刘禅这个人没有心肝到了这步田地,即使诸葛亮活到现在,恐怕也没法使蜀汉维持下去,何况是姜维呢!"

过了几天,司马昭在接见刘禅的时候,问刘禅说:"您还想念蜀地吗?"刘禅乐呵呵地回答说:"这儿挺快活,我不想念蜀地了。"("乐不思蜀"的成语就是这样来的。)一直陪伴刘禅的大臣郤正在旁边听了,觉得太不像话。回到刘禅的府里,郤正说:"您不该这样回答晋王(指司马昭)。"刘禅说:"依你的意思该怎么说呢?"郤正说:"以后如果晋王再问起您,您应该流着眼泪说:我祖上的坟墓都在蜀地,我心里很难过,没有一天不想那边。这样说,也许晋王还会放我们回去。"刘禅点点头说:"你说得很对,我记住就是了。"后来,司马昭果然又问起刘禅,说:"我们这儿待您不错,您还想念蜀地吗?"刘禅想起郤正的话,就把郤正教他的话原原本本背了一遍。他竭力装出悲伤的样子,但是挤不出眼泪,

后主刘禅

历史记载,刘禅是一个昏庸无能的人。诸葛亮在世的时候,全靠诸葛亮掌管着军政大事,他不敢自作主张。诸葛亮死后,又有蒋琬、费祎、姜维一些文武大臣辅佐他。但蒋琬、费祎死去后,宦官黄皓得势,蜀汉的政治就越来越糟,最终被魏所灭。在跟司马昭的一次谈话中,他说出了"乐不思蜀"的名言,从此成为不求上进的代名词。但是有学者认为,这是他保全自己的一种策略,是大智若愚的表现。

71

只好闭上眼睛。司马昭看了他这个模样,心里早明白了一大半,笑着说:"这话好像是郤正说的啊!"刘禅吃惊地睁开眼睛,傻里傻气地望着司马昭说:"对,对,正是郤正教我的。"司马昭不由得笑了,左右侍从也忍不住笑出声来。司马昭这才看清楚刘禅的确是个糊涂人,不会对自己造成威胁,就没有杀害他。

刘禅也因此在人们的心目中成了庸主的典型,"扶不起的阿斗"成了对庸人的戏称。事实果真如此吗?

一种观点认为刘禅虽然不是一个聪明有为的君主,也不是一个完全懦弱无能的人,他起码拥有中等的智慧,那一顶"扶不起来的阿斗"的帽子,实在应该给他摘掉。理由是:

刘禅从 223 年登基后,至 263 年降魏下台,称帝在位共 41 年,是在三国时期所有国君中在位时间最长的一位。在那种群雄割据、兵连祸结的动乱年头,能执政这么久,没有相当的才智是不行的。有人把刘禅安稳地做皇帝归因于诸葛亮的辅佐。其实,诸葛亮死于 234 年,他死后,刘禅还做了 29 年的皇帝,很难说成是全凭诸葛亮的辅佐之功的。

《三国志》记载,刘备给刘禅的遗诏中有这么一段话:"射君到,说丞相叹卿智量,甚大增修,过于所望,审能如此,吾复何忧?勉之,勉之。"射君是谁已不可考,但这段话的意思很明白:诸葛亮对射君称赞刘禅的智慧,射君又将这赞词告诉了刘备,刘备很高兴予以勉励。诸葛亮当不会是阿谀奉承之人,刘备也颇有知人之明,由此可见刘禅非鲁钝之人。

为了让刘禅见多识广,掌握治国本领,刘备让其多学《申子》《韩非子》《管子》《六韬》等书,并由诸葛亮亲自抄写这些书让他读;又令其拜伊籍为师学习《左传》。不仅如此,还令其学武。《寰宇记》有记载:"射山,在成都县北十五里,刘主禅学射于此。"对于刘禅的表现,诸葛亮是很满意的。诸葛亮在《与杜微书》中评价刘禅说:"朝廷年方十八,天资仁敏,爱德下士。"这个敏字可说明阿斗并非愚蠢之人,不然诸葛亮不是有心讽刺了?《晋书·李密传》中也记载,李密认为刘禅作为国君,可与春秋首霸齐桓公相比,齐桓公得管仲而成霸业,刘禅得诸葛亮而与强魏抗衡。

不仅如此,在北伐的问题上,刘禅的头脑也非常清楚,诸葛亮急于北伐的时候,他规劝说:"相父南征,远涉艰难;方始回都,坐未安席;今又欲北征,恐劳神思。"尽管诸葛亮置自己的规劝于不顾,但北伐决议一旦形成,刘禅还是全力支持诸葛亮的北伐。诸葛亮死后,刘禅马上停止了空耗国力、劳民伤财的北伐。司马懿率大军征伐辽东公孙渊。刘禅唯恐蒋琬犯诸葛亮老毛病,专门下诏告诫蒋琬不要轻举妄行,"须吴举动,东西掎角,以乘其衅"。魏延造反,却诬奏杨仪造反。刘禅听完魏延表奏,马上提出疑问,说:"魏延乃勇将,足可拒杨仪等众,何故烧绝栈道?"魏延被杀后,刘禅也没有对魏延一概否定,而是降旨曰:"既已名正其罪,仍念前功,赐棺椁葬之。"为了防止权臣权力太重问题,刘禅以费祎为尚书令和大将军,主官政务,以蒋琬为大司马,主管军事,两人的权力相互交叉,相互牵制,但又各有侧重。蒋琬死后,刘禅"乃自摄国事",大权独揽,彻底解决了蜀国多年"事无巨细,咸决于丞相"的政局。

刘琰的妻子胡氏入贺太后,太后留胡氏住了一月,引起刘琰的猜疑,导致了恶性事件。刘禅接受教训,马上废除了大臣妻子母亲宫廷朝贺的礼节。夏侯霸因司马氏篡位怕受曹爽牵连逃于蜀汉,其父夏侯渊乃被黄忠斩于定军山。刘禅在接见夏侯霸之时说:"卿父自遇害于行间,非我先人之手刃也。"轻描淡写,寥寥数语,消释前嫌。又指着自己的两个儿子说:"此夏侯氏之甥也。"夏侯渊之堂妹乃张飞之妻,张飞之女乃刘禅之妻,故有此说。然后又对夏侯霸厚加赏赐,封官爵。一套怀柔拉拢的手段使得十分娴熟。

尽管刘禅与诸葛亮君臣之间也存在着些许不谐音调,但刘禅却一直保持克制的态度,顾全大局。诸葛亮用人失误,后主安慰说:"胜负兵家常事。"等诸葛亮打了胜仗,后主刘禅适时恢复诸葛亮的职务。诸葛亮死的消息传来,刘禅连日伤感,不能上朝,竟哭倒于龙床之上。当灵柩运回时,刘禅率文武百官,出城二十里相迎。

此时,李邈上书,援引历史上吕禄、霍光等人的例子,诋毁诸葛亮"身仗强兵,狼倾虎视",说诸葛亮之及时死去使其"宗族得全,西戎静息,大小为庆",暗指诸葛亮如果不死,早晚会图谋不轨。李邈所说或是其真实想法,或者是为了迎合刘禅。但是刘禅闻言大怒,将其下狱处死。这说明刘禅深知"君臣不和,必有内变"的道理,只要自己一时不清醒,内乱不可避免。

但是,刘禅在这件事上也很有分寸,《襄阳记》记载:亮初亡,所在各求为立庙,朝议以礼秩不听,百姓遂因时节私祭之于道陌上。言事者或以为可听立庙于成都者,后主不从。步兵校尉习隆、中书郎向充等共上表曰:"臣闻周人怀召伯之德,甘棠为之不伐;越王思范蠡之功,铸金以存其像。自汉兴以来,小善小德而图形立庙者多矣。况亮德范遐迩,勋盖季世,王室之不坏,实斯人是赖,而蒸尝止于私门,庙像阙而莫立,使百姓巷祭,戎夷野祀,非所以存德念功,述追在昔者也。今若尽顺民心,则渎而无典,建之京师,又偪宗庙,此圣怀所以惟疑也。臣愚以为宜因近其墓,立之沔阳,使所亲属以时赐祭,凡其臣故吏欲奉祠者,皆限至庙。断其私祀,以崇正礼。"在这种情况下,刘禅也没有固执己见。青年帝王刘禅能从长远着眼,如此得体地处理权臣问题,也可谓亘古少有。南朝史学家裴松之评价"后主之贤,于是乎不可及"。

尽管如此,在邓艾一支偏师突入蜀境,蜀汉主力军队基本完整的情况下,刘禅轻而易举就投降,这实在让人不解,至今仍是一个谜团。袁松就此事评论道:"方邓艾以万人入江由之危险,钟会以二十万众留剑阁而不得进,三军之士已饥,艾虽战胜克将,使刘禅数日不降,则二将之军难以反矣。故功业如此之难也。"

对于刘禅"乐不思蜀"的故事,《三国志集解》引于慎行的话说:"刘禅之对司马昭,未为失策也……教之,浅也。思蜀之心,昭之所不欲闻也……左右虽笑,不知禅之免死,正以是矣。"同样是投降后宣布退位的皇帝,刘禅做了八年的安乐公后寿终正寝,东吴的孙皓则被司马昭的儿子司马炎赐毒酒杀了,其中道理大概在此吧。

《洛神赋》
中的神秘女子

曹植，字子建。他是曹操的夫人卞氏的第三个儿子，与曹丕为同母兄弟。曹植自幼便聪颖过人，十岁的时候便能出口成诗，下笔成章，很受曹操的宠爱。在他的三个儿子中曹操曾经认为曹植是"最可定大事"者，几次都想要立他为太子。但是最终曹植还是在同长兄的争斗中失败。曹丕当了皇帝以后，怕他日后势力壮大，威胁到自己的皇位，便派人把曹植抓到洛阳来，想借口杀掉以除后患。曹丕限曹植七步之内以兄弟为题，吟诗一首，其中还不能出现兄弟两个字；如果做不到就要处死。曹植知道这是曹丕想借机杀了自己，心中十分悲伤。忽然看到炉火中的豆萁。便随口做了一首《七步诗》："煮豆燃豆萁，豆在釜中泣，本是同根生，相煎何太急！"免得一死。

曹植的作品中，除了《七步诗》，最有名的就是《洛神赋》了，文中曹植这样描述洛神的美貌："翩若惊鸿，婉若游龙，荣曜秋菊，华茂春松，若轻云之蔽月，似流颈秀项，皓质呈露，芳泽无加，铅华弗御。云望峨峨，修眉联娟，丹唇外朗，皓齿内鲜，明眸善睐，面辅承权，环姿艳逸，仪静体闲，柔情绰态，媚于语言。"从抽象到具体，从神韵、风仪、情态、姿貌，到明眸、朱唇、细腰、滑肤，描绘得淋漓尽致，使人如闻其声，如睹其形。此外曹植还描写了洛神的动态美："体迅飞鸟，飘忽若神，凌波微步，罗袜生尘。转眄流精，光润玉颜，含辞未吐，气若幽兰，华容婀娜，令我忘餐。"曹植借飘忽的梦境，活生生把他梦中情人幻化出来，一点痴念，万缕相思，凝聚成一篇千古不朽的文学作品。

后来，著名的画家顾恺之依据《洛神赋》，画了流传千古的名画《洛神赋图》，其中最感人的一段描绘是曹植与洛神相逢，但是洛神却无奈离去的情景。在画中，站在岸边的曹植表情凝滞，一双秋水望着远方水波上的洛神，痴情向往。画中的洛神梳着高高的云髻，随风而起的衣带，给了水波上的洛神一股飘飘欲仙的来自天界之感。她欲去还留，顾盼之间，流露出倾慕之情。但最终在云端中渐去，留下此情难尽的曹植在岸边，终日思之，最后依依不舍地离去。

那么曹植所描写的"洛神"和顾恺之画中的"洛神"到底是谁呢？是不是就是他的嫂子甄氏呢？

据《文昭甄皇后传载》:甄氏乃中山无极人,上蔡令甄逸之女。建安年间,她嫁给袁绍的儿子袁熙。东汉献帝七年(210),官渡之战,袁绍兵败病死。曹操乘机出兵,甄氏成了曹军的俘虏,曹丕见到甄氏后,惊叹于甄氏的美貌。他对曹操说:"儿一别无他求,只有此人在侧,此生足矣!望父皇念儿虽壮年而无人相伴之分,予以成全!"话已至此,曹操不好拒绝,便使人做媒,让甄氏为曹丕妇。甄氏见曹丕生得英俊,又因为是曹军的俘虏,不得不从,因此也无异言。

一种观点认为,曹植《洛神赋》中的"洛神"指的就是自己的嫂嫂甄氏。

由于曹植天赋异禀,博闻强记,十岁左右便能撰写诗赋,所以颇得曹操及其幕僚的赞赏。早在官渡之战时,曹植就曾在洛河神祠偶遇藏身于此的袁绍儿媳甄氏,由于怜香惜玉,曹植将自己的白马送给了甄氏,帮助她逃避邺城,甄氏也将自己的玉佩赠给了曹植以示感谢。两人再次相见,都觉得命运注定。当时曹操正醉心于他的霸业,曹丕也有官职,而曹植则因年纪尚小、又生性不喜争战,于是能够与甄氏朝夕相处,当父兄为天下大事奔忙时,曹植与甄氏的感情迅速发展,到了难舍难分的地步。

七八年过去了,曹操已经稳稳地掌握了北方的局势,汉献帝以冀州十郡划为魏国,封曹操为魏公,定都于邺。在谁来继位的问题上,曹操生前就十分矛盾,因为长子曹昂早亡,还有四个儿子为卞氏所生:长子曹丕,次子曹彰,三子曹植,四子曹熊。四个儿子中曹操最偏爱曹植,倾向于封曹植为世子。但曹植不治威仪,放荡恣肆,而且三番两次耽误大事,擅自开启司马门,使得曹操对他失望透顶。在这种情况下,曹丕顺利地当上了世子。曹操死后,曹丕于汉献帝二十六年(229),登上帝位,定都洛阳,是为魏文帝。

魏国建立后,曹丕对甄氏和曹植错综复杂的关系难以释怀,因此仅封她为妃,所以甄氏始终未能得到母仪天下

洛神赋

《洛神赋十三行》,简称《洛神赋》,东晋王献之的小楷书法代表作,原来的墨迹写在麻笺上,内容为三国时期魏国著名文学家曹植的著名文章《洛神赋》,但流传到唐宋时代就已经残损并亡佚了。流传下来的刻本为宋代根据真迹上石的拓本,包括碧玉版本和白玉版本两种,其中碧玉版本较好,它于明万历年间在杭州西湖葛岭的半闲堂旧址出土,现藏于辽宁博物馆。

《洛神赋图》局部

顾恺之（约345—406年），字长康，小字虎头，东晋画家。江苏人。曾为桓温及殷仲堪参军，义熙初任通直散骑常侍。代表作《洛神赋图》收藏在中国北京故宫博物院。《洛神赋图》来源于三国时代（220—280）著名文学家曹植的《洛神赋》，画面生动感人，是中国绘画史上的一件经典作品。

的皇后地位。甄妃此时已经年逾四旬，而曹丕正值三十四岁的鼎盛年纪，后宫佳丽众多，甄妃逐渐色衰而失宠，在曹丕当上皇帝之后的第二年便郁郁而死。

甄氏死的那年，曹植到洛阳朝见哥哥。甄氏生的太子曹睿陪皇叔吃饭。曹植看着侄子，想起甄后之死，心中酸楚无比。饭后，不知出于什么原因，曹丕遂将甄后的遗物玉镂金带枕送给了曹植。

曹植睹物思人，在返回封地时，夜宿舟中，恍惚之间，遥见甄妃凌波御风而来，曹植一惊而醒，原来是南柯一梦。回到鄄城，曹植脑海里还在翻腾着与甄后洛水相遇的情景，于是文思激荡，写了一篇《感甄赋》。这是一篇优秀的文学作品，人们欣赏其文字的优美，到处传抄，几乎到了家喻户晓的地步。曹丕似乎不曾加以追究，但是四年以后（234），明帝曹睿继位，因觉原赋名字不雅，遂改为《洛神赋》。曹丕死后，群臣本来想迎立当时为雍丘王的曹植为帝，因此曹睿即位后，对于他这位才华横溢而又深得人心的叔叔，产生了莫大的戒心，因而一而再、再而三地徙封不已，曹植恍如飘萍，不堪颠沛之苦，遂郁郁寡欢而死。

由于此赋的影响，加上人们感动于曹植与甄氏的恋爱悲剧，故老相传，就把甄氏认定成洛神了。《太平广记》卷三百三十一《萧旷》篇和《类书》卷三十二《传奇》篇，都记述着萧旷与洛神女艳遇一节。洛神女说："妾，即甄后也……妾为慕陈思王之才调，文帝怒而幽死。后精魂遇于洛水之上，叙其冤抑。因感而赋之。"李商隐在他的诗作之中，曾经多次引用到曹植感甄的情节，甚至说："君王不得为天下，半为当时赋洛神。"

但是另一种观点却认为，所谓的"洛神"并不是甄氏，甚至曹植和甄氏也没有发生过恋情。

他们的理由是：第一，曹植不可能爱上他的嫂嫂，曹植与嫂嫂之间的感情只是亲人之间的感情。曹植在年轻的时候与嫂嫂之间是一种亲人关系，长大后，曹丕与曹植兄弟之间存在着紧张的政治斗争,曹植不会有很多的机会接近甄氏。假若《感甄赋》真是为甄氏而作,曹植这是色胆包天,曹丕不会让这样的文章到处流传。

第二,在中国古代社会中,人们很看重各种伦理。图谋兄妻,这是"禽兽之恶行","其有污其兄之妻而其兄晏然,污其兄子(指明帝)之母而兄子晏然,况身为帝王者乎?"《洛神赋》不过是由于曹植备受兄侄猜忌,建功立业的理想始终无法实现,因此借《洛神赋》中"人神道殊"来表明自己壮志难酬、报国无门的悲愤心情。

第三,李善注引《记》所说的文帝曹丕向曹植展示甄后之枕,并把此枕赐给曹植,"里老所不为",何况是帝王呢?极不合情理,纯属无稽之谈。既然曹丕没有将玉枕赠给曹植,那么就不会有曹植睹物生情,而为甄氏作《感甄赋》了。

第四,《感甄赋》确有其文,但"甄"并不是甄后之"甄",而是鄄城之"鄄"。"鄄"与"甄"通,因此应当是"感鄄"。曹植在写这篇赋前一年,任鄄城王。胡克家在《文选考异》中认为这是世传小说《感甄记》与曹植身世的混淆,作品实是曹植"托词宓妃,移寄心文帝"而作,"其亦屈子之志也","纯是爱君恋阙之词",就是说赋中所说的"长寄心于君王"。朱干在《乐府正义》中指出,"感甄"之说确有。但所感者并非甄妃,而是曹植黄初三年(222)的被贬地鄄城。

后人否定曹植与自己嫂嫂的爱恋关系不过是重复这些观点。如果说有所增加,只是说,十四岁的曹植不大可能爱上一个已经二十四岁的已婚女子。但是从实际情况来看,行为比较随意的曹植是很可能爱上不仅有美貌,又有与自己有较多的相同爱好的嫂嫂的。看来,《洛神赋》中,曹植所描述的"洛神",很可能就是自己嫂嫂的化身。

顾恺之《洛神赋图》(局部)

北魏
开国之君有神经病

云冈石窟的石刻

据说是按照拓跋珪的相貌刻出来的。

拓跋珪，生于晋咸安元年（371），死于晋义熙五年（409），鲜卑族人，北魏开国皇帝。拓跋珪出生在参合陂北，祖父是拓跋代国的建立者昭成皇帝什翼犍，故幼年生活在皇宫中。拓跋珪六岁时（376），前秦皇帝苻坚率兵进攻代国，什翼犍被子杀死，所部众叛亲离，代国灭亡。拓跋珪臣属独孤部，开始早期流亡生活。此时，拓跋珪虽年幼，但性格刚强，被认为是"光复洪业，光扬祖宗者"。淝水之战后，前秦政权颠覆，北方短暂的统一为分裂割据所取代。拓跋珪乘势纠集诸部，于东晋孝武帝太元十一年(386)一月在牛川(内蒙古锡拉木林河)召开部落大会，即代王位。同年四月，拓跋珪称魏王，定年号为登国，改国号为魏，是为北魏。拓跋珪继代王位时，整个塞上还处于分裂状态。为了稳固地位，统一各部，拓跋珪继位后就开始了巩固势力、扩大地盘的斗争。经过南征北战，拓跋珪成为塞外唯一的强大部落。

北魏政权得以初步巩固后，拓跋珪开始向外扩张，试图统一中国北方。他首先灭掉了觊觎王位的叔叔；又一举兼并了势力强大的独孤部族；不久又与中原的后燕联兵，彻底击溃了强盛的宿敌铁弗部；在控制塞北后，挥兵东下，迅速占领后燕的黄河以北的广大地区。天兴元年(398)，拓跋珪定都平城(山西大同市东北)，设立社稷，史称道武帝，继而建立起了专制主义中央集权体制。拓跋珪注意文化教育，以儒家文化作为统治工具；还重视发展农业生产。为维护建立的北魏政权，拓跋珪还曾推行大族豪强迁离本土的政策。作为北魏国的开国皇帝，拓跋珪为建立北魏国家北征西讨，立下汗马功劳。建国后，又采取一系列措施，从政治、经济、文化诸方面为北魏走上封建化的道路奠定了基础，从而建立起了庞大的北魏帝国，开启了一个胡汉分治南北的新时代——南北朝时期。

北魏都城平城遗址

平城是北魏都城，其遗址位于现在大同城北陈庄一带，北依方山，外靠长城。曾发现有排列整齐的大型石础、砖瓦残片、"富贵万岁"隶书瓦当等，还出土过大型石柱础、筒瓦和白等。可推测这是一座北魏大型建筑遗址。

但是，三十岁以后的拓跋珪却成了另外一副模样，据《魏书·太祖纪》记载："初，帝服寒食散，自太医令阴羌死后，药数动发，至此逾甚。而灾变屡见，忧懑不安，或数日不食，或不寝达旦。归咎群下，喜怒乖常，谓百僚左右人不可信，虑如天文之占，或有肘腋之虞。追思既往成败得失，终日竟夜独语不止，若旁有鬼物对扬者。朝臣至前，追其旧恶皆见杀害，其余或以颜色变动，或以喘息不调，或以行步乖节，或以言辞失措，帝皆以为怀恶在心，变见于外，乃手自殴击，死者皆陈天安殿前。于是朝野人情各怀畏惧。有司懈怠，莫相督摄；百工偷劫，盗贼公行，巷里之间人为稀少。"拓跋珪不仅经常残杀大臣，他还常常坐在辇上，手里拿剑，直刺前面抬辇人的后脑，一人死，马上另一人代替，每出行一次就杀死几十人。

这位横扫天下的英雄怎么突然之间会变成一个不可理喻的怪人呢？后人对拓跋珪这种反常行为，曾有过多种解释：有人斥责他生性残暴；有人骂他是夷狄本性。以上的观点都是以正常人的标准评价拓跋珪，其实这位盖世英雄并非故意倒行逆施，而是患上了严重的精神分裂症。

那么，拓跋珪为什么患上了精神分裂症呢？专家们从外部因素和身体内部因素进行了分析。魏晋南北朝时期，仕人提倡清淡和空谈的风尚，所谓"玄学"流行于世，人们思想空虚，自认为看破红尘和生死玄机，贪图清净和享乐。当时流行服食一种名为寒食散的药物。寒食散也叫五石散，到了唐朝又叫"乳石散"，其成分主要是由雄黄、石钟乳、青慈石、丹砂、白石英组成，属中药材里面的金石类，这些成分在《本草纲目》上都有详细说明和注解，或多或少都有毒性，现代化学技术也测出，这些金石主要是有毒的汞、铅、砷、硫化合物。这和道家的炼丹也有区别，显著区别在于"五石散"是自然矿物，炼丹是矿物的人工炼制品。拓跋珪正是服五石散上瘾，一发而不可收。

三国魏时清谈家、驸马何晏是服用五石散的提倡者。当时，贵族中人相继服用，一时成为风气。服此药后，皮肤燥热干裂，能够使人精神愉悦，还有极强的增加性快感的功效。有点像今天的"摇头丸"和"大麻"，服后必须冷食、饮温酒、冷浴、不停地运动、穿薄布旧衣和宽大的鞋子，这样才能将药性散发，才不会磨破皮肤。这种毒品和现代的毒品相似，久服以后极易上瘾，对身体危害也极大。但当时的人们却认为那不是服毒，相反却认为这种服毒可以驱病强身，延年益寿。

孙思邈对这种毒品有过深刻说明："五石散大猛毒。宁食野葛，不服五石。遇此方即须焚之，勿为含生之害。"又唐·孙思邈《备急千金要方》卷："人不服石，庶事不佳；石在身中，万事休泰。唯不可服五石散。"最能说明当时的人们为什么要服这种毒品的是下面这句话："有贪饵五石，以求房中之乐。"鲁迅也说过魏晋时期的"五石散"和"鸦片"有极其相似之处。可以说，服食五石散是导致拓跋珪神经错乱的主要因素。

拓跋珪患病与外部因素也有很大关系。在金戈铁马、摧城拔寨上，拓跋珪战功赫赫，可谓得心应手，如鱼得水。但在建立北魏后，他却陷入两难境地。他在中原建立北魏政权，但却大量保留胡风胡俗，因而他不能像汉族皇帝一样轻易驾驭政权，反而行动处处受人规范、制约，甚至皇位也不断受到威胁。

拓跋仪是拓跋珪的同祖弟。穆陵部首领穆崇是早年护卫拓跋珪的旧属。二人追随拓跋珪东征西讨，屡立大功。后来拓跋仪官居丞相。但是这两人却合谋在皇宫周围埋伏武士伺机杀掉拓跋珪，以夺取皇位。阴谋被人告发后，拓跋珪考虑两人持有军权，党羽甚多，如予追究，牵引太多，不好

拓跋鲜卑的发源地——嘎仙洞

嘎仙洞位于鄂伦春自治旗阿里河镇以北9千米处的悬崖峭壁上，是一座天然洞府。嘎仙洞略呈三角形，洞深南北长92米，东西宽27—28米，穹顶高达20多米；洞内一座大厅可容纳千余人。洞口内15米处西侧石壁上，有太平真君四年（443）北魏皇帝派人祭祖时刻的祝文。祝文在古洞的苍苔下，历经了1500多个寒暑，字迹仍苍然可辨。

收场。而且这时西部又有战事，用人之际，不宜大兴杀戮，所以暂时没有惩办他们。这件事使拓跋珪深受打击，也加深了他对大臣的猜疑。

403年，拓跋珪以奢豪喜名的罪名处死平原太守和跋，并诛其全家。中垒将军邓渊的从弟尚书邓晖与和跋关系很好，拓跋珪又将邓渊赐死。407年7月，他将战功赫赫的常山王拓跋遵赐死。8月，又以司空庾岳"服饰鲜丽，行止风采，拟则人君"为由，将其杀死。408年，又将宿有积怨的莫题嘲弄后灭族。

不仅如此，拓跋珪还设立侯官，以刺探臣下的活动。统治集团内部矛盾的激化使拓跋珪处于极度的矛盾之中，过分焦虑的心情也导致了他精神上的分裂。

拓跋珪的精神分裂也直接导致了他被儿子所杀的悲剧。拓跋珪年轻时，到贺兰部见到自己母亲贺太后的妹妹很漂亮，就对母亲说明心意，要娶其为妻。无奈贺兰太后坚决不答应，说："不可。是过美，必有不善。且已有夫，不可夺也。"于是拓跋珪秘密派人杀掉贺兰氏的丈夫，纳之为妃，生下清河王拓跋绍。拓跋绍自小就凶狠无赖，喜欢打劫行人，剥光人家的衣服取乐，又常常杀猪剁狗，荒悖无常。拓跋珪很生气，有一次，他把拓跋绍头朝下吊在井里，垂死之时才放他出来。409年的某一天，性情无常的拓跋珪公然大骂贺兰妃，把她关在宫里，要杀掉她。贺兰妃派人向儿子拓跋绍求救。当时拓跋绍才十六岁，但其凶猛的性格却酷似其父，他夜里与宦官密谋，跳过宫墙，冲入天安殿。周围侍者惊呼"有贼"，拓跋珪四处摸索半天也找不到弓刀，却被冲进来的逆子拓跋绍一刀杀死，时年三十九岁。

又据野史记载，道武帝时有个预言很灵的巫婆说皇帝当有飞来横祸，唯有灭"清河"，杀"万人"才可免祸。于是拓跋珪派人屠灭清河一郡，又亲手杀人，想凑够一万整数。最后，拓跋珪有个爱妃名字就叫万人，与他儿子清河王拓跋绍私通。拓跋珪欲杀贺兰氏，拓跋绍看到母亲即将被杀，又恐私通之事泄露，于是杀掉了拓跋珪。估计道武帝临死一瞬间，能够恍然大悟巫婆所说的灭"清河"杀"万人"的谶言就应验身边两个人身上吧。

北魏服饰

隋炀帝
杀父悬疑

隋炀帝像

隋炀帝,名杨广(569—618),隋文帝次子,他杀死文帝及兄长杨勇后继位。在位十四年,在位期间荒淫奢侈,急功近利,残酷猜忌,远征高丽,开凿运河,赋役繁苛,终激乱败国,被农民大起义的浪潮困于江都(今江苏扬州市),为部下宇文化及等发动兵变缢杀,终年五十岁,葬于今江苏省扬州市西北15里的雷塘侧,谥炀。

隋文帝杨坚是隋朝的建立者,他结束了南北分裂的局面,统一了全国。他在位期间采取了一系列有利于完成和巩固统一、加强中央集权的措施。使隋朝在政治、经济、文化等方面都有了很大的发展。他本人雄才大略,勤于政事,文治武功颇有建树,但为人失之于苛察。隋文帝在位二十四年,于仁寿四年(604)猝死于仁寿宫,终年六十四岁。关于隋文帝的死因在史学界一直存在着争论,那么事实的真相是怎么样的呢?

一种观点认为,隋文帝死于儿子杨广之手。杨广是隋文帝杨坚的第二个儿子,又名杨英,小名是阿摐。父亲杨坚建立隋朝后,杨广被封为晋王,当时只有十三岁。除了王位外,还让杨广做并州(据说是现在的山西太原市)的总管。

后来,隋朝兴兵灭南朝的陈,刚二十岁的杨广是统帅,虽然真正领兵作战的是贺若弼和韩擒虎等将领。但是杨广在这次战争中也起到了重要的作用。灭掉陈后,杨广也是屡建战功:在590年,奉命到江南任扬州总管,平定江南高智慧的叛乱;600年,北上击败突厥进犯。这些功劳是其他皇子所没有的。

杨广共兄弟五人,哥哥杨勇是长子,老二便是杨广,老三是杨俊,老四是杨秀,最后是杨谅。在隋文帝称帝后,很快将杨勇立为太子。杨广因为自己的战功在哥哥之上,这使他渐渐有了取代哥哥的欲望。为了实现做太子,以后做皇帝的梦想,杨广费尽心机地将自己伪装起来。而太子杨勇却缺少杨广那样的心机。他不仅奢侈浪费,还喜好女色,而且他冷落了母亲精心为他挑选的妻子元氏。这使得父母都对他有怨气，加上后来杨勇还过分地接受百官的朝贺，使杨坚更为不满，这就为杨广的夺位提供了好机会。

在这种情况下，加上大臣杨素的帮助，隋文帝杨坚终于下决心将杨勇废为庶人，立杨广为太子。

604年7月，隋文帝卧病在床，杨广认为自己登上皇位的时机来了，迫不及待地写信给杨素，请教如何处理隋文帝后事。不料送信人误将杨素的回信送至了隋文帝手上。隋文帝大怒，随即宣杨广入宫，要当面责问他。正在此时，宣华夫人陈氏衣衫不整地跑进来，哭诉杨广在她来途中调戏她，这使文帝顿悟，拍床大骂。急忙命人传大臣柳述、元岩草拟诏书，废黜杨广，重立杨勇为太子。杨广听说了，就将侍奉杨坚的人全部换掉，当天，杨坚死去，终年六十四岁。历史上没有说清他是如何死的，后来人们猜测是杨广下的毒手。

《隋书·后妃列传》中对隋文帝的死亡前情形是这样记载的，曰："初，上寝疾于仁寿宫也，夫人与皇太子同侍疾，平旦出更衣，为太子所逼，夫人拒之得免，归于上所。上怪其神色有异，问其故。"夫人炫然曰："太子无礼。上恚曰：'畜生何足付大事，独孤诚误我'，意谓献皇后也，因呼兵部尚书柳述、黄门侍郎元岩曰：'召我儿！'述等将呼太子，上曰'勇也'。述、岩出阁为勒书讫，示左仆射杨素。素以其事白太子，太子遣张衡入寝殿，遂令夫人与后宫同侍疾者，并出就别室。俄闻上崩，而未发丧也。"此段记载虽未明指文帝被杀，但实际上已给世人留下推猜的余地，即文帝之死具有被谋杀的性质。

正史的记载有所顾忌，野史的记载就直截了当了。最早怀疑并直接指出隋文帝死于被弑的是隋末唐初赵毅，在其《大业略记》中曰："高祖在仁寿宫，病甚，追帝侍疾，而高祖美人尤婆幸者唯陈、蔡二人而已。帝乃召蔡于别室，既还，面伤而发乱，高祖问之，蔡曰：'皇太子为非礼。'高祖大怒，啮指出血，名兵部尚书柳述、黄门侍郎元岩等令诏废追庶人杨勇，即令废立。帝事迫，召左仆射杨素、左庶子张衡进毒药。帝简骁健宫奴三十人皆服妇人之服，衣下置杖，立于门巷之间，以为之卫。素等既入，而高祖暴崩。"到了唐中期的马总在其《通历》中记载说："上有疾，于仁寿殿与百僚辞诀，并握手欧欣。是时唯太子及宣华夫人侍疾，太子无礼，宣华诉之。帝怒曰：'死狗，那可付后事'，遽令召勇，杨素秘而不宣，乃屏左右，令张衡入拉帝，血溅屏风，冤痛之声闻于外，崩。"

正因为有诸多史载，自隋文帝死至今，民间一直盛传炀帝弑父之说，各小说笔记均载此事，史学界也大多持此观点。持此说者不仅引《大业略记》《隋书·后妃列传》《通历》等书为直接证据，而且还考察了杨广一贯品行，杨坚死后，杨广又假传文帝遗嘱，要杨勇自尽，杨勇未及回答，派去的人就将杨勇拖出杀死。杨广既然可以公然强奸父妃，又残忍地将自己的哥哥杀死，禽兽不如，他为何不能弑父呢？尤其是从炀帝后来对该案谋杀参与者杨素、张衡的态度可以看出些端倪。当杨素死后，炀帝曾说："使秦不死，终当夷族。"杨素是帮他夺取储君之位的首要人物，为何他反要夷其族呢？隋炀帝征辽东还后，张衡的妾告他心怀怨望，诽谤朝政，隋炀帝于是赐死张衡。张衡临死，大声喊："我为人做灭口等事，而望久活！"监刑者吓得捂住耳朵，赶紧将他弄死。这仿佛是隋炀帝谋害父亲的佐证。

也有一些史学家对隋文帝杨坚是否死于杨广之手存在质疑。他们分析说：

第一，隋文帝从四月得病到七月份病危期间，宫内的情况基本正常。他留下遗诏说："古人有云：'知臣莫若君，知子莫若父。'……今恶子孙已为百姓黜屏，好子孙足堪负荷大业。此虽朕家事，理不容隐，前对文武侍卫，具已论述。皇太子广，地居上嗣，仁孝著闻。以其行业，堪成朕志。但念内外群官，同心戮力，以此共安天下。朕虽瞑目，何所复恨？国家大事，不可限以常礼；既葬公除，行之自昔，今宜遵用，不劳改定。凶礼所须，才令周事，务从节俭，不得劳人。"不仅为杨广说了很多好话。他还交代了自己发病的原因是耽于女色，伤了身体。对杨广来说，即位是旦夕之间的事情，他根本不需要冒天下之大不韪，弑父夺位。

第二，《隋书》是唐初编纂的，有可能诋毁炀帝，即便如此，也没有找到炀帝杀父的证据，不然，是绝不会放过这个充分诋毁炀帝的机会的。郑显文在《隋文帝死因质疑》一文中认为，史书载的因隋炀帝逼奸宣华夫人说，经不起推敲：（1）文帝病重，炀帝宫中侍疾，宣华夫人起身更衣，旁当有宫女侍候。其时炀帝尚未即位，处于仍受威胁的地位，一向以谨慎著称的炀帝绝不会在此时做危及其继承帝位之事；（2）其时宣华夫人二十八岁，已是半老徐娘，若她与炀帝两人以前没感情基础，炀帝绝不会对她非礼。事实上，炀帝早与宣华夫人有过不正当的关系。而且这种交往使两人感情发展很深。这从宣华夫人死后，炀帝作《神伤赋》的内容便可得到验证。既然隋炀帝和宣华夫人早有不正当关系，那么，宣华夫人就不可能到隋文帝面前揭露杨广的恶行。

隋炀帝陵

隋炀帝陵位于扬州市北郊的槐泗镇境内的雷塘北侧，隋大业十四年（618），隋炀帝杨广被部将宇文化缢死于江都，被葬于江都宫西面的吴公台下。唐武德五年（622），将其迁葬于雷塘。隋炀帝陵占地3万平方米，由石牌坊、陵门、石桥、祭台、神道、城垣、石阙、侧殿、墓冢等组成，除石牌坊、陵门为后建外，其余均为历史遗留文物。

　　第三，隋炀帝与宣华夫人的艳史在后人看来具有太多荒淫之处，但在当时却很平常，并不面临太多道德上的谴责，也没有我们今天想象的严重。因为隋唐皇室的祖先是鲜卑化的汉人，多与鲜卑人通婚，具有鲜卑的血统，又长期耳濡目染鲜卑族文化而深受影响，所以在皇室中多有行鲜卑人以继母为妻、以寡嫂为妻的婚俗事例。到了唐朝，太宗也循鲜卑之俗而收继弟媳。《新唐书·太宗诸子传》云："曹王明，母本巢王妃，帝宠之，欲立为后。"巢王就是在玄武门事变中被杀死的李元吉，巢王妃就是李元吉的王妃。后来唐高宗、玄宗的事就更不必说了。朱熹说："唐源流出于夷狄，故闺门失礼之事不以为异。"隋唐文化本为一体，此说同样可以解释隋朝的诸多"乱伦"事件。更有甚者，还有公卿子孙，嫁卖父祖的遗妾。据《隋书·李谔传》："礼教凋敝，公卿薨亡，其爱妾侍婢，子孙辄嫁卖之，遂成风俗。"

　　以上三点，虽然不无道理，但却不能完全说明隋文帝之死与杨广无关。因为，已经伪装多年的杨广在得知杨坚已经病入膏肓后，急迫地给杨素写信询问处理之策是可能的，而且，也不能排除送信人误将杨素的回信送至了隋文帝手上的可能性。在隋文帝看来，在那种情况下，杨广询问杨素处理后事之策简直就是咒自己早死和急不可待地夺取皇位。隋文帝在盛怒之下要更换太子，这当然是杨广不能接受的。在这种情况下，隋文帝杨坚暴死，杨广是难逃干系的！

京杭大运河

李世民
是不是少数民族

唐太宗李世民（598—649），唐朝第二个皇帝，杰出政治家、军事家。他在位期间出现了历史上称道的"贞观之治"，被称为"千古一帝"。史书对李世民的记载，寥寥三百字，功过论断，兼而有之。《唐书》记载了一个关于李世民命名的有趣故事：李渊二子即将诞生之时，李渊路遇一书生为其看相，书生惊呼："李渊贵人也，其子也贵，有济世安民之大任。"李渊惧，欲杀此人，书生却不见了。归家，二子诞，故起名"世民"，取济世安民之意。唐太宗李世民的确胜任了"济世安民"的重任，堪称一代明君贤主。然而他的身世之谜却永远被湮没在简略的正史记载之中。有考古学家根据《步辇图》留下来的唐太宗李世民的最早画像推测，一代英明的君主李世民，是鲜卑人的后裔。此言一出，立刻引起人们的议论，李世民是鲜卑人吗？

唐太宗李世民的一生，关于他身世的疑点很多。李世民一家祖籍在今河北省赵县，而李渊生于关陇，自称祖居关陇，是西凉王李皓的后代，借以提高自己的身份地位。其中，在历史上还有这一段插曲，本来西魏以前以山东地区的李姓一门为望族，这一地区有五大望族姓氏——王、卢、崔、李、郑，其中李姓又是鲜卑族中的一大姓氏。而自西魏宇文泰以关中为根据地建国，由此就硬性规定了关陇李姓为望族。有人据此认为李氏一门是破落贵族，还有人说李氏是鲜卑族大野部的姓氏。

唐朝时候少数民族与汉族的界线划分不严格，唐朝之前，北方各民族大融合现象广泛存在，如在隋炀帝时，突厥人就曾强制改穿汉装，北魏孝文帝推行民族之间友好往来的政策，同一个等级的人可以被允许通婚。所以造成了有皇室是少数民族的情况，大臣中也有许多是少数民族。李世民是鲜卑族的后裔，这也是有可能的。然而这里边有几个疑点：一是李渊一门在此之前到底如何，无法从历史上考究得知；二是李渊自称为西凉王李皓后代，到底是事实如此还是自抬身价？

根据可考证的历史资料证明，唐太宗李世民的祖母，即唐高宗李渊的母亲独孤氏，是隋文帝的一名后妃的姐妹，属于非汉族，所以李世民和隋炀帝之间还有着姨表关系。

唐太宗李世民的母亲窦氏也是鲜卑族人。而李渊一方的血统还没有足够的历史证据进行论证。历史上有以下几种说法:赐姓大野部、河南破落李姓、老子李耳的后代等。其中最有可能性的说法是李世民是受胡人影响比较深的汉族人。现在一般的习惯说法是,唐太宗李世民是各民族的混血儿,民族大融合的产物。然而进一步的研究却步履维艰,主要是由于唐太宗李世民乃一代明君,可以称为帝王的楷模,后世人们想尽可能模糊其民族的概念。因此许多学者对考证唐太宗李世民身世问题并不积极。但是也进行了一些研究,认为李世民为鲜卑族后裔的观点主要有以下论据:

第一,立武则天为后印证了唐朝的胡俗。唐朝人对肥硕丰腴的女子情有独钟。像杨贵妃的传说、《唐代仕女图》的记载,都证明了唐人有这方面的审美倾向。这与唐的民族融合大有关系,带有明显的少数民族趋向。在胡人的风俗中有父死子娶母为妻的习俗,也有一家的男人共用一妻的故事。在昭君出塞的故事里,王昭君在死了丈夫后就嫁给了自己的两个儿子。而在唐朝帝王史中,也有一些类似的情况。唐太宗李世民、武则天与唐高宗李治之间的关系近乎乱伦。唐太宗李世民在武氏则天正值其雏女妙龄之际,召其入宫为才人。他死之后,武则天入感业寺做了尼姑。唐高宗即位后,"复召武氏入宫,拜昭仪,进号宸妃"。几年后,竟做了唐高宗李治的皇后。期间,唐初的元老重臣如长孙无忌、褚遂良、于志宁、裴炎及程务挺等人曾力谏唐高宗李治,武则天"曾侍先帝,众所共知",但是唐高宗李治根本没有在意。历史上杨贵妃也是一例。杨贵妃本是唐玄宗之子寿王的妻子,却被身为公公的唐玄宗讨来做了妃子。这些为李唐王朝大臣们所不齿的关系是不是李氏家族身体里流淌的胡人的血液在作怪呢?然而有的学者认为唐朝的这种风俗与胡人血统毫无关系。他们认为人性古今都是相同的。并且,在武氏十四岁入宫后唐太宗李世民都已经是五十多岁的老人了,而且行将就木,唐高宗李治自身也应该明白娶母本身就是一件不光彩的事情,但他可能因为

唐太宗李世民画像

唐太宗,李世民(599—649),唐高祖李渊与窦皇后的次子,初封为秦王,领兵征战南北,为大唐的建立和巩固作出了巨大贡献。李世民也因此威望日隆,武德四年(621),被封为天策上将、领司徒、陕东道大行台尚书令,食邑增至二万户,高祖又下诏特许天策府自置官属。唐高祖武德九年(626)。当时李世民在长安城宫城北门玄武门杀死太子李建成和齐王李元吉。随后,李渊诏立世民为皇太子,下令军国庶事无论大小悉听皇太子处置。不久之后李世民即位,年号贞观,其在位期间国泰民安,社会安定,经济发展繁荣。后人称他在贞观年间的统治为"贞观之治"。649年,唐太宗驾崩,葬于陕西省礼泉县昭陵,庙号太宗,谥文皇帝,开元时加谥为文武大圣大广孝皇帝。

87

《簪花仕女图》

《簪花仕女图》由唐代画家周昉作。用笔朴实，气韵古雅。画面描绘仕女们的闲适生活。她们华丽奢艳在庭院中游玩，动作悠闲、拈花、拍蝶、戏犬、赏鹤、徐行、懒坐、无所事事，侍女们持扇相从。其赋色技巧，层次明晰，面部的晕色，衣着的装饰，都极尽工巧之能事。轻纱的透亮松软，皮肤的润润光泽，都画得肖似，表现出作者具有高度的艺术技巧和概括能力。

意志薄弱受了武则天的摆布，也可能是受了美色的诱惑，最终知其不道德而为之，这不能牵强地和胡人的血统联系起来。历朝历代中，乱伦都是一种反道德的行为，绝不会为社会所尊奉，绝不是唐朝社会赞同这种道德观念，而是这跟个人的道德和意志有关系，是一种个人缺失了德行的表现。还有的学者综合了这两种对立的观点，认为李氏一家是深受胡人习俗影响的汉人后裔。由于在魏晋时期长期与胡人混住，从各方面都沾染了大量的胡人风俗；而且从唐朝女子的穿着以及蹴鞠、骑马打猎的生活来看，当时女性享受了以后历代女子不曾享受的解放。所以对于开放、繁荣，各民族已有了相当程度融合的大唐朝而言，这种乱伦关系不应该算大问题。

第二，从唐太宗的性格来判断他的血统。李世民性格凶残、野心勃勃，为李唐打下天下的战功赫赫。贞观年间，唐太宗平定东突厥，俘虏颉利可汗，解除了北边的威胁；五年后，平定吐谷浑，俘其王慕容伏允；贞观十四年（640），又平定高昌氏，于其弟置西州，并在交河城（今新疆吐鲁番西）置安西都护府。晚年时，唐太宗战志犹存，亲征高句丽。唐太宗善骑射，一生过着不倦的戎马生涯。这些都可以作为质疑他的血统问题的证据。在他的一生中，最大的政治风波莫过于使他得以登上王位的"玄武门之变"。当时，被封为秦王的李世民军功甚多，超过了太子李建成和其弟李元吉。他们早就心怀嫉妒，结成同伙。定下阴谋，决定在昆明湖畔杀死李世民。李世民对此早有觉察，自然也不会坐以待毙，于是于唐高祖武德九年（626）六月四日黎明，在长安宫的北门玄武门布下了伏兵，射死兄弟李建成、李元吉。3天后，唐高祖李渊便册立秦王世民为太子。再过两个月，李世民逼使李渊退居太上皇，自己在颂德殿即帝位。这一段历史为我们揭示出了一个性格凶残、充满野心的唐太宗李世民，与"贞观之治"中的李世民判若两人。然而有学者对将"玄武门之变"作为唐太宗李世民是胡人的依据持不同的态度。他们认为：自古宫廷皇室的权利之争都是很残酷的，这和他的血统没有什么必然的联系。唐太宗李世民发动玄武门之变也是形势所迫，身不由己。并且从对后世的影响来看，李世民取代其兄当上皇帝，对唐朝的繁荣和后世中国的繁荣都是有积极推动意义的。李世民在李家三兄弟中是最具实力的一位，他审时度势，发动玄武门之变，这恰好反映了他是一个真实的政治家。也有的学者从历史学的角度分析了这个问题：孔子写《春秋》时，皇室内部争权夺势的事件就屡有发生，两汉、魏晋南北朝的杀父弑兄的事件都有记载，因此这还不能作为李世民是胡人的证据。

第三，李世民的唐昭陵独特的墓葬显示了突厥习俗。史书中关于昭陵记载，昭陵为唐太宗李世民的坟墓，有内外两城。外城遗址已难以考证，门内当年建有献殿，存放李世民生前服用器物。北门称为玄武门，又称司马门。原有 14 个"蕃酋"的石雕像现在已不知何处，石雕像到底有些什么来历，现在已是无人知晓。但是驰名中外的"昭陵六骏"浮雕还保存在西安碑林博物馆石刻艺术陈列室里。

"昭陵六骏"的确是李世民留下的又一个疑点：中国所有帝陵中，为什么只有李世民的昭陵里有战马石刻？唐太宗独特的墓葬形式是否真的显示了突厥的习俗？根据《突厥问题研究论文集》上面记载：马是突厥人不可离开的伴侣，平时生活游牧，战时驰骋沙场。在突厥的葬俗中，有一种奇特的祭祀悼念马功劳的习俗，一般有三种仪式。主人死后，随从会骑着马绕着死者墓地转圈，然后把马杀掉或者活埋到坟墓里。无论是突厥贵族，还是一般牧民，死后都要与马共葬，只是数量多少不同。然而李世民的坟墓昭陵至今未被打开，据称也未被盗过，所以里面的陪葬物品到底是些什么现在只是猜测，或许若干年以后，我们可以从昭陵里睡着的李世民自己那里得到最真实的答案。

昭陵六骏之拳毛䯄

昭陵六骏之青骓

昭陵六骏之白蹄乌

昭陵六骏之飒露紫

昭陵六骏之特勒骠

昭陵六骏之什伐赤

89

《兰亭序》
下落之谜

　　王羲之(303—361)字逸少,琅琊(今山东临沂)人。出身贵族,官至右军将军、会稽内史,人称"王右军",但是他的官位远不及他的书法名气大。他自幼爱好书法,苦心研练,博采汉魏诸家之精华,集其大成,超脱魏国书法家钟繇真书的境界,另辟新径,使真书完全摆脱隶书遗迹,成为独立的新体。他兼善隶、草、真、行,"字势雄强,如龙跳天门,虎卧凤阁","飘若浮云,矫若惊龙",有"右军书在而魏晋之风尽"的称誉,被尊为"书圣"。

　　东晋永和九年(353)的一日,王羲之和当时的名士谢安、孙统、孙绰、支遁等四十一人,宴聚于绍兴市郊会稽山阴的兰亭溪畔,赋诗并聚诗成集,王羲之于酒酣之际乘兴用鼠须笔在蚕茧纸上为诗集写了一篇序,是为《兰亭序》。王羲之在这篇序中记下了诗宴盛况和观感,全文二十八行、三百二十四字,通篇遒媚飘逸,字字精妙,有如神助。如其中的二十个"之"字,竟无一雷同,成为书法史上的一绝。以后他多次重写,皆不如此次酒酣之作,成为中国书法史上影响最大、流传最广的作品之一。

　　然而就是这件千古杰作,却给世世代代的后人,留下了无尽的遗憾。直到如今,《兰亭序》的下落仍然是一个谜。

　　比较公认的说法是:《兰亭序》藏于陕西昭陵唐太宗的棺材里。

　　唐太宗李世民生前雄才大略,文治武功,开创了盛唐的"贞观之治"。太宗喜爱书法文字,尤其喜爱王羲之的笔墨,吩咐下人在天下广为搜寻。每每得一真迹,便视若珍宝,于兴来时揣度,体会其笔法兴意,领略其天然韵味之后,便珍藏身旁,唯恐失却。不仅如此,他还倡导王羲之的书风。他亲自为《晋书》撰《王羲之传》,搜集、临摹王羲之的真迹。太宗晚年,喜好王羲之更甚。虽然收藏王羲之墨迹不少,其中也有《兰亭序》,但始终没有找到王羲之的《兰亭序》的真本。一国君主,却不能得到前朝的稀世之珍品,太宗每一想到此,便显得闷闷不乐。

　　监察御史萧翼出京调查,打听到《兰亭序》传到王羲之第七代孙智永禅师处,智永临终把它传给了他的弟子辨才和尚。于是萧翼做了精心设计和准备，更名改姓，扮成赶考的举子出发南下，企图将《兰亭序》弄到手。

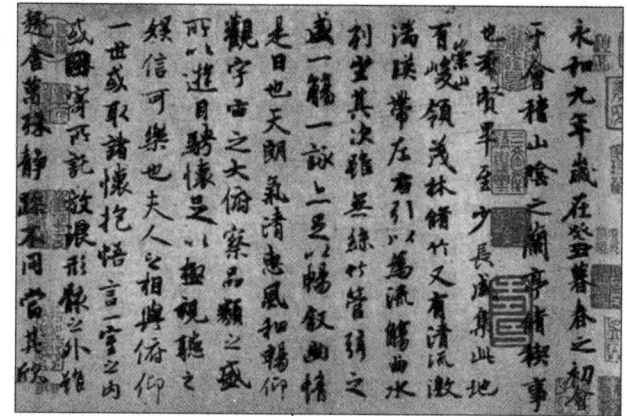

《兰亭序》摹本

一天清晨，辨才和尚打开了永兴寺门，迈出的脚踩到一个软软的东西上，低头一看，原来地下躺了一人，散发出一股酒气。辨才自语："原来是个醉鬼！"谁知此人翻身坐起答道："醉虽醉了，未必就是鬼呀！"辨才见此人一副飘逸潇洒之态，便开玩笑地说："虽不是鬼，亦不像人！"此人脱口应道："如此便是佛了！"言毕大笑举步下山。辨才见此人谈吐不凡，便问道："施主从何而来？"此人对曰："我乃应试举子，昨夜月光皎洁，在山下旅店对月饮酒，苦无知音，店主说山上师父佛法上乘，且书画尤佳，便上山拜访，谁知醉卧山门，有失体统，无颜面佛。"辨才对这书生很是欣赏，便邀他入寺小住读书候试，双方谈学论禅，十分投缘。

一天扮作赶考书生的萧翼喝得烂醉如泥，他突然从囊中取出一轴《兰亭序》摹本，对辨才和尚说道："这是王羲之真迹，万金难买，你我是莫逆之交，才拿出来让你一饱眼福。"为人忠厚的辨才不知是计，对萧翼说："你这个不是真迹，真迹在我的阁楼上藏着呢！"萧翼装作没有听到，昏昏睡去。辨才和尚也知道失言了，赶紧住嘴。萧翼一直"醉而不醒"，似未听见。第二天辨才见萧翼迟迟未来吃饭，前去催请，发现萧翼已不辞而别，只见桌上放着一张感谢馈赠的纸条和许多银两。

太宗皇帝得到《兰亭序》后非常高兴。因为萧翼智取《兰亭序》有功，太宗皇帝提升他为员外郎，加五品，并赏赐给他银瓶、金缕瓶、玛瑙碗各一只和珍珠等，又赐给他宫内御马两匹，并配有用珠宝装饰的鞍鞯，宅院与庄园各一座。唐太宗初时还生气辨才大师将《兰亭序》秘藏起来不奉献给他这位当朝天子，稍稍平息一会儿后又考虑到辨才年事已高，不忍心再加刑在他身上，又过了几个月，太宗皇帝又

《兰亭序》，又名《兰亭宴集序》《兰亭集序》《临河序》《禊序》《禊帖》。为三大行书书法帖之一，系中华十大传世名帖之一。东晋穆帝永和九年（353）三月三日，王羲之与谢安、孙绰等四十一人，在山阴（今浙江绍兴）兰亭"修禊"，会上各人作诗，王羲之为他们的诗写的序文手稿。序中记叙兰亭周围山水之美和聚会的欢乐之情，抒发作者好景不长，生死无常的感慨。法帖相传之本，共二十八行，三百二十四字，章法、结构、笔法都很完美，是他三十三岁时的得意之作。历代书家都推《兰亭》为"天下第一行书"。存世唐摹墨迹以"神龙本"为最著，唐太宗时冯承素号金印，故称为《兰亭神龙本》。

91

赐给辨才大师锦帛等物三千段，谷三千石，下敕书让越州都督府衙代为支付。辨才大师得到这些赏赐后，不敢将它们归为己有。将此赐物兑换成钱，用这些钱造了一座三层宝塔。塔造得特别精丽，直到现在还在。他本人因为受刺激身患重病，不能吃硬饭，只能喝粥，过了一年多就去世了。得到《兰亭序》后，太宗皇帝命令侍奉在宫内的拓书人赵模、韩道政、冯承素、诸葛真四人，各拓数本，赏赐给皇太子及诸位王子和近臣。

又一说：隋末，广州一位好事的僧人得到了王羲之的《兰亭序》。这个僧人有三样宝物，非常珍惜地收藏着。一是王羲之手书《兰亭序》，二是铜制神龟，三是铁制如意。唐太宗知道后，他派去一个人，用欺骗的手段，从这位僧人手里弄到了《兰亭序》。僧人失去《兰亭序》后说："第一宝物没有了，其余的宝物还有什么值得珍爱收藏的呢？"于是用如意击石，打断了扔了；又将铜龟的一只脚摔坏了，从此不能行走。这一种说法可能是第一种说法的误传。

昭陵

昭陵位于咸阳城西北40千米处礼泉县烟霞乡九山上，是唐太宗李世民（597—649）的陵墓。陵园面积2万公顷，周长60千米，是我国帝王陵园中面积最大、陪葬墓最多的一座，也是唐代具有代表性的一座帝王陵墓。昭陵依九嵕山峰，凿山建陵，开创了唐代封建帝王依山为陵的先例。据说王羲之的《兰亭序》就在昭陵巨大的陵墓之中。

无论如何，这两种说法都承认是唐太宗得到了《兰亭序》。然而，唐太宗千辛万苦得到的《兰亭序》是否是王羲之的真迹却受到了后人的怀疑。

1965年5月22日起，《光明日报》连载了郭沫若写的长文《由王谢墓志的出土论到兰亭序的真伪》，文中的王兴之是王羲之的堂兄弟，谢鲲是晋朝宰相谢安的伯父，二人的墓志都是用隶书写成，和王羲之用行书写的《兰亭序》不一样，他推断当时还没有成熟的楷书、行草，并经多方考证，认为《兰亭序》后半部分有悲观论调，不符合当时的思想，从而确认《兰亭序》既不是王羲之的原文，更不是王羲之的笔迹，而是王羲之第七代孙永兴寺和尚智永所"依托"，即冒名王羲之的伪作。他还进一步提出，"现存王羲之的草书,是否都是王羲之的真迹,还值得进一步研究"。郭沫若此文发表后,引起学术界的震动和极大关注。南京文史馆馆员、著名书法家高二适写了《〈兰亭序〉的真伪驳议》,认为当时就有楷书、行书的记载、传说和故事,而且流传至今的许多碑帖摹本也足以证明楷书字体在当时已经形成,并趋向成熟,认为《兰亭序》"为王羲之所作是不可更易的铁案"。

1998 年 8 月 17 日,在南京东郊与王羲之同代的东晋名臣高崧墓中,出土了两件楷体墓志。另外,南京及其周边地区先后发现的三十多件同时期墓碑上,不仅有隶书,还有行楷、隶楷,说明当时多种书体并存。1999 年在南京举行的关于《兰亭序》的学术研讨会上,依然存在各种不同意见。看来这样的学术争论还将继续下去,只不过在书法界的多数人以及广大书法爱好者仍持传统观点罢了。

虽然后人对于《兰亭序》存有真伪之争。可当年唐太宗得到了《兰亭序》却是一致的看法。那么,唐太宗死后,《兰亭序》又流落何处呢?

唐太宗临死前,他嘱咐儿子李治,也就是后来的唐高宗,把《兰亭序》放进他的棺材。李治遵命,用玉匣装着《兰亭序》藏在了唐太宗的坟墓昭陵里。唐末五代的军阀温韬在任陕西关中北部节度使期间,史籍记载:"在镇七年,唐帝之陵墓在其境内者,悉发掘之,取其所藏金宝",李世民的昭陵自然难以幸免,由于昭陵修筑异常坚固,他让士兵费尽力气打通了七十五丈长的墓道,进入地宫,见其建筑及内部设施之宏丽,简直跟长安皇城宫殿一样。墓室正中是太宗的正寝,正寝东西两厢各有一座石床,床上放置石函,打开石函,内藏铁匣。铁匣里尽是李世民生前珍藏的名贵图书字画。其中最贵重的当推三国时大书法家钟繇和东晋时大书法家王羲之的真迹。打开一看,二百多年前的纸张和墨迹如新。这些稀世珍藏,全被温韬取了出来,但迄今千余年来下落不明。

对此,有些人认为,史书虽然记载温韬盗掘了昭陵,发现了王羲之的书法,但是并没有指明其中包括《兰亭序》,而且此后亦从未见真迹流传和收录的任何记载。温韬盗掘匆忙草率,未做全面、仔细清理,故真迹很可能仍藏于昭陵墓室某更隐秘之处。

但是,与之相反,也有另一种说法,就是《兰亭序》没有埋藏到昭陵之中,而是埋在了唐高宗李治的陵墓乾陵之中。持这种观点的人认为:唐太宗死时,并没有提出要将《兰亭序》随葬,而是将《兰亭序》交给了同样喜爱笔墨丹青的李治。李治多病,不久病亡。临终前,他在病榻上遗诏,把生前喜欢的字画随葬。因此,在《兰亭序》失传之后,就有人怀疑《兰亭序》并非随葬昭陵,而是被藏在乾陵。

唐代皇陵有十八座,据说被温韬挖了十七座。唯独挖到乾陵时,风雨大作,无功而还。在唐之后,再没有人见过《兰亭序》的真迹,这也使更多人相信《兰亭序》随葬乾陵的说法。

总之,围绕《兰亭序》真迹的下落问题,成为长期以来众说纷纭、争论不休的一个历史文化之谜。究竟如何,看来只有到以后昭陵、乾陵正式发掘之时,才能见个分晓。

武则天
无字碑之谜

武则天和唐高宗合葬之乾陵

乾陵是唐高宗李治和中国历史上唯一的女皇帝武则天的合葬陵,位于陕西梁山之上。乾陵修建于684年,历经23年。气势雄伟壮观。梁山有三峰,北峰最高,海拔1047.9米。南面两峰较低,东西对峙,中间为司马道,故而这两峰取名叫"乳峰"。据史书记载,陵墓原有内外两重城墙,四个城门,还有献殿阙楼等许多宏伟的建筑物。陵墓前有大量石刻,在中国历史上,陵前石刻的数目、种类和安放位置是从乾陵开始才有了固定制度的,一直沿袭到清代,历代大同小异。

武则天(624—705),名曌,并州文水(今山西文水东)人。十四岁时被唐太宗挑入宫选为才人,太宗死后她被逼削发为尼。唐高宗的时候先是封她为昭仪,永徽六年(655)又立她为皇后,参与朝政,她与高宗被后人并称为"二圣"。弘道元年(683)唐中宗即位后,她临服改制。第二年,她废掉唐中宗,另立唐睿宗。载初元年(690)她又废唐睿宗,自称圣神皇帝,改国号为周,改元天授,史称武周。神龙元年(705)正月,大臣张柬之、桓彦范、崔玄、敬晖等人联合右羽林大将军李多祚发动政变,逼武则天退位,迎唐中宗复位。唐中宗上尊号为则天大圣帝,后人因此称她为"武则天"。同年十一月武则天病逝。

武则天死前遗诏:"去帝号,称则天大圣皇后"。次年五月她与高宗合葬于乾陵。令人奇怪的是这位冲破男尊女卑的罗网,打碎封建时代的桎梏,一跃登上皇帝宝座,生前唯我独尊,治国安邦的女豪杰,在死后,她的碑上一个字都没有留下,耐人寻味。

唐高宗李治和武则天的合葬墓乾陵位于西安市西北80千米的乾县梁山上。墓前有两块高均为6.3米的石碑,西面为"述圣碑",碑文主要是歌颂唐高宗的功绩,由武则天撰文,唐中宗书写。该碑由七节组成,榫卯扣接,故又称为

"七节碑"，碑宽 1.86 米，重 81.6 吨。东面是武则天的"无字碑"，碑由一块巨大的整石雕成，宽 2.1 米，重 98.8 吨。碑头刻有八条互相缠绕的螭龙，碑东、西两侧各刻有冉冉腾飞的"升龙图"一幅，升龙高 4 米、宽 1 米，其身躯矫健扭动，神态飘逸若仙，线条流畅，刀法娴熟。阳面是一幅狮马图线刻画，其狮昂首怒目，威严挺立；而马则屈蹄俯首，悠游就食。整座碑高大雄浑，雕刻精细，不失为历代石碑中的巨制。

令人奇怪的是，当初立这块碑时碑上竟未刻一字。后人所加的文字，也斑驳若离，若明若暗，模糊不清。据《乾县新志》载："向无字。金元后，往来登眺，有题咏诗篇刊其上。"《雍州金石记》也载："碑侧镌龙凤形，其面及阴俱无字。"只是从宋代起碑上才有了笔力险峻、字体俱备的题刻。那么，女皇武则天立这块异乎寻常的空白石碑，用意何在？这成为一千三百多年来人们猜测、探究却莫衷一是的"千古之谜"。纵观诸说，大致有以下四种说法。

武则天无字碑

无字碑由一块巨大的整石雕成，宽 2.1 米，重 98.8 吨。碑头刻有 8 条互相缠绕的螭龙，碑东、西两侧各刻有冉冉腾飞的"升龙图"一幅，升龙高 4 米、宽 1 米，其身躯矫健扭动，神态飘逸若仙，线条流畅，刀法娴熟。阳面是一幅狮马图线刻画，其狮昂首怒目，威严挺立；而马则屈蹄俯首，悠游就食。整座碑高大雄浑，雕刻精细，不失为历代石碑中的巨制。

95

一说武则天认为自己功高德大，不是文字所能表达的。武则天从 655 年做皇后开始，到 705 年被迫退位，前后参与和掌握最高权力达五十年之久。如果从唐高宗死时算起，也有二十一年。她是中国历史上唯一的、杰出的女皇帝。在武则天看来，自己虽是女人，但高宗平庸，自己的才能绝对优于高宗。她统治期间在政治上打击了豪门世族，并通过发展科举制度，使得大量人才进入政治舞台，抑制了豪门垄断；她奖励农桑、兴修水利，减轻徭役并整顿均田制，使社会经济不断上升，民户数不断增长；她知人善任，破格用人，鼓励各级官吏举荐人才，并虚心纳谏，"累朝得多士之用"；她还加强封建国家的边防，改善与边境各族的关系。这就使得政治清明，社会安定，人民安居乐业。而小小的一块墓碑是记不下自己的功绩的。正如明代一位无名诗人在无字碑上题的诗中写的那样："乾陵松柏遭兵燹，满野牛羊春草齐；惟有乾人怀旧德，年年麦饭祀昭仪。"

第二种说法认为,武则天立无字碑是因为自知罪孽深重,感到还是不写碑文为好。此说提出的主要依据:一是武则天以阿谀奉承的手段取得信任,从地位较低的"才人",爬到掌握大权的皇后,最终废唐改周,自立为帝,建立了武周政权。二是,武则天培植自己的亲信,建立宫廷奸党集团,并打着李唐"朝廷"的旗号,实行告密和滥刑的恐怖政策,铲除异己。

岑仲勉、吕思勉等隋唐史专家根据宋代著名学者朱熹的《通鉴纲目》和欧阳修的《新唐书》等史籍,认为武则天"即使撇去私德不论,总观其在位廿一年,实无丝毫政绩可记"。武则天当政时期,"对外族侵凌,全乏对策,而又居心疑忌,秉性残酷,陷人于罪,全凭锻炼;赋民间农器立颂德天枢,铸九鼎,构天堂,对国民生计毫无裨益",武则天的统治阻滞了贞观以来社会经济的发展,并曾失掉安西四镇,危害了国家的统一。武则天自知自己执政中,篡权改制,滥杀无辜,荒淫无道,罪孽深重,无功可记,无德可载,与其贻笑后世,不如一字不镌。吕思勉还在其两卷本《隋唐五代史》中,把武则天说成是"暴君",说她"使滥刑,任酷吏",所谓"识人才"也是她拉帮结伙,结党营私而已。

第三种说法认为,武则天一生聪颖机警,常做惊人之举,立无字之碑是聪明之举,况且武则天留有遗言:"己之功过,留待后人评说。"功过是非让后人去评论,这是最好的办法。因为武则天有可以肯定的地方,也有应该否定的地方。武则天当政期间,贞观以来经济发展的趋势,仍在继续;在处理唐高宗去世前后的复杂局面中,她表现了不平凡的个人才干;就"纳谏"和"用人"这两点,连许多具有封建正统思想的人士,也为之赞叹不已。但是,武则天的消极面也十分突出。如任用酷吏、滥杀无辜、崇信佛教、奢侈浪费等。特别是统治后期,朝廷政治日趋腐败,形成一批为武则天所纵容支持的新的特权贵族。武则天被迫交出权力,还政于唐中宗,她知道对自己的一生,人们会有各种各样的评价,碑文写好写坏都是难事,因此决定立无字碑,由后人去评价。

持第三种说法的学者指出:"从唐中宗起,陆贽、李绛、宋洪迈、清赵翼等人都很尊重武则天,对她评价很高。"认为,唐太宗打下的盛唐基础,建立了规模,而"武则天则巩固和发展了这一基础,没有武则天起作用的五十年,也就没有唐玄宗的'开元之治',武则天对唐朝的历史起了承上启下的作用,是应该肯定的,但也不能以偏概全,武则天的错误也是严重的,尤其是其统治后期,朝政腐败,新贵形成,对历史的前进起了阻碍的作用"。由于功过相掺,这些学者认为:"武则天是个聪明人,立无字碑立得聪明,功过是非,让后人去评论,这是最好的办法。"

第四种说法是,武则天生前并没有考虑自己的碑文问题,无字碑乃是她的儿子李显的主张。唐中宗李显虽是武则天的亲生儿子,但却长期在其淫威下惶恐度日,几度险遭毒手。李显对母亲滥施酷刑、滥杀无辜的暴行也是非常憎恨的。武则天先后毒死太子李弘;废太子李贤为庶人,后又逼其自杀。中宗李显当初即位不到一年,就被武则天废黜皇

位,贬逐出京。先后二十多年间,李显提心吊胆,惶惶不可终日,以至于每次听到武则天派人来看他,他都吓得胆战心惊。他的长子李重润、女儿李仙蕙都因出言不慎被武则天处死。此外,武则天晚年还一直思谋着将皇位传给其武家侄儿。有过这一番饱受折磨经历的中宗,重登皇位后虽然不能公开发泄对母亲的憎恨,但也讲不出对她歌功颂德的好话,只好干脆一字不刻,为武则天留下一块无字碑。另外李显也难定其称谓,如褒扬武则天,刻上"大周天册金轮圣神皇帝",作为李唐子孙感情上不情愿;如贬斥其刻上"则天大圣皇后",而武则天又明明做过十六年的"大周"皇帝。左右为难,无可奈何之下,就只能在高宗的"述圣碑"侧立一块无字碑了。

武则天

中国历史上唯一的女皇帝。杰出的女人,有绝顶的才能和超人的智慧,心狠手辣。

　　还有一种说法是:武则天建立大周朝之后,内心感觉愧疚不安,一心想在自己死后将江山归还李氏。但由于自己称帝的这段经历,使她对自己死后的境遇没有信心,更害怕世人责骂其篡位之罪,而且在自己死后,称呼自己是皇帝还是皇后,都难落笔,因为不管这种想法是出于其骄傲抑或谦虚,武则天曾君临天下却是不可回避的事实,权衡之后,还是以无字碑更为恰当。

　　近年来,一些史学家又提出了新的见解:无字碑当初立碑时已经拟好了碑文,但因各种原因碑文没有铭刻到墓碑上,而极有可能被埋藏在乾陵地宫里。仔细观察了无字碑,可以看到无字碑的阳面布满了细线刻格子,虽经一千三百多年风雨剥蚀至今仍比较清晰。根据碑阳面格子的总数算,该碑文约有三千余字。经过一番折磨的中宗,重登皇位后既不能公开仇视母亲,又不愿为母亲歌功颂德,于是采取了一个折中的方法,就是将武则天在世时撰写的碑文以及武则天的《垂拱集》《金轮集》及其他珍贵史册图册,被一起埋入乾陵地宫。

杨贵妃
是否去了日本

《杨贵妃上马图》

杨贵妃是我国家喻户晓的一位绝代佳人,也是我国古代四大美人之一,她的名字叫杨玉环,蒲州永乐(今山西省永济)人,蜀州司户杨玄琰的女儿。杨玉环姿质丰艳,善于歌舞,通音律,有"羞花"之貌,传说杨玉环在御花园观赏牡丹时,百花失色,羞愧不及玉环美貌,遂闭上花瓣。"羞花"一词由此而来。唐玄宗开元二十二年(734),她被纳为唐玄宗第十八子寿王李瑁的王妃,这时的杨贵妃只有十六岁,李瑁也年约十六岁。737年,唐玄宗宠爱的武惠妃死后,后宫数千宫娥,无一能使玄宗满意。高力士为了讨唐玄宗的欢心,向唐玄宗推荐了寿王妃杨玉环。745年,唐玄宗册封杨氏为贵妃,"父夺子妻",成为唐朝宫闱的一大怪闻。755年,安史之乱发生后,唐玄宗仓皇逃出长安。第二年,队伍途经马嵬驿的时候,军队哗变,逼唐玄宗诛杀杨国忠和杨玉环。万般无奈之下,唐玄宗赐杨贵妃自尽,时年杨玉环只有三十八岁。白居易的《长恨歌》,就是叙述唐玄宗与杨贵妃的悲剧故事。

杨贵妃自杀于马嵬驿的说法,是正史的记载。如唐人李肇在其《国史补》中说:"玄宗幸蜀,至马嵬驿,命高力士缢贵妃于佛堂前梨树下,马嵬店媪收得锦靿一只,相传过客每一借玩,必须百钱,前后获利极多,媪因至富。"意思是杨贵妃死于马嵬驿的一座佛堂梨树下，在搬尸时，杨贵妃脚上的一只鞋子失落，导致一位老太婆借此大发其财。对于这一历史事件，《旧唐书》《新唐书》的记录与李肇的上述记载大同小异。司马光的《资治通鉴》所引杨贵妃被缢的史料更为详细：当哗变的军士杀了杨国忠后，护驾的六军将士仍不肯继续前进，唐玄宗亲自下令，也无效。唐玄宗要高力士问军中主帅陈玄礼是什么缘故，陈玄礼

回答说："国忠谋反，贵妃不宜供奉，愿陛下割恩正法。"唐玄宗听后，最初不肯割爱，"倚仗倾首而立。久之，京兆司录韦谔前言曰'今众怒难犯，安危在晷刻，愿陛下速决！'"而唐玄宗却说："贵妃常居深宫，安知国忠反谋？"这时连高力士也一反常态，对玄宗说："贵妃诚无罪，然将士已杀国忠，而贵妃在陛下左右，岂敢自安！愿陛下审视之，将士安则陛下安矣。"玄宗经高力士劝说，"乃命力士引贵妃于佛堂，缢杀之"。这样才使六军将士"始整部伍为行计"（《唐记》三十四）。

不仅正史这样记载，一些诗词歌赋、稗官野史和戏剧传奇也认可和采用这种说法。如：元和元年（806），白居易任盩厔（即周至）县尉，他的好友陈鸿和王质也寓居该县。一天，他们游览仙游寺，谈到唐玄宗与杨贵妃的爱情悲剧，异常感慨，王质建议白居易以此为题写诗，白居易写了脍炙人口的《长恨歌》，陈鸿写了《长恨歌传》。陈鸿是位史学家，在写杨贵妃缢于马嵬驿一节时他这样记叙道：杨国忠处后，"左右之意未决。上问之，当时敢言者，请以贵妃塞天下怨。上知不免，而不忍见其死，仅袂掩面，使牵之而去，仓皇展（辗）转，竟就死于尺组之下"。

虽然如此，也有一些人认为，杨贵妃不是自缢而死，而是死于乱军之中。此说主要见于一些唐诗中的描述。杜甫于至德二年（757）在安禄山占据的长安，作《哀江头》一首，其中有"明眸皓齿今何在，血污游魂归不得"之句，暗示杨贵妃不是被缢死于马嵬驿，因为缢死是不会见血的。李益

马嵬坡杨贵妃墓

马嵬坡杨贵妃墓位于陕西兴平市西门外的马嵬坡，其实只是杨贵妃的衣冠冢，墓为一陵园，大门顶额横书"唐杨氏贵妃之墓"七字。进门正面是一座三间仿古式献殿，穿过献殿，就是墓冢。墓高约3米，封土周围砌以青砖。围绕墓的周围有三面回廊，上嵌大小不等的石碑，刻有历代名人游后的题咏。

所作七绝《过马嵬》和七律《过马嵬二首》中有"托君休洗莲花血"和"太真血染马蹄尽"等诗句,也反映了杨贵妃为乱军所杀,死于兵刃之下的情景。杜牧《华清宫三十韵》的"喧呼马嵬血,零落羽林枪";张佑《华清宫和社舍人》的"血埋妃子艳";温庭筠《马嵬驿》的"返魂无验表烟灭,埋血空生碧草愁"等诗句,也都认为杨贵妃血溅马嵬驿,并非被缢而死。

除此之外,也有杨贵妃是吞金而死的说法。比如刘禹锡曾写过《马嵬行》一诗。他在诗中这样写道:"绿野扶风道,黄尘马嵬行,路边杨贵人,坟高三四尺。乃问里中儿,皆言幸蜀时,军家诛佞幸,天子舍妖姬。群吏伏门屏,贵人牵帝衣,低回转美目,风日为无晖。贵人饮金屑,倏忽舜英暮,平生服杏丹,颜色真如故。"从这首诗来看,杨贵妃是吞金而死的。陈寅恪先生曾对这种说法颇感稀奇,并在《元白诗笺证稿》中作了考证。然而,陈寅恪并不排除杨贵妃在被缢死之前,也有可能吞过金。

不仅如此,有些人甚至认为杨贵妃没有自杀,而是被调包计所救后逃跑了。而且,早在唐代就有这种传闻。

一些人认为,杨贵妃并未死于马嵬驿,而是流落于民间,当了女道士。这种说法,在当时就已经有了。如白居易《长恨歌》中记载:"天旋地转回龙驭,到此踌躇不能去。马嵬坡下泥土中,不见玉颜空死处。"说的是平叛后玄宗由蜀返长安,途经杨贵妃缢死处,踌躇不前,舍不得离开,但在马嵬坡的泥土中已见不到她的尸骨。后来又差方士寻找,"上穷碧落下黄泉,两处茫茫皆不见"。白居易在这里暗示贵妃既未仙去,也未命归黄泉仍在人间。时至近代,俞平伯先生在《论诗词曲杂著》中对白居易的《长恨歌》和陈鸿的《长恨歌传》作了考证。他认为白居易的《长恨歌》、陈鸿的《长恨歌传》之本意,盖另有所长。如果以"长恨"为篇名,写至马嵬驿已足够了,何必还要在后面假设临邛道士和玉妃太真呢?俞先生认为,杨贵妃并未死于马嵬驿。当时六军哗变,贵妃被劫,钗钿委地,诗中明言唐玄宗"救不得",所以正史所载的赐死之诏旨,当时绝不会有。陈鸿的《长恨歌传》所言"使人牵之而去",是说杨贵妃被使者牵去藏匿远地了。白居易《长恨歌》说唐玄宗回銮后要为杨贵妃改葬,结果是"马嵬坡下泥土中,不见玉颜空死处",连尸骨都找不到,这就更证实贵妃未死于马嵬驿。值得注意的是,陈鸿作《长恨歌传》时,唯恐后人不明,特为点出:"世所知者有《玄宗本纪》在。"而"世所不闻"者,今传有《长恨歌》,这分明暗示杨贵妃并未死。

关于杨贵妃的下落,在日本也有种种说法。有一种说法是,死者是替身,杨贵妃则逃往日本的山口县大津郡油谷町久津。替身是个侍女,军中主帅陈玄礼爱怜贵妃貌美,不忍杀之,于是与高力士密谋,以侍女代替,高力士用车运来贵妃尸体,查验尸体的便是陈玄礼,因而使此计成功。而杨贵妃则由陈玄礼的亲信护送南逃,大约在今上海附近扬帆出海,到了日本油谷町久津。1963年有一位日本姑娘向电视观众展示了自己的一本家谱,说她就是杨贵妃的后人。日本著名影星山口百惠,也自称是杨贵妃的后裔。

据说,唐玄宗平定安史之乱之后,曾派方士出海寻找。在久津找到杨贵妃后,方士还将唐玄宗所赠的二尊佛像交给了她,杨贵妃则赠玉簪作为答礼。这二尊佛像现在还供奉在日本的久津院内,杨贵妃最终死于日本,葬在

久津的院内。至今当地还保有相传为杨贵妃墓的一座五轮塔。五轮塔是建在杨贵妃墓上的五座石塔。杨贵妃墓前有两块木板,一块是关于五轮塔的说明,一块是关于杨贵妃的说明,上面写着:"充满谜和浪漫色彩的杨贵妃之墓——关于唐六代玄宗皇帝爱妾杨贵妃的传说。"

甚至有一种离奇的说法认为杨贵妃并没有去日本,而是远走美洲。台湾学者魏聚贤在《中国人发现美洲》一书声称,他考证出杨贵妃并未死于马嵬驿,而是被人带往遥远的美洲。

民间传说杨贵妃死而复生,这反映了人们对她的同情与怀念。然而实际上,杨贵妃极有可能死于马嵬驿。《高力士外传》认为,杨贵妃的死,是由于"一时连坐"的缘故。换言之,六军将士憎恨杨国忠,也把杨贵妃牵连进去了。这是高力士的观点。因为《高力士外传》是根据他的口述而编写的,而且从马嵬驿事变的形势来看,杨贵妃不死,唐玄宗也是很难交代的。杨贵妃自缢之后,尸体由佛堂运至驿站,置于庭院。唐玄宗还召陈玄礼等将士进来验看。杨贵妃死在马嵬驿,旧、新《唐书》与《通鉴纲目》等史籍记载明确,唐人笔记杂史如《高力士外传》《唐国史补》《明皇杂录》《安禄山事迹》等也是如此。

应该说,杨贵妃缢杀于马嵬驿,史料是比较翔实的,且已得到公认。但是,杨贵妃出逃当女道士和亡命日本的说法,也言之成理,证之有据,不能轻易地否定。这一切都有待于新的史料发掘来为我们解开这个谜团。

日本的杨贵妃墓

日本的杨贵妃墓位于日本海沿海一个叫作久津的地方,相传当年杨贵妃在玄宗的暗示下出逃,乘坐"空舻舟"漂流到日本一个叫作"唐渡口"的地方,便是如今日本山口县的久津。杨贵妃死后,当地人将其葬在了这个隔山望海的地方。

李白
死因谜案

李白

李白（701—762）字太白，号青莲居士，唐代伟大的浪漫主义诗人。其诗风雄奇豪放，想象丰富，语言流转自然，音律和谐多变。他善于从民歌、神话中汲取营养素材，构成其特有的瑰丽绚烂的色彩，是屈原以来浪漫主义诗歌的新高峰，与杜甫并称"李杜"。

李白，字太白，号青莲居士。祖籍陇西成纪（今甘肃天水附近），先世于隋末流徙西域，李白即生于中亚碎叶（今巴尔喀什湖南面的楚河流域，唐时属安西都护府管辖）。幼时随父迁居绵州昌隆（今四川江油）青莲乡。

他的一生，绝大部分在漫游中度过。天宝元年（742），因道士吴筠的推荐，被召至长安，供奉翰林。文章风采，名动一时，颇为玄宗所赏识。后因不能见容于权贵，在京仅三年，就弃官而去，仍然继续他那飘荡四方的流浪生活。安史之乱发生的第二年，他感愤时艰，曾参加了永王李璘的幕府。不幸的是，永王与肃宗发生了争夺帝位的斗争，兵败之后，李白受牵累，流放夜郎（今贵州境内），途中遇赦。晚年漂泊东南一带，依附当涂县令李阳冰，不久即去世。

李白的诗以抒情为主。屈原而后，他第一个真正能够广泛地从当时的民间文艺和秦、汉、魏以来的乐府民歌汲取其丰富营养，集中提高而形成他的独特风貌。他具有超乎寻常的艺术天才和磅礴雄伟的艺术力量。一切可惊可喜、令人兴奋、发人深思的现象，无不尽归笔底。杜甫有"笔落惊风雨，诗成泣鬼神"之评。李白是屈原之后我国最为杰出的浪漫主义诗人，有"诗仙"之称，与杜甫齐名，世称"李杜"。韩愈也说："李杜文章在，光焰万丈长。"然而，这样一位才华横溢的著名诗人在死因上却存在着争议。

一种观点认为，李白是病死的。李白族叔、当涂县令李阳冰在他的文集《草堂集序》中写道："阳冰试弦歌于当涂，心非所好。公暇不弃我，乘扁舟而相顾，临当挂冠，公又疾亟,草稿万卷,手集未修,枕上授简,俾予为序。"唐代李华《故翰林学士李君墓志序》云:"姑熟东南,青山北址,有唐高士李白之墓……(李白)年六十二,不偶,赋临终歌而卒。"李白死后二十九年,刘全白在唐德宗贞元六年(790)作《唐故翰林学士李君碣记》也说:"君名白,天宝初诏令归山,偶游至此,以疾终,因葬于此。全白幼则以诗为君所知,及此投吊,荒墓将毁,追想音容,悲不能止。"李白死后一百多年,著名的学者皮日休在《七爱诗》中也曾说过"竟遭腐胁疾,醉魄归八极"。古代文献所谓"疾亟""赋临终歌而卒""以疾终",都明白地告诉人们,李白是病卒的。

学者郭沫若从文献记载的"腐胁疾"得到启发,从医学角度进行研究推测,认为李白六十一岁曾游金陵,往来于宣城、历阳二郡间。李光弼东镇临淮,李白决计从军,可惜行至金陵发病,半途而归。此为"腐胁疾"之初期,当是脓胸症。一年后,李白在当涂养病,脓胸症慢性化,向胸壁穿孔,由"腐胁疾"致命,最终死于当涂。但是,这也仅仅是推测而已。

位于安徽的李白墓

但是,另一种观点认为,李白不是病死,而是醉酒后溺死。李阳冰《草堂集序》说"疾亟",刘全白《李君碣记》说"疾终",范传正《李公新墓碑序》说"卒于此",都不说得的什么病;到了皮日休《七爱诗》中才突然冒出个"腐胁疾",李白自己也从未提起,为他撰集序与撰墓碑者也从未言及,皮日休生活的年代离李白死去已有一百多年,他从何得知李白是死于"腐胁疾"呢?郭沫若据此推断李白的死因是不妥当的。

李白一生嗜酒成性是出名的,因有"醉仙"之称。玩读李白诗作,就能闻到一股浓浓的酒味。诗人的《将进酒》有"烹羊宰牛且为乐,会须一饮三百杯"。《叙旧赠江阳宰陆调》有"大笑同一醉,取乐平生年"。《赠刘都史》有"高谈满

唐上元二年(761)秋天,李白抱病投奔时为当涂(今安徽省当涂县)县令的李阳冰。次年病重,临终前赋有《临终歌》:"大鹏飞兮振八裔,中天摧兮力不济。馀风激兮万世,游扶桑兮挂石袂。后人得之传此,仲尼亡兮谁为出涕?"终年六十一岁。李白死后,李阳冰将李白葬于当涂县城南5千米的龙山东麓。

103

四座，一日倾千觞"。《训岑勋见寻就元丹邱对酒相待以诗见招》有"开颜酌美酒，乐极忽成醉"。《月下独酌四》之三有"醉后失天地，兀然就孤枕。不知有吾身，此乐最为甚"。李白的死会不会与他喝酒有关呢？

五代时期王定保在《唐摭言》中记载："（李白）著宫锦袍游采石江中，傲然自得，旁若无人，因醉入水捉月而死。"这种说法认为李白是醉酒溺死的，此说正史虽然没有记载，但屡见于文人歌咏。

北宋初期梅尧臣《采石月下赠功甫》一诗说得最为明白："醉中爱月江底悬，以手弄月身翻然。"醉中在船上爱江中皎洁月影，以手于江水中戏弄月影而翻身落水溺死。这不是比兴，而是实写。那么，宋代大文豪苏东坡持何看法呢？宋朝陈善《扪虱新话》记道："坡（苏东坡）又尝赠潘谷诗云：'一朝入海寻李白，空看人间画墨仙。'"可见，他也认为李白是醉入水中溺死。元朝时候的学者辛文房在《唐

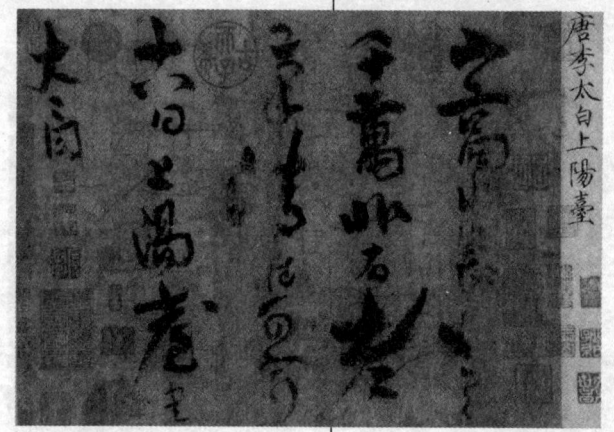

李白《上阳台帖》

《上阳台帖》为李白书自咏四言行草诗，也是其唯一传世的书法真迹。纸本，纵28.5cm，横38.1cm。草书5行，共25字。款署"太白"二字。引首清高宗弘历楷书题"青莲逸翰"四字，正文右上宋徽宗赵佶瘦金书题签："唐李太白上阳台"七字。后纸有宋徽宗赵佶，元张晏、杜本、欧阳玄、王馀庆、危素、骆鲁，清乾隆皇帝题跋和观款。卷前后钤有宋赵孟坚"子固""彝斋"，贾似道"秋壑图书"，元"张晏私印""欧阳玄印"以及明项元汴，清梁清标、安岐、清内府，近代张伯驹等鉴藏印。

才子传》中说："（李）白晚节好黄老，度牛渚矶，乘酒捉月，沉水中，初悦谢家青山，今墓在焉。"元代祝成辑《莲堂诗话》也说："宋胡璞，闽中剑南人，曾经采石渡题诗吊李白：'抗议金銮反见仇，一坯蝉蜕此江头，当时醉寻波间月，今作寒光万里流。'苏轼见之，疑唐人所作，叹赏不止。"

南宋祝穆《方舆胜览》卷十五《太平州·祠墓》在研究了李白病死与溺死的两种说法后提出疑问："而捉月之说，岂古不吊溺，故史氏为白讳耶？抑小说多妄而诗老好奇，姑以发新意耶？"那么，李白可能不可能像这些人记载的那样是溺死呢？假若是溺死，为何时人并不加以记载？

近代学者郭启宏力主李白是溺死的，他在《李白之死的考证》一文中写道："溺死在封建时代被认为'横死'非'善终'，依古礼属不祥，亲友不能吊唁，还有碍子孙前程，为了掩饰真相，往往当作病故。于是，既顾及忌讳又不甘造假的亲友提笔行文之际未免踌躇，不得已而闪烁其词。"刘

全白于李白死后二十多年撰写《碣记》,当时,李白的儿子伯禽仍然在当涂,于是刘全白恐有碍伯禽及子孙前程,为他避讳而写作"疾终"。其他的人也因为这个原因闪烁其词。

学者安旗的观点与之相同,他在《李白纵横探》"李白之死"一节中写道:"稗官野史就完全不足凭信吗?从李白当时近乎疯狂的精神状态来看,这种情况(指溺死)是可能的。"在他的著作中,他还描绘了李白临终的情景:"夜,已深了;人,已醉了;歌,已终了;泪,已尽了;李白的生命也到了最后一刻了。此时,夜月中天,水波不兴,月亮映在江中,好像一轮白玉盘,一阵微风过处,又散作万点银光。多么美丽!多么光明!多么诱人!……醉倚在船舷上的李白,伸出了他的双手,向着一片银色的光辉扑去……船夫恍惚看见,刚才还邀他喝过三杯的李先生,跨在一条鲸鱼背上随波逐流去了,去远了,永远地去了。"

正像安旗描写的那样,在传说中,李白不仅是溺死的,而且在死后,他"骑鲸升天"了,骑鲸之说,最早见于晚唐诗人贯休的《观李翰林真》:"宜哉杜工部,不错道骑鲸。"到了北宋,文人歌咏便将骑鲸与捉月连起来。如梅尧臣在《采石月下赠功甫》中还写道:"不应暴落饥蛟涎,便当骑鲸上青天。"郭祥正《采石渡》中写道:"骑鲸捉月去不返,空余绿草翰林墓。"金代李俊民《李太白图》:"谪在人间凡几年,诗中豪杰酒中仙。不因采石江头月,哪得骑鲸去上天。"当然,这只是文人墨客的美好想象,我们不必信以为真。

对于李白有可能溺死,杜甫在冥冥之中仿佛有预感。他在"三夜频梦"李白之际,作《梦李白二首》,反复提出自己的担心:"江湖多风波,舟楫恐失坠";"水深波浪阔,无使蛟龙得。"杜甫深知李白嗜酒,也知李白晚年正"病起暮江滨",但醉与病都不使他担心,唯担心有舟楫失坠的可能。这种担心不能说事出无因,起码可以说是杜甫在往年与李白交往的实践得出的体验。李白之死难道真的被杜甫的担心所言中吗?

对于李白是否是病死或溺水我们无法确证,他的死因只能成为千古疑案了。

《太白醉酒图》

清代苏六朋绘。表现了李白醉酒于唐玄宗(李隆基)宫殿之内,由内侍二人搀扶侍候的情景。

宋太宗
弑兄悬案

宋太祖赵匡胤(927—976),宋朝开国君主,涿郡(今河北省涿州市)人。后周时任殿前都点检,武艺高强,创太祖长拳,领宋州归德军节度使,掌握兵权。后发动陈桥兵变,即帝位,国号宋,结束五代扰攘的局面。天下既定,务农兴学,慎刑薄敛,与百姓休息,但过度重文轻武、偏重防内,造成宋朝长期的积弱不振。976年赵匡胤离奇死于宫中,葬于宋陵之永昌陵,庙号太祖,谥号"启运立极英武睿文神德圣功至明大孝皇帝"。

中国古代社会自夏禹传位于子启,即开始了帝王子承父业、世代为君的先河。从此在数千年的历史长河中,"社稷永存,福绵子孙"成为历代封建帝王恪守的信条,很少发生既有子嗣而拱手将皇位传与他人的事件。但是宋朝开国之君宋太祖赵匡胤,自己有儿子,却将皇位传给了自己的弟弟赵光义。

宋开宝九年(976),赵匡胤年方五十,正当年富力强的年龄,就在国家需要他大展宏图时,赵匡胤却病倒了,10月20日晚上,卧床不久的宋朝的开国皇帝宋太祖赵匡胤突然去世。赵匡胤有子嗣,按照前朝的皇位继承制度,皇帝之位传给儿子理所当然。可是赵光义却最终继承了皇位,巧合的是,赵匡胤驾崩的那天夜里,只有赵光义一个人在场。

关于赵匡胤之死,官修的宋史均是语焉不详,原因可能是自宋太宗赵光义以后北宋皇帝均是由太宗一支人继承有关。直到南宋才在孝宗朝史官李焘所编录的国史《续资治通鉴长编》里简单地记录了一下,不过说法也是极为简单模糊,后人根本看不明白。野

宋太祖

史倒有不少这方面的记载,然而记载说法不一,难经推敲。赵光义即位,成了历史上一宗离奇的悬案。

宋代有个叫文莹的老僧写了一本书,名叫《湘山野录》,其中提到了赵匡胤之死。说赵匡胤听信了一个术士的话,知道自己气数已尽,便召赵光义入宫安排后事。当时赵匡胤患病已久,他把宦官和宫女撤走,自己与赵光义对酌饮酒。喝完酒已经是深夜了,赵匡胤用玉斧在雪地上刺,同时说:"好做!好做!"当夜赵留宿寝宫,第二天天刚刚亮,赵匡胤不明不白地死了。赵光义受遗诏,于灵前继位。这种说法是最传统的观点,但是也是最受非议的观点。按照宋朝的宫廷礼仪,赵光义是不可以在宫里睡觉的,他却居然在宫里睡觉。太监、宫女不该离开皇帝,却居然都离开了。也许这是一场预先策划的血腥谋杀,"烛影斧声"只不过是宋太宗登位的一种粉饰。

《烬余录》对"烛影斧声"的故事又进行了深化,说赵光义对赵匡胤的妃子花蕊夫人垂涎已久,趁赵匡胤病中昏睡不醒时,半夜起身调戏花蕊夫人,但是惊醒了赵匡胤,并用玉斧砍他,但力不从心,砍到了地上。于是赵光义一不做二不休,杀了赵匡胤,逃回府中。这一记载好似赵光义杀死其兄是迫不得已的,事实上掩盖了他蓄谋已久的篡位野心。

《涑水纪闻》里记载:太祖去世时已是四鼓。宋皇后叫内侍王继恩把皇子德芳叫来。王继恩考虑到太祖早就打算传位于晋王光义,却找来了赵光义,进宫后,宋皇后问:"是德芳来了吗?"王继恩回答:"晋王来了。"宋皇后惊诧莫名,后来突然醒悟,哭着对赵光义说:"官家,我母子的性命,都托付给你了。"这一记录也存在疑点,王继恩有何胆量,敢违背宋皇后的旨意,本该传赵德芳,却传来赵光义?倘若事败,不是杀身之祸吗?这种说法,只不过把篡位的罪过加在一个太监身上而已,同时掩盖了杀兄的罪行。

那么事情的真相到底是什么呢?史学家们透过这些当时的野史记录,大致认为太宗与太祖积怨深久,太宗篡位夺权的事情是属实的。当时太祖在后周做武将,东征西战,功绩极大,受到了将士们的广泛拥护,所以太祖做皇帝,也是无可厚非的事情。只是在太祖"龙袍加身"的事件中,宋太宗与赵普是主谋,功劳确实很大。当太祖临终想把皇位传给自己的儿子时,野心很大的宋太宗一想到自己跟着太祖南征北战,对宋朝的建立立下了汗马功劳,心里便有一万个不愿意和不甘心。尽管传说杜太后临终有遗言命太祖先传位太宗,再传位弟廷美,子德昭,并立下"金匮之盟",在正史中也记载着太祖说赵光义"龙行虎步,他日必为太平天子,福德非吾所及"。不管这些说法是真是假,史学家们分析当时的情况可能是太祖不愿从母愿立弟,但是没有果断立子,并且就在这种矛盾心理的支配下单独召见太宗赵光义,于是使得赵光义夺权称帝,也给后人留下了"烛影斧声"的疑案。

宋太宗在即位做了皇帝之后,马上就施展伎俩逼死了弟弟廷美,侄子德昭、德芳(太祖第四子),为自己皇位的稳固免除了后顾之忧。另外,宋太宗为了防止前朝大臣怨恨激愤,就下令让他们去修《册府元龟》《太平广记》《文苑英华》等书,让他们天天沉没在纸堆中，不让他们有时间发牢骚；对于范质、王溥等朝廷重臣，太宗采取了威逼利诱的策略，牵着这些老臣的鼻子走。另外他还发动了两次对辽战争，将朝野内外的注意力转移到边防上去，同时乘机巩固了兵权。宋太宗在不用旧臣的情况下，不断地通过科举考试选拔官吏，他在位二十余年，常常几天几夜地亲自阅卷选拔官吏，先后选士达到数万人之多。另外在选拔的这些士人之中，宋太宗还比较喜欢重用那些善于阿谀奉承的人，苏轼就曾在《东坡志林》卷三中尖锐地指出"西汉风俗谄媚，太宗朝也有谄媚之风"。在旧臣修书，新臣谄媚的情况之下，那些五代遗

宋太祖永昌陵石刻

臣入宋任史官的沈伦、李穆、扈蒙等人时时刻刻谨慎言行，平日里那些著述的文章也大都销毁，连腹诽都不敢，哪里又敢提到太宗的不是。所以太宗的"烛影斧声"的原委在朝野没有人敢议论半句，正史中也没有记载。

　　为什么太祖时期的起居注中没有提到"烛影斧声"的事件呢？按理说从周代产生史官记录皇帝日常言行的起居注以来，历朝历代的皇帝都遵守着天子不看起居注的规定。当年宋太祖在世时，与其弟赵光义的斗争十分激烈，怕有些内容泄露出去被居心不良的人利用，对宋朝的统治不利，于是议事常常回避史官，史官也就不能记录到什么实际的内容，只记一些君臣见面辞谢等无关痛痒的事情。到太宗朝时恢复了正常的起居注和时政记制（它是唐高宗时设下的由宰相记录的皇帝与君臣的奏对，即时政记），可是偏偏在宋太宗朝时，太宗一反皇帝不看起居注的规定，命令参知政事记录的时政记必须先送太宗审阅，然后再送史馆。还有当时的起居注院所编著的起居注也必须先送太宗审阅后再交给史馆，如此一来，在太宗与大臣的对话中，凡是不利于太宗的，宰相和史官都必须回避粉饰，以免惹来杀身之祸。太宗后，宋朝历代所修的时政记、起居注都要先

拿给皇帝看再送交史馆，这样皇帝的言行就无法保证全部如实记录，所以宋代的正史是有很多疑点的。

太宗还亲自挑选了一批官员来修《太祖实录》（皇帝实录是撰修一代国史的基础材料），虽然《太祖实录》今天已经不存在了，不过从后代所撰修的《宋史》来看，《太祖实录》并没有提供充足的事实，不是一部信史的素材。

所以说宋太宗是用权势来治史，虽然这样使得宋朝正史对太宗夺权一事记载不多且多有隐讳，使我们不可尽知太宗的篡位之事，但是太宗皇帝毕竟有他鞭长莫及的地方，当时辽国的史官就在《辽史》中记载了宋太宗篡位的事。而在北宋的正史中也作过曲折的表述，太宗晚年想传皇位给他所钟爱的长子楚王元佐，可是元佐却要父王遵守那个"金匮之盟"来成全叔父，以免陷君父于不义，可是太宗不听，元佐一气之下假装发疯，来表明自己不做皇帝的决心，这实际上也在暗示着宫中的昔日往事。而宋高宗赵构由于无子，传位给太祖的七世孙，即宋孝宗，之后，孝宗朝的史家李焘马上就在他所编著的《续资治通鉴长编》中提到了"烛影斧声"这件事，孝宗还赞扬他记事真实可靠。不过这些记史由于缺乏当时的史料，所以都终究只是含含糊糊，因此后人对太宗篡位的事情无法完全明了。

赵匡胤之死和赵光义上台，二者之间太多的巧合和离奇，史学家只能根据已有记载进行推理，但是尚无确凿史料推翻以前观点。赵光义登基至今是个谜，以后也很难说清楚。人们之间即使亲如兄弟，亦多可共患难、不易共富贵，一遇权位、金钱之争往往演出一幕幕宫廷政变或残酷的竞争。

宋朝帝陵

宋陵位于河南省巩县嵩山北麓与洛河间的丘陵和平地上。总面积约30平方千米。北宋9个皇帝，除徽、钦二帝被金所虏囚死漠北外，7个皇帝以及被追尊为宣祖的赵弘殷（赵匡胤之父）均葬于此。世称七帝八陵。按照埋葬时间的先后，八陵的顺序依次是：宋宣祖的永安陵、宋太祖的永昌陵、宋太宗的永熙陵、宋真宗的永定陵、宋仁宗的永昭陵、宋英宗的永厚陵、宋神宗的永裕陵和宋哲宗的永泰陵。加上后妃、宗室、亲王、王子、王孙以及高怀德、赵普、曹彬、蔡齐、寇准、包拯、狄青、杨六郎等功臣名勋共有陵墓近1000座，前后经营达160余年之久，北宋的诸帝、后陵中，8座皇帝陵保存完好，皇后陵主要分布在西村、蔡庄、孝义、八陵4个陵区，占地30余平方千米，形成了一个规模庞大、气势雄伟的皇家陵墓群。

109

"金匮之盟"
是否是骗局

赵普像

赵普,字则平。后梁龙德二年(922)生于蓟州,后唐末年,相继迁居常州(今河北省正定县)、洛阳(今河南省洛阳)。

宋太祖赵匡胤死时"烛影斧声"存在种种疑迹,在臣民眼中,赵光义即位是颇不光彩的。为了寻求一个法律依据,取得天下人民的信任。赵光义即位不久,就出现了"金匮之盟"的说法。

"金匮之盟"指的是宋太祖、太宗的母亲杜太后临终时要求儿子太祖赵匡胤传位给赵匡胤之弟赵光义的一份遗嘱。据传当日杜太后病危,急召赵匡胤等人受顾命。太后问赵匡胤:"你知道自己是如何做了天子的?"赵匡胤十分悲伤,伤心得不能回答。杜太后又说:"我已经行将就木,你哭管什么用呢?我时日已不多,你怎么只哭呢?我还要告诉你一件大事。"赵匡胤见状,只好回答母亲:"我能做天子,全是先祖与太后积功积德的结果。"杜太后听后,有些生气,严厉地说:"根本不是这样!你能当天子是因为周室国君年幼,群心不附的原因。倘若周室有长君,你能当上皇帝吗?"继而又说:"你与光义都是我的儿子,将来你应当传位给你的弟弟光义,这才是确保社稷的根本啊!"赵匡胤于是叩头回答:"一定照您的吩咐办。"杜太后又指着宰相赵普说:"你把它记下来,不能违背我的话。"赵普于是当场记下了太后遗嘱,并在末尾署名"臣普记"三字,赵匡胤将遗嘱藏到金匮中,并命令那些细心谨慎的人掌管,这就是赵光义即位所依据的"金匮之盟"。

然而,由于年代久远,"金匮之盟"的重重迷雾也未能揭开,后人推测是太宗和赵普杜撰出来以掩人耳目的。那么,到底太祖是否有传位光义之意呢?

一种观点认为"金匮之盟"是存在的。在"金匮之盟"之说传出后，宋、元、明、清朝很少有人怀疑它的真实性，并且这件事也经常被用来赞颂宋太祖没有私心。还有人指出，宋太祖赵匡胤在世时，早就有心传位给弟弟赵光义。《玉壶清话》卷七记载："开宝初，太宗居晋邸，殿前都虞侯奏太祖说'晋王天日资表，恐物情附之，为京尹，多肆意，下戕吏仆，纵法以结豪俊，陛下当图之。'上怒曰：'朕与晋弟雍睦起国，和好相保，他日欲令管勾天下公事，粗狂小人，敢离我手足耶？'亟令诛之。"李焘《续资治通鉴长编》也有这样的记载："光义有疾病，殆不知人，上亟往问，亲为灼艾……间谓近臣曰'晋王龙行虎步，且生时有异，必为太平天子，福德非吾所及也。'"

现在有一些学者也赞同"金匮之盟"之说。佐证如下：第一，从"金匮之盟"产生的背景分析，杜太后临终遗言有可能性。五代时期战乱不断，又缺乏制度约束，所以常常造成武将功高震主的情形。主少国疑，即位后的幼主不能控制局势，导致政权更迭。宋太祖开国之初的"杯酒释兵权"即是防止武将专权。面对另一个主少国疑的弊端也不可能没有考虑，杜太后看到了这一点，又加之一直宠爱赵光义，所以才会有让太祖传位给其二弟赵光义的遗诏，这符合当时的时代背景和现实的可能性。第二，太祖在位时不立太子。宋太祖有四子：长滕王德秀、次燕懿王德昭、次舒王德林、次秦康惠王德芳。德秀、德林皆早亡。太祖于960年即皇帝位，至976年驾崩，在位十七年之久，但是史料没有记载立太子之事。这一不合常理的行为，可能证明"金匮之盟"确有其事，太祖立晋王之心已定。第三，太祖和太宗关系密切。太祖登基后，没有忘记弟弟赵光义的功劳，步步提升他直至晋王，可见没有压抑赵光义的意思。如果太祖想传位于皇子德昭或德芳，按太祖压抑武将专权的开国政策，不可能忽视到这样可能的后果：即皇弟赵光义的大权在握是对皇子继位的极大威胁，并由此造成了另一个有力的皇位争夺者。

这部分学者认为"金匮之盟"之所以引起如此大的争议，就在于"烛影斧声"使即位问题复杂化。"烛影斧声"的问题始终是困扰宋太宗继位是否正统的问题，"烛影斧声"中的各个细节似乎证明宋太祖死于非命，因而宋太宗继位的合法性也就遭到了质疑。

另外一种观点认为"金匮之盟"是赵光义伪造的。清代古文学家恽敬对盟约内容首先提出疑问。后来越来越多的学者对此提出疑问。20世纪40年代张荫麟曾作《宋太宗继统考实》，认为"金匮之盟"是赵普伪造的，全盘否定此事。其理由大致如下，建隆二年（961）杜太后病重时，宋太祖只有三十四岁，正值年轻力壮之时，赵光义才二十三岁，而太祖长子德秀也已经十四岁了。当时太祖身体健康，没有短寿驾崩之象，即使太祖只能再活20年，那时，长子德秀已三十多岁，不可能存在幼主之说。杜太后没有依据猜测太祖早死、幼子继位，而宋朝重蹈五代的覆辙。如果确如太后所预料宋太祖中年夭折，也许杜太后凭经验或灵感有超前的洞察力，立下"金匮之盟"。但是，太祖活了五十多岁，并没有早逝而面临幼子主政。如果有遗诏，太祖临终前应该命人打开金匮，即使是突然死亡，皇后也应该知道此事，掌管金匮的宫人同样也知道此事，但是为什么要等到太祖死后五年才由赵普揭露出来?即使公布遗诏,赵光义应该把全文都公布出来,而留下来的却仅是一个大概的内容,而且内容还不完全一致。

但也有学者提出了相反的证据。关于立此盟约的条件,持肯定论者认为它符合常理。杜太后亲身经历过五代,这是一个王朝更替频繁的时期,五代君主共十三人,在位超过十年绝无仅有,有七人死于非命,杜太后担心宋太祖英年早逝、幼主执政失国而终是正常的。杜太后在赵匡胤刚当上皇帝时曾说"吾闻'为君难',天子置身兆庶之上,若治得其道,则此位可尊,苟或失驭,求为匹夫不可得,是吾所以忧也"。杜太后认为刚刚建国,根基未稳,随时有可能成为短命而亡。尽管当时太祖正值壮年,但政治变化无常,假如宋太祖真的死于非命,十多岁的德秀显然不足以应付。而拥有丰富政治经验的赵光义应是理想的继承人。

还有一种观点也质疑"金匮之盟"存在的合理性。不过认为盟约是赵普和赵光义互相利用伪造。他们分析了宋太祖、赵光义和赵普三者之间的关系。第一,太祖与赵普的关系。太祖创业之初与赵普君臣关系极好,赵普由建国初期枢密副使升至乾德二年(964)的宰相。但后来宋太祖对赵普开始逐渐厌恶,嫌隙该是逐渐形成的。如赵普曾保荐某人,虽然太祖撕碎了他的奏章,但赵普却糊好之后第二天仍旧呈上迫使太祖接受。虽然一般认为这体现了赵普的宰相风度和太祖善于纳谏,但太祖的不满也难免。另外,赵普常提太祖微贱时的小事,不免也会让已做皇帝的太祖觉得有损尊严。此外赵普收受吴越瓜子金、陷害有隙官员等事件也会令太祖警觉到赵普的权柄太重。所以太祖晚期赵普被罢相,已不再被重用,至太祖驾崩时也没有再召见他。第二,赵光义和赵普的关系。赵光义和赵普原本都是陈桥兵变的重要策划者,在宋王朝建立之初,两人都得宠。但是在建隆二年(961)六月,杜太后去世后,赵光义处境就相当不妙了。同年七月,赵匡胤解除赵光义禁军职务,只命他担任开封尹,权力大大减小。这时赵普却一再升官,到乾德二年已升至宰相,远远高过赵光义。随着时间推移,赵普渐渐专权朝政,赵光义则力图把以开封为中心的东京府经营成独立的小区域。两人不可避免地产生了矛盾,渐渐展开了明争暗斗,冲突时有发生。后来,由于赵普的专权遭到赵匡胤猜忌,才开始失势,赵光义乘机利用"权谋之士"卢多逊攻倒赵普。赵普以他从政多年的经验,以及他对赵氏家族的了解,深知要使他的命运出现转机,需要为新皇帝赵光义献上一份厚礼,而且这份厚礼要足以使他动心。于是赵普献上了他的"金匮之盟"的厚礼。

这种观点主要是建立在一些常理的推测上,没有相关的史料支撑,尽管有一定的道理,但不足以使人完全信服。

总之,"金匮之盟"疑案属于皇家禁宫疑案,肯定也罢,否定也罢,都是根据当时历史事实、政治背景所作出的判断。比较双方的观点,其资料和解释、推断均偏向于对己方所持观点有利的一边,因此争论越多,疑点也就越多。

狸猫
换太子的真相

宋仁宗赵祯，真宗之子。乾兴元年(1022)即位，由刘太后垂帘听政，明道二年(1033)太后死，才开始亲政。宋仁宗在位四十二年，是两宋时期在位时间最长的皇帝。关于仁宗的身世，有一种至今流传的说法，就是狸猫换太子的故事。主人公的传奇经历几乎家喻户晓、妇孺皆知。

在经典京剧《狸猫换太子》中，宋朝龙图阁大学士、钦差大人包拯巡行到地方，路上在经过一处破窑时，被一个双目失明的老妇拦住了。这位老妇向人称包青天的包拯哭诉了自己鲜为人知的悲惨而又离奇的身世，包拯经过仔细推敲，才得知她就是当今圣上宋仁宗的生母李娘娘。包拯立刻回京查访当年还在世的老宫女，得知这李娘娘虽只是宋仁宗的父亲宋真宗后宫的宫女，可是由于受仁宗皇帝宠幸，被封为才人，进而升为婉仪，并且还怀上了"龙种"。那时候，"母以子贵"，李娘娘幻想着生下儿子，在后宫拥有自己的一席之地。可是当时的刘德妃也就是后来的刘皇后心肠很坏，又阴险毒辣，因为她自己没有生育，又很嫉妒李娘娘，于是就买通接生婆，用一只剥了皮的狸猫，换去刚刚出生的宋仁宗。等到宋真宗高兴地下朝回来要看自己的骨肉时，却只看到了一个血淋淋的怪物。宋真宗非常生气，他并不问为什么会这样，

京剧《狸猫换太子》剧照

113

也不想事情的前因后果，一怒之下就把李娘娘打入冷宫。后来刘德妃又升为皇后，就对李娘娘起了灭口之心。李娘娘看出刘皇后的心思，就在一位好心的宫女帮助之下，急忙逃出了深宫，从此就躲到了一处破窑里，隐姓埋名孤苦伶仃地生活了二十年，期盼着有一天自己能骨肉团聚。包拯一向清明廉洁、大公无私，他为了洗雪李娘娘的冤仇，就把她带回京城，想方设法让仁宗认了真母。此时几十年的冤案真相大白，坏人得到应有的惩处，李娘娘也母子团圆，被封为李宸妃，结局十分美满。

可是这毕竟只是演戏，那么，历史上的宋仁宗是否有过狸猫换太子的经历呢？狸猫换太子的故事最早出于清代石玉昆编撰的《三侠五义》。《宋史》和毕沅编的《续资治通鉴》中，也有这故事的影子，而狸猫换太子纯属子虚乌有。历史上的李宸妃确实是宋仁宗的生母，宋仁宗得知他是李宸妃所生，也是他当皇帝十多年后的事。据野史传说中记载，当年宋真宗最宠爱的妃子是刘德妃。这个刘德妃虽然只是个临街播鼓卖艺之人，但由于本人长得十分出色，所以被刚刚成年的太子赵恒，也就是后来的宋真宗看上，接着纳入了王宫。昔日的太子赵恒登基成为皇帝之后，刘德妃更是从"美人""婉仪"，一直封到了"德妃"。只可惜刘德妃虽然深受皇帝宠爱，但是却久久不能生育。刘德妃为竞争皇后之位，提高自己的身价，便想出了"借腹怀胎"的诡计。她打算利用身旁的一个长得有些姿色的姓李的侍女，引诱宋真宗上钩。一次在刘德妃沐浴之时，真宗果真临幸了这个李姓侍女，不久这个侍女就怀孕了，这时刘德妃也装作怀孕的样子，其实侍女怀孕是真，刘德妃只是安排计策，假装而已。等到十月分娩的时候，"两个"龙种先后呱呱落地。刘德妃采取了狸猫换太子的卑劣手段，让真宗将李姓侍女打入冷宫，刘德妃自己却如愿以偿地登上了梦寐以求的皇后宝座。

以上不管是戏曲还是野史，都说有狸猫换太子一事，

宋仁宗

宋仁宗初名受益，真宗第六子，生于大中祥符三年（1010），1018年立为皇太子，赐名赵祯，1022年即帝位，1063年病死开封，享年五十四岁，葬于永昭陵，庙号仁宗，谥号"体天法道极功全德神文圣武睿哲明孝皇帝"。

可是正史里并没有记载这件事。在《宋史》中专门记载了李宸妃其人其事。李宸妃是刘德妃的侍女,本是杭州女子,生得美丽小巧。在怀上龙子时,刘德妃就已被立为皇后,掌控后宫。在李宸妃生下后来的仁宗之后,刘德妃立刻就把孩子从李宸妃怀里夺走交杨淑妃抚育,说是自己的亲生儿子,并请皇帝把李宸妃生下的儿子赵祯立为太子,将真相一下子隐瞒了几十年。真宗去世后,十三岁的赵祯即位,也就是宋仁宗。昔日的刘皇后成了刘太后,临朝辅政,又掌权后宫,众人都不敢冒着杀头的危险来挑明这个真相,只能眼睁睁看着仁宗母子不相认。天圣九年(1031),仁宗生母李宸妃病危,刘太后晋升她为宸妃。次年,李宸妃去世。刘太后本想只以妃子之礼下葬李宸妃,可是宰相吕夷简却上书给刘太后说,仁宗现在虽然并不知道自己的生母是李宸妃,可是在太后百年之后,一定会有人向仁宗禀告实情的,如果仁宗因此怪罪太后家人,那就不是谁可以控制的了,所以应当以一品礼安葬李宸妃,那时即便谁要说什么坏话,仁宗也不会拿刘家怎么样的。刘太后认为宰相吕夷简言之有理,于是就下令以一品礼安葬李宸妃。宰相吕夷简又暗中吩咐内侍押班给李宸妃穿皇后装入殓,并使用水银宝箱,刘太后也一一默许了。李宸妃的丧礼因此举行得极为隆重。刘太后去世后,果然就有人告诉了宋仁宗他的生母其实是李宸妃。仁宗十分悲痛,他号啕大哭,甚至下了哀痛诏自责。他十分愤怒自己身为天子却不能保护自己的母亲,不能孝敬自己的母亲,还让母亲含恨而死,至死母子不能相认。他认为这一切都是刘太后的错,是刘太后让自己不能尽孝,不能享天伦之乐。于是,他下令包围了刘太后娘家的府第。这时宰相吕夷简急忙觐见,劝说仁宗,太后虽然不义,可是以皇后礼仪厚葬宸妃,就表明她已有自悔之心;虽然刘太后不是陛下的生母,可是对陛下仍有抚育之情,这种恩情陛下又怎能忘呢?

这一番话使仁宗冷静下来,仁宗命李宸妃的弟弟李用和检了李宸妃的下葬,一看生母没有鸩杀、残害或者虐待的迹象,还穿了皇后服下葬,这才下令解除对刘姓亲属的包围。仁宗下旨尊李宸妃为皇后,谥号章懿,亲临殡仪地方祭告。并且为了弥补他对生母的愧疚之情,他还把李太后的弟弟李用和一再擢升,并把福康公主下嫁给李用和的儿子李玮。

所以,从《宋史》中的记载来看,历史上不存在狸猫换太子一事,李宸妃也没有流落到民间。那么,为什么会出现包拯为李宸妃鸣冤这样的故事呢?包拯是《狸猫换太子》中的重要人物,但是,在历史上,他与这场公案无任何联系。包拯于仁宗天圣五年(1027)考中进士,踏上仕途,开始做建昌知县、天长知县、端州知州等地方官,自然无从参与宫廷斗争。到他进入中央政府,仁宗已经亲政很久了,元杂剧和明传奇中,都无包拯出现,明朝《包公案》小说专说包拯故事,其中有包拯放粮回朝途中,在桑林镇遇李太后,还朝

包拯画像

包拯（999—1062），字希仁，庐州合肥（今安徽合肥市）人。近千年来，包公在历代人民的心目中，一直是刚正不阿，为民请命的包青天。今天，包公的形象仍然活跃于戏曲、小说和民间传说里。

后，设阴曹、审郭愧，将刘妃用丈二白丝帕绞死的章节，却无打龙袍事。

那么，包拯与此事也就毫无瓜葛了吗？其实也并非没有任何联系。石玉昆在《三侠五义》中把发生在宋仁宗皇祐二年（1050）的假冒皇子案与狸猫换太子的故事焊结起来。据《续资治通鉴》记载，当时有个名叫冷青的人，其母王氏曾在皇宫中担任过杂役，出宫后嫁给医生冷绪。及冷青长大，漂泊到庐山，竟多次声称他是皇子，是其母在皇宫中有孕出宫而生。有个好事的和尚，名叫全火道，把冷青带到京城。冷青于是在大众场合传播，多次被人围观。当时任开封知府的钱明逸听到此事，将其捕捉归案。但冷青言之凿凿，喝令钱起坐，钱也为之起坐。为了不使事态扩大，钱以狂人为口实，准备把冷青发配汝州。推官韩绛认为事实不明确，冷青还是个不明来历的人。于是，宋仁宗把这宗案子交给掌管知谏院的包拯审理。经过包拯调查，王氏确实在宫中打过杂，嫁给冷绪后，也是先生女而后生男。包拯以冒充皇子罪处死冷青。而决案的知府钱明逸也被降为蔡州知府。可见，宋仁宗从未被狸猫换过。小说本来就是移花接木的，我们不能把它当作真正发生过的历史事实。

杨家将
故事的可信度

杨业、杨延昭、杨文广祖孙三代都是北宋抗辽的名将，《杨家将演义》将他们骁勇善战的事迹演绎成为"杨家将"的故事，广为流传，几乎是家喻户晓、妇孺皆知。然而这本小说为了增加趣味，虚构了许多杨家将没有的人物和事件，比如说穆桂英大破天门阵、杨六郎攻破幽州城、十二寡妇征西等等。添加了许多荒诞不经的情节，如八仙中的汉钟离和吕洞宾斗法。历史上确有杨家将其人其事，其中以杨业、杨延昭、杨文广三人最为出名，但他们的事迹远没有小说中描写得那么神奇。

那么真正的历史是什么呢？对于这段历史该作如何评价？近年来史学工作者在这方面做了不少努力，但是还存在一些分歧。

第一，杨业早年抗宋错不错？历史上关于杨业的记载比较详尽。杨业(一作邺)，本名重贵，并州太原人。据山西代县杨忠武祠保存的《杨氏族谱》记载，杨业是汉太尉杨震少子杨奉的后代。杨业二十多岁到太原，受到北汉重用，任保卫指挥使、建雄节度使，骁勇善战，屡建奇功，国人号为"无敌"。北汉帝刘承钧时赐姓刘，名继业，又升任为侍卫新军都虞侯(五代时的高级军官)。这时赵匡胤图谋统一全国，杨业劝北汉皇帝刘继元归宋。开始，刘不听，却依靠契丹支援与赵匡胤抗衡。多次交兵，赵匡胤屡攻太原不下。宋太宗即位后亲征攻北汉，刘继元终因国力不支，于太平兴国四年(979)五月六日向宋太宗投降。在与赵光义作战中，杨业

杨波府第

不管杨家将故事的可信度如何，杨家忠心报国世代相传的优良家风，前赴后继捍卫朝廷既忠又勇的行为，历来被人们传颂。

117

屡建军功,此时仍然坚守城南苦战。赵光义久闻杨业是员勇将,便命刘继元派亲信前往劝降,杨业才归宋。宋太宗当即予以嘉奖,恢复姓杨,名业,不久对杨业委以重任,任命他为右领军卫大将军、郑州防御史。同年十一月,宋太宗以杨业老于边事,洞晓敌情,任命杨业为代州知州兼三交驻泊兵马都部署,担负防御契丹的重任,并给予丰厚的赏赐。

对于杨业抗宋,一种意见持否定态度,认为这是杨业一生中不光彩的行为。理由是:经过数十年战乱,当时人们渴望统一,而北宋出兵讨伐北汉,正是适应了这一趋势。杨业率兵抵抗北宋,势必不利于全国统一,阻碍了历史的发展。而另一种意见认为,统一固然是当时的历史大势所趋,但是究竟由谁来统一,当时并没有显露出北宋的一统大局迹象。五代末年并存的几个政权都有资格统一,关键就在于其中的力量对比。再者,杨业从青年时代就在北汉政权中任职,当时赵匡胤还没有君临天下,杨业不可能过早地降宋。至于日后率兵抵宋,不过是各为其主而已,不应对他过多苛求。

第二,杨业之死是谁的责任?根据小说所述,害死杨业的罪魁祸首是潘美。在雍熙三年(986)宋军北伐时,潘美是西路军主帅,杨业是他的副手。由于潘美对杨业的才能非常嫉妒,所以在杨业乘胜追击时,故意屯兵不动,又不给予粮草供应,最终导致杨业兵败身亡。关于《宋史·杨业传》中也有如此一段记载:"主将戍边者多忌之,有潜上谤书斥言其短,帝览之皆不问,封其奏以付业。"当时杨业尚未伐辽,还在驻守雁门关,任代州知州兼三交驻泊兵马都部署。而在杨业之上的主将是谁呢?杨业虽没有指明,其实就是指潘美。

然而有人反对这一观点,按照《宋史·杨业传》中的记载:"美不能制。"潘美在此事中主要有领导责任,责任就在他身为统帅,未能有力节制王侁的轻敌妄动,此外实在不能再追究他什么了。部分历史学者更认为,当时王侁是监

雁门关

雁门关位于山西省代县西北大约20千米的地方,又名"西陉关"。"天下九塞,雁门为首。"雄关依山傍险,高踞钩注山上。东西两翼,山峦起伏。山脊长城,其势蜿蜒,东走平型关、紫荆关、倒马关,直抵幽燕,连接瀚海;西去轩岗口、宁武关、偏头关、至黄河边。关有东、西二门,皆以巨砖叠砌,过雁穿云,气度轩昂,门额分别雕嵌"天险""地利"二匾。东西二门上曾建有城楼,巍然凌空,内塑杨家将群像。

军,宋太宗一朝,监军权力甚大,潘美虽是外戚、主帅和名臣,但也受制于王侁,故此害死杨业的大半责任,应该在王侁而不在潘美身上。而且历史上的潘美是一位老成持重、屡著战功的骁将,与杨业共事七年,一直配合默契,这次又何必对杨业蓄意陷害呢?对于王侁的陷害的说法,理由如下:当宋军失利退守代州时,杨业首先提出不与辽军正面交锋、改由小路进袭朔州,但王侁拒而不听,硬逼杨业率军迎战辽军主力,但自己又不按照原定计划策应,从而导致杨业全军覆没。关于这些说法,似乎有些道理,但是也有一些缺陷。首先,史书上并没有记载王侁和杨业的矛盾。《宋史·王侁传》只是简单地说:"侁性刚愎,以语激杨业,业因力战陷于阵,侁坐除名,配隶金州。"史籍也没有记载王侁通敌的证据,所以王侁的决策仅仅是指挥失误。另外,《宋史·杨业传》中明确记载:"以西上阁门使、蔚州刺史王侁,军器库使、顺州团练使刘文裕护其军。"也就是,当时同时为监军的,还有刘文裕。刘文裕官职在王侁之上(团练使高于刺史),并且刘文裕是外戚,有相当沙场经验。也就是说刘文裕在军中权力,不应低于王侁。潘美则是忠武军节度、韩国公,外戚身份,开国重臣。王侁监军权力再大,也不可能只手遮天。

第三,杨门女将的真相如何?佘老太君,原名佘赛花,是杨业之妻,杨府的老祖宗。后代在戏曲中演她百岁高龄,在面临辽兵入侵宋境,仍能挂帅领兵,赶走契丹兵,实在是让人敬佩。但是很多相关史料却不见记载有佘太君的事迹,那么究竟历史上是否真有佘太君其人?有学者经过考证认为历史上确实存在佘太君其人,不过佘太君不姓佘,她本姓折,后人讹传,所以就改成了佘姓。杨业年轻时,在离石、临县一带的七星庙驻防,迎娶了府州折家的女儿。折家屡世居住在陕西府谷,从折氏曾祖以来,世袭军职,多次参加抗辽战争,而杨家也是世居此地,代代习武,两家正所谓是门当户对、天作之合。那么佘太君的称谓又是怎么来的呢?按照宋制,凡是有功之臣的妻、母都要有所封赠,以示奖励。宋太祖赵匡胤当初建制之时,就下诏制定文武群臣母

传世的《杨氏宗谱》

在戏曲小说中,杨家将第一代代表人物是杨业,杨业的父亲名叫杨信,杨业的夫人即佘太君佘赛花;杨家将第二代代表人物是杨延昭,杨延昭的夫人是柴郡主;杨家将的第三代代表人物是杨宗保,他娶穆桂英为妻,生有儿子杨文广。根据杨家村传世的《杨氏宗谱》记载,杨业的夫人实际姓折,并非姓佘。杨家的第三代代表人物是杨文广,戏曲小说中的杨宗保这个人物在历史上不存在,柴郡主和穆桂英也是虚构出来的。

妻的封号，其中庶子、少卿、刺史等的母亲封为县太君，妻子封为县君。而折氏的儿子如杨延昭等，位居刺史之上，他母亲应受封为某县太君，所以后来人们就叫她折太君了。折太君精通武艺，善骑射，训练以婢仆为主的家兵，上阵打仗，助夫立功，但是对于杨门这样的习武家庭而言，这本是平常的事情，所以没有折太君立传也不足为奇。杨门女将中除佘老太君以外，还有另外一个受人瞩目的女将，就是穆桂英。戏曲中多次讲穆桂英领兵挂帅，充当大将，频频扭转战局，然而穆桂英在正史中未有记载。所以不少人对穆桂英本人的存在提出了质疑，甚至有人提出观点说不仅穆桂英是虚构的，而且杨宗保这人在历史上压根就不存在。也有人说穆桂英这个人是虚构的，但却可以从杨氏的眷属中找到原型。杨延昭的儿子杨文广有位堂兄叫杨琪，此人曾娶慕容氏为妻，而穆桂英的姓也许是"慕容"氏的转音，"桂英"也只是民间通俗的名字，戏曲小说本就允许改编，这样以慕容氏为原型的穆桂英这一形象就很快流传开来。况且，慕容氏是当时鲜卑大族，也是世代习武，与杨家通婚也是不无可能，不过终归猜测，没有真凭实据。

第四，杨业到底有几个孩子？传统戏曲中，杨老令公与妻子佘老太君一共生有九个孩子，七儿二女。然而《宋史》中的《杨业传》记载说杨业共有七子，而南宋李焘所著的《续资治通鉴长编》卷二十七中则说杨业仅五子。至于南宋王称的《东都事略》中却只指出杨延昭一个儿子，从诸种史料看来，到底杨业有几个孩子呢？现在很难说清楚。

杨业的孩子中留有盛名的一个是杨延昭，他本名延郎，为避宋皇室"圣祖"赵玄郎的讳，改名为延昭。北汉天会元年(958)生于太原，宋大中祥符七年(1014)卒天高阳关戍所，终年五十七岁。杨延昭在元代罗烨《醉翁谈录》中称为五郎，在《保德府志》和《杨家府演义》中说是四郎，但清代康基《晋乘搜略》中却说是六郎，而民间戏曲中也都说是杨业的六子，传着传着，杨延昭就成了威震三关的"杨六郎"，深受其部将边地人们的爱戴与契丹军的惧怕。

杨业的四子也是颇受后人争议的人物。杨四郎在正史中记为延环，而在民间戏曲中叫作延辉。元曲中曾说杨四郎在两狼山战役后即失踪了，而在明代《杨家府演义》中说杨四郎在战斗中并未失踪，而是被辽兵捉住，受到了萧太后的招降，但杨四郎宁死不屈，慷慨陈词。萧太后很喜爱杨四郎的一身好武功，又见得杨四郎生得一表人才，于是将琼娥公主许配给杨四郎，这样杨四郎就做了契丹人的驸马，在后人的眼中他变成了一个屈膝乞降、叛君忘父的坏人。《宋史·杨业传》中却记载，杨业战殁后，杨四郎被朝廷封做了殿直官，并未有变节行为。

历史上确实有杨家三代血战报国的事迹，但是肯定有一些虚构。作为封建朝廷，通过宣传杨将，强调忠孝的思想，而在民间的流传，则反映了人民群众对英雄的怀念。

宋徽宗
幽会李师师之谜

宋徽宗赵佶一生生性轻浮,除了爱好花木竹石、鸟兽虫鱼、钏鼎书画、神仙道教外,还嗜好女色如命,后来更是终日沉湎其中,放浪形骸,不能自拔。徽宗的后宫中妃嫔如云,数量惊人,史书记载有"三千粉黛,八百烟娇"。但是与这些妃子日夜缠绵,朝夕相拥,再美味的佳肴吃多了也会腻烦,再绮丽的景致眼熟了也不再新奇。一日,他闲得无聊,在一个团扇上提笔写了"选饭朝来不喜餐,御厨空费八珍盘"十四个字,忽然文思枯竭,让一位大学士续下一句。那人特别会揣摩赵佶的心思,就续了句"人间有味俱尝遍,只许江梅一点酸"。甜酸爽口的杨梅当然会解御厨八珍之腻。赵佶的人间女色"一点酸"就是名满京师的青楼歌妓李师师。

李师师,生卒不详,北宋末年汴京名妓。本姓王,四岁时亡父,因而落入娼籍李家,改名李师师。据载,她气质优雅,通晓音律书画,芳名远扬开封城。可能由于童年凄凉的生活在李师师心里刻上了深深的烙印,成名之后,她给人的感觉始终是淡淡的忧伤,她喜欢凄婉清凉的诗词,爱唱哀怨缠绵的曲子,常常穿着乳白色的衣衫,轻描淡妆,这一切都构成了一种"冷美人"的基调,反而更加迷人。

徽宗对李师师早就有所耳闻,一日便穿了文人的衣服,乘着小轿找到李师师处,自称殿试秀才赵乙,求见李师师,终于目睹了李师师的芳容:鬓鸦凝翠,鬓凤涵青,秋水为

宋徽宗

宋徽宗(1082—1135),宋朝第八位皇帝,宋神宗十一子,哲宗弟。哲宗病死后,太后立他为帝,在位二十五年,在位期间,重用蔡京、童贯、高俅等奸臣主持朝政,大肆搜刮民财,穷奢极侈,荒淫无度。建立专供皇室享用的物品造作局。又四处搜刮奇花异石,用船运至开封,称为花石纲。信奉道教,自称"教主道君皇帝"。宣和二年(1120),遣使与金朝订立盟约,夹攻辽国。宣和七年,金军南下攻宋。他传位赵桓(钦宗),自称太上皇。靖康二年(1127),与钦宗一同被金兵俘虏。后被押往北边囚禁,死于五国城(今黑龙江依兰)终年五十四岁,后被葬于永佑陵,庙号徽宗,谥号"体神合道骏烈逊功圣文仁德宪慈显孝皇帝"。

121

神玉为骨,芙蓉如面柳如眉。徽宗听着师师执板唱词,看着师师和乐曼舞,几杯美酒下肚,已经神魂颠倒,便去拥了李师师同入罗帏。这一夜枕席缱绻,比那妃嫔当夕时,情致加倍。李师师温婉灵秀的气质使宋徽宗如在梦中。可惜情长宵短,转瞬天明,徽宗没奈何,只好披衣起床,与李师师约会后期,依依不舍而别。

从此以后,徽宗就经常光顾李师师的青楼。李师师也不敢招待外客。有权势的王公贵族也只能退避三舍,她的青楼门前已是冷落车马稀,但有一人李师师自己不能割舍,他就是大税监周邦彦。周也是一名才子,他风雅绝伦,博涉百家,并且能按谱制曲,所作乐府长短句,词韵清蔚,是当时的大词人。有一次宋徽宗生病,周邦彦趁空幽会李师师。二人正耳鬓厮磨之际,忽报圣驾前来,周邦彦一时无处藏身,只好匆忙躲到床铺底下。

宋徽宗送给李师师一个从江南用快马送到的新鲜橙子,与她边吃边调情。这天由于徽宗身体没全好,才没留宿。徽宗走后,周邦彦填了一首词《少年游》讥讽:"并刀如水,吴盐胜雪,纤手破新橙。锦幄初温,兽香不断,相对坐调笙。低声问向谁行宿,城上已三更,马滑霜浓,不如休去,直是少人行。"这首词将徽宗狎妓的细节传神地表现出来。

后来徽宗痊愈,再找李师师宴饮,李师师一时忘情把这首词唱了出来。宋徽宗问是谁作的,李师师随口说出是周邦彦,话一出口就后悔莫及。宋徽宗立刻明白那天周邦彦也一定在屋内。脸色骤变,他不禁恼羞成怒,第二天上朝时,就让蔡京以收税不足额为由,将周邦彦罢官免职押出京城。李师师冒风雪为周送行,并将他谱的一首《兰陵王》唱给宋徽宗听。李师师一边唱,一边流泪,特别是唱到"酒趁哀弦,灯映离席"时,几乎是泣不成声。宋徽宗也觉得太过严厉了,就又把周邦彦招了回来,任命他为管音乐的大晟府乐正。至于李师师,后来也被召进了宫中,册为李明妃。但金兵进逼开封,徽宗将皇位让给太子钦宗厚,李师师失去靠山,被废为庶人,并被驱出宫门,地位一落千丈。据传她为了免祸,自乞为女道士。不久,汴京沦陷,北宋灭亡。金兵俘虏徽、钦二帝和赵氏宗室多人北返,李师师的下落也变得众说纷纭,扑朔迷离了。

由于正史不屑于提到李师师的名字,但在野史传闻及人们茶余饭后的闲聊中,却是津津乐道的话题,她的故事也随之带上了一层传奇乃至神秘的色彩。由于李师师色艺双全,貌若天仙,同时琴棋书画无所不通。文人的笔记小说中记载着她与不少文人的交往,如张端义《贵耳集》、张邦基《墨庄漫录》,都记载了她与大词人周邦彦、晁冲之的来往和诗词酬答的故事。

李师师出宫之后,到金兵掳二帝北上之前,她的下落有两种版本:《三朝北盟会编》说她被驱逐之后,接着又被抄家;而《李师师外传》中说她自知富有,抄家是难免的,便主动将自己的财富捐给河北作军饷。不管如何,两种说法的结局是一样的,即曾经名噪

122

一时、富甲一方、权势倾天的李师师成了一贫如洗的平民女子。

而"靖康之耻"后的李师师下落，更有如下三种说法：

第一种说法，以死殉国。《李师师外传》记载说，金人攻破汴京后，金主也久闻李师师的大名，让他的主帅挞懒去寻找李师师，但是寻找多日也没有找到。后来在汉奸张邦昌的帮助下，终于找到了李师师。李师师不愿意伺候金主，先是用金簪自刺喉咙，但是没有成功，于是又折断金簪吞下自杀。临死之前，她大骂张邦昌："告以贱妓，蒙皇帝眷，宁一死无他志。若辈高爵厚禄，朝廷何负于汝，乃事事为斩灭宗社计？"《琳琅秘室丛书》也据此称赞她的殉国行为是大丈夫气概的表现，"师师不第色艺冠当时，观其后慷慨捐生一节，饶有烈丈夫概，亦不幸陷身倡贱，不得与坠崖断臂之俦，争辉彤史也"，认为这一行为将在历史上永放光芒。后世的通俗小说多沿袭这一说法。但小说作者主要是借人借事来抒发亡国的感慨，没有什么事实依据，因而学者多对此说持有异议。鲁迅在《中国小说史略》中将《李师师外传》称为传奇，宋之在《皇帝与妓女》一书中认为"外传的作者所写的是传奇，恐怕是感慨多于事实，作者大概是想借李师师的忠义以讽世"。邓广铭《东京梦华录注》认为此书"一望而知为明季人妄作"。蔡东藩《宋史通俗演义》、李逸候《宋官十八朝演义》也都认为是作者借李师师讽世。

第二种说法，老死江湖。《青泥莲花记》记载："靖康之乱，师师南徙，有人遇之湖湘间，衰老憔悴，无复向时风态。"张邦基《墨庄漫录》书中称李师师被籍没家产以后，流落于江浙一带，有时也为当地士大夫唱歌，"靖康间，李生与同辈赵元奴及筑毬吹笛袁绹、武震辈，例籍其家。李生流落来浙，士大夫犹邀之以听其歌，憔悴无复向来之态矣"。清初陈忱《水浒后传》继承了这一说法，说李师师在南宋初期，流落临安（杭州），寓居西湖葛岭，操旧业为主"唱柳耆乡'杨柳外晓风残月'"。宋代评话《宣和遗事》也有类似记

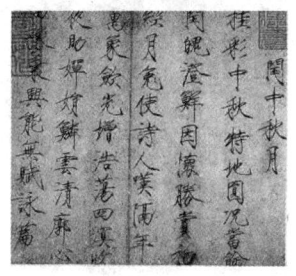

宋徽宗赵佶书帖

宋徽宗政治上昏庸，生活上荒唐，但在艺术上却是个天分极高的书画家，他的书法，早年学薛稷、黄庭坚，参以褚遂良诸家，出以挺瘦秀润，融会贯通，变化二薛（薛稷、薛曜），形成自己的风格，号"瘦金体"。其特点是瘦直挺拔，横画收笔带钩，竖划收笔带点，撇如匕首，捺如切刀，竖钩细长；有些联笔字像游丝行空，已近行书。

迷住宋徽宗的李师师

述,但添加了"后流落湖湘间(今湘南一带),为商人所得"。宋人刘子翚《汴京纪事》云:"辇毂繁华事可伤,师师垂老过湖湘。缕金檀板无颜色,一曲当年动帝王。"这个说法,凄凄切切,充满惆怅之感,颇有"门前冷落车马稀"和"落花时节又逢君"的苦味,很可能是时人的借托。

第三种说法,被俘北上。称李师师在汴京失陷以后被俘虏北上,被迫嫁给一个病残的金兵为妻,耻辱地了结残生。清人丁耀亢《续金瓶梅》等书皆宗其说。但也有人提出异议,当时金帅挞懒是按张邦昌等降臣提供的名单索取皇宫妇女的,李师师早已当上了女道士,自然不在此例,所谓"师师必先已出东京,不在求索之列,否则绝不能脱身"。

综观以上种种说法,似乎以第二种说法较为可信。汴京失陷前,李师师已废为庶人,当了女道士,说她隐匿于民间,流落于江浙。总之,小说家为润饰其作,点缀人物,各取所需,所以所取李师师的归宿种种不一;追根溯源,主要由于李师师是与亡国君主有关系的女子。皇帝与妓女,贵贱悬殊,其情事也必涉及国事,有关她的传闻,不免有许多臆测和讹传的成分,因而她的归宿究竟如何,恐怕永远是难解之谜了。

历史上
有没有水浒英雄

我国四大名著之一的《水浒传》,描写了宋徽宗统治末期的一场轰轰烈烈、声势浩大的梁山泊农民起义。随着电视剧《水浒传》的热播,宋江与梁山泊英雄好汉"风风火火闯九州"的形象已经深入到了每个人的心中,而颇具调侃意味的《麻辣水浒》的问世,更是使他们成为人们交谈的话题。历史上的宋江及梁山泊起义,真的那样"惊天地,泣鬼神"吗? 实际上,据历史资料记载,宋朝三百多年,大大小小爆发的农民起义有几百次之多,这是历朝历代都不曾有过的。但宋代的农民起义终未形成全国性规模,活动范围只限于一隅,参加的人数也有限,持续的时间很短。在宋代几百次的农民起义中,宋江领导的梁山泊农民起义从规模上讲,基本上算是较小的一次。那么,它的影响何以那么大呢? 首先是南宋时编《宣和遗事》把这次起义演义化、故事化,其次是明人施耐庵写的《水浒传》,更是以梁山泊英雄好汉为主线,才使梁山泊与宋江的故事深入民间,影响越来越大,几乎家喻户晓、妇孺皆知。小说虽与历史有某些联系,但并不完全是一回事。

清朝版五才子书全套8册《水浒传》

宋江起义发生于北宋末年宣和年间,激起农民起义的导火线是北宋设置的"西城括田所"。宋徽宗为解决财政上的困难,于政和元年(1111)设立这一机构,专事搜刮。起义以梁山泊为根据地。因为梁山地处黄河之北,所以宋江等人也被称为河北巨盗。梁山泊是郓州(今山东东平)西南方那个环绕在梁山(今梁山县南)周围的一个大湖泊。这个大

水泊梁山

聚义厅

梁山泊位于山东省西南部梁山县境内，由梁山、青龙山、凤凰山、龟山四主峰和虎头峰、雪山峰、郝山峰、小黄山等七支脉组成，占地面积3.5平方千米。梁山是《水浒传》故事的渊源所在，以此名扬海内、久负盛誉。据有关资料记载，从五代到北宋末，滔滔的黄河曾经有三次大的决口，滚滚河水倾泻到梁山脚下，并与古巨野泽连成一片，形成了一望无际的大水泊，号称"八百里梁山泊"，即《水浒传》中所描绘的"港汊纵横数千条、四方周围八百里"的梁山泊。

湖泊是由于北宋时期黄河的两次决口形成。那时，黄河决口，河水泛滥，注入了这个本来就有的浅水滩，从而在梁山周围形成了一个方圆八百里的大湖泊。那时，在梁山周围生活的都是些主要以捕鱼、采藕和割蒲为生的贫苦农民，他们生活得十分艰苦。可是在梁山这样的生活条件下，北宋政府为了维持庞大的军费开支和向辽、西夏交纳"岁币"银帛，还要对这里的老百姓加重剥削，除了原来交纳的赋税之外，又一下子增加十万余贯，人们交了朝廷的赋税后，连生活都不能保证。而地方政府为了增加收入，又在梁山泊周围设卡征税，梁山的老百姓无论是捕鱼还是采藕都要按人头数交税，否则就要按照漏税的法令来施以重罚，就是遇上水旱灾害，百姓颗粒无收也不减免征税。梁山附近的老百姓实在忍受不了官府的残酷剥削和压迫，就以梁山泊为基地进行反抗。

一、起义的规模有多大？

据有关史书如《宋史·侯蒙传》《宣和遗事》等记载，只有三十六人，这三十六人为：宋江、晁盖、吴用、卢俊义、关胜、史进、柴进、阮小二、阮小五、阮小七、刘唐、张青、燕青、孙立、张顺、张横、呼延灼、李俊、花荣、秦明、李逵、雷横、戴宗、索超、杨志、杨雄、董平、解珍、解宝、朱仝、穆弘、石秀、徐宁、李应、花和尚、武松。当然根据现实推测，作为一次有影响的农民起义，仅此三十六人就"横行齐、魏"，宋朝官兵数万人不能抵抗，是无论如何也不可能办到的。据此有人认为这三十六人可能是起义军大小领袖的总数，也就是说与宋江一起举事起义的，可能是三十六条好汉，后来每一个好汉统率一支部队，但为了方便起见，仍然以三十六人名字称呼，这种解释有点合乎情理。那么，宋江领导的农民起义到底有多少人？由于史书上没有确切记载，也无法统计，粗略估计，大致有数千人的队伍。

史书记载宋江起义有三十六位英雄，那么为什么到了《水浒传》就变成一百〇八位呢？郎瑛在《七修类稿》中这样解释："贯中欲成其书，以三十六为天罡，添地煞七十二人之名"。所以才有了梁山一百〇八位好汉之说。施耐庵在写小说时有感于宋江起义有"替天行道"之言，对于当时那些"非礼之礼，非义之义，江必有之自亦异于他贼也"，才将梁山三十六位英雄写成一百〇八位，小说终归是小说，我们不能当成历史来对待。

二、宋江起义结局如何？

《水浒传》这样安排的：当日梁山泊英雄排座次后，宋江出于为弟兄们的前途和归宿着想，决定接受朝廷招安，最后率领梁山好汉归顺了朝廷，宋江被拜将军攻打方腊，剿灭方腊后，徽宗便杀死了他，其他归降的梁山好汉也是死的死，逃的逃，所剩无几。有人认为梁山好汉确是接受了朝廷的招安，并且还举出了例证。成书于宋元之际的《宣和遗事》也提出了梁山好汉的结局，说他们受了招安，一一被加官晋爵，与《水浒传》描写一致。北宋末年李若水所写的《捕盗偶成》中明确载有宋江"三十六人同拜爵"。李若水生活的年代是北宋末年，与梁山好汉活动的年代相去不远，他虽未亲见梁山好汉们受招安的场面，但他的记录也不会太离谱，毕竟是有些根据的。

但是，据正史记载，梁山好汉并未被招安，而是被海州知州张叔夜率军俘虏的。宣和三年（1121）三月，宋江率军沿水路向南扩张，引起了附近沿海官员的恐慌。海州知州张叔夜是位年长的官员，他处事经验丰富，对于这件事自是不敢马虎，赶紧通知临近州县，迅速调集数县的武装，很快就组织了一支千余人的敢死队，设好埋伏，准备用计将梁山好汉全部拿下。果不出张叔夜所料，宋江一行中计了，他们仓促地登陆与官军作战，只留了很少的一些人守船。张叔夜命人乘机烧起火把，将宋江装有粮食军备的船只烧了起来。这样，宋江一帮人身后无退路，斗志削弱，结果被张叔夜打败做了俘虏。从正史看来，梁山好汉并非受了招安，更没有"三十六人同时拜爵"。宋江等人被打败后，张叔夜与两位州官一起受到宋徽宗嘉奖，张叔夜以后官职也是一升再升，受到朝廷重用，可以说与这次剿灭宋江等人是有极大关系的。正史中这种说法，同样受到人们的质疑，首先，宋江等英雄好汉流动性大，行军极其迅速，并且已身经百战，再加上智谋军师吴用的出谋划策，对于行程一定是做好了周密的打算，而张叔夜从探知消息到招募千余"死士"战斗却并非一日两日可以解决得了的，宋江等人为什么却在海边等着挨打呢？再说，宋江一行的战船被烧，按照梁山好汉的一贯做法，一定会背水一战，怎么却会"皆无斗志"呢？按说"官军莫敢缨其锋"的梁山好汉闯荡江湖也有数十载，一夜之间却将宋江等人全部捉拿，实在让人难以相信，所以这种怀疑是有一定道理的。不过，张叔夜本也是海防重地的长官，具有丰富的实战经验，再说还有两名富有经验的州官帮助他，能够随时调集周边数县的武装，连同张叔夜自己统率的部队，完全具有打败宋江的能力，所以正史中记载的梁山好汉们被俘或许是事实。

除去以上的说法外,关于梁山好汉们的结局还有几种说法更是神乎其神。一种说法是王登父子打败了宋江等梁山好汉并且最后全部将他们杀掉了。这种说法是北宋末年词人葛胜仲在《承仪郎王公墓志铭》,也就是王登的墓志铭中所说,赞颂王登英勇善战。可笑的是就在葛胜仲写这篇墓志铭后不久,一个破落文人又为王登的儿子王师心写了一篇墓志铭,其中讲述的是王师心破获宋江等人的事情。将这两篇墓志铭两相对照就会发现很多破绽,王登(父亲)墓志铭上说这次战役是他亲自组织的,已全歼宋江数千名弟兄,功劳可谓大焉;到了儿子那里却变成了儿子引兵打败宋江,而宋江等人却又逃走了。更可笑的是,王氏父子二人的官职都没有高过沭阳县尉,手下顶多八十个人,又怎能打败以至全歼宋江的数千之众呢?而宋江等人如果连一县也不可对付,又怎有能力闹得大宋朝鸡犬不宁呢?可见这种说法并不可靠。

还有一种没来由的说法是梁山英雄多被蔡居厚残杀。蔡居厚是北宋临川(今江西临川)人,也有的说是杭州市人。蔡居厚字宽夫,进士及第,历知沧州、应天府、秦州等,曾迁起居郎,右谏议大夫、户部侍郎等,后因事罢职。据说蔡居厚不久就病逝了,而他死后,亲戚王生也暴死了,可是三天后王生奇迹般复活,并神秘地告诉家人说,自己死后到了阴曹地府,那里十分令人恐惧。他在里面行走,可是走着走着竟然看到了蔡居厚,他是囚犯模样打扮,正在被两个大鬼以桶血浇头,蔡居厚痛得大叫,王生赶紧走上前去问蔡居厚怎么回事,蔡居厚说是因为在郓州杀了梁山好汉五百人所以受到此刑罚。蔡妻听到王生这样说,赶紧请了道士为丈夫超度亡灵,并向被斩杀的五百梁山好汉谢罪,一家人这才平安无事。这一记载更像是神话一样,不可细究其有无。就算是蔡居厚真的镇压了起义军,也不会是在郓州,这不仅与蔡居厚经历不符,也与宋江等人事迹不相吻合。所以也是不可信的。

《水浒传》封面

水浒故事广为流传,但其本身也存在一些夸张与虚构,关于其真实性几何,历来是人们津津乐道的话题。

谁是杀害
岳飞的元凶

岳飞（1103—1142），字鹏举，相州汤阴（今河南汤阴）人。宋朝著名将领，率领宋朝军队抵抗金军，赢得了人民的信任。然而，在宋高宗绍兴十一年（1142）十二月二十九日，秦桧以莫须有的罪名杀害了岳飞，连他的儿子岳云也惨遭株连。凡是看过岳飞戏和相关文学作品的，也都认为秦桧是杀害岳飞的元凶。今天，西子湖畔岳飞墓前，还跪着秦桧夫妇的铁铸像，遭人唾骂。岳飞被害，表面上看起来也确实是这样，不过究竟秦桧有没有最后下令杀死岳飞的权力？最后的诏命是高宗自己下的，还是秦桧矫诏呢？究竟谁是杀害抗金英雄岳飞的真正罪魁祸首呢？这些疑点成为史学界长期有争议的话题。岳飞被秦桧杀害这一历史上的定论似乎也将被翻案。

不少史学者认为，赵构是岳飞被害的真正元凶。在《宋史》中曾经提到：岳飞被赐死，岳飞的儿子岳云及张宪在闹市里被诛杀。按照这里所说的赐死，以一般的理解来看，就是皇帝赵构下旨赐死的意思。一些史籍如李心传的《建炎以来朝野杂记》《建炎以来系年要录》等，也证明南宋皇帝赵构是岳飞冤狱的主谋和决策者。至于赵构杀害岳飞的动机，主要有以下几点：

其一，岳飞权势过重，威胁到高宗的统治，才招来杀身之祸。岳飞武将出身，威名赫赫，触犯了宋朝的祖宗家法。宋朝的建立是上承五代武官专政，藩镇割据的严重局势，鉴于这种背景，所以宋朝祖宗起初创建朝代制定法度时，就特别注意防止武官掌握大权，并且力主子孙们实行文治。可是，岳飞自从高宗建炎三年（1129）开始，率领军队抗

岳飞遇害地——风波亭

风波亭，原是南宋时杭州大理寺狱中的亭名。当年一代名将岳飞及其儿子岳云、部将张宪在风波亭内被杀害。岳飞被害前，在风波亭中写下8个绝笔字："天日昭昭，天日昭昭"，史称"风波冤狱"。

岳飞像

岳飞（1103—1142），南宋军事家。字鹏举，相州汤阴（今属河南）人。少时勤奋好学，并练就一身好武艺。十九岁时投军抗辽。不久因父丧，退伍还乡守孝。1126年金兵大举入侵中原，岳飞再次投军，开始了他抗击金军，保家卫国的戎马生涯。传说岳飞临走时，其母姚氏在他背上刺了"精忠报国"四个大字，这成为岳飞终生遵奉的信条。

击渡江南侵的金军，驰骋疆场十多年，大多数战役都是以少胜多，岳飞的威名从此响彻中原，让金兵闻风丧胆，在金兵中流传着这样的话"撼山易，撼岳家军难"，声望甚至超过了高宗，这时候高宗就不能不考虑岳飞的影响力了。当初宋太祖赵匡胤就是被部下黄袍加身做了皇帝，高宗对此不无担心，万一岳飞势力逐渐壮大，像苗傅、刘正彦杭州兵变时所做的那样逼宫，局势就无法控制了。

就当时的事实而言，岳飞的影响力确实太大了，十分显著的便是，宋金双方的力量发生了明显的变化。由于在建炎四年（1130）至绍兴五年（1135），南宋各位将士的奋勇杀敌，岳飞同时又派得力部下四处宣传联合抗金的主张，希望能团结一切可以团结的抗金力量，这种做法的效果特别明显，使得抗金力量迅速壮大了起来，河东、河北的义军豪杰联合成一股强大的抗金力量，金兵在北方的一举一动都在抗金联合军的监视之下，这种局势的发展使金国最勇猛的战将金兀术都产生了一种很强的挫败感，他对部将说这种情况是他自在北方起兵以来从来没有过的。不只是兀术对岳飞和岳家军感到恐惧，金国的其他大将也是这种反应。金军大将乌陵思谋一向以善谋划著称，可是这时却只能安慰部将不要轻举妄动，并且准备乖乖投降；金军的统制王镇、统领崔庆、将官李凯等人干脆已经全都率领部下投降。金国大将韩常也打算带领五万人马归降岳飞。岳家军的壮大和岳飞声望的不断提高，令高宗赵构坐立不安，生怕岳飞重演当年太祖"陈桥兵变"的一幕，夺了他的江山。所以宋高宗赵构最终决定对岳飞痛下杀手。

其二，岳飞积极抗金，以"直抵黄龙"为最终目标，主张迎回徽、钦二宗，触犯了高宗的禁忌，最终令高宗痛下杀手。1138年3月，起用金朝派来的奸细秦桧为宰相兼枢密使，加紧投降活动。岳飞坚决反对，指出："金人不可信，和好不可恃"，并谴责秦桧的卖国罪行。1139年正月，议和告成，高宗、秦桧欢天喜地大肆庆贺。一面大赦天下，一面对岳飞等将领加官晋爵，借以笼络岳飞，使其不反对"和议"。据李心传《建炎以来系年要录》记载，岳飞上书态度强硬，言辞激烈，坚决表示不愿意把自身和岳家军卷入高宗、秦桧卖国投降的罪恶勾当之中。反对议和的意见不被采纳，岳飞极其愤慨地请求辞职。所以，在战与降的问题上，双方矛盾表现得尤其突出。

在明朝中叶期间,文征明就曾在杭州岳飞庙前题了一首《满江红·拂拭残碑》词,表达了此种观点。词的内容是这样的:"拂拭残碑,敕飞字,依稀堪读。慨当初,倚飞何重,后来何酷。岂是功成身合死,可怜事去言难赎。最无辜,堪恨更堪悲,风波狱。岂不念,疆圻蹙;岂不念,徽钦辱,念徽钦既返,此身何属。千载休谈南渡错,当时自怕中原复。笑区区、一桧亦何能,逢其欲。"他认为南宋高宗关心的是他的皇位是否能保全的问题,而岳飞一生奋斗的目标是"迎回徽钦二帝",而迎回了二帝,赵构自然要归政钦宗。可见,赵构一怕迎回二帝,二怕中原恢复,三怕岳飞矢志抗金,他与岳飞的冲突,最后终究要爆发成君臣之间的仇杀。秦桧则是在这起冤案中,依照赵构的旨意加以执行罢了。因此,杀害岳飞的主谋和元凶是赵构而不是秦桧。

秦桧跪像

其三,兀术把杀岳飞作为议和的条件是宋高宗杀害岳飞的直接原因。如果高宗仅仅疑忌岳飞掌握兵权,对岳飞反对议和不满,他尽可把岳飞罢官闲废,与韩世忠一样的下场。1141年,在宋金议和的过程中,兀术通过使臣告诉高宗,秦桧"尔朝夕以和请,而岳飞方为河北图,且杀吾婿,不可以不报。必杀岳飞,而后和可成也"。据参与阴谋的王次翁透露,当年二三月间,高宗"有诛飞意"。四月,罢岳飞、韩世忠、张俊三大将兵权,为投降卖国铺平道路。按照秦桧预谋,先由张俊、岳飞害韩世忠,再用张俊害岳飞。而岳飞却表示绝不参与谋害韩世忠的阴谋,他得知有人诬告的详情后,立即派人飞报韩世忠。秦桧的图谋没有得逞。新仇旧恨使秦桧决定先对岳飞下手。而高宗急于向兀术表示信用、求和投降,在杀害岳飞这一点上,与秦桧一拍即合,所以制造了这一冤案。

第四,岳飞的个人作风也构成他被赵构所杀的可能性。宋高宗绍兴七年(1137),岳飞曾奏请立储之事,高宗曾将此视为越轨行为。封建社会的伦理纲常是相当严格的,稍有不慎,便有杀身之祸。岳飞作为大将竟干预朝廷上的立储大事,这不是保全功名、善始善终的做法。所以,从上述的论据看,此说也有一定的合理性。

其五,岳飞被赐死是高宗下的诏书,秦桧是"奉圣旨"将岳飞杀死,这一点从高宗后来的行为里也能看出端倪。绍兴二十五年(1155)秦桧病死后,基于民愤,高宗对秦桧的党

岳飞墓

岳飞在风波亭被害后，狱卒隗顺冒险将岳飞遗体背出杭州城，埋在钱塘门外九曲丛祠旁。岳飞沉冤21年后，宋孝宗昭雪岳飞冤案，将岳飞遗骸迁葬到栖霞岭下，并将西湖显明寺改为祭祀岳飞的"岳王庙"。嘉泰四年（1204）岳飞被朝廷追封为鄂王。岳飞墓墓道两侧有石马石虎石羊各一对，墓碑上刻着"宋岳鄂王墓"，左边是岳云墓，墓碑上刻着"宋继忠侯岳云墓"，墓阙后面两侧分列秦桧等4人的铸铁跪像，供人唾骂，遗臭万年。

羽都即行降黜，对受到秦桧迫害的人即行昭雪，可是几次昭雪都没有岳飞的名字，有人就这个问题上书高宗，但都杳无音信。直到绍兴三十二年（1162）孝宗继位才为岳飞平反昭雪。这从侧面反映了高宗主张杀掉岳飞。秦桧是杀害岳飞的直接操刀人，而高宗则是站在秦桧背后的主使，二人都是杀害岳飞的元凶。

当然，并不是所有的学者都同意这一观点。他们提出了相反的论据。第一，就南宋国内的权力归属而言，赵构是皇权的代表，拥有至高无上的权力，但从当时宋、金、西夏诸政权对峙的政治格局而言，身为南宋宰相的秦桧，则是女真皇朝派到南宋中央的一个代理人，是一个不折不扣的汉奸，他具有"挟虏势以要君"的权力，特别是当他受高宗委托，充当降金的全权代表之后，他在南宋王朝的地位已是能够玩弄赵构于股掌之间的角色。在《三朝北盟会编》一书中有秦桧胁迫赵构的记载，所以他才是南宋整个降金政策的真正炮制者。第二，削夺岳飞等诸大将兵权，是秦桧整个投降计划的一部分。岳飞反对削夺韩世忠兵权等一系列作为，招惹了秦桧、张俊的怨气，在"安抚"韩家军失败后，这两人的阴谋便施到了岳飞及他的岳家军身上，岳飞在诸大将中首先被诛，这是他反对秦桧投降卖国的结果。第三，岳飞是女真贵族极其忌恨的人物，兀术曾胁迫秦桧"必杀岳飞而后可和"。秦桧为了议和，他必杀岳飞。第四，岳飞的狱案，"名曰'诏狱'，实非诏旨"。这一点，从宋人遗留下来的资料亦可找到证据。如《宋史·刑法志二》有明确记载："（绍兴）十一年（1141），枢密使张俊使人诬张宪，谓收岳飞文字，谋为变。秦桧欲乘此诛飞，……飞赐死，诛其子云及宪于市。……名为诏狱，实非诏旨也。"《建炎以来系年要录》也记载此事，即有："……比年以来，多是大臣便作'已奉圣旨'，一面施行。自今后，三省将上取旨。"既有在"取旨"前，便有"已奉圣旨"的事，那么矫诏的可能性是存在的。

"青山有幸埋忠骨，白铁无辜铸佞身"，岳坟前的这一千古绝对，在一定程度上反映了人民的忠奸之辨。从这一点上说，关于杀害岳飞元凶的争论似是无关紧要的，但作为历史研究的课题之一，似乎应有一个接近历史真实的答案。相信随着新史料的发现和研究的继续深入，此谜能被彻底揭开！

岳飞
创作《满江红》存疑

怒发冲冠，凭栏处，潇潇雨歇。
抬望眼，仰天长啸，壮怀激烈。
三十功名尘与土，八千里路云和月。
莫等闲，白了少年头，空悲切。

靖康耻，犹未雪。臣子恨，何时灭？
驾长车，踏破贺兰山阙。
壮士饥餐胡虏肉，笑谈渴饮匈奴血。
待从头，收拾旧山河，朝天阙。

长期以来，这首千古绝唱《满江红》被人们认为是南宋著名的抗金将领岳飞所作。岳飞在历史上是位文武双全，精忠报国的好将领，他率领的岳家军声威远传，大败金国骁勇战将兀术。他在写作《满江红》词时，正是中原地区遭受女真奴隶主贵族的铁骑践踏和蹂躏的岁月。这首千古绝唱《满江红》慷慨激昂，豪气冲天，述说了一代名将岳飞誓将金兵赶出中原，洗雪靖康耻辱的豪情壮志，体现了岳飞收复失地的英雄气概和高尚气节。从古至今，每当国难当头，这首词不知激起了多少志士仁人前仆后继的奋勇斗志。

岳飞虽出身军伍，但兼资文武，能诗善词，工行草书，字体雄浑峻拔，老墨飞动。传世书迹，有《满江红》《前出师表》《还我河山》等，此篇《前出师表》书法苍劲豪放，纵横挥洒，银钩铁书，龙腾虎跃，历来为世人所重。

岳飞手迹

133

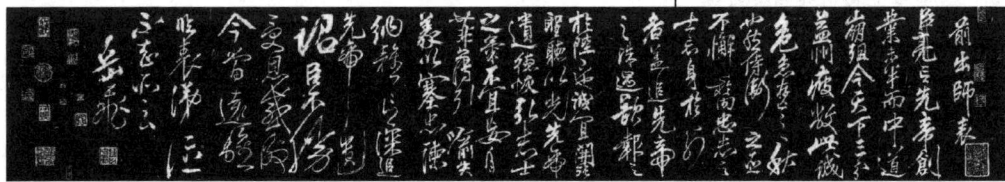

余嘉锡先生像

余嘉锡(1884—1955),字季豫,号狷庵,祖籍湖南常德。余嘉锡自幼禀受庭训,立志著述,十四岁作《孔子弟子年表》,十六岁注《吴越春秋》。光绪二十七年(1901)中乡试举人。后入京,选为吏部文选司主事籍。清末停科举,立学校,应常德官立中学、西路师范学堂之聘,教授文史。1927年到北京,暂栖赵尔巽家,教授赵氏弟子,同时审阅《清史稿》,得以清史馆馆长柯劭忞为师。1931年任辅仁大学教授,兼国文系主任。"九一八"事变爆发,回乡索居,1942年冬,兼任辅仁大学文学院院长。1948年以《四库提要辨证》一书当选为中央研究院院士。中华人民共和国成立后,被聘为中国科学院语言研究所专门委员会。1955年除夕病逝,葬北京阜成门外西黄村福田公墓。

故《满江红》一词,一直作为爱国主义的绝唱和岳飞本人的高风亮节在中国神州大地传颂,很少有人怀疑《满江红》是伪作或托名之作。但是近几十年来,人们开始对此不断设疑,并展开争论。由于岳飞是中华民族共同景仰的英雄人物,又由于《满江红》一词在思想、艺术上的成就,使人们极其关注这场争论。不仅包括大陆学者,一些港、台及海外华人学者也都加入了这场争论之中。

首先对《满江红》的作者提出质疑的是近代著名的学者余嘉锡。他在《四库提要辩证》中的《岳武穆遗文》条下,提出了两条质疑的根据:第一,这首词最早见于明嘉靖十五年(1536)徐阶编的《岳武穆遗文》,这篇文章的根据是弘治年间浙江提学副使赵宽所书岳坟词碑。这首词不见于宋人、元人的书中,却突然出现在明中叶,来历不明,深为可疑。第二,岳飞的孙子岳珂所编《金佗粹编》中的《岳王家集》也没有收录这首词。岳珂平生富于收藏,精于鉴赏,他与父亲岳霖搜访岳飞遗稿不遗余力。但是,从嘉泰三年(1203)他为《岳王家集》作序到端平元年(1234)重刊此书,共经历了三十一年,仍未收入这首词。因此,这首词可能不是岳飞所作。

继余嘉锡之后,夏承焘也写了一篇《岳飞〈满江红〉词考辨》的文章,进一步从词的内容上找出了一个证据,即"贺兰山阙"的地名所指问题。他主要从三方面论证:其一,岳飞伐金要直捣的"黄龙府",在今吉林省境内,而贺兰山一带却是明代时北方鞑靼人常常侵犯之地,距离岳飞伐金之地数千里之外,至南宋时已属西夏,并非金国土地,假设此词果真出自岳飞之手,"不应方向乖背如此"。其二,贺兰山不同于前人泛称的"玉门""天山"之类地名,它是实指。贺兰山在汉、晋时期还不见于史书,到北宋时才有记载。唐、宋时人们以贺兰山入诗,都是实指。明代中叶以贺兰山题写诗的人很多,但也都是实指而非泛称。其三,明代中叶开始北方鞑靼族入居河套,骚扰中原。鞑靼西攻甘、凉地区,多取道贺兰山后。弘治十一年(1498)明将王越在贺兰山抗击鞑靼,打了第一个大胜仗。因此"踏破贺兰山阙","在明代中叶实在是一句抗战口号,在南宋是绝不会有此的"。所以,《满江红》不可能写于宋代,而是作于明代。

孙述宇在台湾省《中国时报》发表了《岳飞的〈满江红〉?——一个文学的质疑》一文,对词的作者提出了疑问。他首先指出《满江红》词中用了岳飞自己的事迹和典故,如"三十功名""八千里路云和月"等等,作者自己用自己事迹的典故,真是"匪夷所思"。相反,根据这些尽人皆知的材料,拟作者是很容易写出这样一首词的。其次,他认为《满江红》词的格调,与已证实的岳飞另一词《小重山》的风格迥异,前者洋洋洒洒,慷慨激昂,是豪放派风格;后者格调低沉,是婉约派风格。前后风格大不一样,所以根据以上观点,孙述宇断定《满江红》并非岳飞作品,而是后人假借岳飞的名字流传于世的作品。

当然,更多的人认为《满江红》是岳飞的作品。台湾学者李安就写了《潇潇雨未歇——岳飞的〈满江红〉读后疑问》,认为《满江红》是岳飞的杰作。他根据史实提出了三条根据:第一,从"三十功名尘与土"一句,可知这首词是岳飞在三十岁或三十岁前后有感而作。岳飞三十岁时(1133)受到朝廷的恩宠,开始掌握指挥大权,因为责任重大,身受殊荣,感受深切,所以才作成这一篇壮怀述志的《满江红》词。第二,岳飞自二十岁离开家乡转战南北,至三十岁由九江奉诏入朝,行程加起来足有八千里,所以词中有"八千里路云和月"一句。第三,岳飞三十岁置司江州时,正逢秋季,当地多雨,所以词中又有"潇潇雨歇"一句。综上三条得出结论:《满江红》词是岳飞表达他本人真实感受的作品,于宋绍兴三年(1133)秋季九月下旬作于九江。

李安还就《金佗粹编》录了《小重山》而未收《满江红》以及两词格调大不相同的问题,做了辩说。她认为《小重山》作于岳飞三十七岁生活平静无战役之时,《满江红》则作于六年前争战不休之时,时代背景与感受全不相同,故两词风格迥异。至于《金佗粹编》未收《满江红》,原因在于岳飞被赐死时,家存文件全被查封没收,后来虽蒙准发还,也并不齐全。岳飞冤死后,秦桧仍秉政十余年,其余党居要职者至孝宗年间方被革除,故岳飞作品不能在当时传诵。元朝又以其民族压抑的缘故,所以到明朝岳飞的声誉才隆盛起来。其他学者也都认为由于岳飞以"莫须有"的罪名被冤杀后,他的家产、文稿均被朝廷查封,因此岳飞的孙子岳珂所收录的《岳王家集》中很可能并未将岳飞的全部作品收入,另外由于南宋时一直是主和派在朝中主政,主战派代表岳飞冤死,一直没有得到朝廷的平反,就连同情岳飞的人也是非杀即贬,而到了元朝由于统治者大肆压制汉人,蔑称为"南人",岳飞这首慷慨激昂的词作《满江红》的命运,自然更是受到压制,于是直到明朝,才出现被人们广泛吟诵的局面。

继李安一文后,邓广铭也著文指出,岳飞的《满江红》不是伪作。他认为:第一,岳霖、岳珂两代岳家后人没有搜集到此词,只能说明他们在这方面有遗漏。根据现有的史料

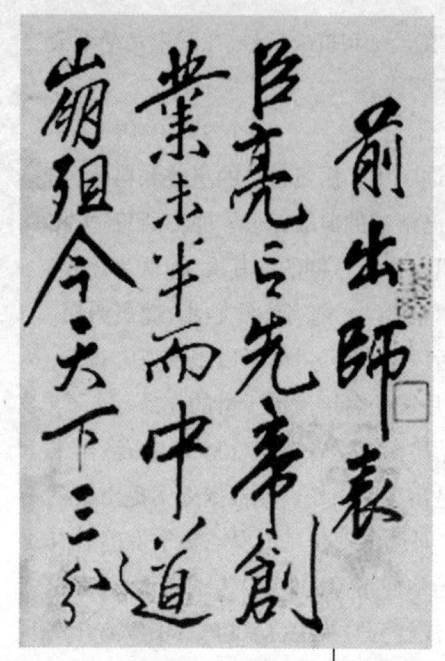

《前出师表》(局部),南宋岳飞书

看,岳霖父子也确有遗漏的实证。例如:《宾退录》记载的岳飞的"雄气堂堂贯斗牛,誓将直节报君仇。斩除顽恶还车贺,不问登坛万户侯"一诗,就不见于岳珂编的《岳王家集》中,故不能根据他们父子当时没有收集到就断定真假。第二,从《满江红》反映的思想内容来看,这首词与岳飞其他诗文的内容是一致的。如"誓将直节报君仇,斩除顽恶还车贺",正是"待从头,收拾旧山河,朝天阙"的写照,而"不问登坛万户侯",就是"三十功名尘与土"的注脚。又如《岳王家集》中的一些题记,都是岳飞行军作战时随时随地记下来的,应是他当时真实内心的记录。岳飞既然有《满江红》中体现的思想,又有作诗填词的本事,所以不排除他填词抒怀的可能性。第三,关于《满江红》词中"踏破贺兰山阙"的地理位置所指问题,他认为"贺兰山阙"是泛指而不是实指,与词中的"胡虏肉""匈奴血"一样,是指女真,而不是实指匈奴。假设"踏破贺兰山阙"是实写,那么"靖康耻,犹未雪"又怎样解释呢?因此不能根据这一点就认为《满江红》写于明朝。古诗词的意境本来就以含蓄为妙,为此要运用比喻引典之类的多种写作手法。辛弃疾就曾在诗作中将"长安"比作"汴京",陆游也曾将"天山"比作"中原",同样,岳飞在《满江红》中用"贺兰山"借指敌境。第四,就岳飞本人来说,虽然说他大部分词作的风格低回婉转,只有这首《满江红》粗犷豪放,但是并不是说岳飞本人只可以写一种婉约风格,不可写豪放风格的诗词。就宋朝历史上的大词人而言,他们虽然各成一家,也并不是个个都是只有一种风格,随着时代境况、个人生活背景的变迁,像苏轼、辛弃疾,他们的词作中都是既有豪放之篇,又有婉约之作。

综上所说,《满江红》词到底是不是岳飞作的?论争双方都持之有据,很难统一。这场争论还可能继续深入下去。但无论如何,《满江红》这首词所体现的岳飞的崇高精神,激励了后世无数的仁人志士。

契丹民族
"集体失踪"之谜

契丹古墓出土的刻有文字符号的木板

中华民族是神州大地上多个民族历经几千年融合而成的，在这几千年的波澜壮阔的历史长卷中，曾有一个民族扶摇而起，又神秘消失，这就是契丹族。契丹的本意是"镔铁"，即坚固之意。这个剽悍勇猛、好战威武的民族，在二百多年的时间里曾经挥斥长城内外，饮马黄河。但令人惊异的是，这样一个不可一世的民族，自明代以来就集体失踪了，人们再也听不到关于他们的消息。

1922年，一位比利时传教士，在中国内蒙古一座被盗掘一空的九百多年前的契丹人古墓中，发现了一块刻满奇怪的类似文字符号的石碑。当时，没有人能识别这些犹如天书的符号。这些符号公之于世后，一时间众说纷纭、莫衷一是，这些符号会不会是契丹文字呢？据史书记载，契丹人建立辽国后确实曾经创造契丹字，然而，契丹文字早在七百年前就失传，后人见都没有见过。考古学家和古文字学家经过考证，认为"天书"就是早已被岁月掩埋的契丹文字。结论一出，举世期待，契丹这一消失的民族会不会重新走入人们的视野呢？

关于契丹的起源，有一个美丽的传说：有一位男子骑着一匹白马自湟河（今西拉沐沦河）而来，一位女子则乘青牛自上河（今老哈河）而来。二者相遇，结为配偶，生了八个儿子。后来，他们的八个儿子分别繁衍为八个部落，逐渐发展成为后来的契丹。这是一个神话传说，不过据《魏书》记

辽朝（916—1125）建立不久曾先后创制了契丹大字和契丹小字两种文字。前者创制于辽太祖神册五年（920）。后者相传为太祖弟耶律迭剌所创制，制字年代略晚于大字。主要用于碑刻、墓志、符牌，著诸部乡里之名以及写诗译书等项。金朝灭辽后，契丹文字继续使用，而且在女真制字的过程中起过很大的作用。金章宗明昌二年（1191）"诏罢契丹字"。从创制到废止，前后共使用二三百年，随着哈喇契丹（亦称黑契丹）建立的西辽（1124—1218）灭亡，终于成为死文字。

载，早在一千四百多年前，契丹作为一个中国北方民族就已经出现。他们兵强马壮，骁勇善战。部落首领耶律阿保机统一了契丹各部，于907年建立了契丹国，947年改国号为辽。大辽王朝最强盛时期，曾经雄霸中国北部半壁江山，疆域北到外兴安岭、贝加尔湖一线，东临库页岛，西跨阿尔泰山，南抵河北和山西北部。契丹王朝在中国延续存在了二百多年，与宋朝形成南北对峙的格局，差一点就将宋朝灭亡而统一全国。家喻户晓的《杨家将》，讲的就是一千年前，宋朝军队在杨家将率领下与强大的契丹军队激战沙场的故事。在此期间，中原地区通往西方的丝绸之路被阻断，以致许多西方国家误以为整个中国都在契丹的统治之下。于是，契丹成了全中国的代称。马可·波罗在他的游记里第一次向西方介绍东方时，就以契丹来命名中国，直到今天，在斯拉夫语国家中，仍然称中国为"契丹"。

契丹民族不但创建了强大的军事王国，而且创造了灿烂的文化。至今在黄河以北地区保存下来的古佛寺和佛塔，巍峨雄伟，历经千年风雨依然坚固挺拔。尤其山西省应县的释迦塔，是现今全世界保存得最高最古老的木结构塔式建筑，历经多次地震而不毁。从中不难看出，创造如此辉煌文明的民族，一定有着相当的经济基础和雄厚的工程技术力量。同时，也可以看出契丹王朝对各种文化兼收并蓄，除了大量吸收中原汉族人才以外，还通过与宋朝的交流获得先进的生产技术。契丹民族，确实在中国北方开创过一派繁华的时代。然而，如此一个强大的民族，为什么会这么迅速地消失呢？

一般说来，契丹民族的衰亡是随着契丹王朝的灭亡逐渐开始的。契丹王朝的灭亡不难从史书中查到。据记载，辽和北宋对峙长达一百六十多年，然而，最终灭掉辽国的却是曾经归附于契丹的女真人。完颜阿骨打领导女真部落在辽国的疆域内攻城略地，并于1115年建立金朝，并最终取代了盛极一时的契丹王朝。亡国的一部分契丹人在皇室成员耶律大石带领下被迫向西迁移，在今天的中国新疆和中亚地区建立了西辽，又称哈喇契丹国。这个帝国也曾强盛

契丹人引马图

契丹指中古时期出现在中国东北地区的一个民族，亦指这个民族所建立的政权。至唐末强大，五代时建立契丹国，后改称辽。

一时,但最终又被成吉思汗的蒙古大军所灭。契丹的残余势力被迫再次西迁,又在今天的伊朗南部建立了起儿漫王朝,但不久还是销声匿迹了。

契丹作为一个民族,为什么在历史中渐渐消失了呢?契丹人究竟去了哪里?他们还有没有后裔?寻找这个失踪的民族,成为一个诱人的历史之谜。

据《辽史》记载,辽灭亡后,至少还有两大部分契丹人留了下来。一部分是契丹末代皇帝的追随者,另一部分是聚居在辽国南部的契丹人,还有一些散居各地的契丹军民。黄河流域不断出土的文物说明有的契丹人被女真人降服,有的向北回迁到契丹的发祥地,也有人和北方其他民族逐渐融合为一体。事实上,在金朝统治时期,契丹人不断举行起义。当蒙古族兴起后,契丹人纷纷投靠,想借助成吉思汗恢复本民族的地位。这也从侧面证明,到元代初期,契丹人的势力仍然十分强大。

那么,几百万契丹人到哪里去了呢?史学界推测大致有三种可能:第一种可能,居住在契丹祖地的契丹人渐渐忘记了自己的族源,与其他民族融合在一起。第二种可能,西辽灭亡后,大部分漠北契丹人向西迁移到了伊朗克尔曼地区,被完全伊斯兰化,演化为其他民族。第三种可能,金、蒙战争爆发后,部分契丹人投靠了蒙古,并在随蒙古军队东征西讨时,散落到了全国各地。这几种可能虽然不同,但是都承认契丹民族作为一个民族,已经不存在了,他们已经被融合到了其他民族之中,永远地消失了。

当然也有几种版本传说契丹民族没有被融合,他们作为一个民族仍然存在。一种说法认为,生活在大兴安岭、嫩江和呼伦贝尔草原交会处的达斡尔人,就是契丹人的后裔。达斡尔的意思是"原来的地方",也就是故乡。几百年来,达斡尔人就在这里游牧,但究竟哪里才是他们的故乡?达斡尔人自己不知道,因为他们自己没有文字,只能靠口述来传承历史,清朝以前的事就没有人知道了。学者通过比较研究契丹族和达斡尔族的生产、生活、习俗、宗教、语

五代时期契丹画家胡瓌作品《卓歇图》

该图据说为五代契丹画家胡瓌作。该图前半段为立歇部分,马背上的猎物点缀了人马刚从追逐和喧闹中转入了静态。马群的尽头是走向乐舞场地的捧花女,把歇息和乐舞两段有机地结合起来。舞蹈者在箜篌的伴奏下跳跃,构成全图的高潮,显示了作者处理大场面中人马动静、聚散的艺术能力,充满了浓厚的北方草原民族的生活气息。

言、历史等内容，找到了大量证据证明，达斡尔人是继承契丹人传统最多的民族。但这些只是间接的证据，具体定论尚待进一步证明。

还有一种说法认为，契丹部落最后流落到了云南地区。他们的根据是，在云南施甸县，发现了一个仍在自己祖先的坟墓上使用契丹文字的特殊族群，统称"本人"。在施甸县由旺乡的一座宗祠里，还发现了一块上面篆刻着"耶律"二字的牌匾。据"本人"介绍，这是为了纪念他们的先祖阿苏鲁，并表明他们的契丹后裔身份。历史上确有记载，阿苏鲁是投靠蒙古的契丹后裔，他的先祖曾参加西南平叛战争。但这并不能证明这些"本人"就是阿苏鲁的后代。毕竟漠北和云南相隔万里，在没有确切证据之前，学术界始终未能给这个自称契丹后裔的族群正名。

前几年，中国社会科学院的刘凤翥教授称利用DNA技术揭开了这千古之谜。他率领的专家们先在四川乐山取到了契丹女尸的腕骨；从内蒙古自治区赤峰取到了有墓志为证的契丹人牙齿、头骨；在云南保山、施甸等地采集到"本人"的血样；从内蒙古自治区莫力达瓦旗和其他几个旗提取到了达斡尔、鄂温克、蒙古族和汉族等人群的血样。在完成古标本的牙髓和骨髓中用硅法提取的线粒体DNA可变区比较后，得出了如下结论：达斡尔族与契丹有最近的遗传关系，为契丹人后裔；云南"本人"与达斡尔族有相似的父系起源，很可能是蒙古军队中契丹官兵的后裔。

但是这项测验的最大难题是要证明实验所获得并进行分析的是古代契丹的DNA的确是古DNA，而不是污染物。因为古生物遗存中的有机物经长期降解已保存无几。实验只能在有限的DNA中复制扩增并排除污染。虽然这次分子考古的实验每一步都进行了阴阳性对比，可还是没能严格按照国际上权威的分子考古——尼安德特人的分子考古法来执行实验。

这项测验还有待于进一步的验证。其实即使最终证明这项测验结果准确无误，也不能过于简单地来看民族源流问题，因为契丹族一千多年来一直保持着"外婚制"，所以纯粹意义上的契丹人已经不存在了。

神秘的契丹文字

契丹出土女尸墓道墙壁上神秘的契丹文字，至今未破解。有专家认为，有可能是墓主人随葬品的清单。

成吉思汗
葬在何处

成吉思汗像

成吉思汗即元太祖铁木真,是一位叱咤风云、显赫一世的蒙古族政治家、军事家。于1227年7月病逝在进攻西夏的行军途中,终年六十五岁。蒙古族盛行"秘葬",所以真正的成吉思汗陵究竟在何处始终是个谜。现今的成吉思汗陵乃是一座衣冠冢。

141

成吉思汗(1162—1227),蒙古开国君主,著名军事统帅。名铁木真,姓孛儿只斤,乞颜氏,蒙古人。元代追上庙号太祖。成吉思汗生于蒙古贵族世家,但是幼时父亲去世,过着穷苦的生活,少年时期的艰险经历,培养了铁木真坚毅勇敢的素质。长大以后,铁木真统一了蒙古各部,1206年,铁木真在斡难河(今蒙古鄂嫩河)源召开忽里台大会,即蒙古国大汗位,号成吉思汗。此后,蒙古部落在成吉思汗的率领下,开始了波澜壮阔的征服战争。1205年、1207年和1209年成吉思汗三次大举入侵西夏。西夏抵挡不住,被迫求和。1211年,又率领大军南下攻金。1215年,蒙古军占领中都,在辽西消灭金守军,攻占北京(在今内蒙古宁城西)。1218年,灭西辽。1219年,成吉思汗率二十万大军西征,一直到1223年起程回国。1226年,成吉思汗出征西夏。次年西夏亡。1227年夏历七月十二日,成吉思汗病逝,终年六十五岁。

据传说,成吉思汗下葬时,为保密起见,曾以上万匹马在下葬处踏实土地,并以一棵独立的树作为墓碑。为便于日后能找到墓地,在成吉思汗的坟上杀死了一只驼羔,将血洒于上边,并派骑兵守墓。等到第二年春天小草长出以后,墓地与其他地方无异时,守墓的士兵才撤走。子女如想祭拜成吉思汗,就让当时被杀驼羔的母驼作为向导,引人马前来。所以成吉思汗的墓在什么地方,外人并不知道,也就成为千古之谜,历来说法不一。各国考古专家针对关于成吉思汗墓地确切位置的圈定,比较认同有四个地点。一是位于蒙古国境内的肯特山南,克鲁伦河以北的地方;二

位于鄂尔多斯草原上的
成吉思汗陵

成吉思汗陵坐落在内蒙古鄂尔多斯市伊金霍洛旗甘德利草原上，蒙古族盛行"秘葬"，所以真正的成吉思汗陵究竟在何处始终是个谜。现今的成吉思汗陵乃是一座衣冠冢，它经过多次迁移，直到1954年才由湟中县的塔尔寺迁回故地伊金霍洛旗。

是位于蒙古国杭爱山；三是位于中国甘肃的六盘山；四是位于内蒙古鄂尔多斯鄂托克旗境内的千里山。

我国内蒙古自治区鄂尔多斯草原伊金霍洛旗有一座成吉思汗的陵墓。但不少人认为，鄂尔多斯成吉思汗陵是成吉思汗的衣冠冢和象征性陵寝，并非实际安葬地。有的学者认为位于鄂尔多斯高原的鄂托克旗发现的石窟附近可能是成吉思汗真正的墓地。遗迹离鄂尔多斯市境内的成吉思汗陵不足二百千米，地貌、地名等特征，与《蒙古秘史》《史集》《蒙兀儿史记》等史料中有关成吉思汗葬地的描述极其吻合，并且石窟曾是成吉思汗养伤时所住。还有的学者认为成吉思汗埋葬在了乌兰巴托附近的萨里川，这里是成吉思汗的老家，也就是成吉思汗的出生地。

这些观点都属于一家之言，并没有获得国际上的认可。所以，成吉思汗去世七百七十多年来，成吉思汗陵就一直受到人们的关注，寻找成陵的活动一直没有中断过。近十几年来寻陵热度尤高，匈牙利、波兰、美国、日本、意大利、德国、法国、加拿大、俄罗斯、土耳其、韩国等十多个国家都投入了大量人力、物力，基本上无果而终。

2004年10月4日，日本和蒙古国的一个联合考古队宣称已经找到了成吉思汗陵，随后英国《泰晤士报》、俄罗斯国家电视台等媒体纷纷报道，中国国内的媒体也引述了相关报道。一时间，成吉思汗陵被发现的消息被传得沸沸扬扬，鄂尔多斯成吉思汗陵再度成为一个谜。日本和蒙古国联合考古队发现的陵墓在蒙古国肯特省德勒格尔汗县的阿布拉格宫殿遗址上，是一个可能是用来祭祀成吉思汗的祭殿，他们由此推测这就是成吉思汗的陵墓，或者就在方圆十二千米内。

阿布拉格宫殿遗址距蒙古国首都乌兰巴托二百五十公里，所在草原地形开阔，西北是肯特山，周围散布着几个小山丘。遗址长一千五百米，宽五百米，前方蜿蜒着一条小溪。整个遗址没有丝毫特别之处，与草原浑然一体。据史料记载,成吉思汗有三个主要行宫。冬春两季,成吉思汗在克鲁伦河流域休养,夏季则在别处度假。考古学家估计,阿布拉格宫殿遗址就是当年三个行宫所在地之一,但是 1960 年在此地挖掘后,没有找到证明是成吉思汗行宫的证据。1992 年起,日蒙联合考古队利用先进的仪器绘制了该地区的地图,对地表进行了详细的调查,2001 年开始,蒙古国考古学家又与日本国学院大学联合对遗址进行挖掘,以寻找成吉思汗的冬宫所在。经过挖掘,他们发现了四层建筑物的地基。第一层(最下面一层)厚 60 厘米,由沙土坯构成,年代大约在 12—13 世纪。第二层高约 10 厘米,该层上有几个柱子的基石。第三层只是在整个地基的北部留下一段约 19 米长的土墙。根据这次发掘。他们认为,该遗址的地理情况与史书《黑鞑事略》记载完全相符,阿布拉格宫殿遗址就是成吉思汗行宫的所在地。据《元史》记载,1229 年元太宗登基后曾重建成吉思汗冬宫;1235 年,元定都哈拉和林,元太宗命人修建万安宫。据记载,这两个建筑同出自汉人工匠刘敏之手。朝格特巴特尔说,第二层地基与万安宫的建筑样式趋同,所用计量单位也同为 1 尺等于 31.6 厘米。考古队据此认为第一层地基是成吉思汗冬宫的地基,第二层是元太宗重建王宫的地基。

元代刘贯道画《元世祖出猎图》

另外,在地基的右边找到了许多秃角牛头骨,左边找到约三百匹马的肋骨。据鉴定,这些牲畜骨头与第二层地基同处一个时期,大约在 1235 年以后。考古学家认为,1235 年元定都哈拉和林后,这里就可能被当成了一个祭祀地。

考古队推测第四层(最上一层)是一个祭殿的地基。地基呈"凸"形,用石头砌成,东西长 11.1 米,南北宽 7.9 米,地基外还有两道围墙。石头地基高 40 厘米,年代在 14—15 世纪。在这层地基上还发现了祭祀用香炉的碎片和14世纪磁州窑和景德镇窑的陶瓷碎片。另外在"凸"形的顶部有一个用土坯砌成的东西,考古学家认为可能是一张桌子。在地基上还发现直径 60 厘米的黑色痕迹,被推断为长期烧火所致。"凸"形地基的底部是正门,两边有柱子的底座。根据发掘物和史书资料判断,考古学家认为这个地基可能是用来祭祀成吉思汗的祭殿地基。

根据波斯史书记载,成吉思汗陵墓就在成吉思汗主要

白塔寺

位于北京阜成门内。辽道宗寿昌二年(1096)，曾在此修建过一座佛舍利塔。

宫殿的附近，并且一些史料还记载了成陵的地址，大约位于蒙古国境内的肯特山南、克鲁伦河以北的地方。所以，考古学家估计，成吉思汗的陵墓应该就在这个祭殿周围12千米内。如果能证明成吉思汗确实葬于此地，这或许能成为21世纪最伟大的考古发现。

然而，有一些学者不同意日本这次考古发掘的结果。他们举出了两大反对理由。第一，这部分学者认为，包括成吉思汗，元代所有的皇帝都是秘葬，迄今还没有一座元代帝王秘葬地被发现。根据元代的秘葬制度，帝王陵墓不封丘，不留外人可见到的标志，葬后还要万马踏平，并使地面植物恢复如初，为的就是防止被后人盗掘或破坏。所以对于"日蒙联合考古队"发现的成吉思汗陵，实际上只是一个宫殿遗址。根据游牧民族的丧葬习俗，成吉思汗绝对不会葬在宫殿里或其附近地区。第二，这部分学者认为，发现成吉思汗墓必须具备几个条件，缺一不可。首先要有棺椁，其次要有物证，像成吉思汗生前用过的东西，再次还要有确切的文字记载，比如石刻石碑之类的记载。否则，就无法证明现在发现的是成吉思汗墓。据史料记载，当时的棺椁是把橡木中间剖开，然后为了防止木材腐烂解体，用三到四根金箍箍上。如果发现成吉思汗墓地，必须要找到这三根金箍。因为金子是永远不会烂的。还应该有大量的随葬品，据记载，成吉思汗随葬的除了武器和弓箭，还要有战马和宫女，至于金银财宝，很多人有不同看法，但是起码随葬的东西应该有。所以仅仅依据目前的情况还不足以说明就是成吉思汗墓。

按照蒙古族的传统，成吉思汗是"秘葬"，不希望让后人发现，对于后人来讲，应该尊重祖先，而且蒙古族子孙也不希望成吉思汗墓被发掘。并且，蒙古族人认为，挖掘土地会带来坏运气，而触动祖先的坟墓会毁灭他的灵魂。所以，我们该遵循成吉思汗的遗嘱，让他的陵墓永远不让世人知道，成吉思汗陵在什么地方这不重要，让愿意猜谜的人们继续猜这个谜底吧。

马可·波罗
来过中国吗

马可·波罗,意大利旅行家,生于威尼斯巨商家。1271年随父亲、叔父经两河流域、伊朗高原,越帕米尔向东经商,1275年到达元朝大都(北京),得到元世祖忽必烈的信任和重用。

马可·波罗在中国旅居十七年,足迹遍及华北、西北、西南、华东等地区。1291年马可·波罗护送阔阔真公主远嫁波斯,从泉州后渚港起航,经苏门答腊、印度等地到达波斯。1295年马可·波罗回到家乡威尼斯。1298年9月参加了威尼斯与热那亚之间的一场中世纪少有的大海战,战败被俘囚禁。他于狱中口述东方见闻,由同狱作家鲁思梯谦笔录成书,叫《东方见闻录》即《马可·波罗游记》。《马可·波罗游记》和我国唐代玄奘的《大唐西域记》以及日本僧人圆仁的《入唐求法巡礼行记》,是世界著名的东方三大旅行记。在人类旅游史上享有盛誉。正是《马可·波罗游记》这样一部介绍中国文明的奇书,使意大利热那亚人哥伦布深受影响,促使他做出了开辟由欧洲到美洲航路的壮举。

马可·波罗在他的游记中讲述了自己史诗般的中国之旅以及他返回意大利的经过,他的书是欧洲的经典文学作品。他已经成为沟通东方和西方的文化圣人,他的名字妇孺皆知。可是却不断有学者怀疑马可·波罗是否真的到过中国,这是为什么呢?

马可·波罗是否到过中国的最大质疑就是马可·波罗

马可·波罗像

145

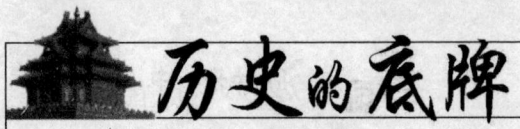

在他的游记中记载他曾长期在扬州做官,但是在整个蒙元时期的历史典籍中,至今没有发现有关他的记载。中国有重视历史的传统。从国史到地方志,各种形式的史册浩如烟海,记载翔实,特别是外邦来人,可用来作为中国皇帝威震异域,德被四方的佐证,更是不会被放过而定会大书特书。在元朝像马可·波罗这样的西方人被归为色目人,其社会地位在汉人之上,马可·波罗既然在朝廷身居高位,还作为特使送嫁公主,按常规,国史中不能不记。

也正因为中国的史籍浩如烟海,在没有把该查到的典籍都查到以前,作出否定的或肯定的结论都有困难。而且七百年来扬州地区编撰了大量的地方志,至今只有六本被发现。如果仅仅依靠现有的几本就得出马可·波罗没有来过中国的结论是不严谨的。所以一些史学家虽然早就发现了问题,仍只是抱存疑的态度。

据《永乐大典·站赤》记载,波斯汗王阿鲁浑曾派遣三位使臣向中国皇帝请求赐婚。时间是 1297 年,正好与马可·波罗说他护送公主到波斯的时间符合。而且这件事和波斯使臣的名字在马可·波罗的游记中有所记载。虽然这段史料中没有提到马可·波罗的名字,不能由此引申出马可·波罗曾经旅居中国。但是,中国研究马可·波罗的代表人物杨志玖教授却认为:"这篇公文(《永乐大典·站赤》)内未提及马可·波罗的名字,自然是很可惜的一件事情。但此文系公文,自当仅列负责人的名字,其余从略。由此可想到,马可·波罗在中国的官职不会太高贵。"假如马可·波罗未跟随这个使团,他不可能知道使者的名字和使团离开中国的时间。因为那是一个非常小的使团,关于这个使团只有零星记载保存在伊利汗国最重要的官修史书《史集》里,马可·波罗不可能看到这部后出的书。中国的官方文献和《马可·波罗游记》恰好可以互相印证。这说明马可·波罗的确到过中国,而且正是随这些使者回国的。

至于《马可·波罗游记》中为何没有提及筷子、茶叶、长城等。相信马可·波罗来过中国的人认为:首先,马可·波罗的口述不可能面面俱到,他对很多事情,甚至一些重要细节总会有所遗漏。其次,只要我们对元代中国有足够的了解,就会发现《马可·波罗游记》的这些遗漏都可以找到合理的解释。元朝实行社会等级制度,第一等级是蒙古人,第二等级是色目人(突厥人、回回人等,也包括欧洲人),他们都是特权阶层。马可·波罗属于色目人。在等级制度下,他在中国的生活圈子很小,基本局限于蒙古人、色目人中,而这些人吃饭是不用筷子的。当时,蒙古人和色目人也不喝茶,比较流行的饮料是马奶、葡萄酒和果子露。马可·波罗不提长城也有具体原因。当时这里的长城并不雄伟,不过就是一条土堤,因为在宋代长城没有维修过,此时可能已是废墟。现在北京附近的长城是明代苦心经营的,在忽必烈时代长城没有什么重要性,那时的长城,马可·波罗还只能见到一段,也许他已见过类似的墙,因此不以为意,因为欧洲有些村镇周围也建有围墙。在 13—14 世纪从内地到内蒙古地区的旅行者很多,基本上都没有提到长城。还有相当多的人认为,马可·波罗到了中国但未到过长城,不能要求他什么地方都走到,即使到过,他也不一定感兴趣。总之,游记没记有长城,不能成为马可·波罗没到过中国的证据。再次,欧洲学者注意到,《马可·波罗游记》的内容经过了马可·波罗本人的筛选取舍,很多记载投合了当时欧洲人的社会心理和求知偏好。马可·波罗本人在临终前也特意提到,他讲述的见闻还不到他所知道的一半。筷子、茶、长城等怀疑论者认为非常重要的东西,在马可·波罗那里有可能是极其次要的。

马可·波罗的故乡威尼斯

相信马可·波罗到过中国的人还提出了更多的理由。《马可·波罗游记》记载元朝政府在灭掉南宋后,大量拆毁南方的城墙,而在《元史》《元典章》以及元人文集中也有关于元朝拆毁江淮以南城墙的记载。迄今为止,马可·波罗是记载此事的唯一一个外国人。如果没有到过中国,他能从哪里抄袭呢?他还在书中写到忽必烈曾下令在国家主要道路的两侧栽植树木,给行人提供荫凉,指示方向。这条记载和同时期元朝法律的规定是一致的。元代的法令汇编《元典章》《通制条格》等都收录了忽必烈的这项命令。马可·波罗仍是记载此事的唯一一个外国人。不仅如此,在《马可·波罗游记》和马可·波罗叔父的遗嘱中都提到了蒙古大汗的牌子。这是由蒙古帝国中央政府发放的一种身份证明,一般用金银等贵重金属制作,持有者享有特权。有关的史籍记载显示,只有那些为政府或权贵服务的人才能得到这种牌子。马可·波罗不但在书中详细记载了蒙古帝国的各种牌子,还提到忽必烈以及远嫁西亚的蒙古公主赐给他金牌。他的遗产登记表明,直到他去世时蒙古大汗的金牌仍在他手中。这一点不但说明马可·波罗的确到过中国,还证明他在元朝的身份相当特殊,绝非普通商人。

在对元朝历史有较多了解之后,再去阅读《马可·波罗游记》,就能够明显感受到,如果没有到过中国,马可·波罗根本不可能写出这样一部著作,因为书中涉及元代政治、经济、社会生活的大量细节。到目前为止,还没有发现任何同时期的欧洲、西亚、中亚文献对元代中国的记述如此翔实。比如《马可·波罗游记》记载了忽必烈的生日,元朝的庆典及狩猎,元朝在东北和西南地区的战争,阿合马被刺事件,大都(今北京)与行在(今杭州)的高度繁荣,镇江的基督教教堂,中国各地的物产、宗教、风土人情等。正如马可·波罗的父亲和叔父所说的那样:"从上帝创造了亚当之时起到现在,任何一个人,无论是基督教徒还是异教徒,鞑靼人、印度人或任何种族的人,从来没有一个如马可·波罗到过世界上那么多的地方,实地观察和探险,像马可·波罗那样知道那么多的奇异风俗。"

虽然马可·波罗在书中对自己不无夸大和吹嘘,比如他说他深受忽必烈器重,做过高等地方官等等,实际情况可能并非如此。如果马可·波罗在中国并不是像他自己所说的那样地位显赫,在汉文文献中没有记载就不足为奇。即使马可·波罗真的身份特殊,在中国文献中也不一定能留下记载。因为元代中国是一个开放的大帝国,当时的特权阶层除了蒙古人以外,还有大量的中亚人、西亚人、欧洲人,这些外来人士能在历史著作中留下名字的只是极少数。在元朝末年,教皇派使者向中国皇帝进献名马。在历史上这无疑是重大事件。可中国的文献根本没有记载教皇使者的名字。所以,从各种情形判断,马可·波罗到过中国应该毫无疑义。

建文帝
下落之谜

明成祖朱棣像

建文帝朱允炆是明太祖朱元璋的孙子，已故太子朱标的次子。朱元璋早年立长子朱标为皇太子，但是后来由于朱标早逝。朱元璋便改封长孙朱允炆为皇太孙。让其在自己百年之后，继承皇位。但是，对于朱元璋的这种安排，有一个人极为不满，他就是朱元璋的四儿子——燕王朱棣。朱棣早年随父亲东征西讨，为大明王朝的四方安定立下了汗马功劳。洪武三年(1370)，朱元璋封朱棣为燕王，负责统率重兵，驻守北平，以防蒙古骑兵进犯。

朱棣在朱元璋的众多儿子中才华最为出众，而且胸怀大志。起初他对父皇选立长兄朱标为太子不好说什么，可是朱标死后，朱元璋又立懦弱无能的皇长孙朱允炆为皇位继承人，却引起了朱棣的强烈不满，他数次在朱元璋的面前诋毁朱允炆如何如何无能懦弱，绝非可托天下之人。朱元璋虽然心中也明白，论文武才华，四子朱棣都要远远高于长孙朱允炆。但是他为了维护自己确定下来的皇长子继承制度。他要坚决地支持朱允炆做自己的继承人。有一次，朱元璋为了展示皇太孙的才华，命他在诸皇子大臣的面前对诗，朱元璋出的上句为"风吹马尾千条线"，朱允炆想了半天终于对出一句"雨打羊毛一片膻"。虽然对的句子看起来也还算公整，但语意平庸，毫无意蕴。朱元璋大为不快，这时燕王朱棣随口吟出一句"日照龙鳞万点金"。一股王道霸气直惊得在座的人目瞪口呆，朱元璋也连口称赞。但这

成祖朱棣(1360—1424)，明朝第三代皇帝。明太祖朱元璋第四子。洪武三年(1370)受封燕王。朱元璋晚年，太子朱标、秦王朱樉、晋王朱棡先后死去，朱棣不仅在军事实力上，而且在家族尊序上都成为诸王之首，朱元璋去世后，即位的建文帝朱允炆实行削藩，朱棣遂于建文元年(1399)七月发动靖难之役，夺取了皇位。次年改元永乐。1424年7月，朱棣在第五次北争时，病逝于榆木川，在位二十二年，终年六十五岁，葬于北京十三陵之长陵，庙号"太宗"，嘉靖时改"成祖"，谥号"启天弘道高明肇运圣武神功纯仁至孝文皇帝"。

149

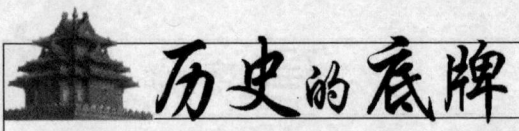

也增加了他对皇太孙日后帝位的担心之情。

洪武三十一年（1398）七十一岁的朱元璋去世，依照他生前的安排留下遗诏，由二十一岁的皇太孙朱允炆即位，年号建文，也就是历史上的明惠帝。传说朱元璋临死之前，不放心朱允炆，便交给自己的贴身太监一个密匣，称如果皇太孙一生平安无事，不要打开这个匣子，如果发生什么紧急情况，就打开这个匣子，它会告诉他怎么做。这是民间流传下来的一个传说故事，不知是真是假，但正是这些离奇的小故事，更加增添了建文帝下落的神秘色彩。

朱元璋在位之时，为了巩固大明王朝始终掌握在朱姓子孙的手中，他先后分封自己的子孙为藩王，分驻全国要害之地，这些分封藩王都手握重兵，称霸一方，在朱元璋在世之时，还倒是老老实实，不敢有什么非分之举。但朱元璋死后，他们根本不把懦弱无能的建文帝朱允炆放在眼里，个个飞扬跋扈，不服从中央政府的管辖。为了解决地方藩王对中央皇权的威胁，建文帝采纳了齐泰、方孝孺等人的建议，厉行削藩之策。他先是派兵进抵开封，软禁了周王朱橚，然后将其废为平民；接着又发兵湖南、湖北除掉了岷王朱楩、湘王朱柏，此后，又先后将齐王朱榑、代王朱桂等人囚禁。建文帝厉行削藩，地方藩王纷纷被削夺爵位，抑或被废为平民，抑或被禁为囚徒。一时间闹得沸沸扬扬，怨声载道。这一措施严重损害了地方藩王们的切身利益，几乎所有的诸侯王都对此不满，尤其是手握重兵、觊觎帝位的燕王朱棣。

燕王朱棣早就有起兵反叛、夺取帝位之心，只是苦于没有很好的借口而未行动，这次建文帝削藩弄得天下诸侯怨声载道，这对燕王来说简直是一个千载难逢的好机会。建文元年（1399）七月，燕王朱棣以"清君侧"为借口发动了"靖难之役"。虽然名义上是要帮建文帝清除身边的奸臣，实际上是起兵反叛。燕王起兵之后，建文帝马上慌了手脚，急忙征调各地方的军队入京勤王。但是，由于建文帝削藩以来，地方诸侯已被他得罪殆尽，所以，地方诸侯纷纷投向燕王帐下，背叛建文帝。建文帝手下的文人不少，但没有多少可以带兵打仗的将帅之才。心腹齐泰、方孝孺等人也都是文人腐儒，虽满腹经纶，但也没有什么用处。就这样，燕王的军队没费多大的力气，很快就打到了南京城。建文帝见大势已去，下令火烧皇宫。燕王朱棣攻入皇宫之后，没有找到建文帝，便命人仔细搜查寻找建文帝，宫里的太监说建文帝在万般无奈之下，跳入火中自焚了，并从火堆里找出一具尸体指认说是建文帝。朱棣假惺惺地痛哭一番，说自己只是要清理奸臣，并不是要皇上死。然后，以皇帝礼将其厚葬。但是，在正史的文献中，却没有任何有关建文帝陵寝的记载，而且后来的崇祯皇帝也曾亲口说过建文帝无陵。

因此，废墟中的那具焦尸到底是否就是建文帝？建文帝到底死没死？没死的话他又逃到了哪里？对于这一系列的问题，朱棣本人也持有怀疑，后世史家和民间传说更是众说纷纭,离奇万分。

一种说法认为,建文帝并没有死,而是逃出南京,到了贵州的一个寺庙当了和尚。据说,在燕王朱棣围城之后,建文帝叫天天不灵,叫地地不应,为防被俘受辱,建文帝决定自尽殉国。这时,突然有一个太监跑了过来,他告诉建文帝,太祖皇帝临终前曾经交给他一个密匣,并叮嘱他如果皇上遇到危难,可以打开匣子。建文帝听后,急忙命这个老太监取来密匣,打开一看,里面装有三套袈裟,三张度牒,一把剃刀,三张度牒上分别写着应贤、应能、应文三个名字。应文指的是建文帝朱允炆,应贤、应能分别是指建文帝的心腹近臣叶希贤、杨应能。匣中还有一封信,上面写道"应文从鬼门出,余从水关御沟而行,薄暮,会于神乐观之西房"。建文帝一看,便明白这是太祖皇帝早就预料到自己会有今天,传此密匣,告知自己剃发为僧从密道出逃保命。按照密匣的指示建文帝剃发做了和尚,从鬼门逃出宫去开始了浪迹天涯游行四方的僧人生活。

建文帝化装出逃之后,皇后马氏为了掩护他,命令太监放火烧城,然后自己跳入火海,自焚而死。第二天朱棣攻入皇宫之后,搜寻建文帝的下落,太监、宫女们迫于压力,便谎称建文帝已自焚而死,并指认皇后的尸体就是建文帝,此时火中找出的尸体已被烧得面目全非,难以辨清,就这样朱棣信以为真,没再追究。

有人甚至还找到了建文帝出家后的隐居之所,贵州安顺平坝县境内的高峰寺。据《平坝县志》记载:高峰寺内斋堂地下有一个藏身洞,洞底一块石碑上刻有"秀峰肇建文迹尘知空般若门"的铭文,此外,寺中的另一块石碑上刻有开山祖师秀峰收留建文帝的经过。以此,后人推测此处就是建文帝出家之后的归宿之地。

建文帝归隐贵州高峰寺为一种说法,还有人认为,建文帝出逃之后没有去贵州,而是就近在兰溪市东山上的一座古寺归隐。东山又名皇回山,是金华山脉的一支,寺院里的和尚世代口传建文帝在此削发隐世的传说,并说寺院中

《明史纪事本末》书影

《明史纪事本末·建文逊国》记载,建文帝出逃南京后"西游重庆,东到天台,转入祥符,侨居西粤,中间结庵于白龙,题诗于罗水,雨入荆楚之乡,三幸史彬之地"。

还保留有建文帝的隐居之处和古碑遗迹。在寺院的大殿内，塑的是身穿袈裟的建文帝像，左右两旁分别为伴帝出家的杨应能、叶希贤两人，殿内的后壁绘有建文帝逊国出逃的路线。此外寺院内还保留有建文帝出家后所作的几首诗："百官不知何处去，唯有群鸟早晚朝"，"尘心消尽无孝子，不受人间物色侵"。诗中意蕴饱含仓皇出逃，归于世外的无奈和忧伤，为建文帝归隐于此，又添一证据。

泉州开元寺山门

泉州开元寺是福建省内规模最大的佛教寺院，位于市区西街，建于唐垂拱二年(686)，原名莲花寺，后改名为兴教寺、龙兴寺。唐开元二十六年(738)，唐玄宗诏天下诸州各建一寺，以年号为名，遂改今名。

还有一种比较流行的说法，就是建文帝从南京城逃出之后，辗转来到泉州，流落到海外，后来明成祖继位之后，派郑和下西洋，就是为了寻找流落海外的建文帝。传说，建文帝从密道中逃出京城之后，见前往北方的道路大都被燕王的军队围阻，因此不得不化装南下，辗转来到武昌罗汉寺。罗汉寺的住持达玄和尚，看过建文帝的度牒后，赶紧将建文帝引入寺中躲藏。过了一段时间后，建文帝等人见此处易于被燕王的爪牙发现，他们又在达玄和尚的指引之下乘船前往泉州开元寺，然后辗转逃到海外。据《泉州开元寺志》记载，当时泉州开元寺的住持念海和尚正是罗汉寺住持达玄和尚的弟子。建文帝来到泉州开元寺之后，便隐匿寺中，派人寻找出逃海外的机会。终于有一天，他们坐上了一个阿拉伯商人的货船，随行来到印度尼西亚的苏门答腊岛，开始在此隐居，据说，当地的华人，至今仍在每年农历五月十六日建文帝登基那天，举行隆重的拜"皇爷"之礼。

关于建文帝的生死和下落自古至今一直众说纷纭，争论不休，对此，每一种说法都只能是一家之言，因为没有哪一种说法有十分确凿的证据。也许建文帝的生死与下落真的如其他历史之谜一样，是一个永远也解不开的千古悬案。

明武宗
生母疑案

明　朝的武宗皇帝朱厚照,为明朝中兴之主明孝宗的独生子。明孝宗与张皇后一生恩爱,除张皇后外没有再纳一个妃嫔。就是关于他们的这个独生子的身世,还惹出了一个轰动朝野的大案子——郑旺妖言惑众案。在案子的背后隐藏着的是明武宗朱厚照离奇的身世谜案。

"皇上喜得龙子,大赦天下,许万民同庆。"张皇后与明孝宗在成化二十三年(1487)结为夫妻,此后,虽然孝宗未纳其他妃嫔专宠于张皇后,但奇怪的是他们大婚后四年,张皇后依然没有生育,也没有任何怀孕的迹象。皇帝子嗣乃是传承王朝大统的头等大事,所以大臣们和宗室皇亲都着急万分,先后上书请求皇帝从速选妃以广储嗣。因为他们怀疑张皇后没有生育能力。但是孝宗没有听从大臣们的意见,坚持不纳妃嫔。但心里也暗自着急,因为王朝子嗣的事情,马虎不得,不是自己说了就算的,而且这关系到大明王朝的血脉延续,因此,也不能一拖再拖。于是他便和张皇后在宫中一连斋戒几个月,以求上苍的怜悯,赐一皇子给自己。最令人怀疑的事情就在这个时候发生了。弘治四年(1491)九月,宫中突然传出喜讯,张皇后终于生了一位皇子。于是便有了开头的举国同庆的那一幕。

但是在举国欢庆的同时,一个谣言也开始流传起来,就是这个皇子并非张皇后所生,而是周太后宫中的婢女郑金莲所生。孝宗皇帝和张皇后为了减轻大臣们谏其广纳妃

明武宗像

明武宗朱厚照(1491—1521),年号正德,在位十六年,一生腐化堕落,荒淫无耻。死后葬于北京十三陵之康陵。庙号"武宗",谥号"承天达道英肃睿哲昭德显功弘文思孝毅皇帝"。

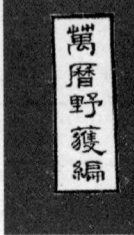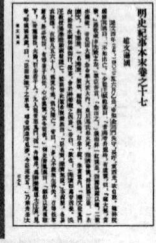

《万历野获编》书影

《万历野获编》卷三"郑旺妖言"记载："初，武成中卫军余郑旺有女名王女儿者，幼鬻之高通政家，因以进内。弘治末，旺阴结内使刘山，求自通。山为言：今名郑金莲者，即若女也，在周太后宫，为东驾所自出。语浸上闻，孝庙怒，磔山于市，旺亦论死，寻赦免。至是又为浮言如前所云。居人王玺，觊与旺共厚利，因潜入东安门，宣言：国母郑，居幽若干年，欲面奏上。东厂执以闻，下刑部鞫治，拟妖言律。两人不承服，大理寺驳谳者再，乃具狱以请。诏如山例，皆置之极刑云。"

嫔的压力，便将这个孩子强行抱了去，说是张皇后所生的龙子。一时间这个传言闹得是满城风雨，连孝宗皇上和张皇后本人也有所风闻，但并未派人追究此事，孝宗的这种态度无疑加剧了流言的传播。人们认为孝宗保持沉默，是默认了这种说法。皇子确实是郑金莲所生，是皇后为了保住自己的地位，强行抱去的。于是，这一事件在各地都传得沸沸扬扬。人们都开始怀疑这个皇子究竟是张皇后亲生还是从别的宫人那里抱过来据为己有的。而且，张皇后生下皇子的消息也确实过于突然，事先竟然连一点征兆都没有。但怀疑张皇后没有生育能力也是站不住脚的，因为她后来确实为孝宗生育过一个皇子，名叫朱厚炜，只不过早年夭折了罢了。

但是，此时流言却如同长了腿一般在各地迅速传播开来。弘治十七年(1504)，言官将此事上奏皇上，并奏言说此妖言惑众甚深，长此以往会影响到太子朱厚照将来的前途，请求皇上予以严惩，以绝妖言。孝宗本来以为市井之言，不足为虑，经言官这么一说，也意识到了此事的严重性，便派锦衣卫严加追查。最后，查到谣言的源头原来是宫中婢女郑金莲的父亲郑旺和宫中的小太监刘山。郑旺原来是武成卫的一名士兵，家境贫寒，有一女儿名叫郑金莲，十二岁时被卖给别人做婢女。有一年郑旺听说离其家不远的驼子庄郑安家有一女儿入宫了，郑家马上就要成为皇亲了，郑旺猛然间想起了早年自己卖掉的女儿，并猜想会不会入宫的是自己的亲生女儿呢？做皇亲的冲动使得郑旺想入非非，于是他通过关系，交上了太监刘山，并托他替自己在宫中寻找自己的女儿。刘山在宫中确实找到一个叫郑金莲的宫女，但她只是一个下等的宫女，没有进过深宫大内，也没有见过皇上，而且还不一定是郑旺的女儿。顾于交情，为了向郑旺交代，刘山就向郑旺说，已经找到了而且还成了皇上的宠人，只是现在不好见。高兴万分的郑旺于是经常托刘山将一些新鲜水果等农产品送到女儿手中，刘山就随便找点衣物给郑旺，说是其女转送，予以敷衍。但郑旺却拿着这些衣物四处炫耀，吹嘘女儿怎样得到了皇帝的恩宠。张皇后生子后不久，刘山又对他说这个孩子本来是郑的女儿郑金莲所生，张皇后不生养，便强行抱了去。郑旺知道之后便在外边四处炫耀，一时间关于这件事的流言闹得满城风雨，世人皆知，郑旺也到处宣扬自己是"皇亲国戚"，是国丈，是皇帝的老丈人，当今皇太子的亲外公。后来孝宗派人查明此事之后，便将这两个人逮捕入狱，并亲自审查此案。但是，孝宗这种亲自审案的做法，又在市井之间引发了一场新的谣言，人们纷纷说郑旺就是皇上的国丈，当今皇太子就是郑金莲所生，孝宗皇帝就是怕人知道事情的真相，才要亲自御审此案。

孝宗审理之后，所作出的判决也存在疑点。因为他在御审之后判决以太祖皇帝所立的太监不许干政的祖制，将刘山以干预外事的罪名处死；本案的主角郑旺却仅仅以妖言惑众罪、冒认皇亲罪判以监禁之刑；宫女郑金莲仅被送入浣衣局为奴。郑旺妖言惑众，惑乱皇亲，本来应该处以极刑，却只是判了个监禁。从判决的结果来看，这个案子的背后确实有些蹊跷。而且还有记载称，宫中有一个宫女被送进了浣衣房，但她进去时，其他宫女都要恭敬地站立两旁，可见来人并非普通人。但这个宫女到底是不是郑金莲，却没有明确的记载。

更奇怪的是，明武宗朱厚照即位后不久，便无故释放了关在锦衣卫大牢中的郑旺，并派人将其送回家乡。这样一来，又给人制造了一个难以理解的疑点。郑旺出狱之后，仍然坚持当今皇上朱厚照是他的女儿郑金莲所生。而且还对别人说，自己被放出来，就是因为明武宗的缘故，女儿郑金莲虽然名义上是在浣衣局服务，实际上过着太后般的生活，连宫里的大太监见了她也要恭恭敬敬的。这样一来谣言又起。更为荒唐的是郑旺的同乡王玺竟然打通关节，闯到东安门外，声称要面圣以奏"国母"被囚禁的实情，郑旺、王玺也因此被捕入狱。武宗令大理寺严审此案，审判之时，郑旺多次在堂上声称自己无罪，皇上真的是女儿郑金莲的亲骨肉。但是，这次却没有孝宗在世时那么幸运，他被判妖言惑众罪，因是累犯被判死刑，被押往菜市口腰斩处死。这件事的结果似乎也是意料之中的事，因为此时的武宗刚刚即位，而且是以嫡长子的身份继承大统，这是一个何等神圣的身份和血统，并且对自己身份的认定将直接关系到自己的政权稳固以及皇室的颜面，因此即使武宗真的是郑金莲所生，此时他也不会承认，因为这样毕竟对自己、对先皇乃至于对明王朝而言，都不是一件什么值得宣扬的事儿。

就这样，武宗生母的事情也就随着郑旺的死最终不了了之。但是，这并不说明，郑旺说的是假话，明武宗就是孝宗张皇后所生，因为案子中间有太多令人费解的疑点。郑旺历经两朝，不畏生死，一再声称朱厚照是自己的女儿郑金莲所生，即使在皇帝面前也没有改变自己的说法。他两次都被判妖言惑众罪，但所受的处罚却大相径庭。第一次，是在孝宗朝，孝宗皇帝天性仁厚，轻刑法，重民生。孝宗对郑旺的惩罚仅仅是要向人们证明他

清时的东安门

老北京城四大门之一，其他三个大门为天安门（皇城南门）、地安门（皇城北门）及西安门（皇城西门）。

是一位严守道德规范的皇帝。所以郑旺得以幸免不死。第二次，是在武宗刚刚即位之时，郑旺再次抛出此说，这就严重威胁到了武宗皇家血脉和嫡长子入承大统的神圣的光环，不容丝毫怀疑，武宗为维护他嫡长子承继大统的地位，自然严惩不怠，下诏将郑旺处死。但在这性格差异的背后似乎还隐藏着一些对真相看法的不同，孝宗是这一事件的执行者，当然要重视一些情感的事情，但武宗皇帝是这一事件的案内人，不容案件对自己有丝毫的损害。

对于武宗的生母究竟是谁，是张皇后还是郑金莲？后人曾经根据一些蛛丝马迹进行过细致的推测，但谁也没有提出什么足以令人信服的证据，明沈德符所著的《万历野获编》卷三"郑旺妖言"条记载："初，武成中卫军余郑旺有女名王女儿者，幼鬻之高通政家，因以进内。弘治末，旺阴结内使刘山，求自通。山为言：今名郑金莲者，即若女也，在周太后宫，为东驾所自出。语浸上闻，孝庙怒，磔山于市，旺亦论死，寻赦免。至是又为浮言如前所云。居人王玺，觊与旺共厚利，因潜入东安门，宣言：国母郑，居幽若干年，欲面奏上。东厂执以闻，下刑部鞫治，拟妖言律。两人不承服，大理寺驳谳者再，乃具狱以请。诏如山例，皆置之极刑云。"也仅仅是言明了事件的经过，并未对事件的真伪作一判断。后来，武宗朝后期，宁王造反，在发布的檄文中也采用了郑旺的说法，说武宗不是张皇后的亲生，由此朱家的子孙都变了种，都是冒牌货。这个事件至此，依然是历史上一个悬而未决的疑案，有待于后人进一步的推敲证明。

156

戚继光
斩子之谜

戚继光像

"**天**皇皇，地皇皇，莫惊我家小儿郎，倭寇来，不要慌，我有戚爷会抵挡。"

这是在我国东南沿海一带广为流传的一首民谣，谣中的戚爷指的是明代著名抗倭名将、民族英雄戚继光。戚继光（1528—1588），字元敬，号南塘，晚号孟诸，山东蓬莱人。戚继光出生将门，自幼便立志驰骋疆场，保家卫国，曾挥笔写下"封侯非我意，但愿海波平"的著名诗句。戚继光十七岁时承袭了父祖历任的登州卫指挥佥事之职，二十五岁时被提升为署都指挥佥事，担负起山东沿海防守海疆、抵抗倭寇的重任。

倭寇的形成，最早要追溯到元朝。元朝末年，日本的北条时宗曾两次发布异国征伐令，企图趁战乱之机入侵朝鲜，进而觊觎中国。被这个征伐令动员起来的日本武士从此开始骚扰中国东北沿海，倭寇之患逐渐形成。由于中国古代称日本为"倭国"，所以这些劫掠中国沿海的日本武士和浪人被称为"倭寇"。明初时，国家强盛，海防较为完备，倭寇并未酿成大患。正统年间，由于朝政腐败，军备废弛，

戚继光（1528—1588）明朝抗倭名将、军事家，字元敬，号南塘，又号孟诸。山东登州（今山东蓬莱）人。世袭登州卫指挥佥事。幼倜傥负奇气。家贫好学，通经史大义。嘉靖中，历浙江参将，以破浙东倭，进秩三等。倭犯江西、福建，皆命援击，战功特甚。升福建总督，屡平剧寇，威镇南方，人号"戚家军"。会蓟门多警，命以都督同知，总理蓟州、昌平、保定三镇练兵。边备修饬，节制严明，军容为诸边冠。张居正卒后六月，当国者遽改之广东，继光悒悒不得志，强一赴，逾年即谢病。张希皋等复劾之，竟罢归。居三年，傅光宅疏荐，反夺俸。继光亦遂卒，谥曰武毅。继光所著多兵家言，诗文特其余事；有《横槊稿》三卷、《愚愚稿》二卷、《纪效新书》、《练兵实记》、《武备新书》等并传于世。

157

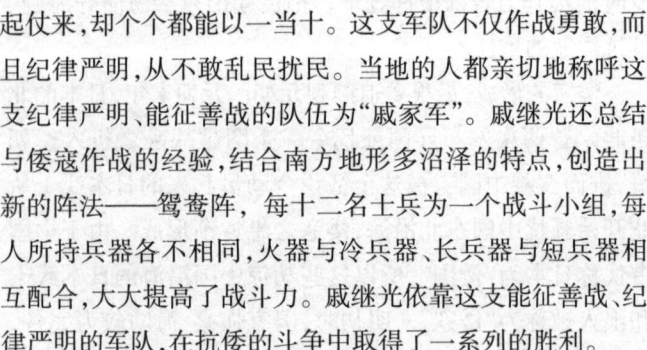

倭寇日渐猖獗。正统四年(1439),倭寇袭入浙江台州的桃渚村,杀人放火,劫掠财物,甚至把婴儿拴在竿上,用开水烫死。嘉靖年间,倭寇之患发展到了极点。他们同海盗汪直、徐海等人相勾结,有时外出劫掠,一次可纠集战船上百艘。倭寇在东南沿海一带,攻城掠地,杀人放火,奸淫掳掠,无恶不作,使东南沿海一带人民的生命财产遭受到难以估计的损失。

为了剿除倭寇之患,嘉靖三十四年(1555),素有威名的戚继光被调任到倭患最为严重的浙江任都司佥书,主持这一地区的抗倭斗争。戚继光初至浙江时,这一地区卫所空虚,士兵老弱;将官不习武艺,不懂兵法;水军战船十存一二,且年久失修……有一次,八百多名倭寇侵入浙江沿海的龙山所,戚继光亲自率军迎击,但是由于明军老弱怯战,接战没几个回合,便已显现出溃败的迹象。在这危急关头,戚继光一马当先,冲至阵前,连发几箭,将倭寇的几个头目射倒,倭寇见明军统帅如此英勇,便仓皇逃窜。为了改变这种兵士羸弱、防备松弛的现状,戚继光从当地的渔民、佃户中招募新军,并加以严格的训练,这支军队虽然人数不多,只有三千多人,但是打起仗来,却个个都能以一当十。这支军队不仅作战勇敢,而且纪律严明,从不敢乱民扰民。当地的人都亲切地称呼这支纪律严明、能征善战的队伍为"戚家军"。戚继光还总结与倭寇作战的经验,结合南方地形多沼泽的特点,创造出新的阵法——鸳鸯阵,每十二名士兵为一个战斗小组,每人所持兵器各不相同,火器与冷兵器、长兵器与短兵器相互配合,大大提高了战斗力。戚继光依靠这支能征善战、纪律严明的军队,在抗倭的斗争中取得了一系列的胜利。

思儿亭

思儿亭位于中国福州市城北,是明朝福州百姓为纪念抗击倭寇将领戚继光和他的儿子而修建的,后因房地产开发被拆迁。上图为使用原有材料复建。

戚继光统军打仗,十分强调纪律的重要性。他要求士兵要绝对地服从指挥,指挥官下令向前,前面就是有刀山火海也要奋勇前进,不得后退,违令者定斩不赦。正是因为戚继光如此强调军纪的重要性,才有了戚继光斩子故事的发生。

戚继光斩子的故事几百年来一直在闽、浙一带广为流传。在福建莆田,这一故事还被改编为闽剧《戚继光斩子》,以艺术的形式在民间盛传不衰。此外,在福建宁德、连江、闽侯,浙江义乌等地也有类似的传说。戚继光斩子的故事到底是不是历史事实,到底发生在哪个地方一直众说纷纭,没有定论。

有一说认为,戚继光斩子的故事发生在浙江台州地区。戚继光率领戚家军在浙江抗击倭寇,几次大的战役都连战连捷,打得倭寇闻风丧胆。有一次,戚继光率领军队在台州府围剿一股倭寇,倭寇与戚家军接战之后,很快大败,有一股残敌想绕道城北的大石退守仙居。为了彻底消灭这股倭寇,戚继光立即命自己的儿子戚印为先锋官,率领军队抄近路在白水洋常风岭一带伏击。临行前戚继光一再交代戚印,与倭寇接战之后,不要急于求胜,要佯装失败,将敌人诱至仙居城外再予以反击,以迫使城中的倭寇出援,一举歼灭。违反军令者要按军法处置。戚印率军到达常风岭之后,将军队埋伏在山道两旁的树丛中,此时,倭寇的队伍也沿着这条山道开了过来,前面还押着一些抢掠来的妇女和牛羊等,戚小将见后,气愤万分。再也沉不住气,马上下令军队展开总攻,一时间矢石齐飞,刀枪猛舞,喊声震天。戚印只顾了奋勇杀敌,竟然忘记了父亲临行前交代的只许败,不许胜的交待。霎时间就将敌人全歼在山道之上。后来戚印率军回营,将士们都言戚印作战勇敢,杀敌有功。但戚继光却在听完儿子禀报之后,勃然大怒。说他违反军纪,不服从指挥,应该以军法处置,便命将校将其绑出辕门外正法。诸将虽然苦苦求情,说戚印虽然是触犯了军令,但其大败倭寇,也是有功之臣,可将功抵罪。但戚继光却认为戚印明知故犯,贻误军机,不容不诛!若是不杀则军纪难以严明如初。最终,还是斩了儿子。后来当地的百姓怀念戚公子,便在常风岭上为他建造了一座太尉殿,据说这座大殿的残迹至今犹存。

还有一种说法认为,戚继光斩子的故事不是发生在浙江常风岭,而是发生在福建麒麟山;斩的儿子不是戚印,而是戚狄平。说明朝嘉靖年间,倭寇在福建沿海烧杀抢掠,无恶不作,朝廷换了几任大将也拿他们没办法,百姓叫苦连天。后来戚继光率八千义乌兵入闽抗倭,头一仗打的就是海上倭寇的巢穴——横屿。横屿是一个海上孤岛,与宁德樟湾村隔海相望,此处涨潮时是一片汪洋,退潮之后则是泥泞一片的沼泽,地形易守难攻。倭寇在岛上修建了许多坚固的防御工事,戚继光经过一段时间的详细观察之后,决定在中秋节的下半夜乘着倭寇防守松懈,潮水低落的时候,涉过浅滩处的沼泽,出其不意地攻击敌人。戚继光先命张谏、张岳在横屿西、北陆上布阵,防止倭寇上岸;又命张汉率水师在横屿东部海面游弋，防止倭寇从海上逃窜；自己则率领戚家军的主力从南面进攻。在攻击发起之前，戚继光晓谕全军："潮水涨落，分秒必争，只许勇往直前，不准犹疑回顾。违令者斩！"戚继光任命自己的儿子戚狄平为先锋官，率领三千精锐部队打先锋。戚狄平率军行至麒麟山下的宫门嘴山口时，担心父亲年老力衰，跟随不上，便立马回头向樟湾方向望了望。这时跟在后面的将士以为先锋有令要传达，不觉也都脚下一顿，停了下来。戚继光率领中军跟在后面，突然发现前面的队伍停了下来，不知发生了什么变故。立即派人询问。后将校回报说："前面没什么事情，只是因戚先锋回头，兵士疑惑所致。"戚继光听后大怒，立刻令人将戚狄平绑至马前，训斥道："你身为先锋官，不带头遵守秩序向前的军令，反而带头违令，致使三军疑惑。如若不按军法处置，又以何服众。"说完命令帐下军校将戚狄平绑出，斩于军前。戚继光身边的将士纷纷跪地说情，也无济于事。后来，戚家军胜利地攻占了横屿，斩杀倭寇二千六百余人，彻底捣毁了横屿上倭寇盘踞的巢穴。戚继光带军回师时，路过麒麟山，想起被自己斩杀于此的儿子，不禁伤心落泪。后来，当地的人民感于戚将军父子的抗倭功劳，就在戚继光当年立足思子的地方建起一座六角凉亭，取名为"思儿亭"。在戚公子被斩的麒麟山角树立了一块石碑，名曰"恩泽坛"，以永远纪念戚继光和戚狄平抗倭保民的万世恩泽。

此外，有人根据《仙游县志》中"继光至莆田，将出师，烟雾四塞，其子印为前锋，勒马回，求驻师。继光怒其犯令，杀之"的记载，指出戚继光斩子的故事应该就是发生在福建莆田，斩杀儿子为戚印。

对于以上几种戚继光斩子的传说，史学界另有看法。戚继光斩子的故事，在《明史》《罪惟录》和汪道昆的《孟诸戚公墓志铭》、董承诏《戚大将军孟诸公小传》、《闽书》中的《戚继光传》等较为可信的史料中均无记载，戚继光后人所编著的《戚少保年谱耆编》中也没有关于此事的记载。而且根据《戚继光墓志铭》的记载，戚继光的正房夫人王氏，一生只生有一个女儿，并无传说故事中的长子戚印这个人。戚继光在军中所纳的小妾陈氏、沈氏、杨氏等人虽然先后为他生了戚祚国、戚安国、戚报国、戚昌国、戚兴国等几个儿子。但这些儿子在戚继光抗倭时期都还是襁褓中的小儿，根本不可能成为统军打仗的将领。因此，许多历史研究者认为，戚继光斩子之事，纯粹是子虚乌有。民间之所以会有这样的故事流传，也许是人们根据戚继光将军治军严明，军纪如山的特点演绎出来的。戚继光斩子的传说从历史考证的角度来讲并无明证，至于传说中的戚印、戚狄平等人是否是戚继光的义子，此为笔者的一种推测，事实是否如此，还有待史学界的进一步证明。

"梃击案"
始末

常言道,宫廷之中无父无子,无兄无弟,着实是一个充满血腥的角斗场。历代皇宫之中,因为皇位的争夺,不知衍生出了多少或明或暗的血腥争斗。明朝也是这样,在明朝神宗末年,因为皇位的争夺,先后发生了好几件至今仍充满疑点的深宫大案。

神宗晚年宠信皇贵妃郑氏,对自己先前所立的宫女王氏所生的皇太子朱常洛极为不满。处心积虑地想废掉朱常洛而立郑贵妃所生皇三子朱常洵为太子。为此神宗还曾与郑氏秘密宣誓,一定会立朱常洵为太子。但是,神宗迫于朝臣和皇太后的压力,一直也不敢轻举妄动。只是找各种借口为难皇太子。由于神宗并不喜欢这个由宫女所生的儿子,并没有要立他做太子的打算,只是后来在皇太后和大臣们的压力之下才被迫册封朱常洛为皇太子。当时朱常洛已经二十岁了。依照明朝的常制,一般在十六岁左右就会大婚,而后出阁讲学接受教育。朱常洛二十一岁才大婚,可见神宗对他的冷淡。朱常洛大婚之后,就移居慈庆宫居住,但是,慈庆宫名义上是太子的寝宫,实际上还比不上宫中的一般宫殿,不仅破陋不堪,而且防卫甚差,神宗仅仅派了几名老弱病残的侍卫来防守。宫中服役的宫女太监也很少,仅有几个随朱常洛一块长大的贴身太监。慈庆宫的情况与皇三子朱常洵所居住的宫殿相比简直是天壤之别,似乎他才是真正的皇太子似的。除了在吃住等方面迫害朱常

明孝端显王皇后像

明孝端显王皇后(1565—1620),明神宗原配,永年伯王伟之女,生于京师。万历六年(1578)二月册立为皇后。王氏性格宽厚温和,对光宗朱常洛呵护备至,而对万历帝的宠妃郑氏的争宠,她也从不计较。《明史·后妃传》中称其"性端谨,正位中宫者四十二年,以慈孝称"。孝端皇后万历四十八年四月病故,谥号"孝端"。万历四十八年(1620)八月光宗朱常洛继位,上尊谥为"孝端贞恪庄惠仁明媲天毓圣显皇后"。葬于定陵。

洛,郑贵妃一伙人还处心积虑地要除掉皇太子,由自己的儿子朱常洵取而代之。就在这种情况之下,万历四十三年(1615),慈庆宫发生了梃击一案。

万历四十三年(1615)五月初四黄昏时分,一个身材高大的陌生男子手持一根粗大的木棍闯入朱常洛居住的慈庆宫。打倒了几个守门的老太监后,便直奔太子就寝的大殿而去。朱常洛的贴身太监见外边的太监拦截不住,马上关闭了大殿的大门,并临窗大声呼喊"抓刺客,抓刺客"。后来,宫里的侍卫们闻讯赶到,与同时赶来的几个太监一起才将这名陌生男子制伏,交由东华门的守卫指挥使朱雄收监。第二天,朱常洛将此事告知了神宗皇帝,说有人行刺。神宗听后大惊,急忙派人提审这名行刺的男子。审讯完毕后,御史刘廷元就将讯问的结果奏报给皇帝,说这名闯宫的男子名叫张差,是蓟州井儿峪的百姓,语言颠三倒四,看起来有点癫狂,话里头常提到"吃斋讨封"等语,但又有些狡黠,看来要认真审问。后来神宗又派刑部郎中胡士相等官员对张差进行共审,结果却是张差因被人烧了柴草,要来京城申冤,在城里乱闯,又受气癫狂,受人诓骗说拿一木棍可以当作冤状,然后乱跑,误入慈庆宫。前后两次的结果几乎完全不一样,在这次的供状中,不仅没了"吃斋讨封"的话头,连带狡黠的性格判断也没有了,变成纯粹的一个"疯癫"的结论。负责审理此案的胡士相等人认为,张差持武器乱闯宫殿,违反了不得在宫殿前射箭、放弹、投砖石伤人的法律,应该马上对张差问斩。但是,这种供词和处理的结果却引起了朝中一些官员的怀疑,他们认为前后两次供词差别如此之大,似乎并非偶然。联系到这段时间郑贵妃的种种活动,再联系到太子之位引发的种种争斗,这个事情恐怕有人在背后操纵,而且似乎就是冲着皇太子朱常洛去的。为了皇太子的安危,刑部提牢主王之寀决定彻查此案,他在牢中亲自审问张差,见张差身强力壮,样子绝不像一个疯癫之人。王之寀就引诱他说:"说实话就给你饭吃,不然就饿死你。"并把饭菜放在张差的面前。张差看着香喷喷的饭菜,口水直流,最后低头说道:"我不敢说。"这时王之寀命牢中其他狱吏回避,说"我让他们都走开,你只对我自己说"。最后张差的招供说:"我小名叫张五儿,父张义病故。有马三舅、李外父和一个不知名的太监要我办一件事,事成之后给我几亩地种!后来太监骑着马,引我入京。到了一个大宅子,一个太监给我吃完饭,说:'你先冲进去,撞着一个,打杀一个,打杀了我们救你!'然后领我由厚载门进到宫门上。守门的拦住我,我把他打倒在地。太监多了,我就被抓住了。小爷(皇太子)福大,没打着。"王之寀听后大惊,明白了这次张差行刺确实有宫里的人在背后指使,而且目标就是皇太子。王之寀马上将审讯的结果上奏朝廷,结果引起轩然大波。大臣们议论纷纷,都认为这个事情背后肯定有宫里的大人物指使,而且暗示此事的主谋一定是郑贵妃,并且郑贵妃的父亲郑国泰也脱不了干系。

案子的线索已经很明确了，神宗却像有什么隐情似的犹犹豫豫，将这几个人的奏折全都留中不发。又另外派人查究此案。就在这时突然有人移交了一份蓟州知州戚延龄的奏折，折子中说，经过调查张差这人确属疯癫之人。于是，"疯癫"二字再次成为梃击一案定案的依据。但与此同时，刑部郎中胡士相等官员于五月二十日再次提审张差时，却得到了更为惊人的供词。这一次，张差供认："马三舅名三道，李外父名守才，同在井儿峪居住。又有姊夫孔道住在本州城内。不知姓名的太监，是修铁瓦殿的庞保。大宅子，是住朝外刘成的。三舅、外父常往庞保处送炭，庞、刘在玉皇殿商量，和我三舅、外父逼着我来，说打入宫中，撞一个，打一个，打小爷，事情结束有吃有穿。刘成跟我来，领进去，又说：'你打了，我会救你。'"张差前后供词一再变化，官员们的态度似乎也分作两派，案子之中似乎确实隐藏着许多不可告人的内幕，但却又扑朔迷离，让人难以看清楚。此时，案子似乎又牵涉到两个太监，即庞保和刘成。然而，太监为何要雇凶刺杀皇太子呢？因为这两个太监几乎还不认识朱常洛是谁？根本没有要杀他的理由。是不是幕后还有其他的更大的主使者呢？

后来，经过进一步查究，确认庞保、刘成系郑贵妃翊坤宫的太监。向来很受郑贵妃的喜爱，是郑贵妃的两个心腹太监。但是，事情虽然明摆着可能与郑贵妃有关，而且大臣们也一再上疏，要求彻查。但是，慑于郑贵妃的权势，大臣们并没有直接提到郑贵妃和外戚郑国泰，郑国泰竟然自己按捺不住，写了一个表明自己清白的帖子，上奏万历皇帝。这几乎无异于"此地无银三百两，隔壁王二不曾偷"。给事中何士晋抓住这个时机上奏神宗说："大臣们上的折子并未说到国泰就是主谋。张差的口供也还没有交上来，国泰就变得如此慌张，不能不对其有所怀疑。"但是，一旦事情

明神宗时，郑贵妃为立爱子朱常洵，钦遣乾清宫近侍敬诣东岳泰山，并在三阳观立《皇醮记文碑》

《皇醮记文碑》碑文：钦差乾清宫近侍、御马监太监樊腾，遵奉大明皇贵妃郑淑旨，敬诣东岳泰山顶圣母娘娘陛前，虔修醮典，遍礼诸圣。仍于三阳庵全真道士笪复明等，复作清醮一百二十位，上叩诸天，遥见圣母垂慈，祐保贵妃、圣躬康乐，皇子平安，星辰顺度，疾疫疼除，寿命延长，家国协吉。领教奉行，顿首谨意。

万历十七年十月十五日，本庵道士笪复明立石皆置之极刑云。

163

牵涉到了郑贵妃,神宗就不愿意再把事态扩大了。因为,郑贵妃毕竟是他的第一宠妃,并且自己也曾许诺过要立她的儿子朱常洵为太子。即使郑贵妃做出这样的事情,自己也不好说什么。更何况郑贵妃整日向神宗哭泣,早就把万历的心给哭软了。于是,神宗就让郑贵妃去见太子朱常洛。贵妃见太子后,极力为自己开脱,并向太子下拜。神宗也在一旁帮郑贵妃开脱,最后朱常洛只好答应神宗,这个案子,把张差这样疯癫的人,处决了就行了,不必再有株连。并又说:"我父子何等亲爱!外廷有许多议论,说你们为无君之臣,使我为不孝之子。"皇太子都这么说

郑贵妃墓

了,群臣们也不好再说什么。没过几天,刑部就结了案,将张差凌迟处死。庞保、刘成在张差死后,见死无对证,便百般抵赖,最后,被神宗密令处死。到此,这个案子就算最终结了案,但是,案子背后主谋到底是谁?张差为什么要刺杀太子?神宗为什么要秘密处死庞保、刘成,这个案子与郑贵妃到底有没有牵涉,到了这一步便谁也说不清楚了。

案子就这么有头无尾地结了。但是今天看来,这个案子中的诸多疑点表明,定然与郑贵妃脱不了干系。从案卷的记录来看,张差也许确实属于类似疯癫的人,但是,他不是完全的疯子,能够在人的引诱和指使之下行事,郑贵妃等人寻找这样的人行事也许正是为了不引起怀疑。但这只是后人的推测,事实的情况是否如此,没有充足的证据,谁也不敢说的确就是如此。历史的疑案就是这样,若即若离,充满迷烟,但这也正是它的迷人之处。

"红丸案"
始末

皇太子朱常洛好不容易才挨到神宗朱翊钧逝世，登上皇帝的宝座。此时的朱常洛已经三十多岁了。他的这个皇位可谓来之不易。

万历四十八年（1620）七月二十一日明神宗朱翊钧逝世，临死之前他嘱托内阁首辅方从哲及司礼监太监要齐心协力辅佐皇太子朱常洛，皇位在平静中完成了由神宗到光宗的交接，一切都显得十分平静。然而，平静中潜伏着的是凶险的风波，不愿意看到朱常洛登上皇帝宝座的郑贵妃，虽然暂时无法改变既成的事实，但这并不证明她放弃了为儿子谋求皇位的野心。此时的郑贵妃见明攻不行，便改变了策略。

光宗朱常洛即位之后，开始行使皇帝职权，致力于扭转万历朝后期的一系列弊政，他发内帑犒劳前线军队，解决了长期缺饷的燃眉之急；还停止了民愤甚深的矿税太监的活动；起用了许多万历年间因为直言进谏而遭贬斥的大臣；他还亲自考课大臣，破格提拔人才。种种作为，显示出光宗皇帝要做一代明君的努力。但是，这个愿望并没有实现，而是随着光宗突然驾崩，而变成一个历史的春秋大梦。

明光宗朱常洛像

明光宗朱常洛（1582—1620），神宗长子，母恭妃王氏。万历十年（1582）八月生。万历二十九年（1601）十月，立为皇太子。万历四十八年（1620）七月，神宗崩。八月丙午朔，即皇帝位。大赦天下，以明年为泰昌元年（1620）。九月乙亥朔崩，在位一月，年三十有九。年号泰昌。庙号"光宗"，谥号"崇天契道英睿恭纯宪文景武渊仁懿孝贞皇帝"，葬于十三陵之庆陵。

神宗驾崩之前,曾经留下一纸遗诏,要朱常洛即位之后封郑贵妃为皇太后。但是,朱常洛三十多年来,受尽了郑贵妃的压制和打击,直到现在郑贵妃的阴影依然挥之不去。现在,神宗遗诏竟然要他封郑贵妃为皇太后,这就意味着她还可以通过垂帘听政来控制自己。光宗怎么会同意呢?而且这种做法显然也不符合祖宗的典章制度,也遭到大臣们的强烈反对,所以这件事就暂时搁置了下来。郑贵妃等人为了保住自己的地位,便想出了一个更为阴毒的计策。她知道朱常洛在做太子期间受尽了压抑,更别提接触女色。由此,她打算为光宗进献几名绝色美女,然后通过自己培养出来的这些心腹美女,来控制光宗。在朱常洛即位后不久,郑贵妃便挑选了八名绝色美女,并同大量的金银珠宝、珍奇玩物进献到光宗的寝宫之中。光宗的精神长期处在压抑之中,此时做了皇帝,见连最恨自己的郑贵妃都对他那么好,不免一时飘飘然起来。在政务之余,开始贪淫纵欲,整天在后宫与美女们一起厮混,纵情淫乐。酒色掏身,光宗的身体本来就十分虚弱,又经女色这番折腾,一时间元神大耗,不到半个月便一病不起了。关于这段历史,在文秉《先拨志始》中也有所记载:"光庙御体羸弱,虽正位东宫,未尝得志。登基后,日亲万机,精神劳瘁。郑贵妃欲邀欢心,复饰美女以时。一日退朝内宴,以女乐承应。是夜,一生二旦,俱御幸焉。病体由是大剧。"李逊之《泰昌朝记事》也有类似的说法:"上体素弱,虽正位东宫,供奉淡薄。登基后,日亲万机,精神劳瘁。郑贵妃复饰美女以进。一日退朝,升座内宴,以女乐承应。是夜,连幸数人,圣容顿减。"由此可见,光宗的身体应该是本来就很弱,光宗在即位之初也确实是很勤政的,郑贵妃向光宗进献美女也应该是事实。

光宗病倒之后,皇帝身边的太监召御医崔文升来给圣上把脉,光宗本是纵欲伤身,身体虚弱以致卧床不起。这个崔太医不知道什么原因,却诊断为肾虚火旺,需要泻火,便给光宗皇帝开了一副药性很强的泻药。结果,光宗服药之后,一夜之间便泻了数十次。精神委顿不支,口干唇裂,面色青紫。随时都有大行升天的危险。郑贵妃也昼夜派人前来闻讯,却不提光宗病情,只是一味地催逼光宗封她为皇太后,光宗无奈,在病榻上诏谕礼部准备大封。大臣们见皇帝突然病重,都认为是崔文升庸医误人,或另有阴谋。主张严惩崔文升。这个崔文升原先是郑贵妃宫中的亲信太监,朱常洛即位后,被提升为司礼监秉笔太监,兼御药房太监。朱常洛患病后,崔文升以掌管御药房太监的身份,向皇上进奉一种药性极为猛烈的泻药后,朱常洛一昼夜连泻数十次,支离于床褥之间,几近衰竭,可见这个崔文升是致使光宗卧床不起的主犯之一。并且联系到此前郑贵妃进献美女,可见这两件事情都是事先有预谋的。清人张廷玉所编的《明史·崔文升传》

中也认为"文升受贵妃指,有异谋"。但这只是后人的推测,并没有明确的证据证明崔文升就是受了郑贵妃的指使。

光宗病重之时,郑贵妃依然住在乾清宫,等待封她为皇太后。朱常洛的外戚王、郭二家发觉郑贵妃可能有异谋,便向朝中的大臣们哭诉:"崔文升进药是故意,并非失误。皇长子朱由校也常常私下里哭泣:'父皇身体健康,何以一下子病成这样?'郑、李谋得照管皇长子,包藏祸。"大臣杨涟、左光斗等人听后,立即上了一道奏折,分析皇上"圣躬违和"的原因,指责崔文升违反药理,故意用"相伐之剂",致使皇上"圣躬转剧",主张将崔文升拘押审讯,查个水落石出;并且建议皇帝收回进封皇太后的成命。让郑贵妃先离开乾清宫,搬回慈宁宫居住。此时,光宗的身体已经有所好转,还同两位大臣见了面,交代了一些朝中的事情。

但是,谁会想到接下来光宗却神秘地驾崩了呢。八月二十三日,鸿胪寺官员李可灼来到内阁,说有仙丹要进呈皇上。内阁首辅方从哲鉴于崔文升的先例,以为向皇上进药要十分慎重,便在觐见奏事完毕后,向光宗提起李可灼进献红丸的事情。光宗听了之后,很感兴趣,速召李可灼进宫。李可灼来了之后,为光宗把脉,并把光宗的病源和"仙药"的神奇说得天花乱坠。光宗大喜,急切地要求李可灼速速服侍自己进药。光宗吃完药之后,顿时感觉浑身舒畅,全身暖润。说这果然是仙药,大臣们见皇上的病情好转也都十分地高兴,便从乾清宫退了出来,只留了李可灼及几个近侍的太监在身边。光宗皇帝服药后感觉十分地舒服,怕药力不济,就又向李可灼要了两粒仙药服下。此时,外官派人前来探问皇上的病情如何,李可灼说皇上服药后,病情已经稳定,大臣们认为李可灼为皇上诊病有功,令赏李可灼白银五十两,绫罗两匹。出乎意料的是,到了第二天凌晨,光宗的形势便开始急转直下。朱常洛服用了两粒红色丸药之后,五更时分病情突然恶化。大臣们听到太监的紧急宣召,急忙赶到宫中时,皇上已经"龙驭上宾"了。

光宗从即位登基到突然死亡,满打满算才三十天的时间,成了明朝历史上在位时间最短的皇帝。同时,光宗皇帝的死因也是扑朔迷离,在他死后引发了一场轩然大波,并为历史留下了一个千古疑案。光宗到底是怎么死的? 李可灼所进红丸究竟为何物?围绕这两个问题大臣们争论不休,相互攻击。有人认为,这件事与郑贵妃有关,光宗两次卧病都是由于进药,两次进药之人又都与郑贵妃有关系,御医崔文升原是郑贵妃的属下,李可灼及引荐之人方从哲也是郑贵妃的人。同时,大家认为光宗第一次病重是由于过度接近女色,是纵欲过度,身体虚弱,需要温补之剂,慢慢地调养,而不应该使用

中国古代的炼丹炉

明代皇帝大都笃信道家炼丹术，以为服用丹药可以延年益寿、长生不老。炼丹术又称金丹术。为道家术数的一种，丹药一般都含有汞、砷等毒素。中国古代很多皇帝因服食丹药中毒身亡，如晋哀帝、唐宪宗、唐穆宗等。

大泻药物。第二次病重是因为大泻之后，圣体脱水致虚。病中还能召见大臣，病不致死，若用平和的药剂慢慢地滋养，自然会好转。而李可灼所进的红丸显然是春药一类的助火药，这种药含有红铅。可当时令人感到精力倍增，但是根本上却是要涸泽而渔，对于圣体大虚的光宗来讲，只会加速他的死亡。这件事显然是有预谋的。两派大臣激烈争论没有结果，最后，为平息事态，只好将崔文升、李可灼二人拉来做了替罪羊。判李可灼误用药剂，致使圣上大行，流戍边远。崔文升发配南京充军。

"红丸"一案由于各派的争斗总算草草了结，但其中的疑点并没有弄清楚。后人为此曾进行过一系列的考证和争论，但最后也都没有结果。光宗的死是否与红丸有关依然是一个千古之谜。

移宫案
真相

宫廷的斗争并没有因为明光宗的病逝而结束,红丸案的余波尚未荡平,宫中接着又发生了另一桩离奇的大案——移宫案。要弄明白移宫案的前前后后,还要从光宗的宠妃李选侍说起。李选侍本来是郑贵妃宫里的一名侍女,后来在郑贵妃的训练之下,成为一名出色的美女。

郑贵妃为了讨好光宗,便将李选侍连同其他七位美女一同送给了光宗朱常洛。希望有朝一日这些美女获得光宗的宠爱,自己也好利用这些女人从中牟利。李选侍入宫之后,很快讨得了朱常洛的欢心。在宫里的地位迅速上升,很快爬到了仅次于皇后的位子,并且替光宗抚养日后的皇太子朱由校,地位由此更加特殊,几乎掌握了后宫的实权。而且她还同郑贵妃保持着密切的联系,李选侍极力地想通过郑贵妃的力量将自己扶上皇后宝座,郑贵妃则想利用李选侍在皇帝面前说话方便的机会,帮她实现做皇太后的梦想。

后来光宗病重,这两件事就拖了下来,但他打算封李选侍为皇贵妃,并当着大臣的面,告诉皇长子熹宗朱由校要视李选侍如亲生母亲,视为太皇后。可是,还没等皇帝的话说完,李选侍便掀开帷幄,叫皇长子朱由校进去。朱由校进去后,对父皇朱常洛说了一句:"要封皇后!"众大臣听后全都变得瞠目结舌。朱常洛也面色一变,一言不发。

他知道这一定是自己宠爱的李选侍在幕后指使,这个李选侍心计深沉,绝不会甘心久居人下,她在宫中一向以敢作敢为、大胆果断著称。所以,尽管李选侍一再要求皇帝立她为皇后,但是光宗始终没有答应,他怕李选侍一旦被册封为皇后,她便可以通过自己抚养的朱由校,间接地控制朝政。所以他只封她为皇贵妃,说什么也不同意封她为皇后。

朱常洛在宫中暴毙,李选侍却仍住在皇帝、皇后的寝宫乾清宫,丝毫不想搬出乾清宫。按照明代的制度,外廷有皇极殿,内宫有乾清宫,都是属于皇帝、皇后专用的。而李

历史的底牌

乾清宫

乾清宫是内廷正殿,为皇帝寝宫,面阔9间,进深5间,高20米,重檐庑殿顶。殿的正中有宝座,两头有暖阁。明代十四个皇帝和清代的顺治、康熙两个皇帝,都以乾清宫为寝宫,平时在此处理日常政务。

选侍是想借年仅十五岁的光宗长子朱由校掌握朝政,坐镇乾清宫,进而统驭后宫。

朝中大臣们见此状况,都猜到了她的心思,于是都在心里暗暗担忧。给事中杨涟对大臣周嘉谟、李汝华说:"宗社事大,李选侍非可托少主者,急宜请见嗣王,呼万岁以定危疑……移住慈庆为是。"两人听了,均深有同感,便一起去见辅臣方从哲。群臣商量过后,又一起奔向皇宫,杨涟率先奔进后宫,太监们执棍拦阻。杨涟怒斥说:"皇帝召我等至此,今晏驾,嗣主幼少,汝等阻门不容入临,意欲何为?"太监们一时不知所措,只得让开,诸臣这才进入。众位大臣见了光宗朱常洛的灵位,都痛哭了一番,然后就请求拜见皇长子朱由校。李选侍将朱由校留在暖阁,不让他出来。宫里耿直的老太监王安哄骗李选侍,这才把朱由校抱持而出,众人连忙叩头,齐呼万岁。朱由校立在那里,不知道是怎么回事,嘴里只是说:"不敢当!不敢当!"群臣奏请进诣文华殿。然后,朱由校登上一顶小轿。大臣刘一璟、周嘉谟、张维贤、杨涟抬轿,仓促前行。走了几步,轿夫方到。这时,内侍李进忠三次奔来,传李选侍的命令,召皇长子回宫,并呵斥诸臣说:"汝辈挟之何往?"杨涟怒叱李进忠,拥着皇长子登舆。

进了文华殿,朱由校西向坐定,群臣行大礼拜见,并请朱由校即日登基。朱由校不同意,只答应初六登基。大臣进奏说:"今乾清宫未净,殿下暂居此。"吏部尚书周嘉谟也说:"今日殿下之身,是社稷神人托重之身,不可轻易。即诣乾清宫哭临,须臣等到乃发。"朱由校见到形势如此,也知道事态严重,就点头同意。杨涟这时对随行的太监们说,外事缓急有诸位大臣,调护圣躬却在诸内臣,责任重大。朱由校毕竟还只是个十六岁的小皇帝,也没有什么主意,他不想封李选侍,但又下不了决心。朱由校身边宠幸的太监王安,这时躬身跪倒说道:"皇上,可不能再这样下去,陛下可立即下诏逼迫李娘娘搬出乾清宫。"朱由校听了,陷入沉思。太监王安答应群臣一定尽职尽责规劝皇上,众人这才退去。可是最后,大臣们合议,还是得即日正位,让内官进奏,朱由校还是不允。众人便在殿中坐等。这时吏部尚书周嘉谟又联合众臣合疏进奏,请求李选侍移出乾清宫,迁往别宫。御史左光斗明白指出,殿下今已十六岁,内有忠直老成的内官辅佐,外有朝中重臣辅佐,哪里乏人,还须李选侍像照顾婴儿一般贴身相随?因此,伏请即早决断,如果李选侍借抚养之名而行专制之实,那武则天之祸就不会太远了!左光斗用武则天来比喻李选侍,一则不希望出现后宫专权的情形出现,二是担心朱由校血气未定,把持不住,坠入当初唐高宗纳父亲后妃武则天的事情中。这确实一番肺腑忠言!

朱由校听了,觉得甚是有理,便发布上谕,说移宫已有圣旨,册封贵妃一事,尊卑难称,着礼部再议。给事中暴谦贞却毫不保留地坦白说:皇长子即将登上大宝,上有百灵呵护,下有群工拥戴,何用此妇人女子!而且李选侍并非忠诚爱国,万一封典得行,专权用事,恐怕难以抑制。好在宫中忙乱,没人理会,这一番话并未引出宫廷风波。

不料,李选侍那边却正听取心腹李进忠的主意,邀朱由校和她同宫,还忿然宣言,要逮捕杨涟、左光斗。

这时,杨涟在宫门遇见李进忠,询问李选侍何日离宫?李进忠摇手说:"李娘娘甚怒,今母子一宫,正欲究左御史武氏之说!"杨涟怒叱说:"误矣,幸遇我。皇长子今非昨比,选侍移宫,异日封号自在。且皇长子年长矣,若属得无慎乎?"李进忠被逼问得默然无语。

科道官员惠世扬、张泼从东宫门出来,听了这件事也大惊失色,说今日选侍垂帘,下旨逮捕光斗。杨涟立即驳斥说,没有这事!宫禁一时人心惶惶。谁也弄不清楚是如何变局,皇帝是亲近李选侍对付朝臣还是倾向于朝臣疏远李选

明熹宗像

明熹宗朱由校(1605—1627),光宗长子,明朝第十五位皇帝,年号天启,一生玩乐,不事朝政。天启七年(1627)落水病重驾崩,庙号"熹宗",谥号"达天阐道敦孝笃友章文襄武靖穆庄勤悊皇帝",葬北京昌平十三陵之德陵。

侍,大臣们一个个狐疑满腹。

过了几天,李选侍还是住在乾清宫,逍遥自在,根本没有移宫之意。杨涟便直言上奏,说先帝过世,人心惶危,都说选侍假借保护之名,阴图专权之实,伏请殿下暂居慈庆宫,拨别宫先迁出选侍,然后再奉驾还宫。祖宗宗社最重,宫闱恩宠为轻。如今登基已在明日,哪有天子偏处东宫之处! 这移宫一事,臣等进言在今日,殿下也当实行在今日。随后,杨涟又去拜见方从哲。方从哲起初认为这件事不用太着急,晚两天也没什么关系。杨涟却说,太子明天就要登基了,难道登基为天子后还要回到东宫的住处吗? 选侍今天不愿离开乾清宫,难道以后就会主动离开了吗? 方从哲最终被杨涟说服,两人统一了意见后,又去请求太子颁下严令。

于是,朱由校登基在即时下令,命李选侍移出乾清宫,移住仁寿殿。他还下令收捕李选侍身边的几个亲信太监,理由是他们涉嫌偷盗大内库藏。如此情形下,势单力孤的李选侍还是敌不过皇帝的一纸命令,移宫已成定局。这时群臣们倒反过来劝皇帝,看在昔日光宗的旧宠之上,遵照光宗的嘱托,善待李选侍母女。小皇帝虽然对李选侍往日咄咄逼人的态度十分不满,但还是接受了群臣的意见。

最终,在外廷大臣的严词逼迫和宫中太监王安的恐吓之下,李选侍终于无奈地决定移宫。九月初五,她抱着皇八女,徒步从乾清宫走向宫中宫妃养老处——仁寿殿哕鸾宫。于是,这件震动宫闱的明朝三大疑案之一的"移宫案"终于落下了帷幕。李选侍以失败而告终,熹宗朱由校进驻乾清宫,登上宝座。

李选侍封后的要求没有实现,做皇太后控制朝政的愿望也落了空。她赖在乾清宫不走是否是受到了郑贵妃的幕后主使,这个后人亦无从得知。但是其意图很明显,就是要通过控制皇太子朱由校来操纵整个朝政,据许熙重《宪章外史续编》记载,朱由校即位后说,李选侍命太监李进忠传话:"每日章奏,必先奏看过,方与朕览,即要垂帘听政处分。"可见,她是有垂帘听政的野心的,后人还推测,她之所以赖在乾清宫不走,就是要同郑贵妃"邀封太后及太皇太后,同处分政事"。如果她的目的实现了,也许明朝就要先出一个"慈禧太后"了。

《西游记》作者之谜

关于《西游记》的作者到底是谁，数百年来一直是一个历史悬案。20世纪20年代，胡适与鲁迅根据清代学者吴玉搢的《山阳志遗》、阮葵生的《茶余客话》和丁晏的《石亭记事续篇》等书的考证，结合天启年间《淮安府志》的记载，得出了《西游记》的作者是淮安嘉靖中岁贡生吴承恩的结论。这一结论为后人所接受，成了当今关于《西游记》作者之争的主流观点，从近百年来所出版的《西游记》署的作者名来看，也是以吴承恩为主。而且在中小学乃至大学的历史教材中也直接采用了《西游记》的作者是吴承恩的说法。但是，从今天学术界的考证来看，这一结果是存在争议的。

从目前所能见到的各种比较老的《西游记》版本看，没有一部是署名为吴承恩的。《西游记》作者署名为吴承恩，是近代以来的事情。《西游记》的作者是吴承恩，是胡适先生的一个考证结果。但是，由于材料的局限和胡适先生在利用材料时的一些先入之见，导致胡适先生的考订结果不可避免地实存一些常人很难发现的疏漏之处。他认定《西游记》的作者是吴承恩，主要是基于历史典籍的记载和《西游记》中大量的淮安方言的出现。

吴承恩是明朝山阳人，也就是今天的淮安。他出生在一个破落的小商贩家庭。父亲吴锐，原是一个读书人，喜好读书，凡是经史百家，没有不看的；而且还十分喜欢谈史谈

明刻本《新镌全像西游记传》书影

在比较著名的几种明清刻本《西游记》，如明刻本《新镌全像西游记传》《新刻出像官板大字西游记》《李卓吾先生批评西游记》等均未署名作者吴承恩。

173

政。后来为了养家糊口,吴锐被迫弃文从商,贩卖绸缎布匹,却不善经营,朴实木讷,以致家境清寒。到了吴承恩这一代,家道中落。但在父亲的影响下,吴承恩从小聪慧敏捷,博览群书,尤其喜爱看稗史小说,矢志奇鬼怪一类的书籍。后来,吴承恩进了私塾读书,怕老师看到,便偷偷地把这些闲书放在桌子底下来读,积累了不少关于民间神话方面的故事。嘉靖八年(1529),吴承恩到淮安知府葛木所创办的龙溪书院读书,葛木见他有下笔立就之才,很赏识他。但是由于吴承恩不善于做八股一类的死文字,因而屡试不中。一直到了四十岁左右,才补为贡生,在长兴县做了一个县丞之类的小官。他生性倔犟,耻于官场的各种周旋应付,因而时常与友人朱曰藩把臂入酒垆,跌弛自放,寄趣于诗酒之间,来宣泄自己怀才不遇的郁闷心情。吴承恩自己的仕途虽然很不顺利,但是因为他自幼就有文名,所以交往了一些当时非常有名的文人,例如他和嘉靖状元沈坤、诗人徐中行都是挚友。这也说明虽然他科举不成,但还是一个非常有才的人。科场的失意,同时也使穷困潦倒的吴承恩有机会回复到自己所嗜好的小说上来。由于吴承恩从小就读了大量的鬼怪志异一类的小说,心中积累了大量的素材,并具有诙谐戏谑的文人气质,他对宋元话本《大唐三藏取经诗话》中孙行者、元杂剧《西游记》中猪八戒等形象发生了浓烈的兴趣。同时,他还对唐太宗时僧人玄奘西行取经,历尽千辛万苦,耗时十七年,终于从天竺取回佛经的有关民间传说产生了浓厚的兴趣。以他这一生的情况来看,《西游记》确实很有可能是他所作。而且在他去世后四十多年编的天启朝《淮安府志》中明确记载了《西游记》是吴承恩的作品之一。学者们通过分析书中的语言,认为大多数都出自淮安的俚语,以此推断作者应该是淮安人无疑。清代的大学问家纪晓岚也从书中提到的司礼监、锦衣卫、兵马司等机构设置推测其应为明代人所作。综合以上种种条件,似乎吴承恩是《西游记》作者已经成了必然的答案。

20世纪20年代,鲁迅根据前辈学人的记载和有关文献,在其专著《中国小说史略》中,提出了《西游记》作者为淮安人吴承恩的观点;同时,胡适、董作宾及稍后的郑振铎、赵景深等人也开始了对吴承恩的研究。赵景深还于1936年首次撰成《西游记作者吴承恩年谱》。至此,原本在清代学人笔下尚且模糊的吴承恩的轮廓逐渐被勾勒出来。但是,这一系列的考证似乎也存有可疑之处。一是从现存的吴承恩诗文以及他同文友交流的文字中从未提及撰写《西游记》的事情。二是《淮安府志》中虽然记载了吴承恩著《西游记》,但书中没有说明这本《西游记》是什么类别的书,是演义小说还是地理方志。还有学者认为,《西游记》很多地方写到是金丹大道,但是吴承恩根本就不懂炼丹术,不可能写出这么一部奇书。此外,先前我们证明《西游记》的作者是吴承恩的最大的证据就是大量淮安方言的出现,但是书中同时还存有许多其他地方的方言。这个问题又如何解释。由此可见，《西游记》的作者是吴承恩一说也还不能说就是定论。

在此之前曾有人提出《西游记》的作者是丘处机的说法。丘处机少年出家，自号长春子。从师于王重阳，是全真七子之首，他在南宋末年名气很大。元太祖铁木真也慕名请他去蒙古传道。据说，丘处机抱着"入世"的想法，率领十八个弟子前去蒙古草原，朝见铁木真大汗，并讲解道法，使铁木真十分钦佩。后来，他又游走于蒙古各地，宣扬道教真义。他的弟子李志常曾以此为题材，写了本《长春真人西游记》，简称《西游记》。渐渐的，人们把《长春真人西游记》与小说《西游记》混同，并认为丘处机是小说《西游记》的作者。因为《西游记》风行明代之后，各种版本都不署作者名。所以即使当时的人也无法弄清楚这本书的作者到底是谁。到了清代汪象旭著《西游证道书》，卷首有《丘长春真君传》一文，提出了《西游记》的作者就是丘处机的说法。他还提出，在《西游记》的原书中曾附有元虞集所撰写的序，序中记载着紫琼道人请他为《西游记》写序，并说这个道人就是丘处机。但问题是，这本《西游记》到底是不是记载有孙悟空、唐玄奘的《西游记》，是不是人们将丘处机的弟子所作的《长春真人西游记》等同于小说《西游记》了。因为在小说《西游记》中写到明代之事，而丘处机是南宋末代人，根本不可能知晓明代之事。二是《西游记》中很多地方出现淮安方言，丘处机一辈子生活在华北，不可能会使用淮安话。由此，汪氏所提出的《西游记》的作者是丘处机的说法也是值得商榷的。

最近又有人提出了《西游记》的作者是明嘉靖的"青词宰相"李春芳的说法。在吴承恩的诗集中有一首《赠李石麓太史》的诗，而李春芳的号就是石麓。李春芳是江苏兴化县人，嘉靖年间中状元及第，因善于撰"青词"而累升至宰相。少时曾在江苏华阳洞读书，故又有号"华阳洞主人"。这就与世德堂本《新刻出像大字官板西游记》卷首的"华阳洞天

丘处机画像

丘处机，字通密，号长春子，元栖霞（今山东栖霞）滨都里人。

《绘图加批西游记》(1-8卷)(民国时期出版)

主人校"一句联系来。此外在《西游记》的第九十五回还有一首诗:"缤纷瑞霭满天香,一座荒山倏被祥。虹流千载清河海,电绕长春赛禹汤。草木沾恩添秀色,野花得润有余芳。古来长者留遗迹,今喜明君降宝堂。"这首诗的第四、五、六、七四句,正是暗含有"李春芳老人留迹"的意思。

此外还有人提出西游记的作者是开封地区周王府的藩王所作。在我们所能见到的《西游记》中,有一篇署名陈元之的序:"《西游记》一书,不知其何人所为,或曰出今天潢何侯王之国,或曰出八公之徒,或曰出藩王自制。"也就是说这本书有可能是藩王自创。但我们看《西游记》一书,可谓博大精深,无所不包,作者不仅要对佛学、道学有很精深的研究,而且还要对历史、对《易经》有很深的造诣。《西游记》中很多地方讽刺道家皇帝,而赞美贤王,正是表现了地方藩王对嘉靖的不满。《西游记》中还有许多开封方言,也可证明此书出于开封人之手。而且当今所能见《西游记》版本正是从藩王府中刻印的。

还有学者根据《永乐大典》残本中发现的"梦斩河妖"一段文字,提出同上面几种观点都不同的看法,他在《永乐大典》的残存"游"字部里面,发现了《西游记》中"梦斩河妖"中的一段,同《西游记》中记述的一模一样,大约有八百多字。其中的人物描写栩栩如生,情节十分生动。因为明朝初年就已经有《西游记评话》面世,而署名吴承恩的《西游记》是出现在一百年之后,这说明了《西游记》的作者,也许并不是明朝晚期的吴承恩,而是另有其人。《西游记》的作者到底是谁,也许还有待于进一步探讨和研究。要真正解开《西游记》作者的历史之谜,还需要进一步发掘更多的第一手资料。

天启
大爆炸之谜

一百多年前的明朝天启年间,在北京的王恭厂一带大约七百五十米,面积达到二点二五平方千米的地区发生了一次奇怪的大爆炸。关于这次大爆炸的情况,明末史学家计六奇在《明季北略》中有这样的描述:"天启丙寅五月初六日巳时,天色皎洁,忽有声如吼,从东北方渐至京城西南角,灰色涌起,屋宇动荡。须臾,大震一声,天崩地塌,昏暗如夜,万室平沉。东自顺成门大街,北至刑部街,长三四里,周围十二里,尽为赍粉。屋数万间,人二万余,王恭厂一带糜烂尤甚。僵尸重叠,秽气熏天;瓦砾腾空而下,无所辨别街道门户。伤心惨目,笔所难述。震声南自河西务,东自通州,北自密云、昌平,告变相同。京城中即不被害者,屋宇无不震裂,狂奔肆行之状,举国如狂,象房倾圮,象俱逸出。遥室云气,有如乱丝者,有五色者,有如灵芝者,冲天而起,经时方散。"在《明宫史》中也有关于这件事情的记载:"天启六年(1626)五月初六日辰时,忽大震一声,烈逾急霆,将大树二十余株,尽拔出土,根或向上而梢或向下;又有坑深数丈,烟云直上,亦如灵芝,滚向东北。自西安门一带皆飞落铁渣,如麸如米者,移时方止。自宣武门迤西,刑部街迤南,将近厂房屋,猝然倾倒,土木在上,而瓦在下。杀死有姓名者几千人,而阖户死及不知姓名者,又不知几千人也。凡坍平房屋,炉中之火皆灭。唯卖酒张四家两三间之木箔焚燃,其余则无焚毁,凡死者肢体多不全,不论男女,尽皆裸体,未死者亦

明代红夷大炮图

红夷大炮是明代后期传入中国的,也称为红衣大炮。红夷者红毛荷兰也,因此大部分人认为红夷大炮是从荷兰进口的。其实当时明朝将所有从西方进口的前装滑膛加农炮都称为红夷大炮,明朝官员往往在这些巨炮上盖以红布,所以讹为"红衣"。

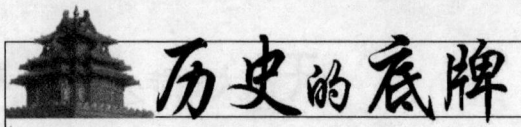

皆震褫其衣帽焉。"同时在明朝当时的官办报纸《邸报》的《天变邸抄》及时人的笔记《日下旧闻》《天变杂记》也有关于这次诡奇的大爆炸事情的记载。可见这件事情是历史事实，并不是某一个人杜撰，或是演绎出来的。

根据前人的记载，可以看出这次大爆炸大约是这样的：明朝天启年间，五月初六上午九点左右，北京的天空十分明亮，突然间，从城东北方至城西南传来一阵轰隆声，并出现了一个特大的火球在空中滚动。天空中有丝状、潮状的五色乱云在四处横飞，有大而黑的蘑菇、灵芝状云柱直竖于城西南角。接着就发生了惊天动地的大爆炸，方圆十三里之内，瞬间夷为平地。这场大爆炸突如其来，其惨烈、诡秘世所罕见。

据说，在爆炸之前还有奇怪的征兆出现。据《明宫史》记载，在大爆炸前的夜里，前门角楼出现"鬼火"，发出青色光芒，有好几百团之多，飘忽不定。不一会儿，鬼火合并成一个耀眼的大团。《天变邸抄》中记载，在事发之前，后宰门的火神庙中忽然传出音乐，一会儿声音细些，一会儿声音粗些。守门的内侍刚要进去查看，忽然有个大火球一样的东西腾空而起，俄顷，东城发出震天的爆炸声。爆炸当时本来天空晴朗，忽然就听到一声巨大的轰雷响起，"隆隆"地在大地上滚过，声音震撼天地。只见从北京城的西南角，涌起一片遮天盖地的黑云。不大一会儿，又是一声巨响，天崩地裂。顿时，天空变得漆黑一团，伸手不见五指。东至顺成门大街，北至刑部街，长三四里，方圆十三里，万余间房屋建筑顿时变成一片瓦砾。两万多居民非死即伤，断臂者、折足者、破头者无数，尸骸遍地，秽气熏天，满眼一片狼藉，惨不忍睹，连牛马鸡犬都难逃一死。王恭厂一带，地裂十三丈，火光腾空。东自通州，北自密云、昌平，到处雷声震耳，被损坏的房屋建筑无数。老百姓有侥幸活命的，也都是披头散发，狼狈不堪，惊恐万状。举国上下，陷入一场空前的大灾难之中，谁也不知道究竟发生了什么事。不久，又见到南方的天空上有一股气直冲入云霄，天上的气团被绞得一团乱，演变成各种奇奇怪怪的形状，有的像乱丝，有的像灵芝，五颜六色，千奇百怪，许久才渐渐散去。爆炸发生的时候，明熹宗朱由校正在乾清宫用早餐，突然，听到一声震彻天地的巨响，震得大殿都摇晃起来，熹宗不知发生了什么事，还以为是有人向宫殿打火炮。惊吓之下顾不得皇帝的仪面，发了疯似的往外逃。跑出门后，慌不择路，拼命似的向交泰殿奔去，身边的侍卫们都惊得不知所措，不知道发生了什么事情。有一个贴身的小太监紧跟着熹宗向交泰殿跑。不料，跑到建极殿旁的时候，突然从上空飞下一片琉璃瓦，正好砸在这个小太监的脑袋上，当即脑浆迸裂，倒地而亡。熹宗一见，骇得目瞪口呆，直到跑到交泰殿钻到大殿一角的一张大桌子下，才回过神来。

这场大爆炸的消息迅速传遍了全国，全国上下都震骇至极，人心惶惶。由于古代的人们都相信"天人感应"学说，在明朝的时候这种学说尤为流行，上到天子王公下到黎民百姓，都相信如果国家政治清明、百姓安康，上天就会降下祥瑞以示鼓励；但如果国家政治腐败，忠奸不分，黎民困苦，上天就会降灾异以示警告。因此，很多人都认为这次大爆炸就是上天对当今皇帝的警告。因为明朝天启年间的政治也实在是昏庸至极。于是，王公大臣们都纷纷上书，要求熹宗皇帝匡正时弊，重振朝纲。熹宗皇帝见群情激奋，而且这件事情的发生也实在是既诡秘又恐怖，不得不下了一道"罪己诏"，表示要"痛加省醒"，并告诫大小臣工，"务要竭虑洗心办事，痛加反省"，希望借此能使大明江山长治久安，"万事消弭"。同时，熹宗还从国库中拨出黄金一万两用来救济灾民，派出京兆一带的官员负责查明爆炸发生的前因后果。

后来经过调查，人们发现这次大爆炸的确实有点蹊跷。一是在爆炸发生之前发生了很多奇怪的征兆。二是，在爆炸中有许多人失踪。有一位新任总兵拜客，带着七名跟班衙役，走到元宏寺大街时，听到一声巨响后，竟然连人带马都消失得无影无踪；在爆炸发生后，西会馆的塾师和学生一共三十六人也全都不见了踪影；还有几个抬着大轿子的人在承恩街上行走，爆炸之后，大轿被打坏了，依然还在原处，但轿子里的人和八名抬轿的轿夫却都不知去向；更为奇怪的是，菜市口有个姓周的人，正站着同别人说话，爆炸之后，居然头颅不见了，尸体倒在地上，而同他说话的几个人却都没事。这还不算奇怪，最为奇怪的是这次爆炸中的遇难者，不论男女，不论死活，也不管是在家中还是在路上，都被脱光了衣服。不论是长袍马褂，还是短衫鞋帽都在顷刻之间不知去向，爆炸发生地区的人在爆炸发生后，无论是死的还是活着的，全都变得赤身裸体，一丝不挂。后来人们发现，这些被脱去的衣服全都飘到了离爆炸发生地十几里处的西山一带，衣服全都挂在树梢上。此外，还有大量的器皿、衣服、首饰、银钱竟然跑到了昌平县的校场一带。也许这里面有古人渲染的成分，但从记载来看，这种奇怪的脱衣现象应该是确实存在的。在爆炸发生时，有许多大树被连根拔起，掉落在远处。连石驸马大街上的一尊千斤重的大石狮子，居然也被一卷而起，落在十几里外的顺成门一带，猪马牛羊、鸡鸭狗鹅更是纷纷被卷入云霄，又从天空中落下。长安街一带，在爆炸发生后，还从天上落下许多人头来，德胜门一带落下的人的四肢最多。这一场碎尸雨，一直下了两个多小时。木头、石头、人头、人臂以及缺胳膊断腿的人、无头无脸的人，还有各种家禽的尸体，纷纷从天而降，真是骇人听闻。

那么，这次奇怪的大爆炸到底是怎么回事呢？当时的人没有弄明白是怎么回事，都认为是上天降下的灾异。后来人们为了弄明白这次灾变的真相，还特意在1986年，天启灾变360周年的时候，召开了一个专门的研讨会。在这次研讨会上，人们提出了地震说、火药爆炸说、飓风说、陨星说、大气静电酿祸说、地球内部热核高能强爆动力说、陨星反物质与地球物质相逢相灭说等诸多不同的说法。但是,无论哪一种说法都未能完全解释爆炸发生时的诡异之处。

因为,这次大爆炸发生的地点正好处于京城的军火厂一带,当时驻守京城的三大营、五军营、三千营、神机营等明军主力部队都已经开始使用火器,有的还配有先进的红衣大炮。当时的王恭厂就是为这些军队来制造火药和炮弹的军火厂,应该有比较大的火药库。据此,有人提出,这次大爆炸并不是什么奇怪的灾变,而是一次军火库爆炸事故。各种典籍中的记载之所以那么奇怪,是因为当时的人们都没有见过威力如此大如此集中的爆炸事故。各种诡奇的征兆也许是当时人的一种夸大和演绎。

但是,这种说法并不能完全服众,有三位美国科学家根据当时的历史记载结合现代的科学技术,对比分析了苏联通古斯大爆炸发生后的现场情况,提出这次爆炸是因为一个由反物质组成的陨石,意外地闯入太阳系,落到北京王恭厂一带,撞击引发的灾难。但是,如果这次大爆炸是由反物质引发的,却又没办法解释爆炸中"不焚寸木"的现象。因此,至今人们未能为这次大爆炸找一个合理的解释,谜底的解开似乎还需要进一步探索。

虎蹲炮

李自成
出家了吗

李自成，字鸿基，陕西延安府米脂县人，是明末农民起义军最主要的领袖之一，又称李闯王。崇祯三年(1630)，李自成在陕西米脂揭竿而起，聚众起义，后来，又率众投奔了当地的另一股农民军高迎祥。崇祯九年，高迎祥被俘就义之后，李自成被推为闯王，成为明末农民起义军的领袖。李自成很会用兵，他知晓明军的实力，很会利用地形优势聚歼敌人。在他的领导之下，起义军连战连捷，先后攻陷了很多明朝州府，并顺利地进入四川，击杀明朝总兵侯良柱。崇祯十年(1637)的冬天，李自成率众围攻成都，因实力悬殊，攻城失败，后又在梓潼遭到明朝总兵左光先的伏击。将士伤亡惨重，几乎全军覆灭，李自成仅率领部将刘宗敏等十八骑勇士突围逃入陕西的深山之中。

崇祯十二年(1639)，李自成经过三年的准备和恢复，再次举兵攻明，转战陕甘、河南一带，在河南李自成斩杀明朝的万安王，顺利地与当地农民军首领会师，部众发展到数十万人之多。后李自成率军连战连捷，攻克宜阳，取得卢氏。李自成在转战的过程中，先后有许多有知识的人加入，如对李自成产生了重要影响的牛金星、李岩等人就是在这一时期加入李自成的起义军的，并很快成为心腹谋士。后来李自成采纳李岩的建议提出了"均田免粮"的口号，"迎闯王，不纳粮"，李自成的起义军得到劳苦大众的一致拥护。崇祯十四年(1641)春，李自成在城内守军的策应下攻陷洛阳，杀死了民愤极大的福王朱常洵。不久李自成又率军围开封，数攻不克，转战邓州，击杀明朝总督傅宗龙。崇祯十

李自成行宫

李自成行宫位于米脂县北的盘龙山上，是李自成在西安建立大顺国后，其侄李过奉命回米脂修建的。行宫依山据险，前后2层90级台阶，将秀丽别致的乐楼、梅花亭、捧圣楼、二天门以及凌空而立的玉皇阁联结托起，蜿蜒有序地直上山巅。在山顶一块空阔的平地上建有巍峨、富丽的启祥殿和兆庆宫。其建筑雄奇挺拔，气势壮观。

181

五年(1642)，李自成与罗汝才以二十万人的部队再围开封，激战二十余日未能攻克，但却回师攻破河南襄城，俘斩明总督汪乔年和降明的农民军首领李万庆。继而攻克陈州，与当地农民军会合，返师第三次围开封。先歼灭出城突袭的三营明军，后连破郑州、荥阳、上蔡，扫清开封周围明军据点。明督师丁启睿、总兵左良玉率师十余万挺进朱仙镇。李自成以部分兵力继续围城，率主力占领朱仙镇有利地形迎击明军，获得大胜，俘虏明军数万人。崇祯十六年(1643)正月，李自成攻克襄阳，提出了"三年不征，一民不杀"的口号，李自成被拥为奉天倡义文武大元帅。随后，李自成采纳谋士顾君恩计策，制定先取关中、再攻山西、后取北京的作战方略。李自成亲自率大军北上河南，在汝州之战中歼灭明军四万余人，迫使孙传庭败逃往陕西。李自成乘势追击，尽歼镇守潼关的明军，击杀孙传庭，占领潼关、西安等地，随即分兵追歼明军残部，连下延安、汉中、榆林诸重镇。

崇祯十七年(1644)正月，李自成建立大顺政权，年号永昌，李自成称大顺王，改西安为西京。随后李自成率军强渡黄河，攻进山西境内，攻克太原。然后，李自成兵分两路，一部由大将刘芳亮率领攻河北，自己同大将刘宗敏率主力部队北上宁武关，从北面迂回围攻北京，李自成率领大军顺利攻下大同、宣府、昌平，于三月十七日攻到北京城下。此时，明朝的崇祯皇帝已经无军可调，守城的都是一些老弱病残的兵士。崇祯急调山海关总兵吴三桂和江南明军率兵勤王，但是为时已晚。三月十九日，李自成率军攻破了北京城，崇祯帝朱由检万念俱灰，自缢于煤山之上。

李自成在攻陷北京之后，开始被胜利冲昏了头脑。这些农民出身的起义军将领以为攻陷了北京，除掉了明朝的皇帝，就是大功告成，可以坐享天下了。李自成和刘宗敏等人也都开始忙于修建宫室，搜罗美女，对明朝的官员进行追赃。他们没有及时地追剿依然据守江南的几十万明军，也忽视了重兵在握的山海关总兵吴三桂。起初的时候，李自成还想招降吴三桂。但是，由于义军将领在追赃的过程中，致使吴三桂的父亲吴襄自杀殉国，更让他不能忍受的是，自己心爱的宠妾陈圆圆也被义军大将刘宗敏抢了过去。吴三桂一怒之下投降了多尔衮，打开城门引兵入关。四月十三日，李自成率军十万讨伐吴三桂。两军在山海关前的一片石接战，这真是一场恶战！只见狂风大作，飞沙走石遮蔽天日。李自成的大顺军和吴三桂的军队在风沙之中展开一场不辨敌手的血战。霎时间，金鼓之声，呐喊之声传到百里之外。在农民军层层包围之下，吴三桂率军左冲右突，拼命死战。双方苦战了大半日，到下午时分，吴三桂几乎要支撑不住了。就在他精疲力竭，即将崩溃的时候，多尔衮的八旗铁骑突然从乱石之间杀了出来，大顺军虽然奋勇拼杀，与清军苦战半日，但最终还是在两军的围攻之下落败。大将军刘宗敏中箭负伤，损兵数万。李自成被迫急令撤退，清军乘胜追击，一直追出四十多里开外，获得粮草骡马无数。

山海关之战后，李自成退回北京。由于主力遭到重大伤亡，李自成不得不作出放弃北京退守关中的战略决策。二十九日，李自成在太和殿称帝，第二天便率军撤出了北京，挥师西进，据关中以抗清军。十月，多尔衮率军入关，顺治帝定鼎燕京之后，马上抽调八旗劲旅攻剿李自成。为了彻底消灭李自成的几十万大军，多尔衮命英亲王阿济格为靖远大将军,率军八万西讨李自成,旋即又命豫亲王多铎率部下精兵与之合剿。

在清军和明朝降兵的合击之下,李自成的大顺军节节败退,一直退到了陕西潼关。潼关之战,大顺军再次失利,被迫退出陕西,转战河南、湖北,准备夺取东南作为抗清基地。但是清军却对大顺军紧逼不放,派出重兵节节阻击,南明政权的明军也顺势攻击大顺军,导致李自成在湖北武昌、阳新、江西九江接连失利,东下的去路也被切断。

后来,李自成率军到达九宫山一带,此后便失去了踪迹,几十万的大顺军也像蒸发似的,一下子就没了。关于李自成最终的结局,后人提出了许多不同的看法。

其中一种最具代表性的说法是李自成在九宫山被地主团练攻杀。提出这种说法的最主要的依据是清朝靖远大将军阿济格给朝廷的奏报和南明王朝驻湘将领兵部尚书何腾蛟给唐王的报告。阿济格的奏报中称:李自成兵尽力尽,仅带亲信二十人,窜入九宫山中,被村民围困,无法脱逃,自缢而死。他派人前去验尸,而尸体已经腐烂,无法辨认。何腾蛟给唐王的报告也称,自己的部众

湖北省通山县九宫山境内的闯王陵

将李自成斩于九宫山下,只是丢了首级。但是,这两个说法似乎都存在许多可疑之处,令人难以尽信。因为李自成是一位"万金之赏莫能购,十道之师莫能征"的军事奇才,不仅骁勇异常,而且还很有谋略。他的生死对清王朝或南明王朝统治者来说都是一个很重要的问题,但在阿济格和何腾蛟的报告都存在模糊之处。阿济格的奏报中说李自成的尸体"尸朽莫辨",何腾蛟的报告中则称尸体无头,也就是说两位将领都没有亲自看到死的这个人就是李自成。而是根据别人的报告,臆断这就是李自成,便急忙上了折子邀功请赏。特别值得一提的是,李自成退居湖湘时,手下尚有四十余万兵马,驻九宫山一带的至少也有数万人,绝非奏报中所称的仅带二十名亲信。况且,如果李自成真的被杀,

大顺永昌二年(1645)初夏,李自成由武昌挥师东下南京,征途受阻,即从江西武宁取道太平山进入通山,在九宫山下李家铺突遭清军袭击,仓促突围,单骑误入葫芦槽,被小源口寨勇程九伯杀害,"有庄人怜者,草葬之",时年三十九岁。三百年来,李墓仅为石垒荒冢。

183

历史的底牌

奉天玉和尚墓

1981年，常德市石门县文物工作者在夹山寺发掘了一个"奉天玉和尚墓"，在该墓中发现了3个墓穴及盛有"舍利子"，饰有麒麟、凤凰图案的青花瓷坛等文物。其墓一墓三穴，与李自成祖父墓相似，圹符碑与陕西脂山出土的圹符砖格局相似。史载，李自成起兵之后，曾自号"奉天倡义大元帅"，可能与奉天玉法号有一定的联系。在发掘奉天玉和尚墓葬前后，石门又发现了奉天玉诏铜牌等实物资料。

他的几十万大军岂能善罢甘休？九宫山能平静吗？然而，事实上，当时九宫山很平静，那几十万大军也很平静。也就是说，李自成遇难九宫山说，要么是两位将领为了邀功请赏而造出来的，要么这是李自成与其部下故意施放的烟幕弹，用李自成已死作缓兵之计。这样，一方面，可以打消南明王朝对这支大军的敌意；另一方面，也可以缓解清军对他的攻击，以便可以等待时机成熟时东山再起。

另外一种比较流行的说法是，李自成没有死，而是在夹山寺出家做了和尚。这一说法，最早见于《澧州志林》的记载，书中说李自成兵败之后并没有死，而是跑到了湖南的石门夹山寺出家做了和尚，法号奉天玉。后来这个人便到夹山寺探访，寺中一位七十多岁的老和尚还记得夹山寺过去的事情，告诉他奉天玉和尚是顺治初年入寺的，声音像是西北的人。他还在寺中亲眼见过一幅李自成的画像。1981年，在石门夹山寺发现了奉天玉大和尚墓。据考查，在一个瓷坛中盛的遗骨，与李自成身材相近。墓中陪葬物与李自成家乡陕西米脂县的习俗相同。此后，考古人员又在夹山寺发现了"敕印"的石龟和"奉天玉诏"铜牌，"敕"字和"诏"都是皇帝的专用名词，由此可见，这个奉天玉极有可能就是做过皇帝的李自成。但对这一说法也有人持有异议。他们认为，奉天玉大和尚的墓和其他文物的发现，只能说明石门夹山寺确实有奉天玉大和尚这个人，但并不能证明奉天玉大和尚就是李自成。李自成生前左眼曾受箭伤失明，《澧州志林》中描述的李自成画像却双目炯炯有神，与事实不符。李自成在夹山寺出家一说，也还有待商榷。

近来又有人对李自成的生死提出更新的说法，认为李自成兵败后，没有出家做和尚，也没有在九宫山遇难，而是辗转来到粤北乐昌的金城山，在这里继续从事抗清斗争，后来因叛徒出卖而受伤，死于马背之上。

当然，以上的三种说法，都各有一定道理，但都是一家之言，并非定论。事实如何，也许永远也弄不明白。

袁崇焕
被杀谜案

袁崇焕画像

袁崇焕（1584—1630）自幼胸怀大志，最关注的是当时并不为当权者重视的辽东边事。那时努尔哈赤率领的后金力量已经开始崛起，数次率领八旗劲旅攻击明朝，成为明王朝在北方边境的心腹大患。但是，此时的明朝，上到皇帝，下到群臣，整天生活在花天酒地之中，要么醉生梦死不问时事，要么钩心斗角，党争不断，弄得满朝上下乌烟瘴气，一片混乱。袁崇焕虽然是一介寒士，却从小关注边疆战事，他熟读兵书，精于布阵之道，希望将来能在边疆为国尽忠效力。当了邵武知县后，袁崇焕还经常在日常政务之余，找来曾经在辽东边镇当过兵的退伍老兵了解一些辽东边境的具体情况。他虽然三十八岁之前，没有到过辽东，却对边地的地势、战事、人事了如指掌，为他日后在辽东的作为打下了坚实的基础。

明天启二年（1622），袁崇焕进京朝见皇帝，向朝廷提出了许多靖边之策，受到皇帝的赏识，破格提升他为兵部侍郎，负责掌管策应辽东的防务。为了进一步了解辽东边境的实际情况，袁崇焕曾冒着被后金军队俘虏的危险，单枪匹马在山海关外考察了十几天。经过这十几天的考察，袁崇焕更加加深了对辽东防务的了解，并胸有成竹地对其他官员说只要给他足够的兵马粮草，他就可以固守关外。后来，辽东边事告急，袁崇焕自告奋勇要前往辽东前线。后袁崇焕被任命为兵部佥事，专门负责关外的军事活动，从此，

袁崇焕（1584—1630），字元素，号自如，广东东莞人，明朝杰出的军事家、政治家和文学家。万历四十七年（1619）进士。天启二年（1622），被破格擢为兵部职方司主事。不久升为佥事，监督关外军。宁远之战中大败后金十万围攻大军，炮伤努尔哈赤，朝廷擢其为右佥都御史、辽东巡抚。崇祯元年（1628）命为兵部尚书兼右副都御史，督师蓟、辽，兼督登、莱、天津军务。翌年，皇太极设反间计，朝士诬其引敌胁和，将为城下之盟，被下狱，崇祯三年（1630）八月被冤杀，著有《袁督师遗集》。

袁崇焕开始了他的军事生涯。身负重任的袁崇焕来到山海关以后，马上到各个城口实地考察，寻找防务上的漏洞，按照实地调查的结果重新布置防务。要守住山海关，就必须固守关外的宁远新城。宁远同山海关相互依托缺一不可。所以，他上任之后，就集中全部人力物力，修筑宁远城。在他的精心修筑下，宁远成为山海关外的最坚固的一座军事重镇。

袁崇焕看到现存驻守部队由于长年征战，大都变得老弱病残，为了加强军队的战斗力，袁崇焕着手招募了一支新的军队进行严格的训练，对原驻守军队也进行大力整顿，杀了几个虚报兵额的军官，拒止了军队中纲纪败坏的势头。通过几年的整顿和布署，宁远城成为关外第一个人口繁密的军事重镇，关外受乱所害四处流离的百姓都聚集到宁远城寻求庇护，往来的商贾也络绎不绝，到处都呈现出一派新气象。此外，袁崇焕还先后收复了宁远外围的锦州、松山、右屯等地，修建军事防御，派军兵驻守，使之同宁远城互为犄角，大大加强了防守的坚固性，使明军的北部防线从边境向北推移了两百多里，加大了战场的纵深度。袁崇焕督师辽东之后，后金军队见袁崇焕排兵布阵严阵以待，不敢再轻易进犯，边境较以前大为稳定。

然而明朝内部的倾轧还是如火如荼。当时正是魏忠贤等一伙阉党兴风作浪的高潮时期，他们见边地情况逐渐安定下来，又开始了排斥异己的活动，在魏忠贤的主持下，原来主持山海关内外军务的大学士孙承宗被罢职，改派了阉党之中的骨干人物高第来接替。高第丝毫不懂军事，一到任上就下令撤回关外所有驻防力量，袁崇焕据理力争也毫无作用。结果到最后，只有宁远城在袁崇焕的极力坚持下被保留下来，其他耗尽心血才建立起来的防御城则全部废弃了，守军撤走，关外原已安顿下来的百姓再一次流离失所。后金见明朝军队主动后撤，马上组织军队南犯。袁崇焕向驻守山海关的高第请援，高第却毫不理睬，等着看袁崇焕的好戏。袁崇焕没办法，只好动员宁远城中一切力量固守城防，在城外实行坚壁清野政策，还写下血书，激励将士和他一起与宁远共存亡。

1626年正月，努尔哈赤亲率八旗劲旅进攻宁远。袁崇焕率领守军据城死战，士兵们个个奋勇上前，百姓们也纷纷上城头帮忙，守军使用红衣大炮猛烈轰击八旗军，使得善于骑射、长于野战的八旗劲旅被阻于城垣之外，攻城不得。数轮攻击后，兵将伤亡十分惨重，许多兵将死于明军炮火之下，连八旗统帅努尔哈赤本人也被红衣大炮击伤。努尔哈赤自以十三副铠甲含恨起兵以来，戎马生涯四十四载，大战小战无数，总是战无不胜，攻无不克，从未遭受过如此之败。

在宁远之战中袁崇焕统领的军队虽然取胜，但是由于孤军奋战，也是元气大伤。为了争取军队的休整时间，也为了试探后金的意图，袁崇焕私下派出使节去见努尔哈赤，还向努尔哈赤说："老将横行天下久矣，今日见败于小子，岂其数耶！"努尔哈赤深受重伤，又经袁崇焕所派的使者这么一气，很快便郁闷而死，终年六十八岁。努尔哈赤死后被葬于沈阳盛京郊外的福陵，清朝建立后他被追谥为"承天广运圣德神功肇纪立极仁孝睿武端毅钦安弘文定业高皇帝"，庙号太祖。这本来只是袁崇焕的缓兵之计，但是由于他没有事先向朝廷报告，结果为日后埋下了祸患，也给后金实行反间计以可乘之机。

天启七年（1627），熹宗皇帝病死，他的弟弟朱由检登基做了皇帝，即崇祯皇帝。朱由检登基之后，十分重视辽东的战事。为了实现收复辽东的梦想，他重用这时被阉党压抑罢官在家的袁崇焕，授以兵部尚书的重任，督师蓟辽。袁崇焕上任之后的第一件事就是整顿军纪。在整顿的过程中，他发现皮岛守将毛文龙竟敢私自贩运军粮，简直是目无军纪。为了严肃军纪，袁崇焕未经朝廷批准，就擅自杀掉了毛文龙。这次袁崇焕擅杀朝廷大将惹怒了崇祯皇帝，崇祯本想处置袁崇焕，但是由于辽东防务无人可派，只好先隐忍不发。

崇祯二年（1629），后金新继位的皇太极率领大军，躲开袁崇焕的防区，从龙井关、大安口一带攻破长城守卫，进犯北京城。袁崇焕得到京师危急的消息后，马上带兵千里飞驰回京支援。由于昼夜奔驰，关宁铁骑的步兵被远远丢在后面，甚至最精锐的九千骑兵中也有四千人掉了队，只剩下五千和他一起赶到了北京。袁崇焕到达北京城外之后，马上与山海关总兵满桂合力在北京城外各门狙击后金军。在坚持了一段时间后，明朝各地勤王军马日益逼近北京，形势渐渐逆转，开始有利于明军。袁崇焕是后金的一个心腹大患，为了除掉他，皇太极采用了范文程的计策，离间崇祯和袁崇焕。他们伪造了袁崇焕与皇太极的书信，并让人冒充袁崇焕的使者，向皇太极邀功，还故意让俘获的太监听见，然后故意放回这个太监。崇祯本来就已经对袁崇焕产生怀疑，此时再经太监这么一说，更是对袁崇焕是汉奸深信不疑。同时，后金的军队在作战的时候，也用了计策。他们用袁崇焕部下用过的箭矢射伤满桂。满桂回城后军医为他拔出身上所中箭矢，发现上面刻有袁崇焕所部之记号。满桂原本也与袁崇焕有点过节，如今发现袁崇焕竟然在联手对付外敌的时候暗算自己，因此勃然大怒，便以箭矢和身上伤口为证，进宫找崇祯告了御状。两下里一对，崇祯帝果然中了计。认为是袁崇焕与后金勾结，引兵入关的。于是马上将袁崇焕逮捕下狱。袁崇焕的部下一听主帅居然被皇帝抓了起来，马上发生哗变，祖大寿等大将甚至决定带兵返回山海关，不再理会京师被围的紧急状况。崇祯皇帝这下急了，马上命令狱中袁崇焕写信给部下，要求他们回师抵抗后金军。袁崇焕就遵从皇帝的旨意写了封信给自己的部下，要求他们以国家利益为重回军援师。祖大寿等将领果然怀着对袁崇焕的敬慕之心，回军迎战，击退了后金的军队。在城外激战的这几个月里，崇祯皇帝不敢动狱中的袁崇焕，害怕引起兵变，可是心里恨袁崇焕入骨。等后金

袁崇焕墓

袁崇焕被冤杀后，弃尸于市，其部下佘姓义士深夜窃走头颅，葬于广渠门内广东义园即现在的袁崇焕墓。清乾隆四十七年（1782），乾隆帝下令为袁崇焕平反昭雪，后人为纪念袁崇焕，先后修建了祠和墓。祠的前廊两端及室内墙壁上嵌有李济深撰《重修明督师袁崇焕祠墓碑》等石刻，屋檐下是叶恭绰敬题"明代先烈袁督师墓堂"匾额。袁崇焕手书"听雨"石刻嵌于墙上。墓前立有清道光十一年（1831）湖南巡抚吴荣光题写的"有明袁大将军墓"石碑及石供桌，坟侧小丘为佘义士之墓。

军队刚一退去，他就以"通敌叛国"的大罪判袁崇焕凌迟处死。

可怜这一代名将，倾尽毕生心血与精力来保卫国家，最后却被扣上投敌的罪名，更可悲的是北京城中的百姓不明真相，对皇帝的说词信以为真，认为是袁崇焕引敌人来到城下，一个个都恨袁崇焕入骨，行刑之日，纷纷出钱买袁崇焕身上割下的肉，边吃边骂袁崇焕这个"叛徒"。袁崇焕死后曾留下"身中清白人谁信，世上功名鬼不知"的悲壮诗句表明自己的冤屈。袁崇焕被杀后，他的部下佘义士深感袁崇焕之大义，"夜窃督师尸"，葬在了北京崇文门的一个菜园子中，并让后代世代在此守墓。袁崇焕的冤案直到乾隆四十七年（1782）才真相大白，得以昭雪。

后来，梁启超和康有为先生以及金庸先生曾对袁崇焕的事迹进行过大量的考证，并写了许多关于袁崇焕的文章，从此袁崇焕的冤屈才为世人所知，一大历史疑案才最终为世人所了解。

吴三桂
降清谜案

"**鼎**湖当日弃人间,破敌收京下玉关。恸哭六军俱缟素,冲冠一怒为红颜。"吴梅村的几句《圆圆曲》,不仅道出了一段悲戚的历史故事,也为吴三桂留下了一个为了女人而降清做汉奸的千古骂名。但历史的事实是否如此,吴三桂为什么投降本为死敌的清兵,难道真的是因为一个红颜知己吗?要弄清这个历史的疑案,还要从两个人的历史谈起。

吴三桂(1612—1678),字长伯。明末辽东人,祖籍高邮(今江苏),1612 年生于关外的汉镇中后所。其父吴襄在辽东举办团练,保境安民,后来被明朝授以辽东团练总兵一职,因功绩卓著,有"辽右巨臂"之称。吴三桂从小就在这种战火纷飞的环境中长大,很快就成长为一位骁勇非常的战将。有一次,吴三桂的父亲吴襄率五百名骑兵去巡视,遭到后金军队的突袭包围,几次冒死突围都没有成功。吴三桂得知父亲被后金军队围困的消息之后,马上赶到主帅祖大寿的营帐,请求祖大寿发兵救援。但是,祖大寿害怕会中后金的埋伏,说:"吾以封疆重任,焉敢妄动! 万一失利,咎将安任?"拒绝了吴三桂的请求。吴三桂一怒之下,自己率了家兵数十名去救父亲。吴三桂率领家兵,浴血奋战,杀入重围,找到被围困数时,几近绝望的吴襄等人,并带领五百骑杀出重围、奔回宁远。这次战斗震惊全军。从此吴三桂的英勇善战令后金军队都闻之丧胆。吴三桂英勇善战,很受辽东诸将帅的青睐,1639 年年仅二十七岁的吴三桂就已经升

吴三桂

任为辽东总兵。吴三桂的部队军纪严谨，作战勇敢，是当时明朝在辽东的部队中战斗力最强的一支。

1641年松锦之战后，明朝在辽东的将士损失殆尽，洪承畴、祖大寿被迫投降，骁将曹变蛟被杀，只剩下吴三桂一支军队在山海关一线英勇抵抗清军。在极端困难的情况下，吴三桂克服困难，重新组织起一支接近万人的边防劲旅，承担起防守山海关，抵抗清军的重任。为了打开山海关这道屏障，清朝曾多次派祖大寿和洪承畴等人招降吴三桂，但是吴三桂始终不为所动，坚持抗清。这说明吴三桂并非是一个天然的汉奸，不是万不得已的情况，他也不会降清。

1644年，李自成率领农民起义军逼近北京，崇祯帝封吴三桂为平西伯，命他带兵入卫首都。三月，吴三桂率师入山海关，到达丰润的时候，北京城已被农民军攻破，崇祯帝自缢殉国，他立即撤兵回山海关，观望局势的变化。李自成和清朝都看上了吴三桂，李自成派原居庸关总兵唐通前去招降吴三桂，给吴三桂送去了四个月军粮和白银四万两，并许诺只要吴三桂投降大顺，一定会对他裂土封侯。这对于已缺饷一年多的山海关守军来说无异于雪中送炭。吴三桂已有降意。就在这时，吴三桂突然接到了一封密信，说李自成在京城向前明官员追赃，吴三桂的家产也被查抄，吴三桂的父亲吴襄也遭到严刑拷打，已经奄奄一息，更为可恨的是，吴三桂的宠妾陈圆圆被刘宗敏霸占。吴三桂闻讯大怒，斩掉李自成派来的使者，声言与其不共戴天。吴三桂态度的变化，引起李自成的一阵警觉，决定亲征吴三桂。四月十三日，李自成率兵十万，号称二十万东出京师，浩浩荡荡地开往山海关。吴三桂闻讯大惊，自忖自己在这种缺粮断草的情况下根本无力抵抗李自成的军队。无奈之下，吴三桂想到了曾经数次招降自己的清朝，此时，正有十几万八旗劲旅陈兵关外，虎视眈眈，寻机入关。但是，吴三桂从小便在同清军作战的环境中长大，自己也同清军血战百余次，要投降自己的死敌，吴三桂也着实拉不下面子。为了自保，他被迫派使者到清营中试探。最后，他提出向清朝借兵，条件是给予清朝财帛，并割地。这时清朝对关内这边发

天下第一关山海关

山海关古称榆关，也作渝关，又名临闾关。明朝洪武十四年（1381），徐达奉命修永平、界岭等关，在此创建山海关，因其倚山连海，故得名山海关。山海关自古即为我国的军事重镇。

生的事情也是了如指掌,他们也正想借此机会,攻入中原,夺取天下。多尔衮同意了吴三桂的请求。清军日夜兼程二百里,于二十一日傍晚抵达关外。这时吴三桂正在同大顺军血战,两军在一片石地区已激战了一整天,再打下去吴三桂的军队已经很难坚持。吴三桂再次派使者到清营,催清军加入战斗。但是,此时的多尔衮变了条件,不再满足以吴三桂所言"不唯财帛,将裂地以酬",而是坚持要剃发以降,才肯出兵。吴三桂别无选择,只好剃发投降了清朝。

此后,吴三桂与清军在山海关附近共同击败农民军。李自成弃北京退走山西,吴三桂也返回北京。清军入北京城后,取代了明王朝的统治政权。吴三桂为何投降了清朝呢?是因为形势所迫,还是像《圆圆曲》中所说的冲冠一怒为红颜?

这个陈圆圆又是何等尤物能令两位统兵千万的大将军为之动情,甚至不惜一场血与火的征战。陈圆圆是常州武进人,生于明天启四年(1624),本姓邢,在她七八岁的时候,父母先后去世,只得由姨母陈某抚养。来到姨母家后,便改从陈姓,名沅,字畹芬,小字圆圆。后来,沦落到苏州在教坊中做歌妓,由于天赋颖慧,很快就在教坊中崭露头角,歌舞尤占魁首。后来,陈圆圆受到了崇祯帝周皇后之父周奎的赏识,便把她买入府中,想等待时机送给崇祯皇帝,以分田妃之宠。后来,吴三桂到周府作客,看中了陈圆圆,周奎便作人情把她送给了吴三桂,从此同吴三桂成为红颜知己,很受宠爱。但是由于吴三桂身为辽东重将,无法在京中常住,便把她安放在父亲吴襄的府中,自己则回到宁远督师。此后,明廷内忧外患的形势越来越严峻,李自成的农民军直逼京师;清军也从东北面发起进攻。吴三桂镇守山海关不久,闯王李自成便率大军攻入了北京,建立了大顺王朝。城中旧臣遗老全部遭到了搜捕,吴襄及全家也在其列,而貌美的陈圆圆被闯王的心腹大将刘宗敏看中,便夺为侍妾。吴三桂见信后,火冒三丈,一怒之下杀掉大顺使者,萌生了降清的念头。可见,吴三桂降清确实也受到了陈圆圆

平西王府

平西王府为吴三桂府邸。顺治二年(1645),吴三桂因功晋封。康熙十二年(1673),朝廷决定撤藩后,吴三桂与耿精忠、尚之信发动叛乱,史称"三藩之乱"。康熙十四年(1675),吴应熊并其子世霖被处死。8年后,叛乱被平定。因此,其王府也被平毁,成为八旗兵神机营的练兵场。

清朝开国之祖努尔哈赤

清朝在入关前的28年（1616—1644）中，与明朝激烈争夺东北，最后完全摧毁了明朝对东北的统治，并于1644年乘李自成农民军推翻明朝政权的机会，挥师进关，占领北京，再经过近20年的战争，彻底打败了南明政权，重新实现了全国的统一。

被夺的影响，但是起关键作用的应该还是当时的历史环境。

明朝灭亡初期，在中国的政治舞台上存在着四股比较大的政治势力。一是李自成的大顺政权，二是关外的清朝政权，三是江南偏安的南明小朝廷，四就是吴三桂自己。四股力量之中，吴三桂的力量最小，没有地盘。但是由于他所处的位置极端重要，吴三桂成为各方争夺的一块大肥肉。李自成的大顺想要招降吴三桂，但是由于农民军特有的为政方式，触到了吴三桂的痛处，使吴三桂觉得大顺政权并不可靠，绝非自己的托身之所。再一个就是南明的小朝廷。应该说南明由明朝藩王入主，有些正统的幌子，但是这个小朝廷同灭亡的明朝一样，昏暗至极，在吴三桂的眼中南明君臣也都是些酒囊饭袋，没有什么用处。崇祯帝自缢后，南明德福王朝曾想封吴三桂为蓟国公，吴三桂拒绝了这个封爵。

剩下的就只有清朝政权了，客观地说，吴三桂在感情上并不会选择清朝政权。他自幼同清军作战，可谓血海深仇。可以说是李自成逼反了吴三桂，是他们一系列不合时宜的做法把吴三桂推向了清朝政权的怀抱。先是夺其家财，后又拘禁其父，再又夺其爱妾，致使吴三桂情绪激动，更为失策的是，在吴三桂举棋不定之时，贸然举兵讨伐。把处在清朝和李自成两大势力夹缝之中的吴三桂彻底地推向了清朝政权的怀抱。

清朝定都北京不久，命阿济格为大将军，西征李自成农民军，吴三桂也随清军出征。农民军且战且败，顺治二年（1645）李自成在湖北九宫山下落不明。八月，吴三桂回到北京，被清朝晋封为亲王。此后的十余年间，吴三桂剿灭了南明永历政权，把桂王从缅甸捉回，在云南处死。后被清朝封为平西王，留镇云南。

崇祯长平公主
生死之谜

崇祯十七年(1644)三月十七日的北京城笼罩在一片愁云惨雾之中,李自成的起义军从两面围困了北京城。北京城里的明朝君臣们都惊慌奔走,寻找逃走的出路。崇祯帝也在无奈之中跌坐在龙椅之上。他已经写了诏书给江南的明军统帅和山海关总兵吴三桂。但是,从此刻的情况来看,似乎已经是远水解不了近渴了。因为,李自成的大军已经加强了攻城的攻势,守卫北京城的这些老弱病残也支撑不了多久。李自成为了减少战斗的伤亡,曾派投降了的明朝太监杜之秩和申芝秀从城墙上吊入城中,去皇宫中劝崇祯皇帝主动退位,结果却被皇帝大骂了一顿赶了出来。

傍晚时分,李自成开始率军攻城,崇祯最信赖的重臣、守城总管、宦官曹化淳居然打开了彰仪门,献城投降,义军进占外城。崇祯听到这个消息,顿时如同五雷轰顶,外城一破,北京再无险可守了。崇祯皇帝和太监王承恩来到皇城的高处四下眺望,只见外面到处火光冲天,喊杀声不绝于耳,看起来内城被攻破也只是转眼之间的事了。他待了半晌,又回到宫中,见了周皇后,才叹了一口气说:"大势去矣。"两人不禁相对落泪。崇祯和周皇后勉强支撑着,将三个儿子叫到面前,让永王和定王两个皇子化装成平民,逃出了紫禁城。周皇后一直陪在他身边默默垂泪,一言不发。等到打发了太子走后,她才过来跪下向崇祯磕头说:"我服侍陛下十几年了,你却从没听我一句劝。现在也没什么可说的了,我也唯有以一死殉君国了。"话说完,她就站起来转身回房去了。一会儿宫女出来报告说,皇后已经自缢身亡了。崇祯听后,待了一会儿,又说:"好!好!死得好!"崇祯总共有六个女儿,其中四女早逝。崇祯十七年,崇祯还有两个女儿,即长平公主和昭仁公主。长平公主居住寿宁宫。这是他最疼爱的女儿,被封为长平公主,今年刚满十六岁。"长平",长长久久地享受太平,这两个字中包含了多少父亲对女儿的爱和希望啊!他本来已经为爱女选了周世显做女婿!可是这一切眼看就要成为泡影了。长平公主还在期待能与未婚夫周世显相会,像弟弟们那样逃出皇宫,崇祯为了防止城破之后女儿受辱,便在自杀之前,冲入寿宁宫,长平公主牵衣而哭。崇祯帝说:"汝何故生我家?"崇祯大恸,挥剑砍去,砍下了长平公主左臂,长平公主昏死过去。失魂落魄的崇祯认为女

景山崇祯自缢处

崇祯十七年（1644）农历三月十八日，李自成率领的农民起义军打进北京城时，崇祯见大势已去，在走投无路之下，便逼死皇后，砍杀昭仁公主等，然后仓皇逃到景山，以发遮脸，吊死在驼背的老槐树下，从此明王朝灭亡。陪同崇祯自尽的还有他的御前太监王承恩。原树早已枯死伐除，现存槐树为重新栽种的。

儿已经死了，没有再劈第二剑。接着，崇祯又冲进昭仁宫，砍杀了这里的三公主，三公主死后，清廷以其居所为名，追谥她为昭仁公主。随后，崇祯又走向袁贵妃，命她赶快自尽。袁贵妃遵命自缢，不料绳子却自己脱落了。崇祯见状，又挥着手中的剑砍伤了袁贵妃的左肩。傍晚，崇祯帝带着一批太监冲出宫门，逃命去了。他们出东华门，至朝阳门，又奔安定门……在城内兜了一圈，都被他的臣僚挡了回来，逃生不得后，只得重返宫中。25日凌晨，崇祯帝登上钟楼，鸣钟召集百官，但无一人前来。众叛亲离的崇祯帝潦草歪斜地写出了以下遗言："朕非庸暗之主，乃诸臣误国，致失江山。朕无面目见祖宗于地下，不敢终于正寝。贼来，宁毁朕尸，勿伤百姓！今日亡国，出自天意，非朕之罪。十七年惨淡经营，总想中兴。可是大明气数已尽，处处事与愿违，无法挽回。十七年的中兴之愿只是南柯一梦！"然后与宦官王承恩一起溜出紫禁城，登上了后面的万岁山（今景山），自缢而死。太监王承恩也以死殉主。那几天紫禁城里乱成一团，谁也没有顾得上去看看长平公主的"尸体"，所有的人来了又去了，她就那么一直躺在冰冷的青砖地上。

长平公主后来被人抬到周皇后的父亲周奎家中，五天后竟然苏醒过来。当她醒来的时候，北京城已经成了大顺国的天下。周奎不敢收留她，就把她交给了李自成，李闯王见长平公主居然死而复苏，感到很意外，于是将她交给刘宗敏救治。幸好，"大顺"只在北京城里待了两个月，就结束了它的历史使命。李自成没有来得及带上长平公主，就在清军的追击下败逃远去。

清军引兵入关后，为了笼络人心，多尔衮下令，五月初六至初八，为崇祯帝哭灵三日，上谥号怀宗端皇帝，后来又改称庄烈愍皇帝，并将他和周皇后的棺木起出，重新以皇帝之礼下葬，葬在昌平明皇陵区银泉山田贵妃陵寝内，妃陵改称思陵，一后一妃陪着崇祯去往另一个世界。

长平公主在京城游荡了几天,看到父母终于入土为安,长平公主虽然国破家亡,也终于得到了一丝安慰。但是其后她再也没有得到三个弟弟的丝毫消息。与她相依为命的,这时只有崇祯的袁贵妃。袁贵妃虽然重伤,最后也像长平那样死而复苏。

清顺治二年(1645),长平公主向顺治帝及摄政王多尔衮上书,说:"九死臣妾,踽踽高天,愿髡缁空王,稍申罔极。"她希望自己能够出家为尼,断绝这尘世间的哀伤悲痛。然而,她是先朝长平公主,为了让汉人归心,这个愿望,清朝廷是不会答应她的。不但不答应,在长平公主上书不久,顺治帝的诏命就跟着下达了——不许公主出家,而是让她与崇祯为她选定的驸马周世显完婚,并且同时赐予府邸、金银、车马、田地。但仅仅过了几个月,长平公主就病逝了,时为顺治三年(1646),长平公主十八岁。赐葬广宁门外。

另外据张廷玉的《明史·公主传》记载:"长平公主,年十六,帝选周显尚主。将婚,以寇警暂停。城陷,帝入寿宁宫,主牵帝衣哭。帝曰:'汝何故生我家!'以剑挥斫之,断左臂;又斫昭仁公主于昭仁宫。越五日,长平主复苏。大清顺治二年上书言:'九死臣妾,踽踽高天,愿髡缁空王,稍申罔极。'诏不许,命显复尚故主,土田邸第金钱车马锡予有加。主涕泣。逾年病卒。赐葬广宁门外。"《明史·流贼传》记载:"长平公主绝而复苏,异至,令贼刘宗敏疗治。"基本上与上面的说法相同。

但这只是历史的一说,还有一种说法说,长平公主没有死,而是出家做了尼姑。这个故事在民间传说和武侠小说中十分流行。大致说有一位武功超凡的独臂女尼,乃是明崇祯皇帝的嫡出长平公主,因为国破家亡,被父亲砍去手臂后流落民间,怀着深仇大恨的公主练就了一身武功,誓要为父母报仇雪恨。人称独臂神尼九难。传说独臂神尼九难收了八个天下无敌的徒弟,其中有个吕四娘。吕四娘是九难的关门弟子,后来潜入深宫,刺杀了雍正皇帝,辗转为师父报了家国之仇。这八个了不起的徒弟,被称为"清初八大侠",威震天下。此外,在金庸的小说《碧血剑》和《鹿鼎记》中也有长平公主的影子出现。在《碧血剑》中的长平给人最强烈的印象是长得相貌极美及气质高贵,十分符合她皇家公主出身的身份。《鹿鼎记》描绘长平公主为独臂神尼:"白衣侠女纤尘不染,神功盖世浪迹江湖。可怜如花似玉女,生于末世帝王家。国破家亡烽烟起,飘零沦落梦天涯。"与此同时,粤剧中有一部极为经典的《帝女花》,讲的也是长平公主的故事,说她在明亡后,出家为尼,后来又被清朝廷找到,要她与驸马完婚。为了让父母能够平安下葬,弟弟们能够被释出牢狱,她答应了这个要求。洞房花烛之夜,长平公主和驸马周世显服下了砒霜,以死报国。这些故事听来虽然浪漫,但毕竟只是传说而已。那么真实的历史又是怎样的呢?

也许真实的历史无人可知,长平公主短暂的一生,经历了风云变幻的际遇,历经了三个特殊的王朝:明、大顺、清。也许她真出了家,选择了青灯古佛、缁衣黄卷相伴终生。也许她一生都没有踏出过北京城一步,郁郁而终。但是,有一点可以肯定:缠了一双小脚的长平公主绝对不可能成为一个武侠高手。

崇祯太子
下落之谜

据《明史·诸王传》记载崇祯帝一生共生有七个儿子。其中,周皇后生了三个,即太子慈烺、怀隐王慈烜(皇二子)、定王慈炯(皇三子);田贵妃生子四人,即永王慈炤(皇四子)、悼灵王慈焕(皇五子)、悼怀王无名(皇六子)、皇七子。崇祯十七年(1644),李自成攻陷北京城的时候,皇太子朱慈烺十六岁,皇三子定王朱慈炯十四岁,皇四子朱慈炤只有十岁。除了这三个儿子外,崇祯帝其他的儿子都已早逝。

三月十七日,李自成的大军已经包围了北京城,崇祯意识到局面已经无可挽回,自己也恐怕逃不过被杀的命运,但爱子心切的崇祯帝朱由检仍想着也许他的儿子能趁乱逃出城去,给大明多保留一些血脉。所以这一天晚上,他把自己的儿子都叫到跟前,让他们都换上平民百姓的衣服,由太监护送出外逃生。试图让其子赶紧趁乱逃出城去,到南方重建王师,再卷土重来。于是,在天黑以后三个少年悄悄地溜出了紫禁城。第二天一大早,崇祯得到消息说守城的太监叛主投降,李自成的军队已经进城了,他知道这下自己是彻底无路可逃了,就把皇后公主都叫来,挥剑砍倒了几个,自己带着一个老太监到紫禁城后面的煤山上上吊自杀了。临死之前,他还在自己的衣服上写下遗书,要求各地的官员协力辅佐外逃的太子,重新振兴大明朝。他自己虽然死了,但是太子逃出去总还有一丝复国的希望存在,这是他死前心中念念不忘的事。崇祯帝真是良苦用心啊,只是大明江山气数已尽,他有点太异想天开了。

然而出逃的太子和他的两个弟弟又到哪里去了呢?对于这个问题,时人以及后人先后提出了几种不同的说法。第一种说法是,太子三兄弟并没有逃出被李自成重重包围的北京城,外面到处都是战火,三个人没有办法,商量了一下,决定先到周皇后的父亲,也就是他们的外公周奎家里去躲一躲,等外面平静一些的时候再设法逃到南方去。但是由于外边的情况实在是太混乱,太子来不及去周公府,便隐匿于民间,定王和永王一起去了周皇后的父亲周奎家。三月十九日,李自成进城,命令搜寻太子与定王、永王。不料,周奎见局势不妙,胆小怕事,生怕引火上身,就于二十日清晨,将定王、永王交给了李自成。

后来,皇太子也被李自成的军队搜获。由此还出现了太子与闯王李自成之间的一段对话。太子问李自成说:"为什么不杀我?"李自成说:"你没有罪,我岂能妄杀!"太子说:"既然这样,你听我一句话:第一,不可惊我祖宗陵寝;第二,速速埋葬我的父皇母后;第三,不可杀我百姓。"据说李自成接受了他的建议,不但没有杀他们,还封了皇太子为宋王,另外两个皇子也封了爵,一并交给大将刘宗敏看管。后来,李自成得到吴三桂叛明的消息,四月十三日,亲自带兵去讨伐吴三桂也把崇祯皇帝的三个儿子都带在身边,想用他们劝说吴三桂投降。不料这一去,李自成的军队大败而逃,崇祯的三个儿子都在乱军中不见了。此后,太子、定王、永王的下落都不清楚,或说曾被吴三桂夺去,或说定王曾在城南遇害。

第二种说法是太子逃出宫后,无处可去,被一个贫苦的老太太收养。但是老太太家里太穷,只好把他送到国丈周奎的家里。与当时在周奎府中的长平公主见后,两人抱头痛哭。长平公主与太子都是周皇后所生,乃是一母同胞的姐弟。由此来看,这个皇太子也许是真的。周奎举家向太子行君臣之礼,并问太子:"你一直藏在哪里?"太子回答说:"城陷之日,我单独藏匿在东厂门外。一日夜出,潜至东华门,被一个贫苦的老太太收养。后来又将我送到崇文门外的尼姑庵中,在那里假装贫困无依的孤儿住了半个月。"但是,由于周奎胆小怕事,不敢长时间收留太子,皇太子无奈再次流落街头,后来被巡逻的清兵以"犯夜"罪逮捕,交给刑部审理,皇太子向审理的官员说自己是前明皇太子,但是刑部主事官员,认为皇太子绝对不会这么明目张胆地说自己是皇太子,就断其为假冒太子。后来,由于他一再宣称,刑部主事钱凤览就找来原司礼监太监王德化等人前来辨认,结果都说就是皇太子。于是钱凤览上书朝廷,最后,摄政王多尔衮认为皇太子如果活在世上,就是明朝遗老遗少的一面旗帜,于是决定将皇太子押于监狱,后来被处决在狱中。

还有一种说法认为,皇太子成功地逃出了北京,一路上不知吃了多少苦头,终于顺利地逃到南方。后来,皇太子被南明的小朝廷接到南京,行前还曾问来接他的李继周说:"迎我进京,是让我做皇帝吗?"李继周说:"此事奴婢不知。"其实这只不过是他天真的想法罢了。南明福王朱由崧是他的叔叔,这时候已经当了监国,就等着称帝了。他听说崇祯皇帝的太子前来投奔,这还得了,如果证明这个少年真是太子,他就得归政于太子,那他就无法当皇帝了。所以,皇太子到南京后,他没有直接接见他,也没让他入宫,而是被安排在兴善寺暂住,并派两名太监去见太子,辨认真伪。两人见了之后,说果真是皇太子,福王得知之后,大怒,接着便处死了两名太监,并杀掉了去接皇太子的李继周。后来又让原总督京营太监卢九德去辨认,卢九德鉴于前车之鉴,不敢表态,只说有些相像,却认不真。皇太子在南京的消息传出去之后,引发了弘光朝的政治危机。为此朝臣们分成两派,处于长江中游的左良玉等人以拥护皇太子为名率军入京,江北的黄得功、刘良佐等总兵也上疏要求善视太子。

福王为了保住自己的皇位,就想方设法除掉这位真假未明的皇太子。他逼迫曾经充任太子讲官的王铎,一口咬定太子是假,并将太子下狱审讯,并结案为,说假太子真名叫王之明。后来,清军大举南下,南京不保,福王等人也逃到了太平府。南京百姓冲入监狱,救出了皇太子登上皇位。只可惜几天之后,再次落入清军的手中,被多铎处死。

第四种说法认为太子一开始确实是被李自成所获,但是在李自成军队败退北京的路上,刘宗敏受了重伤,放松了对他的看管,他就找了个机会从闯王的军中逃了出来,跟随他的还有他以前的老师李士淳。李士淳是明朝翰林院编修,曾任太子讲官,明亡后被迫接受李自成封的官职。因为李士淳原籍在广东嘉应州,他们就一路逃回了李士淳的老家,在嘉应州阴那山出家当了和尚。他们在人迹罕至的深山里建了一座寺庙叫作"圣寿寺",大殿就取名叫"紫极殿",处处都显示了寺中和尚的神秘出身。据说在太子死后,庙里就开始供奉一尊"太子菩萨"的神位。这尊神位始终保留着,直到辛亥革命以后,清王朝覆灭了,人们才知道原来供奉的这尊塑像就是明朝的逃亡太子。李士淳的后人也声称他们的先祖确实在乱军之中救了太子,并把太子带回自己的家乡,两人一同出家做了和尚,就此度过了余生。

后来,清朝入住之后,还曾多次有人宣称自己是明朝的皇太子,甚至在清朝已经建立很长时间之后,还有人不断冒充是崇祯太子而起兵造反。有些人即以"朱三太子"为号召,举兵抗清,清廷大力搜捕,史称"朱三太子案"。康熙十二年(1673)冬,北京有杨起隆者,诈称朱三太子,组织旗下奴仆、佃户,密谋起事。因事机漏泄,为清廷镇压,起隆逃走。康熙十九年(1680),在陕西汉中捕获自称朱三太子反清者,清廷指其假冒,在京磔死。三藩之乱时,福建蔡寅亦诈称朱三太子,拥众数万,与台湾郑经勾通反清,被清军击败于天宝山。康熙四十年(1701)后,江苏太仓、浙江大岚山等处反清力量均称拥立朱三太子。康熙四十七年(1708)正月,捕获在浙江大岚山起兵抗清的张念一,四月,清廷根据他的口供在山东汶上县捉获张姓父子,指为起义军所拥立之朱三,押解至浙审问。张供认本名朱慈炯,系崇祯帝第三子,长期流落河南、浙江等地,先后改姓王、张,以课读糊口,时年已七十五岁,与江南、浙江等处反清力量并无关系。但清廷指其伪冒明裔,以"通贼"罪仍将朱氏父子解京处死。朱三太子一案从此才告终结。

但这些都只是历史中的一说,崇祯太子的归宿到底如何?至今还是一个未解之谜,成为明末清初的一大历史疑案。

孝庄太后
下嫁之谜

孝庄太后名为博尔济吉特·布木布泰，又名大玉儿，蒙古科尔沁部贝勒博尔济吉特·布和之次女，是清太宗皇太极的妃子，史称孝庄太后。在努尔哈赤时代，就已经定下了满蒙联姻的策略。早年孝庄的姑姑哲哲嫁给了皇太极做福晋，也就是后来的孝端文皇后，但是由于婚后很久也没有生育，于是皇太极又于天命十年(1625)二月，迎娶了孝端皇后的侄女布木布泰。只有十三岁的布木布泰，在她哥哥吴克善的伴送下来到后金，成为皇太极的侧福晋。史称孝庄年轻的时候皮肤如玉，貌美如花，被称为"玉妃"。

崇德元年(1636)，皇太极改国号为大清，在盛京称帝。在分封五宫后妃时，布木布泰被封为永福宫庄妃，为五大福晋之一，居于西宫。她的姑姑哲哲位居中宫做了皇后，而后入宫的孝庄的姐姐海兰珠被封为宸妃，位居东宫。崇德三年(1638)正月，孝庄生下皇子福临，成为皇太极的第九个儿子。与此同时，最受皇太极宠爱的宸妃所生的皇八子夭折了。孝庄在皇太极面前并不得宠，皇太极最喜欢的是孝庄的姐姐海兰珠。但是，红颜短命，海兰珠仅仅活了二十几岁，在崇德六年(1641)就因病去世了。海兰珠死后，皇太极也变得整天闷闷不乐，两年后就郁郁而终了。皇太极死后，由于生前没有选立太子，因此出现了皇位之争。在清朝国内形成了多尔衮与皇太极长子肃亲王豪格两派。多尔衮与豪格都是手握重兵，多尔衮是努尔哈赤的第十四子，与皇太极是同父异母的兄弟。因为多尔衮长得很像努尔哈赤，而且多尔衮的生母大妃乌喇那拉氏也在努尔哈赤面前最为得宠，因此，努尔哈赤早就有立其为汗位继承人的意思。但是，努尔哈赤去世时，多尔衮还小，母亲乌喇那拉氏又被逼殉死，使多尔衮失去了登上汗位的机会。皇太极即位之后，多尔衮对他忠心耿耿，为了大清的基业率军英勇作战，被封为睿亲王，领正白旗，成为皇太极最为得力的助手和最为信任的心腹。皇太极死后，多尔衮在弟弟多铎的支持之下，也想觊觎皇位。此时，背后有两黄旗拥护的肃亲王豪格，同有两白旗拥护的多尔衮形成了激烈争夺。两派剑拔弩张，各不相让，随时都有暴发冲突的可能性。但是双方又各有顾忌，

199

孝庄画像

孝庄皇太后，姓博尔济吉特氏，名布木布泰，蒙古科尔沁部贝勒博尔济吉特·布和的女儿。天命十年(1625)与皇太极成婚，时年十三岁，皇太极三十五岁。崇德元年(1636)，封为永福宫庄妃。崇德三年(1638)生下皇太极第九子福临，时年二十六岁。崇德八年(1643)皇太极死时庄妃三十一岁。后孝庄辅佐儿子福临登上皇位，即顺治帝，顺治帝神秘驾崩后，又辅佐年幼的孙子玄烨登基，即康熙皇帝。孝庄太皇太后病死于康熙二十六年(1687)，享年七十五岁。死后葬于昭西陵。

谁也没有必胜的把握。最后，为了解决这个棘手的问题，努尔哈赤的长子代善出面劝说多尔衮，要他从大清的基业着想，不要因为皇位的争夺而使太祖太宗创立的大清基业毁于一旦。最后，多尔衮审时度势，在五大臣会议上，拒绝了拥戴者对自己的推荐，提出一个折中的方案，由皇太极第九子年幼的福临继位，由他和郑亲王济尔哈朗共同辅政。这个提议平衡了各个方面的利益，从而避免了在明亡前夕的关键时刻清王朝内部的分裂和相互残杀。福临继位之后，母以子贵，孝庄也被册立为皇后，称圣母皇太后。孝庄历经三朝，两辅幼帝。一个是自己的儿子福临。福临六岁即位，即位后不久，大清王朝就在多尔衮的率领之下入主中原，成为名副其实的中原王朝。清朝初年，政局动荡，事务繁多。而且其中还夹杂着各派别之间的权力争斗。孝庄太后为了维护儿子的帝位可谓是呕心沥血，费尽心机，只希望他长大后能够成为一代名君，也就可以心安了。只可惜到头来福临还是辜负了母后的一片苦心，年纪轻轻就随着自己心爱的妃子神秘逝去。孝庄辅佐的第二个幼帝便是其孙玄烨。玄烨继位时年仅八岁，孝庄又以太皇太后辅佐年幼的康熙。在除鳌拜，定三藩的过程中孝庄也是坐定宫中，成为康熙的主心骨。康熙二十六年(1687)十二月二十五日，这位不知历经了多少大风大浪，看过多少世间风云变幻的女中强人终于走完了她不平常的一生。享年七十五岁。

孝庄临死之前，曾经叮嘱康熙说："太宗的山陵奉安已久了，不可为我轻动，况且我心中也舍不得你们父子，就将我在你父亲的孝陵附近择地安葬吧。"后来康熙遵照太皇太后的懿旨，将孝庄生前居住的慈宁宫拆迁移建到孝陵附近的昌瑞山下，改称"暂安奉殿"，停灵其中。就这样一停就是三十八年。直到雍正三年(1725)，康熙的儿子雍正即位之后，才正式建陵安葬。谥为"孝庄文皇后"，徽号为"昭圣慈寿恭简安懿章庆敦惠温康和仁宣弘靖太皇太后"。但是，奇怪的是孝庄的陵墓并没有像其他葬于清东陵的皇

帝、后妃们一样葬在风水墙的内侧，而是被葬在了风水墙的外边。孝庄为什么不肯葬回皇太极的身边，孝庄的陵墓又为什么被葬在风水墙的外边呢？难道这里面有什么不为世人所知的隐情？

风水墙外的昭西陵

这种奇怪的葬制，也为诸多早就流传于世的有关孝庄的传言提供了依据。其中，流传最广，至今仍为史学界争论一大热点的就是：孝庄曾经下嫁多尔衮之说。他们认为，孝庄太后之所以不愿意回关外与皇太极合葬就是因为曾经下嫁多尔衮，无颜相见于地下。还说，这次婚礼大典是由礼部等衙门操办，极为隆重，中外文武百官都上表祝贺。持这一说的学者主要是有以下几个依据：一是从当时的形势来看，多尔衮在入关之后权势极大，击败大顺，攻下南明，几乎是多尔衮一手打下了大清的万里江山。而且清朝入关初年的各种典章制度也是出于多尔衮之手。当时他总揽朝纲，控制军队，虽然不是皇帝但实际上权力比皇帝还大，所以孝庄和顺治为了稳住这位摄政王，先后加封其为"叔父摄政王"，"皇叔父摄政王"，进而又不惜下嫁给多尔衮，称其为"皇父摄政王"。其二，根据满族的风俗，有兄终弟娶其嫂是合乎礼仪的。因此孝庄下嫁多尔衮从满族的角度讲也没有什么说不通的。其三，人们认为，后来顺治之所以加封多尔衮为"皇父摄政王"，就是因为母亲下嫁给他，这样叫更合乎情理。他们的再一个证据就是南明遗民张煌言的一首叫《建夷宫词》的诗，诗中言："上寿觞为合卺尊，慈宁宫里烂盈门，春宫昨进新仪注，大礼恭逢太后婚。"这里面明确地说出了太后下嫁之事。张煌言是当时代的人，他的诗应该是有一定的历史依据的。此外，还有人说，曾经在内阁大库档案中见过，顺治时太后下嫁皇父摄政王的诏书。由于上面的几条证据，这一派学者认为太后下嫁多尔衮应该是历史上的铁

昭西陵位于现河北遵化，为孝庄皇太后的陵寝，与清东陵隔一道风水墙，陵寝坐北朝南，前建方城，并建有明楼，明楼内立碑，碑上用满、蒙、汉三种文字刻着"孝庄文皇后之陵"，神道上建有碑亭，亭内立碑刻文"孝庄仁宣诚宪恭懿至德纯徽翊天启圣文皇后之陵"。

多尔衮画像

爱新觉罗·多尔衮(1612—1650)，努尔哈赤第十四子，皇太极之弟，1626 年封贝勒，后因战功封睿亲王。多尔衮摄政时期，清入主中原，顺治对他的称呼也从"叔父摄政王"逐渐变为"皇父摄政王"。三十九岁时，多尔衮因狩猎坠马不治而亡。死后，顺治帝因其独断专行，剥夺其封号，并掘其墓，后乾隆为其昭雪。

案，毋庸怀疑。

但是，持反对意见的史学家们接着提出了自己的理由。他们认为孝庄与多尔衮成亲虽然合乎满族的风俗，但这并不见得他们就会按照这个风俗来做。孝庄与多尔衮从早年就相互倾慕也是没有史学依据的野史传说。孝庄是两朝皇太后，曾经担负过辅佐两任君主的重任，如果孝庄曾下嫁多尔衮，她就变成了王妃，也不会再有皇太后和太皇太后的身份。张煌言是前明遗臣，他写诗的时候还进行着抗清的斗争，他故意以此来诋毁清朝君王也说不定。张煌言当时身在江南，根本不可能详细地知晓北京城里发生的事情，而且诗词本身作为一种文学载体，有夸大和歪曲的可能，也不能直接拿来作历史证据。如果真的有太后下嫁之事，那么在当时朝鲜的《李朝实录》中应该有所记载，因为当时清朝的诏书基本上都会发给朝鲜一份，但事实上里面没有任何关于太后下嫁的记载。同时在古代中国皇上称有功的大臣为父并不奇怪，古代就已经有过称大臣为尚父、仲父的先例，这里顺治加封多尔衮为皇父摄政王也没有什么奇怪。而且，多尔衮死后不久，就开始有人告发他生前曾谋篡帝位，刚刚亲政的顺治皇帝马上下令将多尔衮削去爵位，撤出宗庙，除去宗室名分，籍没家产人口入官，平毁陵墓。如果孝庄真的曾经下嫁多尔衮一定会反对顺治的这个决定，继续维护多尔衮的名誉。再一个是，前面的学者所说的有关孝庄下嫁多尔衮的诏书，别人谁也没见过，只是一个已经丢失的孤证，也没有办法完全地证明历史的事实。因此，他们认为孝庄下嫁多尔衮之事纯属野史小说中的传言，根本不是历史的事实。

可见，孝庄下嫁多尔衮之事依然是史学界的一大疑点，可谓否定者有之，肯定者也有之，事实的情况如何，史学界至今仍然没有一个完全肯定的答案，大都对这一问题采取存疑的办法，至于各种影视文学作品的各种解说，都是根据历史演绎出来的戏说之辞，不能当作历史事实一派观点来看。

顺治帝
出家谜案

顺治皇帝像

顺治十八年（1661），大清帝国入主中原后的第一位皇帝顺治帝福临在养心殿驾崩，当时年仅二十四岁。顺治死后，其八岁的儿子玄烨即位，也就是后来的圣祖康熙皇帝。对于顺治帝的死，《清世祖实录》仅仅记载了"丁巳，夜，子刻，上崩于养心殿"等寥寥数语，清朝皇室的家谱《玉牒》中也仅仅记录了顺治皇帝驾崩的时间、地点。而对于顺治帝驾崩前后的状况和死因则闭口不谈。皇帝驾崩如此重大的事情为什么在清朝的正史中会有如此之少的记载呢？难道这里面有什么不为世人所知的隐情？而且更令人惊讶的是，埋葬顺治皇帝的孝陵之中，据调查并没有顺治皇帝的尸骨存在，而是一座衣冠冢。由此，关于顺治皇帝的生死问题引发出了一场旷日持久的争议，而且这个谜至今未解，依然是一个充满着神秘和传奇色彩的历史谜案。

有关顺治帝生死的问题，人们大致提出了这么三种说法。首先一个就是在民间和小说故事中流传最为广泛的顺治出家说。

据说，顺治皇帝亲政前后，去孝庄太后的宫中问安，见到了一个貌若天仙、气质非凡的女子。顺治对她一见钟情，再也难以忘怀。按照清初的规定，后妃及王子贝勒的福晋、公夫人等都要轮流去皇太后宫中陪皇太后消遣。后来，顺治终于查明这个女子原来是自己的弟弟博果尔的福晋董鄂氏。顺治帝为了得到董鄂氏，就经常宣她入宫陪皇太后，实际上是来陪他。时间久了，顺治与董鄂氏好似干柴烈火，不自觉地就萌发出爱情的火花。但是，这件事情后来被顺

顺治帝，爱新觉罗·福临，清朝入关后的第一位皇帝。皇太极的第九子，生于崇德三年（1638），崇德八年（1643）八月二十六日在沈阳即位，改元顺治，在位十八年。卒于顺治十八年（1661）2月5日，享年二十四岁。谥号"体天隆运定统建极英睿钦文显武大德弘功至仁纯孝章皇帝"，庙号"世祖"，葬于河北遵化清东陵孝陵。

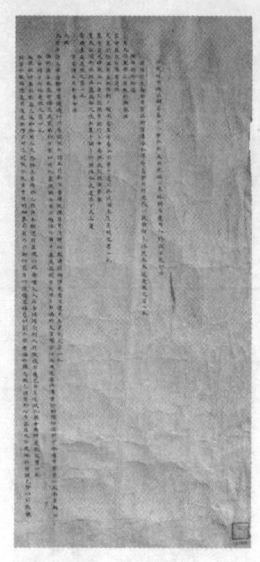

顺治皇帝遗诏图影（附内容）

奉天承运，皇帝诏曰：朕以凉德承嗣丕基，十八年於兹矣。自亲政以来，纪纲法度、用人行政，不能仰法太祖、太宗谟烈，因循怠乎，苟安目前，且渐习汉俗，于淳朴旧制日有更张，以致国治未臻，民生未遂，是朕之罪一也。朕自弱龄即遇皇考太宗皇帝上宾，教训抚养，惟圣母皇太后慈育是依，大恩罔极，高厚莫酬，惟朝夕趋承，冀尽孝养，今不幸子道不终，诚恫未遂，是朕之罪一也。皇考宾天时，朕止六岁，不能衰经行三年丧，终天抱恨，惟事奉皇太后，顺志承颜，且冀万年之后，庶尽子职，少抒前憾，今永违膝下，反上廑圣母哀痛，是朕之罪一也。宗皇诸王贝勒等，皆系太祖、太宗子孙，为国藩翰，理应优遇，以示展亲。朕于诸王贝勒等，晋接既正东，恩惠复鲜，以致情谊暌隔，友爱之道未周，是朕之罪一也。满洲诸臣，或历世竭忠，或累年效力，宣加倚托，尽厥猷为，朕不能信任，有才莫展。且明季失国，多由偏用文臣，朕不以为戒，反委任汉官，即部院印信，间亦令汉官掌管，以致满臣无心任事，精力懈弛，是朕之罪

治的弟弟给发觉了，他严厉地斥责了董鄂氏。顺治知道后，就又把博果尔训斥了一番。博果尔慑于皇帝的颜面不好当面发作，但又实在咽不下这口气，没过多久就愤懑而死。博果尔死后，顺治帝就顺理成章地将董鄂氏纳入宫中，并册封其为董鄂妃。董鄂妃在宫中同顺治帝极为恩爱，不久，就被加封为皇贵妃。后来董鄂妃还为顺治生下一个小阿哥。只可惜好景不长，造化弄人，没过多久他与董鄂妃的这个儿子便夭折而死。董鄂氏受不了丧子的打击，很快就病倒了，董鄂妃的身体本来就不好，这次病倒没多久，就郁郁而终了。董鄂妃的病逝，对顺治来说简直是一个天大的打击。他在董鄂氏死后，整天茶饭不思，也不问朝政，就一个人在那里暗自垂泪，并写了长达几千字的"董鄂妃行状"的祭文，又命大学士金之俊写了《孝献皇后传》，来寄托自己的哀思。后来顺治又追封董鄂妃谥号为"孝献庄和至德宣仁温惠端敬皇后"，以皇后之礼厚葬了这位心爱的妃子。在安葬了董鄂妃之后，顺治无意再做皇帝，对他来说，心爱的女人一死，就已万事成空了。于是他决心剃发为僧，从此遁入空门。任凭皇太后和大臣们怎么劝说也无济于事。顺治十八年（1661）正月初八，顺治抛下自己的大清基业和幼子老母，到五台山出家做了和尚。孝庄太后为了遮掩这次突然的变故就谎称顺治帝因病去世，并借顺治的口气拟了一道罪己遗诏，由年仅八岁的玄烨继承了大统。这一说法在后世的稗官野史之中极为流行，而且有些学者也持此说。据《清朝野史大观》的记载是："世祖（顺治）之于董贵妃，所谓君非姬氏，居不安，食不饱者也。乃红颜短命，世祖对之，忽忽不乐，未数月，遂弃天下，遁入五台山，削发披缁，皈依佛土……满洲族人，虽百方劝解，卒不能回。由是于十八年正月，谬谓世祖病殁，而以十四罪自责之遗诏下矣。"说的是顺治在董鄂妃死后，万念俱灰遂弃天下遁入空门，到五台山出家做了和尚。同时清初著名诗人吴伟业的一首《清凉山赞佛诗》的诗也记载了这段历史。《清凉山赞佛诗》中写道："陛下寿万年，妾命如尘埃。愿共南山椁，长奉西宫杯。"这个陛下当是指顺治皇帝，还写道："可怜千里草，萎落无颜色。""可怜千里草"其实是将"董"拆开来写，指的是董鄂

妃。"萎落无颜色"指的是董鄂妃病逝。"八极何茫茫,日往清凉山。"指的就是顺治帝茫然无依的情况之下,选择在五台山清凉山出了家。

其实,顺治崇信佛教并不是在董鄂妃死后才开始的。根据清宫档案记载,顺治皇帝少年的时候,在遵化打猎曾遇到过一位在山洞内静修的法师。顺治与他谈论了很久,从此对佛教产生了浓厚的兴趣。后来,顺治曾多次到京西的海会寺同寺里的高僧憨璞谈禅。顺治在宫里也经常研读佛经,参悟禅机。据满洲贵族昭梿撰的《啸亭杂录》记载,顺治皇帝"博览书史,无不贯通,其于禅语,尤为阐悟。尝召琳、木陈二和尚入京,命驻万善殿,机务之暇,时相过访,与二师谈论禅机,皆彻通大乘。"这里的木陈大师后来还专门写过一本有关顺治谈禅的《北游集》,只可惜后来因为触犯到顺治生死谜案的大忌,在雍正年间被查禁了。从清廷查禁此书来看,顺治皇帝的生死下落似乎确实与佛家有关。与此同时,此处提到的僧人琳也与顺治出家的说法有关。据说董鄂妃病死之后,顺治皇帝万念俱灰,对他身边的僧人说:"朕于财产固然不在意中;即妻孥党亦风云聚散,没甚关系。若非皇太后一人挂念,便可随老和尚出家去。"他还在西山慈善寺题壁诗说:"十八年来不自由,江山坐到几时休?我今撒手归山去,管他千秋与万秋。"后来,顺治帝决意要遁入空门,请琳的大弟子茆溪森为自己剃发,从此出家做了和尚,法号"行痴"。

据《康熙起居注》记载,康熙即位后不久,曾在孝庄皇太后的带领下先后五次到五台山礼佛。孝庄与康熙为何如此频繁地前往五台山,这说明也许顺治皇帝真的没有死而是在五台山出家做了和尚。而且据说,到了清朝末年,慈禧太后西逃的时候,仍在五台山见过当年顺治皇帝的一些宫廷用具。

与此说相反,还有一种说法就是顺治皇帝确实是因为出天花而死。据《平圃杂记》记载:"顺治十七年(1660)底,福临染上天花,礼部奉旨宣布免去元旦大朝庆贺礼。正月初二,顺治为祈求佛法庇佑,亲自把最宠爱的太监吴良辅送到悯忠寺剃度,作为自己的替身。正月初四,朝廷正式向文

一也。朕凤性好高,不能虚己延纳,于用人之际,务求其德于己相侔,未能随材器使,以致每叹乏人。若舍短录长,则人有微技,亦获见用,岂遂至于举世无材,是朕之罪一也。设官分职,唯德是用,进退黜陟不可忽视,朕于廷臣中,有明知其不肖,刀不即行黜斥,仍复优容姑息,如刘正宗者,偏私躁忌,朕已洞悉于心,乃容其久任政地,诚可谓见贤而不能举,见不肖而不能退,是朕之罪一也。国用浩繁,兵饷不足,然金花钱粮,尽给宫中之费,未常节省发施,及度支告匮,每令会议,即诸王大臣会议,岂能别有奇策,只得议及裁减俸禄,以赡军需,厚己薄人,益上损下,是朕之罪一也。经营殿宇,造作器具,务极精工,求为前代后人所不及,无益之地,靡费甚多,乃不自省察,固体民艰,是朕之罪一也。端敬皇后于皇太后恪尽孝道,辅佐朕躬,内政聿修,朕仰奉慈纶,追念贤淑,丧祭典礼概从优厚,然不能以礼止情,诸事太过,岂滥不经,是朕之罪一也。祖宗创业,未尝任用中官。且明朝亡国,亦因委用宦寺。朕既知其弊不以为戒。设立内十三衙门,委用任使,与明无异。致营私作弊,更逾往时,是朕之罪一也。朕性闲静,常图安逸,燕处深宫,御朝绝少,以致与廷臣接见稀疏,上下情谊否塞,是朕之罪一也。人之们事,孰能无过,在朕日御万几,自然多有违错,惟肯听言纳谏,则有过必知。朕每自恃聪明,不能听言纳谏。古云,良贾深藏若虚,君子盛德,容貌若愚。朕于斯言,大相违背,以致臣士缄然,不肯进言,是朕之罪一也。朕既知过,每自责生悔,乃徒尚虚文,未能者改,以致过端日积,怨庆滋多,是朕之罪一也。太祖、太宗创垂基业,所关至重,元良储嗣,不可久虚,朕子玄烨,佟氏妃所生也,年八岁,岐嶷颖慧,克承宗祧,兹立为皇太子,即遵典制,持服二十七日,释服,即皇帝位。特命内大臣索尼、苏克萨哈、遏必隆、鳌拜为辅臣,伊等皆勋旧重臣,朕以腹心寄托,其勉天忠尽,保翊冲主,佐理政务,而告中外,咸使闻知。顺治十八年正月初七日。

205

五台山清凉寺

清凉寺始建于唐，延于宋、元，盛于明清，距今已有两千余年，历经沧桑，经久不衰。清代皇帝乾隆、康熙、咸丰曾亲临古刹，寺内建有大雄宝殿、三世佛殿、观音殿、四大天王殿、地藏殿、愣和尚祠、钟鼓二楼等，颇具规模。

清东陵孝陵

孝陵是清世祖爱新觉罗·福临（顺治皇帝）的陵寝，位于瑞山主峰南麓，孝陵的陵址是由顺治皇帝生前择定的。顺治十八年（1661），顺治帝崩逝后兴工，康熙三年（1664）告竣。陵寝规模宏大，气势恢弘。

武大臣宣布皇帝患病。初五日，宫殿各门所悬的门神、对联全部撤去。接着传谕全国'毋炒豆，毋点灯，毋泼水'，并下令释放所有在牢囚犯，以祈祝皇帝康复。初七日夜，福临死于养心殿。""毋炒豆，毋点灯，毋泼水"这些禁忌只有在皇帝"出痘"的情况下才会出现，因此，许多人相信顺治确实是因为出天花而死去。同时在顺治朝的翰林院学士王熙的《自撰年谱》中，也有关于顺治出痘的记载，书中写到，在王熙应召进入养心殿以后，病榻上的顺治帝对他说，朕得了痘症，恐怕是好不了了。此后不久，宫中就传出了顺治驾崩的消息。

最近，学术界又提出了一种关于顺治皇帝死因的最新说法——顺治皇帝是死于郑成功的炮火。这种说法是由郑家的后人厦门学者郑万龄提出来的。一个偶然的机会郑万龄在一本手抄的《延平王起义实录》中发现一段惊人的记载：有人密报郑成功，高崎之战中，顺治皇帝在厦门思明港被炮击没，清军将领达素不敢对外公布这个消息，自己也畏罪自杀。此外，还有一处也提到顺治皇帝的死：太师郑芝龙降清后，屡次写信劝儿子郑成功投降都以失败告终，但顺治并未将他治罪。顺治被炮毙于厦门后，辅臣苏克萨哈与郑芝龙有仇，向康熙建议："郑成功可以用炮击死我们的先皇，皇上难道就不能处死他的父亲吗？"康熙采纳了他的意见，即位不久后，郑芝龙就被处死。由此学者们提出了：1660年5月，郑成功兵败南京，退守厦门之后，清朝派大将军达素率领重兵攻打厦门。顺治皇帝也参加了这次战役，不幸被炮击中身亡。但是，也有学者对此提出异议，因为在记载郑成功生平事迹的《先王实录》一书中并没有关于打死了顺治皇帝的记载，它里面只提到了郑成功在厦门一战中击败了清军统帅达素的军队。而且在南明大臣张煌言在给永历皇帝的奏报中，也没有关于顺治被郑成功炮击而死的记载。到底顺治皇帝有没有御驾亲征厦门，又是不是死于郑成功的炮火之下，还有待于学术界的进一步考证。

董鄂妃
是不是董小宛

据《清朝野史大观》的记载："世祖（顺治）之于董贵妃，所谓君非姬氏，居不安，食不饱者也。乃红颜短命，世祖对之，忽忽不乐，未数月，遂弃天下，遁入五台山，削发披缁，皈依佛土……"还有一种说法是，顺治十七年（1660）八月，皇贵妃董鄂氏因丧子之痛郁郁而终，顺治皇帝也在爱妃的病逝之后，茶饭不思，不久便也随之驾鹤西行。且不言顺治皇帝到底是出家还是死了，但有一点是可以肯定的，就是顺治的死抑或遁入空门都与自己心爱的妃子董鄂氏有关。这个董鄂氏到底是何等尤物，能够令执掌天下之权的大清皇帝殉情至此。

顺治皇帝定鼎北京之后，总共立过三位皇后。第一位皇后博尔济吉特氏是蒙古科尔沁亲王之女，孝庄太后的亲侄女。顺治十四岁时，与博尔济吉特氏完婚，并册封博尔济吉特氏为皇后。但是由于她从小娇生惯养，极度任性又天性妒忌，不能容人，所以顺治很不喜欢这位来自蒙古的美人。两个人在一块经常吵架、赌气。顺治对此耿耿于怀，两年之后，顺治不顾朝臣反对，废掉博尔济吉特氏的后位，降之为静妃。顺治的第二位皇后也是来自蒙古。原来是顺治的一个妃子，顺治废掉博尔济吉特氏之后，为平衡满蒙之间的联盟，不得不再次册立一个来自蒙古的妃子为后，也就是后来的孝惠章皇后。但是，顺治也不喜欢这位毫无个性的皇后。他真正喜欢的是皇贵妃董鄂氏。

董鄂妃是顺治一生中最喜欢的女人。顺治十年（1653），年仅十六岁的董鄂妃在秀女大选的时候，被顺治皇帝看

董小宛（1624—1651）

名白，号青莲，金陵人（今江苏南京），歌妓，"秦淮八艳"之一，名隶南京教坊司乐籍。1639 年结识复社名士冒辟疆。明亡后小宛随冒家逃难，此后与冒辟疆同甘共苦直至去世。另有观点认为董小宛与顺治皇帝的宠妃董鄂妃实为一人，并导致了顺治出家。不过，此系误传，顺治皇帝生于 1638 年，董小宛长他十四岁，董小宛去世时顺治皇帝仅十三岁，况且董小宛从未去过北方。

册立董鄂妃为皇贵妃的《诏书》

中。但孝庄为了平衡亲王之间的关系,将其许配给了顺治的弟弟襄亲王博穆博果尔。襄亲王是皇太极的第十一子,顺治帝同父异母的弟弟。选秀后的第二年,董鄂氏就与襄亲王举行了婚礼。但是,顺治始终对这位自己相中的佳人念念不忘。经常召她入宫侍候皇太后,实际上是与自己幽会。时间久了,顺治与董鄂氏好似干柴烈火,不自觉地就萌发出爱情的火花。但是,这件事情后来被顺治的弟弟给发觉了,他严厉地斥责了董鄂氏。顺治知道后,就又把博果尔训斥了一番。博果尔慑于皇帝的颜面不好当面发作,但又实在咽不下这口气,没过多久就愤懑而死,死时才十六岁。博果尔死后不久,顺治帝宣布册立董鄂氏为妃,并让礼部挑选吉日举行入宫大礼。这个说法在与顺治关系密切的外国传教士汤若望的笔记中也有所记载:"顺治皇帝看上了一位满洲军人的夫人,后来被这位军人知道了,当这位军人因此事申斥他夫人时被顺治闻知,打了他一个耳光。这位军人于是因愤致死。顺治皇帝就将这位军人的夫人收入宫中,封为贵妃。"后来据史学家陈垣先生考证,这位满洲军人应该就是指顺治皇帝的同父异母弟襄亲王博果尔。

董鄂氏因从小接受过比较多的教育,琴棋书画无所不通,可谓顺治后宫的第一才女。就是这种后宫女子少有的才华与气质深深地吸引了顺治,两人经常在一块下棋、谈禅,有时竟彻夜不休。不久,顺治皇帝又加封董鄂氏为"皇贵妃",地位仅次于皇后。顺治与董鄂妃两人之间的感情极好,以至于顺治日常的饮食也由董鄂妃亲自安排。顺治十四年(1657)四月七日,董鄂妃为顺治生下一个小阿哥,但是这个新生的小阿哥没活多久就突然夭折了。这对董鄂妃来说简直是一个天大的打击。无法承受丧子之痛的她从此一病不起,不久便郁郁而亡。董鄂妃死后,顺治帝痛不欲生,亲自监工在东陵为其修建坟墓,并追封其为"孝献庄和至德宣仁温惠端敬皇后",以前所未有的隆重葬礼埋葬了她。此后,自己也在极端郁闷的情况之下神秘地走下历史的舞台。

至于这位神秘的董鄂妃的身世历来就存在争议。有人说董鄂妃就是秦淮八大名妓之一的董小宛。这种说法主要见于稗官野史与民间传说之中。据《清朝野史大观》记载,顺治十七年(1660)八月,贵妃董鄂氏病逝。数月后,顺治遁入五台山,皈依佛门。董妃即冒辟疆之妾,秦淮名妓董小宛,于明朝弘光末年,被掠到北京,入宫后,赐姓董鄂氏,专宠于皇帝。冒辟疆惧祸,作《影梅庵忆语》,假说小宛已死。此外,有人认为清初著名诗人的《清凉山赞佛诗》诗中所写的也是董小宛:"陛下寿万年,妾命如尘埃。愿共南山椁,长奉西宫杯。"当时顺治皇帝与董小宛的故事传得沸沸扬扬,人们认为陛下就是顺治皇帝。而"可怜千里草,萎落无颜色",草下千里就是个董字,诗中的妾指的就是董小宛。

这个董小宛是明朝末年,江南有名的妓女,同柳如是、李香君、陈圆圆等人并称为"秦淮八艳"。明朝灭亡之后,清军大举南下,董小宛被督军江南的清军统帅洪承畴看中,将其抢入府中,后来又作为礼物送给了孝庄太后为侍女,孝庄太后见其伶俐乖巧,就把她留在自己的身边,并赐其满洲姓董鄂氏。后来,顺治到皇太后的宫中问安,与董小宛一见钟情,便经常约她出来幽会。在与董小宛接触的过程中,顺治彻底被她的气质和才气所倾倒。后来这件事情被孝庄发觉,孝庄太后害怕顺治会因此而荒废政务,就瞒着顺治把董小宛许配给襄亲王博果尔。于是,接下来便出现了夺弟之妻的一幕。就这样一代名妓变成了皇宫大院里的董鄂妃。据说,后来孝庄皇太后还是怕顺治会因此耽误了国家大事,就想方设法把董小宛给送到了西山的玉泉寺。后来顺治又千方百计找到玉泉寺,与董小宛相会。孝庄太后为了斩草除根就派人放火烧掉玉泉寺,并说董小宛已被烧死。顺治听后痛不欲生,自己出家当了和尚。

当然,这只是后人的一种传说,事实上据专家考证,董小宛根本不可能是董鄂妃。其实董小宛是江南"四大公子"中的冒辟疆的小妾。明朝崇祯十二年(1639),冒辟疆到南京参加科举考试。经方以智、侯方域的介绍认识了"才色为一时之冠"的董小宛。冒辟疆对她一见钟情,以三千两银子替董小宛赎了身。后来董小宛就嫁给冒辟疆做了一名小

影梅庵忆语

冒辟疆《影梅庵忆语》书影

董小宛死后,冒辟疆作《影梅庵忆语》记述:"爱生于昵,昵则无所不饰。缘饰著爱,天下鲜有真可爱者矣。翅内屋深屏,贮光阖彩,止凭雕心镂质之文人,描摹想象。麻姑幻谱,神女浪传。近好事家,复假篆声诗,侈谈奇合。遂使西施、夷光、文君、洪度,人人阖中有之。此亦闺秀之奇冤,而啖名之恶习已。亡妾董氏,原名白,字小宛,复字青莲。籍秦淮,徙吴门,在风尘虽有艳名,非其本色。倾盖矢,从余入吾门,智慧才识,种种始露。凡九年,上下内外大小,无忤无间。其佐余著书肥遁,佐余妇精女红,亲操井臼。以及蒙难遭疾,莫不履险如夷,茹苦若饴,合为一人。今忽死,余不知姬死而余死也。但见余妇茕茕粥粥,视左右手罔措也。上下内外大小之人,咸悲酸痛楚,以为不可复得也。传其慧心隐行,闻者叹者,莫不谓文人义士,难与争侍也。余业为哀辞数千言哭之。格于声韵不尽悉,复约

略纪其概。每冥痛沉思姬之一生，与偕姬九年光景，一齐涌心塞眼。虽有吞鸟梦花之心手，莫能追述。区区泪笔，枯涩黯削，不能自传其爱，何有于饰。刻姬之事，余始终本末，不缘狎眤。余年已四十，须眉如戟。十五年前，眉公先生谓余："视锦半臂碧纱笼"，一笑瞠若。岂至今复效轻薄于漫谱情艳，以欺地下？倘信余之深者，因余以知姬之果异，赐之鸿文丽藻。余得藉手报姬。姬死无恨，余生无恨。

妾。明亡之后，清军南下，董小宛也随着冒家四处逃亡、颠沛流离。最终于顺治八年（1651）正月初二，死于水绘园影梅庵家中，年仅二十八岁。据董小宛的丈夫冒辟疆所作的《影梅庵忆语》记载，冒辟疆与董小宛认识是在崇德四年（1639）那时董小宛就已经十六岁了，而同时期的顺治帝却只有两岁。但《清史稿》后妃传的记载中却说："孝献皇后董鄂氏，内大臣鄂硕女，年十八入侍。上眷之特厚，宠冠后宫。"也就是说顺治娶董鄂妃时是十九岁，董鄂妃十八岁，与前面的董小宛的年龄根本不相符合。同时，在《影梅庵忆语》一书中冒辟疆对董小宛的一生作了完整的记载。说董小宛与他在崇德六年（1641）相识，崇德八年（1643），纳她为妾。顺治八年，董小宛病死，年仅二十八岁。据说现在还有当时文人墨客为董小宛写的悼念诗词。从另一个角度讲，董小宛是一民间女子，又是一位妓女，要皇帝娶一个妓女，这是不现实的。因此董小宛即董鄂氏之说是不成立的。

历史上倒是确实有董鄂妃这个人，只不过不是董小宛。历史上的董鄂妃出生于满洲世族之家，是内大臣鄂硕之女。她十八岁的时候，以德选入掖廷，备受皇帝宠爱。顺治十四年（1657），董鄂妃诞下皇四子。次年正月此子不幸夭折，董鄂氏伤心欲绝，染病不起，于顺治十七年（1660）八月病逝，年仅二十二岁。顺治痛不欲生，下令：辍朝五日，传谕，亲王以下，满汉四品官员以上，公主、王妃以下命妇等人，全部聚集到景运门哭丧，移送梓宫的时候，这些人又必须随同护送。顺治自己也亲自穿了十二天的丧服，朝廷官员和命妇们要为此穿丧服二十七天。百日祭奠之时，又是诸王以下、文武官员以上、公主王妃以下、各官命妇以上，全部齐集举哀。顺治还破例追封董鄂氏为皇后，并加谥为"孝献庄和至德宣仁温敬皇后"。亲自撰写"董鄂妃行状"祭文，命大学士金之俊题写《孝献皇后传》。可见董鄂妃其实就是顺治皇帝的一个宠妃，并非是董小宛，而且也不是被孝庄设计害死的。事实上，董鄂妃是因为自己的孩子夭折，悲伤过度而成疾病而死。历史上的董鄂妃与董小宛应该不是一个人，两人只不过由于各种历史的巧合才被后人演绎成一个人罢了。

谜一样的
陈圆圆

陈圆圆像

姑苏红颜陈琐芬，才貌双全盖凡尘。寻花公子争芳泽，田腕慕美乱人伦。

三桂痴情清兵入，李闯迷色败西京。花容玉肌今何在，沃壤狮山掩芳魂。

上天赋予陈圆圆太多历史的巧合，使她历经了太多风云的变幻。历史交给这个女人的已经不再是一个普通人的生活，她的一切都已融为历史机缘中的一个因子，似乎所有事件的前因后果都在她的生与死一瞬间。

陈圆圆的一生充满了传奇色彩。她是常州武进人，本来姓邢，在她七八岁的时候，父母先后去世，由姨母陈某抚养长大，所以便随了姨母家的陈姓。姨母为她起名为沅，字畹芬，小字圆圆。后来，不知道什么原因陈圆圆被卖到了苏州教坊中做歌妓。由于她天赋颖慧，很快就在教坊中崭露头角，歌舞尤占魁首。有一次，崇祯帝周皇后的父亲周奎在苏州逛妓院，一眼便看中了这个尚未出头的小歌妓，便花了几百两银子替她赎了身，带回北京，周奎买回陈圆圆是有用处的。当时，崇祯宫中田贵妃专宠。周奎的宝贝女儿虽然是皇后，但也不得不独守空房。周奎这次买回陈圆圆这个既有长相又聪明乖巧的小丫头，就是想找个机会把她送到崇祯皇帝的宫中。一来可以用她的色相分田贵妃之宠；二来可以以娘家人的身份多给周皇后一些支持。但是，已被李自成的起义军搞得焦头烂额的崇祯皇帝此时根本没

陈圆圆，常州武进(今属江苏)人，本姓邢，名沅，字畹芬。为苏州名妓，善歌舞。初为田畹歌妓，后吴三桂纳为妾。三桂出镇山海关，李自成农民起义军攻克北京，曾被俘。三桂降清，清军攻陷北京，仍归三桂，从至云南。晚年为女道士，改名寂静，字玉庵。民间传说称吴三桂因她降清。

211

有心思再去思考女人的问题。因此,周奎的如意算盘也就落了空。但他又不想白白花那几百两银子,于是便转手把她送给了刚刚由山海关前线返回京城,正炙手可热的大将军吴三桂。吴三桂到周府做客,在酒席上看中了陈圆圆,周奎便作人情把她送给了吴三桂。陈圆圆在吴三桂的府上际遇还算不错,由于她的乖巧玲珑,善解人意,很快便同军人出身的吴三桂结成红颜知己。一生没有接触过多少女人的吴三桂对陈圆圆很是宠爱。在他不得不赶往山海关的时候,还舍不得把陈圆圆带到战火纷飞的辽东前线,而是把她安置在父亲吴襄的府中居住。同吴三桂的结合,并没有使陈圆圆的生活安顿下来,也许这就是她的命,生来就是要被强势的人物夺来抢去的。

吴三桂离京不久,李自成的农民军就攻到了北京城。闯王李自成率军攻陷北京,崇祯帝在煤山上吊自杀,大明王朝的古都北京此时成了起义军的天下。李自成定鼎北京之后,便同大将刘宗敏等人开始了残酷的追赃,也就是让前明的官员交出自己平时贪赃枉法的钱财,拿不出来的都要抄家下狱。吴三桂的父亲吴襄也在追赃之列,在去吴家追赃的时候,大将军刘宗敏一眼便看中了娇艳如花的陈圆圆,并将之霸占,夺为侍妾。这个消息传到吴三桂的耳朵中后,便有了"恸哭六军尽缟素,冲冠一怒为红颜"。这充满戏剧色彩的一幕。无辜的陈圆圆却成了吴三桂降清叛明的罪魁,断送李闯王辉煌前程的红颜祸水,让大明遗民唾骂不已。

山海关之血战之后,李自成匆匆地从北京城中撤去,慌乱中,刘宗敏也顾不了刚夺来的新欢陈圆圆,便随李自成一块匆匆离去。十天后,吴三桂带领清军铁骑随着多尔衮返回京城。陈圆圆再次回到吴三桂的怀抱,从此宠之不衰,随他转战南北。

为了剿灭西南一带的南明残余,吴三桂率领曾经是明朝军队的吴家军横扫江南。腐败的南明小朝廷此时还对他们曾经的吴将军抱有幻想,同年八月居然加封他为"蓟国公",并赐银一万两,蟒缎两千匹,并派人将委任书和赏赐一起送到北京。史可法在书中说:"南中向接好音,法随遣使问讯吴大将军,我大将军吴三桂假兵贵国,破走逆成。殿下入都,为我先帝、后发丧成礼,扫清宫阙,抚戢群黎,且免剃发之令,示不忘本朝。此等举动,震古烁今,凡为大明臣子,无不长跽北向,顶礼加额,岂但如明谕所云感恩图报已乎!"但是,此时的吴三桂已经不再是他们的吴将军了。他率领的清军铁骑很快便踏平了南明残军,进而进兵西南,把桂王手下的几千兵将也打了个落花流水。走投无路的桂王逃入缅甸。为了斩草除根,心狠手辣的吴三桂又挥师杀入缅甸,抓住逃亡在丛林里的桂王朱由榔。吴三桂并没有把桂王北解京城,"献俘阙下",而是私自用弓弦将这位最后的南明皇帝绞死在昆明。吴三桂的一番衷心和战功也取得满清新主子的信任。他被封为平西王,世镇云南。从此开始成为西南独立王国里的土皇帝。

关于陈圆圆成为平西王妃后的生活，历史上并没有太多的记载，只知道此时的吴三桂开始过起穷奢极欲的腐朽生活。他嫌王府不够豪华，又派人在五华山建宫殿，修建新的平西王府。园经三年建成，其间毁人庐墓无算。此后，吴三桂又命人到江南购买会唱昆曲的年轻、姿色好的四十几个女艺人，整日和号称"八面观音"和"四面观音"的美人们纵情声色，早把人老色衰的陈圆圆抛到了一边。

康熙十二年(1673)，吴三桂开始举旗叛乱。陈圆圆苦劝无效，便请求吴三桂允许她出家，从此了结尘缘。她说："妾闻知足不辱，知止不殆，长此奢华，恐遭天忌，愿王爷赐一净室，妾茹素修斋以求夫君长幸……"此后，吴三桂便在昆明的凤鸣山为她修筑了一座金殿，让陈圆圆在此带发修行。

"旧日繁华事尽删，春秋愁锁两眉弯。珠襦已分藏棺底，金碗尤能出世间。离合惊心悲画角，兴亡遗恨记红颜。看他跋扈终何益？宝殿飘零翠瓦斑。"无奈的陈圆圆只好以诗来表达自己的心情。她不能阻止吴三桂，也无法安排自己的命运。她所能掌握的也许只有自己的一条命而已。康熙十七年(1678)，已经是强弩之末的吴三桂在衡州称帝，国号大周，同年秋，便在焦虑中死去。吴三桂死后，叛军无首，很快瓦解。两年后，清军攻入昆明，吴三桂的一切也到此结束了。

至于吴三桂兵败之后，陈圆圆的下落，历来众说纷纭。有人说她在清兵攻破昆明之日，投莲花池而死，后来被人葬于池旁的寺院中。据《昆明风物志·陈圆圆与吴三桂》记载：康熙十七年秋天，传来了吴三桂兵败并病死在湖广道衡阳的消息。当智莹把知道的情况告诉陈圆圆后，她若有

贵州思州马家寨陈圆圆墓

贵州思州马家寨陈圆圆墓，墓前有清雍正六年(1728)所立碑，碑文："故先妣吴门聂氏之墓位席；孝男吴启华、媳涂氏；孝孙男仕龙、仕杰、杨氏；曾孙大经、纯；孝玄孙朝达、选、魁、政、玺、柱、相、仅；皇清雍正六年岁次戊申仲冬月吉日。"据说"吴门"二字，即暗示陈圆圆的籍贯苏州，又标明她嫁到吴家。"聂"字既隐陈圆圆生前两姓，小时姓邢，后改为陈姓，邢、陈二家均有"耳"旁，"聂"字由"双""耳"二字组成。马家寨据说就是为了纪念当年保护陈圆圆及吴家后人的马宝而得名。

213

陈圆圆墓说明

所思地说:"三十多年的冤孽债算是了结了。经过这些年,我了解到他只不过是一个表面逞强,心地险诈,患得患失,反复无常的小人;在我的心目中,吴三桂早就死了!"又过了几年,在一个叶落萧瑟的深秋傍晚,陈圆圆正伴着青灯古佛,手持念珠,虔诚诵经拜忏时刻,突然传来了一阵紧急敲门声,智莹忙出去一看,原来是总督蔡毓荣亲自带领兵丁,前来查抄吴三桂的珍宝古玩。智莹立即转身告知陈圆圆,陈马上打发智莹从后门逃走,然后从容走到窗前,遥望着秋水长天,双手合十,安详地跳进池里。据说后人还曾在池边写下过一首"花落苏台晚照红,晓莺啼彻彩云空。沧桑一段风流话,凭吊湘波惜玉容"的诗。

还有一种说法,陈圆圆在清兵攻入云南之时自缢身死。也有人说,陈圆圆在清军攻破昆明之前,就已经在归化寺出家,法名寂静,号玉庵。后来,青灯古佛相伴,不问世事。最后在归化寺悄然圆寂。此外还有人说,陈圆圆在昆明城破之时,跑到城北的"三圣庵"出家为尼了。

最近,有一位自称是陈圆圆的第十二世孙的人揭秘说,以上这些关于陈圆圆的说法都不对。陈圆圆在吴三桂死后,为了防止清军对吴三桂诛灭九族,便带着吴三桂的儿子吴启华、孙子吴仕杰,在吴三桂生前亲信马宝的护送下,逃到贵州的一片原始森林里面。据说现在这里已经发展为一个村落,住的都是吴三桂的后人。陈圆圆的墓就在这个村子的墓地中。

当然,由于没有历史的记载,关于陈圆圆的下落,至今依然是一个历史的谜案。诸多关于陈圆圆最后归宿的说法,到底谁是谁非,还有待于历史的检验。

雍正
即位疑案

雍正皇帝,名爱新觉罗·胤禛,是康熙皇帝的第四子。康熙皇帝一生共有三十五个皇子,这些皇子长大成人后,在储位问题上展开了激烈的争夺。康熙在1675年的时候,曾立皇后赫舍里氏所生的皇二子胤礽为皇太子。由于皇后在生育胤礽的时候难产而死。康熙对这个儿子格外钟爱,立他为皇太子,对他进行不同于其他皇子的培养。但是,正是这种不同的待遇,助长了皇太子骄横任性的特殊性格。皇太子长大之后,对于康熙迟迟不死感到着急,同时也怕康熙皇帝哪天变了主意,会立别的兄弟做皇帝。于是便同索额图等人结成太子党,暗自培养势力,企图谋害康熙,夺取皇位。后来被康熙皇帝觉察,康熙一怒之下于康熙四十七年(1708),以皇太子"胤礽不法祖德,不遵朕训,惟肆恶虐众,暴戾淫乱……纠聚党羽,窥测朕躬起居行为……天下断不可以付此人"为由将其废黜。康熙废掉皇太子之后,储位空虚,这样诸位皇子之间争夺皇位的冲突骤然激化。后来,康熙曾一度恢复胤礽的太子之位,但是胤礽不思悔改,再次密谋篡位,又被康熙废黜。从此,康熙到死也没有再提立储之事。

在储位的争夺中,诸皇子中先后涌现出了皇八子胤禩、皇四子胤禛和皇十四子胤禵三个热门人选。皇八子胤禩有才有德,很受康熙皇帝的器重,被康熙任命为内务府总管事,同时在他的周围还团结了皇九子胤禟、皇十子胤䄉、大臣阿灵阿等人。皇四子胤禛比较聪明,所以他采取了不露声色,暗中发展势力,讨取康熙皇帝欢心的政策。在康熙面前,他丝毫不露自己觊觎皇位的野心,对诸皇子之间的争斗也不露声色,巧妙地将自己隐蔽在皇子储位之争的暗处。与此同时,他又极力在康熙皇帝的面前表现自己的孝道。康熙四十七年,康熙受不了皇太子阴谋篡位的打击,在废掉皇太子之后,自己也病倒了。此时,其他的皇子们都认为这是一个千载难逢的机会,相互之间展开激烈的党争。而胤禛则不这么做,他处处避开皇子间直接的争夺,除了精心地侍候病倒的康熙皇帝外,不管别的事情。同时,对于被废掉的皇太子胤礽,胤禛也尽量地表现出同情的神色，极力地替胤礽求情，从而给康熙留下了一个极好的印象。康熙病愈之后还亲自下诏褒扬胤禛说："前拘禁胤礽时，并无一人为之陈奏，惟四阿哥性量过人，深知大义，屡在朕前为胤礽保奏，似此居心行事，洵是伟人。"胤禛一方面设法博取康熙的欢欣，另一方面又在暗中发展自己的势力，经过几年的努力，他逐步获得了十三阿哥胤祥、十七阿哥胤礼，以及康熙面前的两大红人步军统领隆科多和西北大将年羹尧的支持。康熙五十七年(1718)三月，西北地区发生叛变，为对付西藏的叛乱，稳定青海的局势，康熙派皇十四子胤禵为抚远大将军，赴西宁办理前线军务。

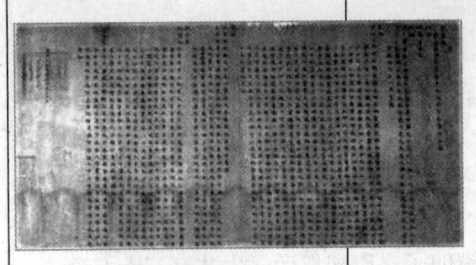

康熙遗诏图影

诏书以汉、满、蒙三种文字书写，除了康熙在位60年的功绩，外也记述了传位事宜："雍亲王皇四子胤禛，人品贵重，深肖朕躬，必能克承大统，著继朕登基，继皇帝位……"

康熙六十一年(1722年)，年老体衰的康熙皇帝感觉身体欠安，谕令皇四子胤禛到天坛代行冬至的祭天大礼。此后不久，十一月十三日的晚上戌刻(晚七时至九时)，这位清代历史上最为伟大的康熙皇帝在京郊的畅春园走完了他那辉煌壮丽的一生。据说康熙驾崩之前曾经将皇三子诚亲王胤祉、皇七子胤祐、皇八子胤禩、皇九子胤禟、皇十二子胤祹、皇十三子胤祥、理藩院尚书隆科多等八人招致御前安排后事，并命隆科多草诏传位于皇四子胤禛。康熙驾崩七天后，隆科多公布了康熙的遗诏，宣谕："雍亲王皇四子胤禛，人品贵重，深肖朕躬，必能克承大统，著继朕登基，即皇帝位。"几天后，胤禛在太和殿即位登基，改年号为雍正。但是，由于康熙生前并没有谈过储君的选立之事，这纸遗诏又来得如此突然而且充满疑点，于是，人们开始对雍正即位的事情议论纷纷，就连雍正自己也不得不亲自写作《大义觉迷录》来为此事辩白。这件事情从雍正时代一直争论到现在，依然是一个谁也说不清楚的谜。

关于雍正即位的说法大致有以下这几种。一是"雍正改诏说"，说康熙本来是把皇位传给十四子胤禵的，可雍正却暗地里把诏书中的"十"字改成"于"字，这样诏书就成了"传位于四子"。雍正即位后，为了封人之口，就强迫胤禵改名为胤禵，并找借口将他囚禁在康熙陵。后来，太后想见胤

襽,雍正不准,太后一气之下撞柱而死。持这种观点的学者认为康熙临终前召"八人同受面谕"值得怀疑。据史料记载,康熙是在康熙六十一年(1722)十一月十三日晚八九点钟驾崩的,召胤禛进畅春园是在这天的凌晨一两点钟,也就是说在胤禛到达畅春园之前,康熙已经将八人急召入宫,宣布了遗诏的内容。而后来雍正自己说有八人同时受诏书,则是他即位后的七年。如果此事是真的话,一直受人怀疑的雍正也不会等到七年之后才拿出这一证据。所以这一证据极有可能是雍正为了掩盖自己改诏篡位的事实而伪造出来的。

但是,对于改诏一说,也有学者提出了不同的看法。首先是皇十四子的问题。康熙选立储君问题上确实是在犹豫,开始确实有考察皇十四子胤禛的意向,但是,胤禛在西宁建立衙府、收受贿赂,引起康熙的不满,所以,康熙在自己体弱多病之时又让胤禛回到前线,而让皇四子代为祭天,说明康熙此时已无传位皇十四子的意思,而对皇四子似乎更加器重。另外,雍正改"十"为"于"说也站不住脚。因为,根据清朝的用语规范,传位诏书均写为"传位皇某子"。如果将其中的"十"字改成"于",就成了"传位皇于四子",就读不通了。而且清代的诏书中"于"与"於"字是不能互用的,诏书中用的都是"於"字,没办法改。此外,清代诏书都是满、汉两种文字写的。满文是竖写的,很难更改。至于,雍正让十四弟把"禛"改为"襽"字,是为了表示避讳,没有什么值得奇怪的。雍正囚禁胤襽,只是表示雍正对胤襽手中的军权不放心,不能以此说雍正就是篡位。

再一种说法就是"隆科多改诏说",说康熙病重时曾下诏,召远在西宁的胤禛紧急回京,传位给他。隆科多把诏书给扣住未发。等到康熙驾崩之后,隆科多又从"正大光明"匾后取出密藏在那里的诏书,把"传位十四子"改成"传位于四子",雍正才得以即位。对于此种说法,有人曾提出异议,他们认为,隆科多虽然是步军统领兼理藩院尚书,但

康熙皇十四子胤襽像

爱新觉罗·胤襽康熙第十四子,孝恭仁皇后乌雅氏所生,与雍正为同母兄弟。康熙四十八年(1709),封贝子。康熙五十七年(1718)十月,拜命为抚远大将军。康熙六十年(1721)五月,率师驻甘州,进驻吐鲁番。十月,应召来京,面授方略,翌年三月还军。雍正即位后被解除兵权,命留景陵守祭。雍正元年(1723),以安慰皇妣皇太后,特封郡王。雍正三年(1725)三月,以其在抚远大将军任内,所谓"苦累兵丁、侵扰地方、靡费军帑"等莫须有的罪名,降为贝子,继而又禁锢于寿皇殿。乾隆即位后获宽释。乾隆二年(1737),封辅国公。乾隆十二年(1747),封贝勒。乾隆十三年(1748),晋恂郡王。死后,谥"勤"。

217

雍正御制《大义觉迷录》书影

谕曰皇四子人品贵重深肖朕躬必能克承大统著缵朕即皇帝位是时惟恒亲王允祺果亲王允禮以冬至

孝东陵行礼未在京师莊亲王允祿果亲王允禮具勉朕节哀躬至命往

安康宫外祗候及朕躬至问至即告以症候日增之故龍馭上賓朕哀恸呼實不欲生於地诚親王等向朕叩首勉节哀躬始渐起辦理大事此当日之情形朕之诸兄弟及宫人内侍俱内廷行走之大小臣工所共见朕兄弟之中如阿其那塞思黑等久蓄邪谋希冀储位當玉裁愛之陈伊等若非親承

《大义觉迷录》四卷，清世宗胤禛御制，雍正七年（1729）清世宗胤禛因曾静反清案件而刊布的，内收有关上谕十道、审讯词和曾静口供四十七篇、张熙等口供两篇，后附曾静《归仁说》一篇。雍正明令将《大义觉迷录》刊行天下，为自己辩白，乾隆即位后将其列为禁书。

是，朝中仍有马齐、张廷玉等人比他地位高，资格老，受遗命这么重要的事情，隆科多想要一手操纵也是不可能的。

此外，还有人提出"年羹尧改诏说"，说川陕总督年羹尧曾与雍正的母亲私通，雍正是年羹尧的私生子，所以年羹尧改诏书，帮助雍正当上了皇帝。这一说更为荒谬，因为，年羹尧的年龄比雍正还小，怎么会是他的父亲呢？

还有一个说法就是"雍正投毒篡位说"，说雍正在康熙病重时，进了一碗参汤，康熙喝了就驾崩了。还说，雍正之所以不敢葬在康熙陵前，就是因为心中有鬼，不敢见康熙。这种说法也是站不住脚的，因为康熙晚年是不吃人参的，雍正即使要谋害康熙，也绝对不会傻到用康熙不喜欢喝的参汤来下毒。而且清代也没有"子随父葬"的习俗，像顺治同皇太极，后来的乾隆与雍正都是不在一块的。

因此，大部分的学者还是认为，雍正是合法即位的。康熙比较欣赏雍正那种雷厉风行而又粗中有细的性格，认为他能够在自己百年之后，扭转自己晚年政治上的颓风。康熙晚年让雍正代为祭天，就说明康熙早就有选立雍正为自己的继承人的考虑，因为在封建社会，祭天是天子独有的特权。此外，康熙选中胤禛，还因为他喜欢胤禛的儿子弘历，康熙生前曾将弘历接到宫中亲自指导，康熙到围场打猎或批阅奏章，都要弘历在一旁侍奉。康熙让雍正即位，也许真的有隔辈的考虑，他要为大清立下两代英主。这个在乾隆陵前的《裕陵神功圣德碑》中，也可以找到佐证，这些都说明无论传位的诏书是真是假，康熙确实是要立雍正为继承人的。至于各种即位的传言也许是那些不甘失败的皇子和不满雍正严厉的政风的官吏们故意制造出来诋毁他的。总之，对于雍正即位的疑案的各种说法，都还只是时人和史家们的一家之言。

雍正帝
暴死之谜

雍正十三年（1735）八月二十三日，雍正皇帝在圆明园猝然去世。雍正皇帝死得十分突然，无论是他的皇后皇子，还是身边最得宠的大臣都没有丝毫心理上的准备。据雍正朝大学士张廷玉的《自订年谱》中记载，雍正帝在临终之前，没有丝毫一病不起的迹象，张廷玉在雍正帝死之前不久，还曾"每日进见"。雍正驾崩那天，张廷玉被急召进宫，得知雍正皇帝已濒弥留，这个消息使他"惊骇欲绝"。雍正死得很急，而且关于他的死，清朝官书正史上又少有记载，据雍正的《起居注》记载：雍正帝在八月二十一日的时候，感觉身体有点不适，但仍可以召见臣工。到了二十二日的时候，雍正没有再召见臣工，皇子宝亲王和亲王终日守在身旁，以防不测。到了戌时（午后七时至九时）的时候雍正皇帝的病情突然加重，宫中传出急诏召诸王、内大臣及大学士觐见。结果到了二十三日子时（夜十一时至翌日一时）的时候，雍正帝就龙驭上宾了。但是官书正史上并未言明雍正到底是患了什么疾病。而且官书实录、起居注等文献对雍正生病期间的状况也稀有记载。以至于时人后人都对雍正的死因妄加猜测，众说纷纭。雍正帝驾崩之后，他的灵柩在清宫只停放了十九天就被移厝到雍和宫永佑殿。为什么他的灵柩会这么着急从皇宫中移到寺庙里来，难道雍正的死真的有什么不正常的地方吗？

对于雍正皇帝的死，在《满清外史》《清宫遗闻》《清宫十三朝》等野史中也有记载，不过在这些野史著作中都认为雍正是被吕四娘刺杀而死的。要说明这种说法，还要先从雍正六年（1728）的文字狱吕留良案说起。清朝入关后，社会中

雍正画像

雍正全名爱新觉罗·胤禛（1678—1735），康熙皇帝第四子，康熙病死后即位，为清代入关第三帝。在位十三年，传说为侠女吕四娘报家仇所暗杀，终年五十八岁；一说为正常死亡，葬于河北泰陵（今河北省易县西）。

219

历史的底牌

清西陵之泰陵

泰陵是雍正的陵墓，是西陵中建筑最早、规模最大、体系最完整的一座帝陵。由于雍正皇帝在西陵首建泰陵，从而产生了"昭穆相间的兆葬之制"。原因是因雍正皇帝首先在西陵建陵后，其子乾隆认为如自己也随其父在西陵建陵，就会使已葬于清东陵的圣祖康熙、世祖顺治帝受到冷落；如果在东陵建陵，同样又会使其父雍正皇帝受到冷落。为解其难，乾隆皇帝定下了"父东子西，父西子东"的建陵规制，此称之为"昭穆相间的兆葬之制"。泰陵始建于雍正八年（1730），占地8.47公顷，内葬世宗雍正皇帝、孝敬宪皇后、敦肃皇贵妃。

依然存在着一股反清复明的秘密反抗运动。各地从与义师到秘密结社，用各种方法打击清廷。吕留良是清初具有民族主义思想的一位学者，在他的著作中蕴涵了大量的反清思想。到了雍正年间，也就是吕留良去世四十多年后，有两位读书人曾静、张熙读了吕氏之书，受其影响，忽然萌生了反清复明的想法。曾静当时是湖南永兴县的一名生员，在科举的道路上屡试不中，后来便一边参加科举考试，一边在本地教书，被人称为蒲潭先生。曾静平时读书的时候看到了吕留良的宁可削发为僧也不赴清之荐举的事迹以及吕的《四书讲义》《语录》等书中的"悖逆"文字。大受感动，于是一时心血来潮，自己也想做一名反清复明的斗士。他不仅这么想，而且还真的派了自己的学生张熙到吕留良家乡去访书。张熙在沿途道听途说了一些关于雍正杀父、逼母、篡位的传闻，并听说忠良岳飞的后人时任陕甘总督的岳钟琪都开始上书谴责雍正皇帝了。这些道听途说来的东西使得曾静感觉自己举旗反叛的时机已经来临。于是便同张熙一块写了一封策反信，前去策反岳钟琪。后来，张熙将这封署名为"天吏元帅"的策反信送到了岳钟琪的手中。岳钟琪看过之后，见信中全是一些大逆不道之词，惊讶万分。于是岳钟琪马上派人将张熙拘禁，经过审查张熙又供出了湖南的曾静，案情大白之后。岳钟琪慌忙如实上奏雍正帝。雍正皇帝十分震惊，于是便传谕浙江总督李卫捉拿了吕留良的亲族、门生，并销毁他的所有书籍著作。后来，雍正曾亲自写作《大义觉迷录》来为自己辩白，同时为了表明自己的"深仁厚泽"，他没有杀掉曾静、张熙，而是令两人到各地去宣讲《大义觉迷录》。但是对于吕留良一家就没有那么幸运了。雍正亲自下旨说："自古帝王之有天下，莫不由怀保万民，恩加四海，膺上天之眷命，协亿兆之欢心，用能统一寰区，垂庥奕世。盖生民之道，恨有德者可为天下君。……夫我朝既仰承天命，为中外全民之主，则所以蒙抚绥爱育者，何得以阵夷而有殊视？……乃逆贼吕留良好乱乐祸，私为著述，妄谓德佑以后，天地大变，查古未经，于今复见。而逆徒严洪逵等,转相附和,备极猖狂……朝议吕留良吕葆中俱戮尸枭示,严洪逵沈在宽皆斩决,族人俱诛殛,孙辈发往宁古塔给披甲人为奴。仰天下亿万臣民,凛垂为戒。"结果已死的吕留良被开馆戮尸,枭首示众;吕留良之子吕葆中被斩立决;吕留良的其他家人都被流放到宁古塔给披甲人为奴。其他刊印、收藏吕留良著作的相关人等也都分别被判以斩监候、流放、杖责等刑。吕留良案牵涉极广,但也留下了活口。

传说吕留良一族惨遭族诛之后,吕的女儿四娘被吕家的一个贴身童仆救出,逃到了深山老林之中。从此隐姓埋名,寻机为父祖报仇雪恨。后来,吕四娘遇到了武艺高超的独臂神尼。在她的精心指导之下,吕四娘成为一名武艺高超的剑客。为了能够为家人报仇雪恨,吕四娘潜入京师。经过一番秘密的考察和打听,吕四娘终于弄清了雍正皇帝的行动规律。有一天,她得到密报说,雍正今晚要在圆明园过夜,圆明园防守比较松懈,吕四娘便飞檐走壁,跃入圆明园,找到了正在龙床之上熟睡的雍正皇帝,一剑就砍掉了他的脑袋,然后提其首级逃出宫外,远走高飞。天亮之后,宫中的太监见都到了下午了,雍正皇帝还没有起床,就叫来皇后,到雍正的寝宫一看,发现他已经身首异处死去多时了。于是,宫中大惊,谎称雍正病重,急召诸位王爷大臣们入宫,并封锁了雍正被杀的消息,只说雍正是突然得病去世了。还有传言说,雍正的棺木中收敛的是一个无头尸体。因为没有真的头,就给他做了一个金头。

当然,这只是野史小说中的一种传言,也有学者对这些传言提出过批驳,认为这种行刺之说纯属谣言。因为吕案发生后,他的家人都处于严密的控制之下,根本不可能有人漏网。此外,圆明园在皇帝在的时候,防守极为森严。吕四娘根本不可能穿过昼夜巡逻的卫兵,轻易地就进入寝宫,刺杀皇帝。

此外,还有一说认为,雍正皇帝是服丹药中毒而死。这些人通过细致地研究雍正朝的起居注发现,雍正皇帝是十分崇尚方术的。雍正帝为了求得长生不老,在宫里蓄养了大批的和尚、道士。他自己也十分热衷占卜、求神等术数,甚至还常常用此来决定对官吏的任用和升黜。在雍正的

雍正帝道装像

雍正帝道装像为清朝宫廷画家所绘,雍正皇帝登基之前就相信武夷山道士的算命,之后将江西道士娄近垣收为自己的佛家弟子、把道士贾士芳及张太虚等养于宫苑以修炼丹药。

圆明园

《御制文集》中写下了不少歌颂神仙、丹药的诗。而且在政务之余，雍正还常常在道士和尚们的指导之下，研究炼丹、采苓、放鹤、授法等道家秘术。雍正为了求得长生，还经常服用道士们进献的丹药，在朝鲜的史籍中就有关于雍正帝沉迷方术，以至于病入膏肓，自腰以下不能动的记载。

另外，人们还从雍正的即位者，乾隆皇帝这里找到了一些证据。雍正皇帝死后仅隔了一天，也就是八月二十五日，乾隆皇帝就突然下了一道谕旨，驱逐圆明园中炼丹的道士们出宫，并对炼丹道士张太虚、王定乾等人说："若伊等因内廷行走数年，捏称在大行皇帝（指雍正）御前一言一字……一经访闻，定严行拿究，立即正法。"新君刚刚即位，雍正大丧未完，朝中有众多事务需要处理。乾隆别的事情不去做，而急着下令驱逐数名道士，这种做法确有奇怪之处。驱逐道士的同时，乾隆还另外降下一道谕旨谕令宫中的太监、宫女，不许妄行传说国事，"恐皇太后闻之心烦"，"凡外间闲话，无故向内廷传说者，即为背法之人"，"定行正法"。乾隆帝为什么不许宫中太监宫女们乱说，难道此间真的有什么不想为外人知道的隐情。联系前面乾隆对和尚道士们的处理，也许"中毒身亡"之说确实有几分可能，而且，后人用现代医学知识，来对比雍正死之前的症状，发现雍正皇帝死之前的症状与中毒而死的症状极为相似。以上仅为流传较广的两种说法，至于历史事实究竟如何，还有待于史学界的进一步考证。雍正死后被葬于清西陵的泰陵，谥号"敬天昌运建中表正文武英明宽仁信毅睿圣大孝至诚宪皇帝"，世称雍正皇帝。

雍正帝在位时间不长，但却在即位和死因问题上为后人留下了两大疑案。也许这些疑案根本就没有什么神奇之处，只是后人的种种传言才给他披上了层层的神秘面纱，变得扑朔迷离，让人难以看清其中的真相罢了。

乾隆
身世之谜

读过金庸先生的武侠小说《书剑恩仇录》的人都知道，在这部小说中的乾隆皇帝被描述成浙江海宁陈阁老的儿子。金庸先生这么写也并非空穴来风。因为，自清末以来，野史笔记和民间传说中确实都认为乾隆皇帝是海宁陈家陈阁老的儿子。由此，人们也就展开了关于乾隆皇帝身世的一番争论。

在《清朝野史大观》中的《高宗之与海宁陈氏》一文是这样记载的：雍正皇帝在还是皇子的时候，就与浙江海宁的陈家关系很好。有一天，恰好两家的夫人都在同一天生了孩子。只不过雍正家生的是一个女孩，陈家生的是一个男孩。后来，胤禛命人将陈家的孩子抱来看看，却悄悄地将孩子给掉了包，把陈家的男孩给换成了女孩。陈家后来发现了这件事情，但慑于雍正的权势，也没敢声张。后来，康熙驾崩之后，雍正做了皇帝，海宁陈家也由此变得飞黄腾达，满门公卿。后来，当年被雍正替换的孩子，也就是皇四子弘历在雍正驾崩之后，做了皇帝。对海宁陈家更为优待，自己也曾先后六次南巡江浙，去陈家拜访自己的亲生父母。并亲笔在陈家的宅堂题写了"爱日堂"和"春晖堂"两块牌匾。"爱日"一词，来源于汉朝杨雄《孝至》一文，意思是儿子孝敬父母的日子。"春晖"一词来自唐代孟郊《游子吟》中"谁言寸草心，报得三春晖"的诗句。后人常以春晖来比喻母爱。这两方匾额的题词内容都有儿子尊敬和孝顺父母的

乾隆画像

清高宗（1711—1799），爱新觉罗·弘历，乾隆（纯）皇帝，是雍正皇帝的第四个儿子。于雍正十三年（1735）即位，乾隆六十年（1795）禅位于十五子颙琰，自己成为太上皇。在位共六十年，是中国封建史在位时间第二长的皇帝，仅次于祖父康熙。

海宁陈家陈园图

意思。于是，后人就认为，乾隆皇帝题下这两块牌匾就含有孝敬亲生父母的意思。

后来，据说雍正的那个被替换到海宁陈家的女儿长大之后被嫁到江苏常熟蒋家，蒋家为她修筑的小楼就名为"公主楼"。另外据《清代外史》记载，乾隆自己也知道自己不是满人，而是汉人。于是在宫中的时候经常穿着汉服，还问身边的宠臣自己是否像汉人。在许啸天的《清宫十三朝演义》中也认为乾隆六次下江南住在陈家的目的就是为了探望亲生父母。由此，人们认定乾隆帝也许确实是海宁陈阁老家的儿子。

但是，对于这种说法也有人提出异议。持反对意见的人也提出了自己的理由。根据皇室族谱《玉牒》的记载，在乾隆帝降生之前，雍正帝已经有了三个儿子。虽然，长子和次子都早早夭折了，但第三个儿子此时已经八岁。雍正也正当壮年，没有理由在有了儿子的情况下再偷偷摸摸地用自己的女儿去换陈阁老家的儿子。在《玉牒》上还清楚地记载着，康熙五十年(1711)辛卯八月十三日，孝圣宪皇后钮祜禄氏诞乾隆于雍和宫。而且乾隆帝对自己的生母还十分孝顺。他曾亲自侍奉皇太后三上泰山，四下江南求佛和游玩，多次陪母亲到避暑山庄避暑。皇太后晚年，乾隆特意用三千多两黄金做了一个金发塔，用来存放供奉母亲梳头时掉下来的头发。由此可见，乾隆是由雍正的夫人钮祜禄氏所生不假。

同时，学者们还对传说中的海宁陈家进行了考证。海宁是浙江钱塘江边上的一个小县。所谓的海宁陈家就是指陈世倌家。因为曾经入阁为官，所以被当地人称为陈阁老。陈家在康熙、雍正、乾隆三朝，仕途通达，多人官居高职，显赫一时。乾隆为什么六下江南，曾有四次住到海宁陈家的私人花园。其实，这也没有什么奇怪的。因为清朝自康熙年间起就开始修建钱塘江两岸的海塘，以减轻海潮对两岸人

民的危害。乾隆即位后,对这项工程非常重视,趁着南巡之时前往修塘的前线视察也是应该的,那么既到海宁,总得有个合适的住所,浙江海宁是一个偏僻的小县,当时找不到比陈家花园更好的地方让皇帝住。陈家花园是海宁名胜,亭台楼榭,花木扶疏,自然就成为接驾驻跸之处。再说陈家花园离陈家住宅实际还有几里路远,乾隆在陈家花园住过四次,但对陈家子孙却一次也没有召见过,更谈不上"探望亲生父母"了。这个园子本叫作"隅园",乾隆帝在居住之时亲自把它改名为"安澜园"。"安澜"即水波不兴之意,由此也可以看出,乾隆帝临视海宁,确实是为了巡视海塘工程。至于前面提到的那两块匾额,陈家倒是确有此物,只不过根据史学家孟森的考证,这两块牌匾不是乾隆所题写,而是康熙皇帝写的。《陈元龙传》记载了这件事情。一个是在康熙三十九年(1700)四月,康熙在政务之余召见群臣,一时兴致极好,就说:"你们家中各有堂名,不妨当场写给我。我写出来赐给你们。"当时在康熙朝中做官的陈元龙奏称说,家父年逾八十,我曾想写"爱日堂"三字,以表孝心。康熙就给他题写了这个堂名。另一个是在康熙五十四年(1715)六月,陈元龙奏称自己的弟妹黄氏为侍奉公婆在家寡居四十一年,康熙为褒扬节孝,便题写"春晖堂"匾额赐给她。也就是说这两块牌匾根本就与乾隆没有关系。而且乾隆对陈世倌的态度也绝对不像是父子。据记载,乾隆六年(1741)陈世倌升任内阁学士不久,就因为起草谕旨出错,被乾隆当众斥之为"少才无能,实不称职"。如此言语,怎么会是父子关系呢?

此外,曾经将这段传说演绎成小说的金庸先生也曾亲自说过,《书剑恩仇录》中所谓的乾隆的弟弟陈家洛这人物是他杜撰的,乾隆皇帝是海宁陈家后人的传说靠不住。

关于乾隆皇帝身世,除了在是不是雍正的儿子上存在争议外,乾隆的生母是谁?出生地在哪儿?也存在不同的看法。

一种说法认为乾隆是由热河行宫里一个丑宫女在草棚里所生。传说有一年雍正随康熙到热河打猎,射倒一只梅花鹿,雍正喝了很多鹿血。鹿血有很强的壮阳功能,雍正喝后难以自持,就随便拉出一位很丑的李姓汉族宫女发泄一番。没想到这一番发泄竟然种上了龙种。第二年,雍正再次来热河的时候,听说李家女子怀上龙种,怕此事传出去坏了自己的名声,忙派人把她带到草棚,后来丑宫女就在草房里生下乾隆。

还有一种说法认为,乾隆的母亲是雍正的一个使唤丫头。这一说法来源于王闿运《湘绮楼文集》中的记载。他里面的《烈女传》记载了乾隆的一句话:"始在母家,居承德城中,家贫无奴婢,六七岁时父母遣造市买浆酒粟面,所至店肆大售,市人敬异焉。十三岁时入京师,值中外姐妹当选入宫。……孝圣容体端顺中选,分皇子邸,得在雍府。"后来,这个丫头竟生下了乾隆。

此外,民国时期的熊希龄,还提出了"乾隆帝之生母为南方人,诨名'傻大姐',随其家人到热河营生"的说法。当然这些说法都只是一家之言,并不可靠。据清朝皇室族谱

北京雍和宫

雍和宫，雍正帝作雍亲王时期府邸，雍正即位后改为行宫，称雍和宫。雍正十三年（1735），雍正驾崩后曾停灵于此。因乾隆皇帝诞生于此，雍和宫出了两位皇帝，成了"龙潜福地"，所以殿宇为黄瓦红墙，与紫禁城一样规格。乾隆九年（1744），雍和宫改为喇嘛庙。

《玉牒》记载："世宗宪皇帝（雍正）第四子高宗纯皇帝（乾隆），于康熙五十年辛卯八月十三日，由孝圣宪皇后钮祜禄氏、凌柱之女诞生于雍和宫。"也就是说乾隆皇帝是由钮祜禄氏生于雍和宫，即原雍亲王的府邸。

乾隆自己也认为自己出生于雍和宫。他还曾经多次在诗或诗注中，暗示自己出生在雍和宫。在《新正诣雍和宫礼佛即景志感》诗中，乾隆写到"到斯每忆我生初"，说明乾隆认为自己出生在雍和宫。乾隆四十五年（1780），乾隆皇帝到雍和宫礼佛，又说："十二初龄才离此，今瞥眼已七旬人。"诗下还注明："康熙六十一年始蒙皇祖养育宫中，雍正年间遂永居宫内。"说明乾隆帝自己认为他生于雍和宫之中。但是，乾隆的儿子嘉庆皇帝却提出了不同的看法，乾隆朝官员曾任避暑山庄总管的管世铭曾有一首诗歌这样写道："庆善祥开华渚虹，降生犹忆旧时宫。年年讳日行香去，狮子园边感圣衷。"诗下注明："狮子园为皇上降生之地，常于宪庙忌辰临驻。"也就是说承德避暑山庄的狮子园才是乾隆皇帝的出生地。

此外，在嘉庆皇帝为乾隆所写的贺寿词《万万寿节率王公大臣行庆贺礼恭纪》中也提到："康熙辛卯肇建山庄，皇父以是年诞生都福之庭。"嘉庆二年（1797），嘉庆又在《万万寿节率王公大臣等行庆贺礼恭纪》诗中提到："敬惟皇父以辛卯岁，诞生于山庄都福之庭。"也就是说，乾隆是在避暑山庄诞生的。

对于这些历史的疑点，现在已无法回到当时去考证，后世的学者们只能根据各种传世的文献材料进行推测。由于所依据的材料的差别，提出的看法也会有所不同。但无论提出多少种不同的看法，有一点是肯定的，那就是真相只有一个。

福康安
是不是乾隆私生子

福康安是傅恒的第三子,乾隆皇帝孝贤皇后的内侄。福康安在乾隆在位时曾先后担任侍卫统领、户部尚书、军机大臣,后又被加封为贝子,官至武英殿大学士。死后又被乾隆赐谥文襄,追封为嘉勇郡王,配享太庙。此等隆恩际遇在皇族之外的异姓大臣中可谓极为少见。也正是这种特殊的恩宠,使得人们怀疑是不是乾隆帝与福康安之间有什么异乎寻常的特殊关系。

荒草中的福康安墓

　　一种传说说福康安是乾隆帝的私生子,从小就被乾隆皇帝带入宫中培养。福康安长大之后,乾隆帝对他十分器重,先后封他做御前侍卫统领,后来又升其为户部尚书,封其为贝子,乾隆还想封他为王。只是碍于朝中大臣们的说法,不好无缘无故地封赏,于是,他便为福康安挑选精兵良将,让他带军四处征战、立下了不少军功。眼看就可以封王了,可惜福康安没有这个福,没有等到封王就在军中因病去世。乾隆无奈之下,只好追封其做了郡王。对此,后人还曾作诗讽刺说:"家人燕儿重椒房,龙种无端降下方;单阐几曾封贝子,千秋疑案福文襄。"意思就是说乾隆因福康安是自己的儿子,一直想封他为王。但是,清朝自三藩之乱后,曾立下异姓不王的祖训。而乾隆帝执意加封福康安为

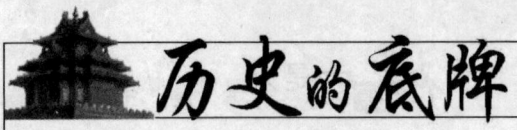

郡王,说明乾隆与福康安之间的关系确实不一般。

那么福康安到底是不是乾隆皇帝的私生子呢? 要弄清这一点,还要从乾隆与福康安家的渊源谈起。福康安的父亲傅恒是乾隆孝贤皇后富察氏的弟弟。富察氏在雍正五年(1727)的时候,被册封为宝亲王弘历的嫡福晋。乾隆皇帝即位之后,富察氏被册封为皇后。富察氏一家可以说是一个豪门之家。她的曾祖父哈什屯在顺治时曾担任过议政大臣,祖父米思翰是康熙朝的内务府总管、户部尚书、议政大臣,父亲李荣保时任察哈尔总管,哥哥马齐时任兵部尚书,后官至武英殿大学士,弟弟傅恒任户部尚书、军机大臣、保和殿大学士。傅恒一家被赐第东安门内,权势盛极一时。

乾隆帝与傅恒一家的关系也确实有点说不清楚。传说与傅恒的夫人更是有一种说不清道不明的关系。据说傅夫人是满洲第一大美人,入宫朝见时被乾隆皇帝看见,从此便喜欢上了这个内弟妹。两人从此经常在后宫幽会,后来竟然生下一个私生子。这个孩子据说便是福康安。另外据野史记载,乾隆皇后富察氏的死也与乾隆同傅恒夫人的私情有关。乾隆十三年(1748)正月,皇后富察氏随乾隆帝和皇太后前往山东曲阜祭孔。后来,乾隆帝一行人从曲阜回北京,三月十一日夜船到了德州,乾隆帝等人在龙舟中宴饮淫乐,傅恒夫人也来到船上助兴。宴席间乾隆作诗说:"坤闱设帨庆良辰",皇后接着续道:"奉命开筵宴众宾",傅恒夫人随后续道:"臣妾也叨恩泽逮",乾隆则接道:"两家并作一家春"。皇后从此便看出了乾隆同傅恒夫人之间有隐情。于是,当晚到乾隆龙船上查探,果然捉住乾隆同傅恒夫人在私通。皇后力荐乾隆要注意形象,乾隆不但不听反而加以斥责。皇后羞愤难当,当即投水而死,当时才三十七岁。当然这只是野史笔记的记载,并不能作为凭据。

但是,后人经过研究乾隆皇帝同傅恒一家特殊的关系发现,乾隆同福康安之间确实有一些说不明白的地方。一是乾隆三十四年(1769),傅恒病死之后。乾隆皇帝前往傅恒府上吊唁,曾作过一首悼亡诗。诗中说:"平生忠勇家声继,汝子吾儿定教培。"前半句没有什么奇怪之处,但后半句"汝子吾儿"四个字却让人难以理解。为什么乾隆称他的儿子也是自己的儿子呢? 是褒扬厚待忠臣之举,还是其中确实蕴涵着什么隐情?

此外,福康安从小就被乾隆接到宫中亲自培养,对他极为器重,先后任其为兵部尚书、总管内务府大臣、太子太保,恩宠可谓隆极一时。但奇怪的是乾隆居然没有招这位恩宠有加的青年作驸马。从福康安的其他兄弟来看,大哥福灵安,被封为多罗额驸,为镶黄旗满洲副都统。二哥福隆安,被封为和硕额驸,历任兵部尚书和工部尚书。福康安的两个哥哥都做了额附,以乾隆对他的宠爱,没理由不许一位公主给他。而且当时乾隆的宫中确实也有一位与福康安年龄相当的格格尚未出嫁。据说福康安的父亲傅恒还曾经入宫向乾隆请求，让福康安娶公主作为额驸，但乾隆只是微笑不许。这到底是为什么呢？是乾隆帝对福康安另有安排，还是因为福康安确实是龙种，不能够娶公主。

而且，乾隆皇帝对福康安的恩宠也确实不同于一般的朝臣。福康安小的时候就被乾隆带到内廷，亲自培养。待之同诸位皇子没有差别。福康安长大之后，乾隆皇帝又对他委以重任，先后担任吉林将军、盛京将军、成都将军、四川总督、陕甘总督、云贵总督、闽浙总督、两广总督、武英殿大学士等要职。福康安生活豪奢，常常引来地方官员的不满，地方官员曾多次上奏福康安收受贿赂、索要财物的过失，但乾隆却丝毫不加责怪。这又为福康安的身世之谜埋下一个疑点。

从上面的证据来看，福康安的身世确实值得怀疑，但是，由于没有充足的证据，学术界还无法确定地说福康安就是乾隆帝的私生子。

由此，还有人认为福康安是乾隆帝私生子的说法不可信。首先他们认为乾隆富察皇后投水自尽一说不成立。据历史记载皇后富察氏，性贤淑，尚节俭，不奢华，孝顺太后，敬爱乾隆。乾隆帝与皇后之间的感情极好。有一次乾隆患了疖子，治愈之后，太医说要静养百日，元气方可恢复。为了让乾隆皇帝静养，皇后曾经几个月都在乾隆帝的寝宫外就寝。百日之后，乾隆恢复之后她才回寝宫。富察皇后病死之后，乾隆悲恸不已，曾经连续九天，为皇后灵柩添摆供品，并写下一篇情真意切的《述悲赋》来纪念他与皇后之间的感情："《易》何以首乾坤？《诗》何以首关雎？惟人伦之伊始，固天俪之与齐。""悲莫悲兮生别离，失内位兮孰予随？"说的是，我是如此悲痛，这样的生死离别，使我失去了贤内助，今后谁来陪伴我呢？

人们根据乾隆皇帝对富察皇后的恩爱，推断乾隆宠爱

中国台湾嘉义公园中的福康安纪功碑

乾隆五十一年（1786），林爽文在彰化举兵起事，同年十月，乾隆调福康安率兵增援台湾，将林爽文击败。乾隆五十三年（1788）皇帝御制十座纪功碑石，以褒扬福康安之战功。碑文如下："命于台湾建福康安等功臣生祠诗以志事三月成功速且奇，纪勋合与建生祠。垂斯碗淡忠明著，消彼雀符志歇移。垂地期恒乐民业，海湾木复动王师。日为日毁似殊致。（近年以各省建立生祠，最为欺世盗名恶习；因令严行饬禁，并将现有者概令毁去。若今特命台港建立福康安等生祠，实因台潜当逆匪肆逆以来，荼毒生窍，无虑数万。福康安等于三月之内，扫荡无遗，全郡之民咸登任佣。此其勋绩，固贲有可纪；且令奸顽之徒触目惊心，方可以潜消狠戾。是此举似与前此之禁毁迹虽相殊，而崇实斥虚之意则原相同，轨能横议？且励大小诸臣，果能实心为国爱民，确有美政者，原不禁其立生祠也。）崇实斥虚政在兹。乾隆五十三年仲秋月御笔。"

229

乾隆画像

福康安也许是因为他是孝贤皇后的亲侄子，个性又和乾隆很投合。而且，从福康安一生的功绩来看，所受恩宠可谓受之无愧。福康安从十九岁开始戎马生涯，一生转战南北，功勋卓著。乾隆三十七年（1772），福康安率领清兵平定大小金川；乾隆四十九年（1784），福康安平定甘肃伊斯兰教徒起义；乾隆五十二年（1787），福康安又远涉东南，平定了台湾林爽文起义；接着又在康熙五十六年（1791）前往尼泊尔打退了廓尔喀族的入侵，福康安曾经率兵打到加德满都，使清军获得重大的胜利。福康安为大清效命疆场二十余年，安内攘外，立下了赫赫战功。乾隆六十年（1795），福康安奉命带兵镇压苗民起义，初战告捷，但是就在成功指日可待的时候，福康安却由于长途跋涉的劳累于五月病逝军中。对于福康安的死，乾隆帝悲恸万分，挥笔写道："到处称名将，功成勇有谋。近期黄阁返，惊报大星流。自叹贤臣失，难禁悲泪收。深恩纵加增，忠笃哪能愁。"然后，又下旨追封其为嘉勇郡王。有如此赫赫战功，乾隆帝要封福康安为王也没有什么奇怪。

总之，对于没有确凿证据的疑案，后世之人不可妄加推测，应该采取存疑的态度去面对这些问题，全面地了解各种说法的来龙去脉和证据所在，也许哪一天发现了新的材料，这些历史的谜案就可以彻底地揭开了。

《红楼梦》
作者质疑

《红楼梦》是我国 18 世纪中期的一部古典小说，它在我国及世界发展中占有显著的地位。也正是由于《红楼梦》在我国文学史上占有如此重要的地位，所以一百多年来关于《红楼梦》作者的争论也一直没有停止过。从《红楼梦》问世后不久一直到今天，学者们先后提出各种不同的看法。

北京西山曹雪芹故居

那么《红楼梦》的作者到底是谁呢？以王梦阮先生为代表的《红楼梦》索隐派，首先提出《红楼梦》为顺治帝福临为董鄂妃而作的说法。这一派学者认为董鄂妃即是秦淮名妓董小宛，本是当时名士冒辟疆的小妾，后来被清兵夺去，送到北京，成为顺治帝的妃子，并得到顺治帝的宠爱。董鄂妃病死之后，顺治痛不欲生，跑到五台山去做了和尚。《红楼梦》里的贾宝玉即是顺治帝自己，林黛玉即是董妃。"世祖临宇十八年，宝玉便十九岁出家；世祖自肇祖以来为第七代，宝玉便言：'一子成佛，七祖升天'，又恰中第七名举人；世祖谥'章'，宝玉便谥'文妙'，文章两字可暗射。""小宛名白，故黛玉名黛，粉白黛绿之意也。小宛是苏州人，黛玉也是苏州人；小宛在如皋，黛玉亦在扬州。小宛来自盐官，黛玉来自巡盐御史之署。小宛入宫，年已二十有七；黛玉入

曹雪芹故居到底在哪，并没有完全确定。据故宫清内务府档案雍正七年(1729)"刑部移会"上记载，新任江宁织造隋赫德曾遵旨将"京城崇文门外蒜市口地方房十七间半，家仆三对，给予曹寅之妻孀妇度命"。这是历史上唯一一处有档案可据，有地图可查，有遗迹可寻的与曹雪芹有关的住处，可惜此处因为广渠门内大街拓宽而被拆迁。另外一处是香山北京植物园里面的黄叶村故居，这是目前唯一保存下来的曹雪芹故居。

231

京,年只十三余,恰得小宛之半。……小宛游金山时,人以为江妃踏波而上,故黛玉号'潇湘妃子',实从'江妃'二字得来。"从《红楼梦》中的这些隐语与顺治帝和董鄂妃的巧合之处,索隐派的学者们认为此书必定为顺治帝福临所作。但是,对这一派的说法,接着就有人提出异议。孟莼荪先生在《董小宛考》一文中,证明董小宛比清世祖的年龄大一倍还多,根本不可能是董鄂妃,所以,他认为索隐派的观点有点牵强附会。

后来,蔡元培先生又提出《红楼梦》是清代康熙年间出现的政治小说的说法。他根据《红楼梦》一书中"吊明之亡,揭清之失,而尤于汉族名士仕清者寓痛惜之意。书中'红'字多隐'朱'字。朱者,明也,汉也。宝玉有'爱红'之癖,言以满人而爱汉族文化也"等情节提出《红楼梦》的作者是一位民族主义者的观点。当然,从学术的角度讲这只是一家之言。

此后不久,又有人提出《红楼梦》的作者为康熙朝大学士明珠的儿子纳兰成德。这一派观点来源于陈康祺的《郎潜纪闻二笔》,书中讲到先师徐柳泉先生云:"小说《红楼梦》一书即记故相明珠家事。金钗十二,皆纳兰侍卫(成德官侍卫)所奉为上客者也。宝钗影高澹人,妙玉即影西溟。……"后来,俞樾在他的《小浮梅闲话》中也提出了类似的说法。

但自1921年,胡适先生的《红楼梦考证》发表以来,《红楼梦》为江宁织造曹寅之后曹雪芹所作的观点成为了学术界的主流观点,并为世人所接受,成为现在为大家所公认的一种通俗观点。胡适先生将历史考证学的方法用于文学考证。与曹雪芹同时在南京为官的袁枚的《随园诗话》中记载有一段话:"康熙间,曹练亭(练当作楝)为江宁织造,每出拥八骑,必携书一本,观玩不辍。人问:'公何好学?'曰:'非也。我非地方官而百姓见我必起立,我心不安,故藉此遮目耳。'素与江宁太守陈鹏年不相中,及陈获罪,乃密疏荐陈。人以此重之。其子雪芹撰《红楼梦》一书,备记风月繁华之盛。中有所谓大观园者,即余之随园也。明我斋读而羡之。"胡适以此为证据,考证出《红楼梦》的作者应该就是曹雪芹。胡适先生的考证极为精密,以至于他考证的结果,成

胡适

为史学界最经得起考验的成果，《红楼梦》的作者是曹雪芹的说法也近乎成了学界的定论，为世人广为接受。

曹雪芹，名霑，字梦阮，号雪芹。为满籍汉族人。大约生于1715年，卒于1763年。祖上很受康熙皇帝的青睐，从他的曾祖曹玺开始，一家三代一直担任江宁织造一职。曹雪芹的曾祖母做过康熙皇帝的乳母，祖父曹寅做过康熙的"侍读"，曹家有两位女儿入选为王妃。康熙皇帝六次南巡，有四次住在曹寅的江宁织造署内。曹寅还奉命经常以密摺向康熙报告当地政治情况和大官僚的动态。在康熙年间，曹家是江南少有的贵族世家。康熙皇帝死后，雍正帝即位。曹雪芹的父亲曹頫牵连到皇室派别的斗争之中，被罢官、抄家，家道从此衰落。曹雪芹的一生恰好经历了曹家由盛而衰的过程，由"锦衣玉食、饫甘餍肥"的贵公子，降为"蓬牖茅椽，绳床瓦灶"和"举家食粥酒常赊"的落魄寒士，人生际遇的变化使曹雪芹感触颇深，这种特殊的人生变故也成为他写作《红楼梦》的现实基础。曹雪芹在极端的落魄之中"披阅十载，增删五次"，终于完成了这部人类文学史上的辉煌巨著，并把自己的人生变故隐喻其中，从而出现了这部近似于曹雪芹家史的文学杰作。但是，曹雪芹只写完前八十回就在贫寒落魄中与世长辞了，到了18世纪，高鹗又续写此书的后四十回，补成了现行的一百二十回本。

自胡适先生论证了《红楼梦》确曹雪芹所作之后，这种说法已为绝大多数的人所肯定，但是，也并不是没有人提出异议。实际上，这一百多年来一直有人对《红楼梦》的作者问题提出新的看法。台湾曾经有一位学者提出，曹雪芹最多不过是《红楼梦》的增删改订者，他之前当另有一位具有遗民思想的人是原作者。这种说法没有引起多大的反响。但到了1979年，戴不凡先生发表了名为《揭开红楼梦作者之谜》论文之后，一场大规模的关于《红楼梦》作者的争论再次展开。戴不凡先生认为曹雪芹不是《红楼梦》的"一手创纂"或"创始意义"的作者，他是在"石兄"的《风月宝鉴》旧稿的基础上，巧手新裁，改作成书的。总之，曹雪芹只是小说的"改作者"。"石兄"才是此书的真正作者。但是戴先生又拿不出充足的证据来证明"石兄"这个人的存在。

近年来，《红楼梦》的作者问题依然是红学界的一大热

乾隆甲戌脂砚斋重评《石头记》书影

脂砚斋重评《石头记》甲戌本是现在已知的十余种《石头记》抄本中纪年最早的一种。该书于1927年被胡适发现，该抄本的发现揭开了更接近曹雪芹原著的脚本研究新的一页，为红学研究开辟了一个广阔而深远的新天地，具有划时代的意义。1948年此书被胡适带往台湾。

点。前段时间又有学者提出《红楼梦》系曹雪芹的父亲曹頫所作的观点。这位学者认为《红楼梦》的真正作者是曹雪芹的父亲曹頫，曹雪芹只不过是小说中部分诗词的作者。他认为《红楼梦》的一百二十回都是一个作者所作，这一百二十回是按照历史上真实的年代来写作的，大约覆盖了1706年到1724年这样一个时间段。这一派观点的主要证据就是小说中所记载的各种灾荒、天象以及太妃去世和下葬的时间等都可以从真实的历史事实中找到印证。因此，这位学者认为《红楼梦》是一部编年自传体性质的小说。此外，论文中还考证出贾宝玉出生日期为1706年6月8日（农历四月二十八日），正好与曹雪芹父亲曹頫的生年相同。除了这一派观点之外，还有学者提出，《红楼梦》的真正作者是敦敏与敦诚的叔父墨香。他们认为从对曹雪芹的考证来看，曹雪芹是不大可能写出《红楼梦》来的。曹雪芹生于雍正二年（1724），五岁时就被抄了家，曹雪芹从小便生长于破落与贫困之中，根本不可能写出贾府的那种荣华富贵的生活。另外，曹雪芹生活潦倒，几乎无法度日，不大可能以十年之长的时间从事长篇巨制的创作。而且，曹雪芹生前的几位好友也都从未提起过曹雪芹写《红楼梦》的事。既然，曹雪芹用了十年工夫去写《红楼梦》，他的朋友不可能不知道。所以，曹雪芹不可能是《红楼梦》的作者。《红楼梦》的真正作者正是敦敏与敦诚的叔父墨香。墨香是努尔哈赤的后人，后来家道衰落，他的生活际遇符合这么一部大喜大悲似的故事情节。而《红楼梦》中的不少诗文中也确实可以读出皇子皇孙的口气。墨香在写完《红楼梦》时，曹雪芹已死，他借用曹雪芹的名字，是为了防止"文字狱"之祸。

最近，又有一位沈阳的老先生提出《红楼梦》系曹雪芹的恋人薛香玉所作。薛香玉是曹雪芹的红颜知己，她比曹雪芹大两岁，聪明过人。从曹雪芹的名字上可以找出"曹薛情"，该书应写的是曹与薛的情史。曹雪芹在甲戌本的《凡例》中最后有"字字看来皆是血，十年辛苦不寻常"，也就是"'血'谐为'薛'，所以，《红楼梦》应该是由薛香玉用十年的辛苦写出来的"。

作为一部伟大的小说，《红楼梦》很值得后人作进一步的研究和考证，也许有一天还会有更惊人的成果被考证出来。

曹雪芹像

曹雪芹（约1715—1763），名霑，字梦阮，出身贵族世家，经历了一个封建富豪家庭盛极而衰的过程。

嘉庆为何
要杀掉和珅

当下清宫剧充斥荧屏,而涉及最多的历史人物要算和珅和乾隆皇帝等人了。在荧屏之上和珅大都被描绘成一个只会阿谀奉承、贪污贿赂的小人。历史上的和珅是否真的如此? 乾隆帝为何宠信和珅,和绅又是如何招来杀身之祸的呢?

据历史记载,和绅,字致斋,原名善保,钮祜禄氏,是满洲正红旗人。和绅的父亲曾经做过福建副都统一类的小官。为了让儿子们将来能够有出头之日,和珅从小受到了极为严格的教育。对儒学经典和满、汉、蒙古等文字都有研究。和珅其实并不是像电视剧里描绘的那样不学无术,据《和珅列传》记载,和珅其实极其聪明果断,记忆力惊人,而且多才多艺,精通满、汉、蒙古、西藏四种文字。据说在和珅还是侍卫的时候,有一次乾隆皇帝背诵《论语》,突然背不下去了。正在乾隆冥思苦想的时候,在身边侍卫的和珅居然脱口说出了下文。从此,乾隆开始对这个侍卫另眼相看。野史小说中之所以喜欢把和珅描写成不学无术的样子,也许是与和珅的出身违背了一般科举出身的正途有关。和珅早年也曾经参加过顺天府的乡试,但是不知道什么原因没考中。后来,和珅便没有再考,而是到乾隆御前做了一名三等侍卫。凭着自己满腹的才华和善于察言观色的能力,和珅很快得到了乾隆皇帝的恩宠。不久就被提升为乾清门侍卫,此后,和珅的官职一升再升,从御前侍卫,到蓝旗副都统,再到户部左侍郎、军机大臣、内务府大臣,不到一年的时间,和珅便从一名地位低微的侍卫升到了位高权重的军机大臣。

和珅的官运之所以能够如此亨通,关键就是得到了乾隆皇帝的宠信。和珅在朝为官二十九年,可算是为人臣子的经典。和珅很会揣摩乾隆皇帝的心意。乾隆帝喜欢书画,和珅就下功练习书画,并取得了极高的造诣。乾隆帝喜欢别人奉承,和珅就每天在乾隆面前说好话。当然和珅也绝非平庸之辈,他出色的才能也是他能够得到乾隆皇帝恩宠的基础。

据说有一次,乾隆皇帝派人到云南查办李侍尧贪污案。先后派去几个人都没有办好,后来和珅自告奋勇去查办此案。和珅经过精心策划,到达云南之后没有现身,而是先在暗中调查,获得了大量的证据,最后终于迫使死不认罪的李侍尧交代了自己的罪行。

顺利完成任务,和珅回京后,还通过自己在云南的所见所闻给乾隆提了一些治理云南的建议。此外,和珅还通过与乾隆皇帝结为亲家等手段,进一步巩固了自己的权势和地位。和珅的儿子丰绅殷德六岁的时候就被乾隆指定为额附。儿子与公主结亲之后,和珅更加不可一世,简直是要风得风、要雨得雨,成为乾隆面前最得宠的大臣,以至于乾隆五十八年(1793)英国使臣马戛尔尼访华时,称其为"中国的二皇帝"。

和珅仗着乾隆皇帝的宠信,大肆搜刮民脂,收受贿赂。他不仅通过自己控制的崇文门税关大肆地勒索官商的钱财。还通过各种其他手段搜刮金银财宝、古董字画,很快积累起了巨额的财富。据说后来和珅被抄家时,抄出了黄金三万多两,银元宝二百多万两,良田一千二百多顷,此外还有不计其数的珍珠、宝石、房产,以及散播在全国各处的当铺银号,总价值达到了八亿多两,是清政府年财政收入的十几倍。

和珅在大肆搜刮的同时,还利用各种手段打击朝中的正直大臣,以至于结下了很多冤家对头。和珅权势高的时候,就连身为皇子的嘉庆都要请和珅替他办事。嘉庆元年(1796),乾隆皇帝为了不让自己的在位时间超过圣祖康熙,就把皇位传给皇十五子嘉亲王颙琰,也就是后来的嘉庆皇帝,自己当起太上皇。嘉庆即位之初,根本没有什么实权,朝中的重大事务仍然处于乾隆的控制之下,所以,嘉庆也没有对自己深切厌恶的和珅表现出什么不满。有时候有些大臣上书弹劾和珅,嘉庆还故意说:"我还准备让和珅帮我治理国家呢!"嘉庆向太上皇奏报的一些军国大事,也经常让和珅去转奏,以此表示信任。

但是,到了嘉庆四年(1799)形势发生了变化,这年正月初三,乾隆皇帝在养心殿去世,嘉庆帝颙琰得以真正亲政。嘉庆在亲政后的第一件大事就是,采取断然措施除掉了权势遮天的和珅。为了不引起大的政局波动,嘉庆皇帝采取了突然出击的策略,他先是让和珅的死党军机大臣福长安为乾隆守灵,割断了和珅同党羽之间的联系通道。接着利用正月初五,给事中王念孙上疏弹劾和珅的机会,突然出击,将和珅革职,逮捕入狱。然后,立刻派人对和珅进行查办,列出和珅的二十大罪状。原想将和珅凌迟处死,后来因为公主求情,改为赐其在狱中自裁。和珅死后,他的儿子丰绅殷德在河北蓟州草草埋葬了和珅。

嘉庆帝为什么非得除掉和珅呢?关于这个问题,历来存在争议。有一种说法是因为和珅权高震主。且不说嘉庆皇帝在即位之前,在和珅面前要怎么地低声下气。嘉庆在登基做了皇帝之后,因为慑于太上皇的威严,还不得不处处受和珅的气。据说,嘉庆即位那年,他的老师朱桂升任为大学士,嘉庆亲自去表祝贺老师的升迁。就这么一件事,和珅居然还向乾隆告状,说嘉庆笼络人心,惹得嘉庆在乾隆面前受了一顿训斥。和珅"权高震主",自己不知道收敛,从而为自己埋下了杀身之祸。他不仅大肆积累家财,还模仿皇帝的建制修建房屋、陵墓,培养自己的党羽,从而使嘉庆觉得和珅的势力如果再发展下去,说不定会威胁到自己的皇位。嘉庆四年,嘉庆曾在张诚基的奏折上批示说:"朕若不除和珅,天下人只知有和珅,不知有朕。"由此可见,嘉庆杀和珅主要是因他权力太大,已经严重威胁到皇权。

还有人认为嘉庆杀掉和珅是为了缓解日益严峻的财政形势,也就是世人传言的"和珅跌倒,嘉庆吃饱"。嘉庆初年,清朝已开始陷入严重的问题之中,国库空虚,财政困难,吏治腐败,官民矛盾尖锐,各地人民起义不断,几乎到了"官逼民反"揭竿而起的程度。嘉庆为了缓和日益严峻的各种矛盾,只有拿贪污最为严重的和珅下手。因为民间都认为是和珅贪暴,才激起这么多民变。嘉庆帝自己也说:"层层朘削,皆为和珅一人。"所以,嘉庆觉得不杀和珅,难以谢天下。从查抄和珅的家产也可以看出,和绅的家财是清王朝十年财政收入的总和,其中有藏金三万二千多两,地窖藏银二百余万两,取租地一千二百六十六顷,其他还有取租房屋一千零一间半、各处当铺银号以及各种珠宝、衣物等,其总家产折合白银,达到了八亿多两。当时清政府财政年总收入才七千万两。巨大的财富使和珅过着帝王般奢华的生活。和珅在各地都建有豪宅,在北京海淀还建有淑春园,他的生活锦衣玉食,简直比皇帝还风光,他在河北蓟州修建的巨大坟墓,比皇帝的陵墓还豪华。种种这些都是从小就受够了和珅的气的嘉庆皇帝所难以容忍的。所以他一旦掌握了实权,就迫不及待地除掉了和珅。

和珅的死可以说是盛极而衰,在乾隆时期,和珅的权势遮天。本来是一件好事,但是他一旦得到了权势,就不知道收敛,而是过分招摇,结果招致储君的厌恶,最终惹来杀身之祸。"夜色明如水,嗟尔困不伸。百年原是梦,卅载枉劳神。室暗难挨算,墙高不见春。星辰环冷月,缧绁泣孤臣。对景伤前事,怀才误此身。余生料无几,辜负九重仁。"这是和珅在临终前写下的一首绝笔诗,"对景伤前事,怀才误此身",难道和珅真的明白自己为什么会招致杀身之祸吗?没有,和珅到临死都认为是自己的才华惹来了杀身之祸。和珅也许确实有才,但是他的才华都用到了玩弄权术、收敛钱财之上。如此说来,因才而惹来杀身之祸似乎也说得通了。

和珅府的藏宝楼

和珅府即现在的恭王府,建于1777年,曾为清乾隆时大学士和珅私宅,嘉庆四年(1799)和珅因罪赐死,一度改为庆王府。咸丰元年(1851)改赐道光皇帝第六子恭亲王奕訢始称恭王府。位于什刹海西北角,府邸规模宏大,分为平行的东、中、西三路,是世界最大的四合院。中路的三座建筑是府邸的主体,一是大殿,二是后殿,三是延楼,延楼东西长一百六十米,有四十余间房屋。东路和西路各有三个院落,和中路建筑遥相呼应。府邸的最后部分是花园。

嘉庆帝
死因谜案

嘉庆皇帝

嘉庆帝,爱新觉罗·颙琰,清高宗弘历的第十五子,生于乾隆二十五年(1760),乾隆五十四年(1789)被封为嘉亲王,乾隆六十年(1795)登基,改元嘉庆,在位二十五年。卒于嘉庆二十五年(1820),终年六十一岁,死后葬于昌陵,庙号仁宗睿皇帝,史称嘉庆皇帝。

清仁宗,爱新觉罗·颙琰是乾隆皇帝的第十五子。生于乾隆二十五年(1760),乾隆五十四年(1789)被封为嘉亲王。乾隆皇帝在位六十余年,为了不让自己的在位时间超过圣祖康熙,就把皇位传给了自己的儿子颙琰,也就是世人所知的嘉庆皇帝。

嘉庆忠厚老实,在乾隆皇帝的诸多皇子中,并不怎么引人注目。雍正皇帝在位期间,乾隆初年的时候,想要立嫡长子永琏为储君,只可惜他将传位永琏的诏书放在了正大光明匾后不久,永琏很快夭折了。此后,乾隆又想立皇后所生的七子永琮为储君。谁知道乾隆将传位永琮的诏书放到正大光明匾后不久,刚满两岁的永琮也离开了人间。如此两次,乾隆皇帝再也不敢将传位诏书放在正大光明匾后边了。乾隆年老之后,开始考虑储君的问题,只可惜现在皇子们有的已经年纪很老,有的已经先他而去,有的则无心于做皇帝。无奈之下,嘉庆这位老老实实的年轻皇子才进入乾隆皇帝的视野。乾隆皇帝在位六十年之后,就口头传诏将帝位传给了皇十五子颙琰,自己做起了悠哉乐哉的太上皇。其实,大清王朝到了乾隆后期的时候,就已经开始走向衰败,土地兼并严重,阶级矛盾尖锐,财政入不敷出。政治腐败,官员贪污贿赂成风。嘉庆即位之后,一直想致力于挽救日渐衰弱的大清王朝,嘉庆四年(1799),嘉庆亲政后的第一件事情就是除掉了天下第一大贪官和珅,其总家产折合白银,达到了八亿多两,是当时清政府财政年总收入的十几倍。嘉庆赐死和珅之后,将他的家财全部收归国库,但是,如此得来的钱财根本不可能弥补制度上的漏洞,大清王朝在官僚制度上的弊端日渐严重，官员们的贪污腐败并不是嘉庆这样一位过于软弱的君主可以理清的。此时的清王朝就像一个积疾已久的病人一样，开始总的爆发。官场上，官员公开卖官敛财，对百姓敲骨吸髓。老百姓不堪压迫，纷纷揭竿而起，各地相继爆发白莲教、天理教等大规模的农民起义。嘉庆帝也因此险些两次被刺。一次是在嘉庆八年(1803)二月二十日，嘉庆皇帝从圆明园返回宫内的路上，突然冲出一名男子行刺，把嘉庆的随从吓了一跳，后来费了一番周折才把刺客制伏。后来得知这名刺客叫成得，是京师中的一名厨役。嘉庆皇帝命诸王大臣和六部九卿会审成得，但他默无一言，只说："若事成，则公等所坐之处，即我坐处也。"嘉庆皇帝为人宽仁，不想因此而诘兴大狱，就下令将其凌迟处死，其他人就不再追究了。

另外一次是在嘉庆十八年(1813)九月，嘉庆皇帝到木兰围场狩猎。京郊林清领导的一支天理教农民起义军，决定乘清朝的王公大臣、大内侍卫都出宫护卫的机会。乘机攻占皇宫，推翻清王朝。这天起义军在林清的领导之下，化装成小商小贩，把武器藏在商品里面，骗过守门的侍卫，混进了京城。然后，林清又派人和皇宫内的内线取得联系。弄清宫里的虚实之后，便于十五日中午发动了进攻。起义军在林清的率领之下，攻杀守门的大内侍卫，冲入西华门，然后沿着皇道向隆宗门进攻。隆宗门的侍卫们慌忙关闭了大门，林清向隆宗门射了一箭，正中隆宗门的牌匾，据说至今在这块牌匾之上仍有一个当年起义军射下的箭头。此后，起义军见久攻隆宗门不下，就率军到了养心门外的墙边，想通过攀缘树木，攻入内宫，这时后来的道光皇帝旻宁带着火枪攻了出来，在清军火枪队的攻击之下，起义军被迫撤离。后来，嘉庆回宫之后听说了这件事情，大惊不已，说："从来未有事，竟出大清朝。"为此，嘉庆帝又亲自前往天坛、地坛祭拜天地。

嘉庆帝虽然没有什么才能，但是他从小苦读，精通四书五经，即位之后，又十分勤于政事。但是，一人之力总是不能挽救整个濒临衰败的大清王朝。朝政的繁杂，官员的腐败，宫廷内部的斗争，以及八卦教、捻子军、天理教、白莲教等多如牛毛的农民起义，整天弄得嘉庆皇帝焦头烂额，疲于应付。特别是他的同母弟庆亲王去世之后，嘉庆皇帝变得更为忧郁。

嘉庆二十五年(1820)七月十八日，嘉庆皇帝为了散散心，从圆明园起驾到承德避暑山庄外的木兰围场去狩猎。这时的嘉庆已经是一位六十一岁高龄的老人。为了保证皇帝的安全，皇次子旻宁，皇四子瑞亲王以及大学士、军机大臣、御前大臣、内务府大臣等大臣都亲自随行护驾。他们一行人从圆明园出发，一直走了七天才到达承德避暑山庄。因为时值七月，天气炎热，再加上沿途的一番奔波，到承德后的第二天，嘉庆皇帝就病倒了。二十五日上午，嘉庆突然感到痰气上涌，说话困难，头脑发胀。他身旁的皇子和王公大臣们慌忙去请御医，并召大臣赛冲阿、托津等入室。谁知没过多久，嘉庆皇帝就不会说话了。太医们没有见过如此怪病，都感觉束手无策。到了晚上八九点钟，忠厚的嘉庆皇帝便在电闪雷鸣中神秘地死在烟波致爽殿的龙床上，享年六十一岁。嘉庆皇帝死后，热河行宫立即封锁了消息，避暑山庄大门紧闭，限制人员出入。嘉庆帝死得如此突然以至于连棺材都没有预备好，事后随行的王公大臣们只好让人将北京棺中预备的寿宫连夜运到承德。嘉庆皇帝临死之前不会说话，也没有安排后事，他死了之后，人们在正大光明匾后面没有发现装有即位诏书的小金盒。嘉庆随身携带的那个盒子也不知道放在哪了。在总管内务府大臣禧恩和皇太后的支持之下，只好宣布由皇二子旻宁继承皇位。由于这其中种种突然的变故，道光皇帝到了八月初二，才公开嘉庆驾崩，告知朝廷上下。当时朝鲜国官员在盛京中江地方见清官员皆着素服，头帽拔去花翎，不知道发生了什么事情，后来才得知是皇帝驾崩了。由于嘉庆皇帝离开北京时还好好的，如此突然驾崩，驾崩之后又迟了这么久才对外公布，以至于，事后人们开始对嘉庆皇帝死因议论纷纷。

嘉庆皇帝终年六十一岁，在位二十五年。死后被葬于昌陵，庙号为仁宗睿皇帝，史称嘉庆皇帝。他的一生勤勤恳恳，未曾有什么过失之处。对于嘉庆皇帝的死因，官方的记载上都说是因病而死。后人根据官方记载中嘉庆皇帝临死前的状况推测，嘉庆皇帝的突然病故，可能是因为年高体胖的情况之下过度忧虑疲劳，再加上天气炎热，引发心脑血管疾病而死。

但是，据一些皇室人员的口传，说嘉庆皇帝是遭雷击而死。据说嘉庆帝一行人到了避暑山庄之后，稍事歇息，就率领大臣和侍卫们前往木兰围场围猎。结果在回来的路上遇上大雨，被困在荒郊野外，一时间雷电交加，大地震撼。忽然一道光亮之后嘉庆皇帝被雷电击落马下，当场身亡。此外，还有人说，嘉庆皇帝不是死在野外，而是在避暑山庄内遭到雷击，触电身亡。嘉庆皇帝因嬖宠一个小太监，两人经常在"云山胜地"幽会。有一天，他们两人正在此寻欢，忽然下起了大雷雨，一时间雷电交加，一道闪电击中小楼，嘉庆当即触电毙命。嘉庆被雷电烧得面目全非，已经无法收殓入棺。这种消息是关系到王朝稳定的大事。于是在皇二子旻宁的主持之下，决定暂时封锁消息，暂时不将嘉庆暴死的消息通告京师。然后，秘密地将一名与嘉庆皇帝相貌体材差不多的太监绞死，假扮嘉庆收殓棺中，而将皇帝的骸骨收在棺材底部，以此掩人耳目。当然，这些说法只是一些没有丝毫史实根据的传说。在宫廷正史之上都没有相关的记载。

承德避暑山庄

承德避暑山庄又名承德离宫或热河行宫，位于河北承德。建造于18世纪初，是由皇帝宫室、皇家园林和宏伟壮观的寺庙群所组成。清朝的康熙、乾隆皇帝时期，每年大约有半年时间要在承德度过，清前期重要的政治、军事、民族和外交等国家大事，都在这里处理。避暑山庄占地564万平方米，环绕山庄蜿蜒起伏的宫墙长达万米，是中国现存最大的皇家园林。

石达开
生死谜案

石达开是太平天国的军事奇才。广西贵县人。早年加入拜上帝会，后来同洪秀全、冯云山、萧朝贵、杨秀清等人发动金田起义。此后，石达开被封为左军主将。永安建制之后，石达开得封翼王。后率领太平军作为先锋，从广西一路打到南京。1853年，太平天国攻陷南京，改为天京，正式建立起与清朝政府相对立的太平天国。石达开因为军功卓著，成为太平天国的主要统兵将领之一。此后，洪秀全派西征军沿江西上，直破江西、湖南、湖北等地，眼看就要攻下长沙，结果，由于一时疏忽被曾国藩所率领的湘军所败，太平军节节后撤，先前攻下的武汉、黄州、岳阳等地先后失守，九江危急。这时石达开奉命率军到九江前线增援。石达开来到前线之后，一面指挥九江等地的守军顽强抗敌。一面将自己的军队分成几个小组，将曾国藩的湘军水师困锁于鄱阳湖内，然后放火焚烧，这一战几乎全歼了曾国藩的水师军队，急得曾国藩几乎要跳水自杀。从此西征军扭转战局，顺利地攻下了江西、湖北、安徽等大片的根据地，并进一步巩固了长江中上游的九江、安庆等军事堡垒。西征胜利之后，石达开又率精兵回师，会同燕王秦日纲等一举摧毁清军的江南大营和江北大营，解开了清军对天京的围困，太平天国在军事上达到了全盛时期。石达开也因为军功卓著得到太平军将士们的一致拥护。

1856年夏天，正当太平天国运动发展到全盛的时候发生了天京事变。杨秀清"逼天王亲到东王府封其万岁"。引起洪秀全的强烈不满，洪秀全密令正在安徽督师的北王韦

石达开铜像

石达开（1831—1863），太平天国军事统帅之一。广西贵县人。早年加入拜上帝会，与洪秀全、冯云山等共谋举义。金田起义后，被封为左军主将，后封翼王。

241

昌辉回京调解。韦昌辉同杨秀清素来积怨很深。9月1日，韦昌辉带领精兵三千人赶回天京，杀死杨秀清及其家属部众两万多人。后来，石达开赶到天京，指责韦昌辉杀人太多，韦昌辉又想杀石达开，石达开在部众的帮助下逃出天京，韦昌辉就杀了他的全家和部众两万多人。石达开逃回江西前线之后，立刻率领亲兵几万人，东返天京找韦昌辉报仇。杀红了眼的韦昌辉又想杀掉洪秀全自立，洪秀全在天京军民的配合之下，杀掉韦昌辉等人，才最终平息了这场血流成河的内讧。天京事变是太平天国领导集团洪秀全、杨秀清、韦昌辉争夺天国领导权力的内讧，它给太平天国造成极其惨重的损失，断送了太平天国在军事上的大好形势，使太平天国元气大伤。天京变乱之后石达开奉诏回京辅政，11月，石达开率军从江西前线的宁国经芜湖回到天京，受到天京军民的热烈欢迎，"合朝同举翼王提理政务"，洪秀全也不得不加封石达开为"电师通军主将义王"，命他全权处理天国政务。

太平天国圣宝镇库钱

　　石达开回京之后，尽弃前嫌，甚至连杀害了他全家的韦昌辉的父亲和兄弟都予以不许伤害。石达开竭尽全力稳定因天京变乱而造成的混乱局面，加强各派军队之间的团结，起用年轻的将领，缓解太平天国在军事上因为缺兵少将造成的压力。他重用只有十九岁的年轻小将陈玉成，命他主持江北军事；然后又派精兵，牵制住江南大营的清军，争取主动，力挽危局。1857年5月，刚刚被石达开提升的小将陈玉成率部攻入鄂东地区，迫使正想顺江而下的清军从九江分兵北上救援，遏制住了清军围攻的势头，打乱了的战略部署，重新取得战场上的主动权。太平天国军民的士气重新高涨起来，把太平天国从面临覆亡的危机中挽救过来。

　　但是，石达开的一片忠心反而引来洪秀全的猜忌。他见石达开辅政以来，功勋卓著，很得人心，又见石达开手下的部队都是太平天国的精锐之师，军力雄厚，因此，害怕石达开会像杨秀清、韦昌辉一样对自己不利，因此，对石达开"时有不乐之心"，"深恐人占其国，使洪氏一家一姓的天下失之旦夕"。为了牵制石达开，洪秀全分封他的哥哥洪仁发为"安王",洪仁达为"福王",负责管理军队的粮草,并参与国事,想以此来牵制石达开。但是,洪秀全的这种做法违背了他起义之初许下的"非金田同谋首义、建有殊勋者不封王爵的规定",也极大地伤害了石达开的忠心。石达开害怕洪秀全会对自己"阴图戕害",最后落个"忠而见逼,死且不明"的悲惨下场。

1857年6月2日,石达开一气之下率领所部二十万精兵,离京西上。石达开为了表明自己的忠心,他一路上张贴布告,表明"吾当远征报国,待异日功成归林,以表愚忠耳"。石达开的出走使得太平天国一时出现了"国中无人""朝中无将"的危险局面。清军乘机反扑,太平天国的大好形势毁于一旦,大片的根据地都被清军攻陷。这时的洪秀全又想到了石达开,多次派人送信给石达开,想让他率军赶回天京。但伤透了心的石达开说什么也不肯再回去了。

石达开率领十几万大军,离开皖、赣根据地,转战浙江、福建等地,多次攻城都没有成功。此后,石达开又率军折入湖南,打算经湖南回师广西,打回老家贵县去。1859年7月,石达开攻占灵川县,开始向桂林挺进,不料在甘棠渡遭到曾国藩湘军的伏击,太平军损失惨重,阵亡一万多人。这一战之后,石达开的部队陷入了没有根据地,缺草少粮,士气低落的危险之中。湘军统帅曾国藩也看出了这一点,高兴地说:"既钝于浙,钝于闽,入湘后又钝于永祁,钝于宝庆,裹胁这人愿从者渐少,且无老巢以为粮台,粮米须掳,子药须搬,行自疲于山谷之间。""气散而不整,迥不似石往年情形。"由此,也加紧了对石达开所率军队的围攻。石达开走投无路,只好退守到长蛇岭,进而转战四川,结果被湘军大败。同年秋天,石达开重整队伍,在川南、黔北等地转战年余,结果屡战受挫。最后在四川的大渡河畔陷入清军的重重包围之中,进退无路,陷于绝境。石达开多次率军突围都没有成功。

后来,清军派人前来劝降,说只要石达开投降,就可以

大渡河太平军古战场

1863年5月14日的石达开大军就是从此处下山的。这一带地势险要,进可以攻,退可以守,石达开留有重兵把守,设马鞍山大营,储备粮草武器。

243

保证太平军几万将士性命无忧。石达开为保住几万部众的性命，于6月13日带了自己五岁的儿子石定忠前去清营谈判，希望清军统帅骆秉章、唐友耕辈能"依书赴奏，请主宏施大度，胞与为怀，格外原情，宥我将士，请免诛戮，禁无欺凌，按官授职，量材擢用，愿为民者散为民，愿为军者聚为军"。结果在洗马姑被清军诱捕，全军将士也在被骗缴械后惨遭屠戮。

25日，石达开被解到成都。清军统帅骆秉章一见石达开，就问他："你投降吗？"石达开凛然地回答道："我来是乞死的，也是为我的部众请命的，当下只求一死了。"6月27日，骆秉章等人在总督府会审石达开，石达开冷笑道："是俗所谓成则为王，败则为寇，今生你杀我，安知来生我不杀汝耶？"然后，便大义凛然，自赴刑场。为了杀一儆百，清廷判石达开等人以凌迟处死。据说，石达开"临刑之际，神色怡然"，"自就绑至刑场，均神气湛然，无一毫畏缩态。且系以凌迟极刑处死，至死亦均默默无声，真奇男子也！"这些记录都出自于清军将领之手，他们的记录尚且如此，可见石达开果真是一条硬汉子。

石达开的遭遇是一个历史的大悲剧。有人说，石达开没有死，当年前往清营与清军谈判的人不是石达开，而是与他相貌酷似的养子，当时，他之所以要带上五岁的石定忠就是为了让清军相信自己就是石达开。石达开在清军开始进攻之时，便带领几个心腹化装趁乱逃出了包围圈。据说，后来还有人曾经见过在四川隐居的石达开。

还有一种说法是，石达开率众突围之后，带着自己的余部和大量的珠宝逃到了贵州与广西交界的丛山之中，见这里群山延绵，是个藏兵驻军以图东山再起的好地方，便在这里修筑了一座山寨，将珠宝埋在山寨中的一个山洞中以作为自己有朝一日东山再起的资金。但是，由于此后不几年，南京也被清军攻破，洪秀全病逝，太平天国从此彻底失败。隐居在此的石达开随着年岁的增大，也逐渐失去了东山再起的信心。最后，他和他埋下的珠宝一样都成为近代历史上的一个难解的谜。

清末太平天国洪秀全玉玺

李秀成
是不是叛徒

1864 年 7 月，曾国藩所率领的十几万湘军将太平天国的首都天京围了个水泄不通，天王洪秀全忧病交加去世，临死的时候仍然做着他那天国神话的春秋大梦。洪秀全死后，他的儿子洪天贵福即位做了幼天王。但此时的太平天国已经是穷途末日，湘军随时都有可能攻破天京的城池。19 日，湘军开始攻城，几千门大炮在一时间打响，震得天地轰鸣。天京的城池很快就被打开好几个大缺口，湘军士兵蜂拥而入，守城的太平军将士与湘军展开了惨烈的巷战。为了保护天国的希望幼天王洪天贵福，太平军的统帅李秀成亲自率领数千余名将士，护卫幼天王在太平门缺口处突围而出。为了确保幼天王的安全，李秀成在突围战打响之前还特意将自己的那匹久经战阵的宝马换给了幼天王。经过一番血战，李秀成终于率领部分士兵冲出城外，但由于围城的湘军实在太多，李秀成在突围的过程中同大队人马走散。天亮之后，人困马乏的李秀成藏到天京城外的一座破庙中暂避，顺便要打听一下幼

太平天国著名领袖忠王李秀成用过的一把宝剑，这把宝剑连鞘长八十四厘米，剑身长六十二厘米，鞘长六十三点五厘米。鞘是用楠木制的，上面包着镀金的银鞘箍。剑身上刻有"李秀成"三个小字，剑把执手内侧还刻有"张玉书造"四个小字，剑柄处还刻有"张造"两个小字。剑柄和剑鞘上部精工雕刻着以龙凤为主的花纹，有单独的龙和凤，也有"二龙戏珠""双凤朝阳"，此外，还配有"鹤鹿同春""鹊雀登梅""瓜瓞绵绵"等象征吉祥的图案。

李秀成用过的宝剑

245

天王和大队人马的消息。谁知由于李秀成的一身王者的装束，引起了两个刁民的注意。他们一看李秀成的打扮就猜测他一定是昨晚从天京城中逃出来的某位重要人物，如果把他捉住，送到曾大帅的营中，一定会有重赏。于是，他们趁着李秀成熟睡的机会，将他捉住。23日，李秀成被缚送到了清营。

听说李秀成被俘的消息，湘军统帅曾国藩急忙赶到南京，并开始亲审李秀成。李秀成从被俘到被杀，一共过了十六天。在此期间，他曾在囚笼中亲笔写下数万字的供词，也就是后人所称的《忠王李秀成自述》。在后人所见的这本供词中，人们可以看到李秀成在供词中有明显的屈膝投降的意思。在供词中李秀成称赞曾国藩"有仁爱""有德化之心"，说曾国藩对他有"恩情厚义"，还说"久悉中堂恩深量广，切救世人之心，玉驾出临瑶"，表示"我见老中堂大义恩深，实大鸿才，心悔莫及"，自叹"一身屈错，未遇明良"，并将京城沦陷喻作"我主无谋，清朝有福"。他还提出"收齐章程"，自愿以"罪将"之身，出面代为招降太平军余部，从而"尽义对大清皇上，以酬旧日有罪愚民"，"免大清心腹之患再生"。根据供词中的这些言语，后人推断李秀成是变节投降了清王朝，并亲笔对清王朝写下了这本摇尾乞怜的供词。

那么李秀成为什么要变节投降呢？围绕这个问题后世的学者们展开了一场旷日持久的争论。著名的太平天国史专家罗尔纲先生认为李秀成投降曾国藩是效法三国时的蜀将姜维投降钟会。他的投降并不是为了荣华富贵，也不是为了捡得一条命。李秀成贵为王爷之时，都能够在战阵之中，舍命奋战，毫不惧死，此时身陷囹圄，他更不会为了一条贱命而摇尾乞怜。在审问他的过程中，曾有人问他"汝今计安出"时，李秀成就曾回答道："死耳。"由此可见，李秀成不惧怕死。李秀成死时才四十二岁。据说他在临刑前，毫无戚容，谈笑自若，并写下了十句绝命诗。这表明李秀成早已准备好就义，并未抱有求生的希望，他投降曾国藩主要是想劝曾自立为王，起兵反清。与此同时在曾家的后人中也流传着"李秀成劝文正公做皇帝，文正公不敢"这样一个

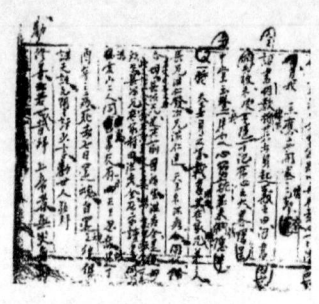

李秀成自述原稿首页

李秀成被俘后所写《忠王李秀成自述》原稿字数约有五万字至六万字。今所见湘乡曾家所藏原稿只有三万三千三百余字，已经被曾国藩撕毁了二万多字。

传言。著名历史学家陈寅恪也推测，曾国藩之所以不肯将《忠王李秀成自述》的原稿公布于世，其中必定有不可告人的秘密。至于他不愿示人的那一部分究竟包含哪些内容，现在已无法考证。曾国藩不想造反，但又怕引起清廷的猜忌，为自己引来杀身之祸，所以才设法删改了《忠王李秀成自述》的原稿内容；违抗圣旨擅自处死李秀成。

当然，也有人认为李秀成投降曾国藩并不是要效法姜维，试图东山再起，而是一种"乞活求生"的叛徒行径。曾国藩在亲自审问李秀成的过程中也许对他许下了某些承诺。使得李秀成对老谋深算的曾国藩产生了一些幻想，萌发投降求生的念头。从李秀成的供词中可以看出，李秀成对洪秀全后期的所作所为极其不满，所以才会在供词中自叹"一身屈错，未遇明良"。太平天国后期，洪秀全开始陷入一种迷信的痴狂状态。由于受韦杨变乱和石达开出走等事件的影响，他开始对异姓诸王抱有戒心，处处设法掣肘。李秀成由于后期军权在握，也受到洪秀全的怀疑和牵制，忠心受到很大的打击。有一次，李秀成请命亲自率军解救苏杭之围，洪秀全怕他率兵出走，或者发动叛变，临行前迫使李秀成将自己的老母妻子儿女留在天京作为人质。这种无端的怀疑对于一向忠心耿耿的"忠王"李秀成来说简直是天大的侮辱。这也难免他会对洪秀全的天朝王国失去信心，感觉自己投错了主子。一腔忠心到头来也只是个天大的笑话。至于在供词中李秀成称赞曾国藩的"有仁爱""有德化之心""久悉中堂恩深量广，切救世人之心，玉驾出临瑶""我见老中堂大义恩深，实大鸿才，心悔莫及"，以及说洪秀全到了如此境地是因为"我主无谋，清朝有福"，纯粹就是为了讨好曾国藩，以求不死，甚至还想通过"收齐章程"招降旧部来立功赎罪。

同时，当时参与审问李秀成的清军将领赵烈文，在自己的笔记中也记载李秀成"言次有乞活之意"。李秀成相信曾国藩，抱着一丝希望写下了几万字的投降书，并不知廉耻地对曾国藩说："承恩惠示，真报无由。"只可惜曾国藩不会给自己留下后患，得到供词之后就将李秀成处死了。

从上述的两种争论可以看出，学者们争论的立足点都是李秀成所写的《忠王李秀成自述》这本供词。但是，这本供词到底是不是真的呢？1864 年 8 月 7 日，李秀成写完供词之后就被曾国藩在南京军中处死。按照清朝的法律，这么重要的犯人所写的供词应该在犯人画押之后原原本本地上奏朝廷。但是，曾国藩似乎没有这么做，不知道是出于什么想法。曾国藩找了八九个与李秀成字迹差不多的幕僚，将李秀成的供词进行了重新缮写，每个人只写了其中的一小部分，都未能窥知这本供词的全貌。曾国藩将这本供词作了这么一番修改之后才送军机处备查，同时在安徽安庆九如堂刊印，也就是后人所见的九如堂刻本。曾国藩为什么要对供词进行重新缮写，为什么供词的原本被他收藏起来秘不示人？这里面难道真的像后人所说的那样有什么不可告人的隐情吗？

由此，后世的学者们对《忠王李秀成自述》的真伪也产生了怀疑。曾经在太平天国任官的英国人吟唎在自己的《太平天国革命亲历记》中指出："1852 年，在太平军占领南京以

曾国藩（1811—1872年）

初名子城，字伯函，号涤生，谥文正，湖南长沙府湘乡（今湖南省双峰县）人。中国清朝时期的军事家、理学家、政治家。

前,清官方即已捏造了一篇名为《天德供状》的文件,伪托是叛军领袖的供状,谎称他们俘获了这个领袖。《忠王李秀成自述》很可能也是同样靠不住的。这篇文件或为某个著名的俘虏所伪造(他可能因此而得赦免),或为两江总督曾国藩的狡猾幕僚所伪造。"1956年,国家司法部的法医研究所的笔迹专家也推定,曾氏后人所存的《忠王李秀成自述》是"曾国藩所伪造"。但太平天国史专家罗尔纲提出了相反的结论。他通过研究广西通志馆从湖南湘乡曾国藩后人家抄录来的《忠王李秀成自述》原稿的抄本以及当时拍摄的照片的笔迹、用语、语气,断定"曾国藩后人家藏的《忠王李秀成自述》确是李秀成亲笔"。

此后,学者们对于这一问题展开了激烈的争论。史学家荣孟源根据供词中对太平天国领袖的一些犯讳之处,认为《忠王李秀成自述》应该系曾国藩伪造。陈旭麓则坚持《忠王李秀成自述》是李秀成的亲笔,犯讳问题可能是李秀成在身陷囹圄情况下的一时疏忽,同时还指出《忠王李秀成自述》的稿本如果是假的,曾国藩又为什么把它当宝贝一样传给后人呢?

我们现所见到的原件稿本主要有两种:一种是民国时期,广西通志馆从湘乡曾国藩后人那里拍摄的"原稿"。另外一种是台湾影印出版的由曾国藩的后人曾约农所藏的"原稿"。但是,学者们对这些原稿也持有疑问,有的学者认为,《忠王李秀成自述》稿本是李秀成的真迹;有的学者则认为现存的自述是曾国藩删改过的,字迹相像也许是出于专门的伪造。由于,《忠王李秀成自述》这本书是当今证明李秀成到底有没有变节投降的唯一证据,它牵涉到李秀成到底是忠是奸的评价问题。既然作为唯一证据的《忠王李秀成自述》一书的真伪都存在疑问,那么,李秀成到底有没有变节投降的问题就更难说清楚了。

慈禧
身世之谜

慈禧太后,这位统治中国达四十八年的女人。她的生活经历应该是巨细都有记载,按理说不会引起什么疑案。但事实上并不是如此,由于清宫档案、国朝正史等资料对于慈禧的童年生活都少有记载,由此,也引发了关于慈禧出身和出生地的一番争论。

据清宫档案记载:慈禧,名为叶赫那拉氏,满洲镶黄旗人。生于1835年,死于1908年,安徽宁池太广道惠征之女。咸丰元年(1851)大选秀女的时候,被选入后宫,封为兰贵人。因得宠于咸丰帝,四年后又被封为懿嫔。咸丰六年(1856)三月二十三日未时,叶赫那拉氏生了同治帝载淳。母因子贵,那拉氏也因此被晋封为懿妃。咸丰七年(1857)正月又被加封为懿贵妃。1861年,咸丰帝驾崩承德行宫,同治帝即位,尊封她为圣母皇太后,徽号慈禧。1908年10月22日,慈禧因疾病去世,卒年七十四岁。《清史稿·后妃传》上的记载说:"孝钦显皇后,叶赫那拉氏,安徽宁池太广道惠征女,咸丰元年,被选入宫,号懿贵人,四年封懿嫔,六年三月庚辰,穆宗生,进懿妃。七年,进懿贵妃,十年,从幸热河。十一年七月,文宗崩,穆宗即位,尚孝贞皇后并尊为皇太后。"从文中的记载我们仅可以看出,慈禧名为叶赫那拉氏,镶黄旗人,父亲为安徽宁池太广道惠征。除此之外,对于慈禧的童年和出生地等等都少有记载。但这已经是档案中关于慈禧早年的最详细的记载。由于没有详细的记录,后世的史家便通过自己的考证,提出了诸多关于慈禧身世

慈禧太后像

慈禧太后,叶赫那拉氏,原满族镶蓝旗人,生于清道光十五年(1835)。清咸丰帝奕詝登基后,于咸丰元年(1851)二月第一次挑选八旗秀女,叶赫那拉氏中选,时年十六岁,次年五月进宫。事咸丰帝,为兰贵人,住储秀宫。咸丰四年(1854)封懿嫔;咸丰六年(1856)三月生载淳,晋懿妃;翌年春又晋封懿贵妃。咸丰帝死后,载淳即位,懿贵妃被尊为皇太后,诏旨称圣母皇太后,旗籍亦抬入上三旗的镶黄旗。同治元年(1865)四月上徽号曰慈禧皇太后,以后又累上徽号,光绪三十四年(1908)十月光绪帝死后,慈禧决定立溥仪为嗣皇帝,她自己被尊为太皇太后,次日即死于中海仪鸾殿,终年七十四岁。

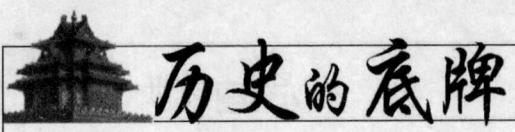

的说法。有人说她出生在安徽；有人说她出生在呼和浩特；有人说慈禧出生在山西的长治市，是个贫苦的汉人人家出身；还有人说慈禧就是出生在北京。

在这些说法中，最有影响的就是慈禧生于北京说。这一说法不仅为部分史学家所认同，同时也得到慈禧娘家后人的认可。慈禧的曾祖父名叫吉郎阿，镶蓝旗人，曾在户部做官，后来因为户部钱粮亏空的问题受到牵连被罢了官。慈禧的祖父叫景瑞，曾在刑部做官，因为受到曾祖父钱粮亏空案的牵连，也被革了职。慈禧的父亲惠征开始在吏部做笔帖式，是一个类似于现在的秘书的八品小官。慈禧出生于1835年阴历十月初十，当时他的父亲惠征正在吏部笔帖式的任上。所以，慈禧应该是生在这一时期惠征所住的北京西四牌楼劈柴胡同。这一说法，在慈禧的娘家后人的回忆中也有所提及，并且他们澄清了史学界的另外一个错误，那就是慈禧的乳名并不是叫玉兰，而是叫作杏儿。之所以会产生这样的错误，主要是因为慈禧曾经被封为兰贵人，慈禧又非常喜欢兰花，所以，后人才会误认为慈禧的小名叫玉兰。实际上慈禧的娘家人都叫她杏儿，学名叫作杏贞。

同时，关于慈禧的娘家在北京的说法，在曾任两代帝师的军机大臣翁同龢的日记中也可以找到佐证。据翁同龢的日记记载，同治九年（1870）八月十七日，慈禧的母亲去世。在京城发丧，其母出殡时，"涂车刍灵之盛，盖自来所未有，倾城出观，几若狂矣！沿途祭棚络绎，每座千金，廷臣往吊者皆有籍，李侍郎未往，颇忤意旨。"由此可见，慈禧的母亲死在北京，而且是在她掌握大权之后，这就排除了慈禧自幼丧母，生于贫苦人家的说法。

为了考清慈禧的身世，史学界对慈禧的父亲惠征的经历也进行了一番考证。关于慈禧的父亲惠征，历来也有众多不同的说法，有人说他是一位被革职的正黄旗参领，有人说他是一位"挂印归林"的大将军，还有人说他是一位带印脱逃的太广道。这些当然都是为了付托慈禧的身世而出现的各种传言。根据大内的清宫档案记载：慈禧的父亲惠征，镶蓝旗人，道光十一年（1831）任吏部笔帖式，道光十四年（1834）考察被定为吏部二等笔帖式。道光十九年（1839）时升为八品笔帖式。道光二十三年（1843）再次考察定为吏部一等笔帖式。二十六年（1846）调任吏部文选司主事。二十八年（1848）、二十九年（1849）被调任为山西归绥道道员。咸丰二年（1852），调任安徽宁池太广道的道员。这同《清朝的皇帝》一书中："慈禧的父亲惠征，父官至安徽宁池太广道，时当道光末年，洪杨起事，惠征守土无方，革职留任，旋即病殁，遗妻一、子女各二，慈禧居长"的记载大体是一致的，因此，慈禧的父亲是安徽宁池太广道惠征应该没有什么疑问。而且从惠征的履历表可以看出，慈禧出生之时，他还在京城任职，所以慈禧也应该是生在北京城。至于，她的父亲惠征，据说后来死在太广道任上，慈禧当权之后，又追封其父为承恩公，并将母家旗籍依照祖制由下五旗的镶蓝旗提升到上三旗的镶黄旗。承恩公这一职位后来被慈禧的弟弟桂祥承袭。

在肯定慈禧的父亲是惠征的情况下，关于慈禧的出生地，除了北京说之外，还有甘肃兰州说、浙江乍浦说、内蒙古呼和浩特说等多种说法。甘肃兰州说的依据主要是史学家发现在甘肃布政使衙门也有一个叫惠征的笔帖式，但从档案对惠征的记载来看，他确实是做过笔帖式，但是做的是吏部笔帖式，没有在甘肃布政使衙门做笔帖式。所以这一说法值得怀疑。慈禧出生在浙江乍浦的说法主要依据的是，当地出现的一些传说。说慈禧的父亲惠征在此做骁骑校，慈禧就是出生在此地，并说慈禧之所以喜欢唱南方的小曲，就是因为从小在南方生活的结果。但是，这一说法同样与档案对惠征的记载相抵触。至于说慈禧生在内蒙古呼和浩特市的说法，主要依据是此地有一条街道叫作"落凤街"，并说慈禧和她的父亲曾在此居住。但经史学家考证，慈禧的父亲惠征确实在此做过归绥道的道员，但那时慈禧已经十五岁了，不可能是出生在这儿。惠征由安徽的后补道台升任归绥兵备道台后，曾带着十五岁的女儿在此居住过倒还说得过去。

除了这几种说法以外，还有一种说法，说慈禧出生于今山西潞安府，也就是今天的长治市。这个说法是山西一位叫刘奇的学者提出来的。这一说法不仅认为慈禧是出生在长治，而且对慈禧的身世，还提出了一种全新的说法。据这位学者考证，慈禧根本不是满人，而是一位身世曲折离奇的汉家姑娘。1835年，慈禧出生在山西长治县西坡村一个叫王增昌的贫穷农民家庭，并取名为"王小谦"。由于家境贫寒，小慈禧在四岁时，被卖给本县上秦村宋四元做女儿，并改名"宋龄娥"。但等慈禧长到十二岁的时候，又被卖给了正在潞安府做知府的惠征为婢，改名为"玉兰"。有一次，玉兰在服侍惠征夫人富察氏洗脚的时候，看见她的脚

慈禧太后定东陵

1908年11月15日慈禧太后病逝后葬于定东陵，她的神牌上写着：孝钦慈禧端佑康颐昭豫庄诚寿恭钦献崇熙配天兴圣显皇后，共25字，为清历代太后之最。1928年，以军阀孙殿英为首的盗墓者盗掘了金碧辉煌、极尽奢华的慈禧太后定东陵。

251

凤在上的石雕

底有一颗痣，便说自己的两只脚底都有痣。富察氏一听大惊，两脚底都有痣，那可是做皇后的命。于是，不敢再让她做婢女，而收她做干女儿，并在后衙中精心培养。到了咸丰二年(1852)，宫中秀女大选的时候，玉兰便以惠征之女叶赫那拉氏的身份，被选入宫。

这一说法在史学界引起了极大的轰动，这位学者在他的论著《解开慈禧童年之谜》一书中，列举了三十八条证据来证明慈禧本来是汉人的说法。一是在西坡村王英培家的家谱上："王小谦后来成为慈禧太后"的记载。二是在西坡村外羊头上的山脚下有慈禧母亲的坟。同时在慈禧的第二故乡上秦村也发现了证据，就是在宋家后人宋六则和宋德文家里发现了祖传的光绪、宣统年间清廷制作的皮夹式清代帝后宗祀谱。在宋六则家中还发现了一封慈禧寄给其堂兄宋禧馀的感谢宋家养育之恩信件残片和慈禧本人的单身照片。同时在这个村子里还保留着一座叫作"娘娘院"的老房子，据说是慈禧童年的时候住过的，慈禧做了皇太后之后，当地的人们为了纪念，就把这所老房子改名为"娘娘院"保留下来。此外，作者还列举了慈禧的一些与长治有关的生活习惯，如慈禧爱吃长治人常吃的萝卜团子、壶关醋、玉米糁粥、沁州黄小米，爱看上党梆子等。这一说法在慈禧的御前女官德龄所写的《清宫二年记》也可以得到印证，它里面曾经记载到慈禧太后说她"喜欢乡村生活，觉得那比起宫里的生活来自然得多了"。目前慈禧生于山西长治的说法在史学界产生了很大的影响，同时也引起了一些史家的反驳。慈禧太后的身世到底如何，也许还有待于史学界的近一步考证。

同治帝
死因谜案

同治帝载淳是咸丰皇帝与慈禧太后的独生子,生于咸丰六年(1856)。慈禧太后在生了载淳之后,由懿嫔升为懿妃,第二年又升为懿贵妃。1861年,英法联军进攻北京,咸丰帝带着慈禧母子仓皇逃往热河避暑山庄。咸丰帝到热河后不久,便因病而死。此时刚满六岁的载淳继承皇位,年号祺祥,尊生母叶赫那拉氏为"圣母皇太后"。载淳即位后不久,慈禧便发动了"辛酉政变",除掉了咸丰临终时托孤辅政的八大臣,由自己垂帘听政,控制了国家大权,并改年号为"同治",所以,载淳又被后人称为同治皇帝。同治帝在位十三年,他在位期间朝政完全处于慈禧太后的控制之下。载淳成人之后,慈禧太后本想归政于他,谁知这位短命的天子,亲政两年后就因病去世了,死的时候年仅十九岁。关于同治皇帝的死因,在史学界一直存在较大的争论。正史的记载中,说同治皇帝是死于天花。但在民间的野史小说中却说同治帝是因为逛妓院,染上了花柳病而死。两种说法各执一词,争论不休。

近年来,有些学者根据替同治皇帝诊病的御医李德立、庄守和在《万岁爷进药用药底簿》中对同治皇帝患病和诊疗过程的记载,推测同治帝确实是患天花而死。同治皇帝自同治十三年(1874)十月三十日下午发病,到十二月初五夜病死,前后共经历了三十七天的时间。在这三十七天中,两位御医对同治帝的病情,所开的药方作了详细的记

同治皇帝像

清穆宗同治名爱新觉罗·载淳(1856—1874),咸丰病死后即位。在位十三年,1874年驾崩于养心殿东暖阁,终年十九岁,庙号为穆宗毅皇帝,史称同治皇帝,葬于惠陵。

253

同治帝患病期间脉案
《万岁爷进药用药底簿》

《万岁爷进药用药底簿》比较详细地记录了自同治十三年(1874)十月三十日下午同治帝得病,召御医李德立等人入宫请脉,直至十二月初五夜病死,前后37天的脉案,详细记载了同治皇帝的病状和药方。这本脉案是敬事房太监根据当时的御医每天请脉记录和所开的方子,誊抄汇辑成册的。

载。根据记载来看,同治皇帝发病时的症状主要是:"脉息浮数而细。系风瘟闭束,阴气不足,不能外透之症。以致发热头眩,胸满烦闷,身酸腿软,皮肤发出疹形未透,有时气堵作厥。"此为明显的天花症状,同时,御医们当时所开的药是生地、元参、牛蒡子、芦根等配制的"益阴清解饮"。这些草药的主要作用是滋阴化毒,是治疗天花的必用之药。由此可见,同治皇帝是患了天花无疑。

有人说,在当时的情况下,天花也并非必死的绝症,平常百姓家出天花尚且都能照常活命,对于医药齐备,护理周到的皇帝来说,更不应该说是一种绝症。同治帝平时的身体很好,怎么会一出天花就死了呢?所以,人们仍然对同治帝死于天花有点怀疑。但从御医们所记的脉案来看,同治皇帝出天花之后,在御医们的精心护理下,病情确实有了很大的好转,痘颗也开始表发。但是,由于同治帝的内毒过盛,所发的痘粒中总是带有血丝,而且还伴有咽痛作呕,身颤口干,便秘溺赤。身体内部积郁的毒滞并没有完全表发出来。这属于中医上所说的发痘不顺利的情况。因此,御医们在后来的脉案中诊断为:"由气血为毒滞锢所致,症界于险!"再加上载淳又"微感风凉","以致咳嗽鼻塞,心虚不寐;浸浆皮皱,似有停浆不靥之势"。由此,同治帝的病情进一步加剧,情况越来越坏,并出现了许多并发症,同治帝开始全身浮肿,并出现大面积的溃烂。到了十一月十六日时,同治帝的病情急剧恶化,出现了"肾虚赤浊,余毒挟湿,袭入筋络。以致腰软重疼,微肿,不易转坐;腿病痉挛,屈而不伸……"体内的毒素已经开始侵入筋络,从中医上来说,已经到了无药可救的地步,虽然,御医们还是尽力救治,但是,在当时那种医学尚不发达的情况下,即使皇家御医,使用的依然是传统的中草药,对于发病极快的天花来说,除了清热解毒之外,并没有什么很好的办法。面对内外症并发的同治皇帝，御医们也是束手无策。从十一月十九日起，同治帝的病情开始急转而下，全身开始出现大片的溃烂，腰部溃烂成洞，脓血不止；痘痈遍身，肿疼难忍；面颊肿硬，牙浮口粘；口喷臭气，胸满肋胀；大便腥臭，小便赤短。后来，痘毒上亢，有增无减。而且腰部与臀部的溃烂已串联一起，溃口外小，而内溃很深很大。每日流出的脓汁多达一茶碗，并开始发起了高烧。可见，同治帝此时的病情已经到了必死无疑的地步。

此后不久，被天花病折磨了一个多月的同治帝，因医治无效死亡。有关同治帝的病情，在他的老师、军机大臣翁同龢的日记中也有记载。在他的日记里写道："初八日……诸臣上前瞻仰，……伏见天颜温目卒，偃卧向外，花极稠密，目光微露。……"在同治帝的头、面等处有许多灌浆饱满的痘粒。而且《翁同龢日记》中对御医们所开的方药也有所记载，同宫里的脉案上的记载基本一致。于此可见，同治帝也许确实是因为天花病而死。

但是，由于天花和梅毒的病症有些类似，因此，后人怀疑同治得的是梅毒而不是天花，曾经是慈禧太后的贴身丫环的女官德龄在自己所写的回忆录中，也对同治死于天花的说法提出了怀疑。

同时，前面提到的给同治帝治病的御医李德立的后人写过一篇文章，说他的曾祖父曾口传说同治帝确系患花柳病而死。同治帝病倒之后，他的曾祖父奉诏到宫内给他诊治。诊过之后，他怀疑皇上是染上了花柳病，但又不敢确诊。因为他不明白这九五之尊的皇上为什么会染上这等红楼妓院的病。于是，他又约了另一位御医张本仁一块会诊。最后，两人都一致肯定皇上确实是患了花柳，也就是我们今天所说的梅毒。皇上得了花柳病，这如果传到满朝文武、天下百姓的耳朵里，又是一大宫廷笑话。对于极其爱面子的慈禧太后来说，是说什么也不可能接受的。说不定，如果如实上奏，惹恼了她还会招来杀身之祸。但是，如若不据实禀奏，耽误了病情，又怕慈禧太后怪罪。两位医生左右为难，觉得反正皇上得的是不治之症，恰好此时宫廷上下都传言皇上患了天花，于是，也把同治帝的花柳病说成是患了天花。在皇帝的脉案和所开的方药上也都是按照天花治疗，由于天花同梅毒都属于内毒外发之病，所以他们所用的药也都是些芦根、元参、金银花等滋阴化毒的药剂。这才有了后人依据脉案，认为同治帝是得天花病而死的误解。由于给皇帝治病，每一方药剂都要经过皇太后、帝师翁同龢等人的亲自审定，所以，他们不敢明目张胆地用治疗花柳病的药剂，只好用这些药理类似的药来缓解这个不治之症。翁同龢当年看过他们所开的方子，在自己的日记里记下这些药剂也并不能说明什么。再说，当时虽然有些王公大臣对同治帝外出逛妓院的事情也有所耳闻，但是碍于皇帝和太后的面子，谁也不敢在公开场合明说。

同治重宝

关于同治帝逛妓院和患花柳病的故事，虽然在清朝的正史中没有丝毫记载，但在野史故事中却广为流传。说同治帝本来很喜欢皇后阿鲁特氏，两人感情很好。但是，由于慈禧太后不喜欢这位来自蒙古的才女，怕她会利用自己的心计挑唆同治帝跟自己作对，夺了自己手中的大权。所以，她就强迫同治帝同有貌无才的慧妃接近，而设法阻止同治帝同皇后亲近。据慈禧的近侍德龄在自己《清宫二年记》里面记载：慈禧太后将自己的宫殿设置在皇帝同皇后寝宫中间，并封闭了两宫之间其他的通道，以至于皇帝同皇后来往，只能够经过她的宫殿前面，以便于严密地监视帝后的行为。同治帝得不到自己喜欢的人，反而被迫同不喜欢的人亲近。为了以示反抗，同治帝索性谁也不接近，整天自己独宿乾清宫。时间久了熬不住，就带几个小太监化装成公子爷到宫外的八大胡同去逛妓院。如此在花天酒地里混了几年，没想到染了一身花柳病回来。其实有些王公大臣也知道同治帝逛妓院的事情，但是，对于这种皇帝的隐私事情，谁也不敢说出来，以至于历史中少有记载。

除此之外，还有一种说法，说是慈禧太后为了保住自己的权力，害死了自己的亲儿子。这种说法主要来源于《清宫遗闻》等野史笔记的记载。它上面说同治帝患病之后，自己心知或许没救了，就招来军机大臣李鸿章来起草遗诏。在遗诏中同治帝安排贝勒载澍入承大统。但是，对于这种皇位继承的大事，李鸿章不敢独自承诏，他知道一旦按照同治帝的安排，让贝勒载澍入承大统，将会严重损害到慈禧太后的权力。如果惹恼了慈禧，将会给自己带来杀身之祸。于是，他便向慈禧告了密。慈禧听了大惊，便亲自前往同治帝的寝宫处理此事。到了皇帝寝宫之外的时候，恰好听到皇后正在向同治哭诉慈禧平时对她的刁难之苦，还听到同治说，不要伤心，日后总会有出头的日子。慈禧听完勃然大怒，立刻命令断了皇帝的医药饮膳。此后不久，宫里便传出了同治帝载淳驾崩的消息。

刺马案
隐秘

同治九年（1870年）七月二十六日上午，两江总督马新贻在校场阅兵，在马新贻阅毕回署的箭道两旁挤满了围观的群众。马新贻阅兵完毕后，在护卫的保护之下打道回府。谁知到了府衙门口的时候，忽然从人群中冲出一个人，冲到马新贻身前半米处跪地，高呼冤枉，马新贻身旁的侍卫们还没明白是怎么回事，这个人已经将一把锋利的匕首刺入马新贻胸中。马新贻痛呼一声，当即倒地。身旁的护卫们急忙冲了上来，将刺客扭住。谁知这个刺客不仅不逃走，反而立在远处高喊："刺客是我张汶祥！""大丈夫一人做事一人当，今日拼命，二十年后又是一条好汉。"护卫们制伏刺客之后，急忙用门将马新贻抬进后衙的总督府中，急召大夫诊治。但是由于马新贻被刺中要害，而且匕首上被淬了剧毒，马新贻奄息挣扎了一番，就一命呜呼了。

封疆大吏在衙门口被人刺杀，对已经处于风雨飘摇中的清王朝来说是一个极坏的信号。清廷上下对此极为震惊，慈禧太后急令南京将军审理此案，一定要揪出幕后的主谋。魁玉奉旨查办此案，对案犯张汶祥审问多次，由于张汶祥总是闪烁其词，根本对于他的审问一味支离，以至于审了一个月也没审出个头绪。此后，朝廷又加派大臣张之万前往江宁会审此案。张之万是个官场的老手，他知道这个案子要么没什么蹊跷，只是私人仇杀，要么牵连重大，幕后有一个非同小可的靠山。张之万来了之后，也不敢贸然

两江总督府

两江总督，正式官衔为总督两江等处地方提督军务、粮饷、操江、统辖南河事务，是清朝九位最高级的封疆大臣之一，总管江苏、安徽和江西三省的军民政务。由于清初江苏和安徽两省辖地同属江南省，因此初时该总督管辖的是江南和江西的政务，因此号两江总督。两江总督是地方最高长官，太平天国运动之前多由满人担任，之后汉人渐多。从康熙四年（1665）到宣统三年（1911），有影响的计80余人，98任，历247年。两江总督署位于南京城正中，明汉王府旧址，太平天国时期为天王府，后被曾国藩焚毁重建。

行事。每日升堂，只是小心翼翼地问讯，既不用刑，也不威逼。马新贻手下心腹袁保庆等人对此不满，要求严刑问讯。张之万却以"案情重大，不便徒事刑求。傥未正典刑而瘐死，谁负其咎"进行搪塞。就这样一拖就是几个月。到了年底，朝廷催问案犯的供词。张之万同魁玉便上奏说："凶犯张汶祥曾从发捻，复通海盗，因马新贻前在浙抚任内，剿办南田海盗，戮伊伙党甚多。又因伊妻罗氏为吴炳燮诱逃，曾于马新贻阅边至宁波时，拦舆呈控，未准审理，该犯心怀忿恨。适在逃海盗龙启云等复指使，张汶祥为同伙报仇，即为自己泄恨，张汶祥被激允许。……本年七月二十六日，随从混进督署，突出行凶，再三质讯，矢口不移其供，无另有主使各情，尚属可信。"

一个朝廷大员被刺杀的大案，竟然以"尚属可信"四字结案，说起来实在是一个大笑话。朝廷上下对他们审理的结果也不满意，于是又派曾国藩和刑部尚书郑敦谨重新审理此案。曾国藩磨磨蹭蹭地来到江宁之后，并不急于审理，而是静待郑敦谨到达江宁之后，才开始正式调阅案卷，着手审理。郑敦谨抵达江宁之后，本想把这个案子弄个水落石出，但是，他发现每次升堂之后，主审官曾国藩反而不置一词，只是正坐在大堂之上听自己发问。而且自己审理了十几天，案犯张汶祥还是一味地撒泼抵赖，没有供出什么头绪。郑敦谨感觉其中有异，似乎主审官曾国藩不想让人彻查。正如邓之诚后来在《骨董三记》中所说的："国藩不欲深求，必有不能深求者在。"因此，郑敦谨也不敢再对案子进行深究。每次升堂，只问些不着边际的问题，案犯不回答也由他去，并不用刑。这样案子糊里糊涂地审了几个月，也没有什么结果，最后依然是按照前面张之万等人审理的结果结案，上奏的供词同张之万的基本相同。只是在对张汶祥的处置上稍有变动，将原来所判的"按谋反大逆律问拟，拟以凌迟处死"外，又增加了一条"摘心致祭"。在案结里面仍然保留了"该犯供词，尚属可信"的措辞。朝廷虽然对这个结果不是十分的满意，但是，慑于曾国藩的威望和实力也只好见好就收，就此了结。最后张汶祥被凌迟处死，然后

马新贻照片

马新贻（1821—1870）回族，菏泽城东北西马垓村人。祖辈几代为清朝官吏。27岁中进士，先后任安徽建平知县、合肥知县、安徽按察使、布政使、浙江巡抚、两江总督兼通商大臣等职。清同治九年（1870）七月二十六日遇刺身亡。皇上亲赐祭文、碑文，特赠太子太保，予骑都尉兼云骑尉世袭，谥"端敏"。

摘心祭祀死去的两江总督马新贻。

刺马案就这么糊里糊涂地结了案,但人们似乎并不相信案卷中的说法,各种流言也随之而起。有些说法甚至还被编成了戏剧、弹词在市井间流传。

其中有一说,说张汶祥刺杀马新贻是为友复仇。咸丰五年(1855),马新贻率领军队与捻军作战,兵败被俘。这支捻军的首领叫张汶祥,手下有个结拜的兄弟叫曹二虎。张、曹二人早有降清之意,只可惜没有找到合适的台阶。此次,他们俘获马新贻,便借着马新贻这个台阶以招安名义投到马新贻的帐下。为了表示自己的诚意,马新贻还当场与张汶祥、曹二虎等人结拜为兄弟。马新贻因为招降有功,也得到了升迁,张汶祥等人的军队也被收编到马新贻的山字营。马新贻仗着这支军队,屡立战功,迁升频繁。到同治四年(1865)的时候,已经升到安徽布政使的位子了。有一次,马新贻在府内设宴,曹二虎带着夫人郑氏来赴宴。谁知马新贻见郑氏长的漂亮,竟然起了歹心。从此,他经常找各种借口,骗郑氏到他的府中。时间长了便同郑氏有了可耻之事。后来这事被张汶祥知道了。他对马新贻奸占朋友之妻的丑行大为不满,便悄悄地告诉了曹二虎。曹二虎一听,怒不可遏,恨不得一刀杀了这对奸夫淫妇。马新贻此时也起了戒心,为了能够长时间地霸占郑氏,马新贻打发曹二虎到寿春镇总兵徐朣处领军火,允诺事成后有重赏。张汶祥不放心,便陪同前往。谁知一到总兵衙门,曹二虎就被总兵以私通捻匪之罪给绑了起来,并说是奉了马藩台的命令,说罢也不容曹二虎分辩,便把他绑到市曹给砍了。张汶祥得讯前往搭救时,曹二虎已死。他埋葬了二虎,发誓一定要杀了马新贻这个反复小人,为兄弟报仇。

为了给曹二虎报仇,张汶祥到深山老林中隐居起来,打制了两把锋利的匕首,并淬以剧毒。张汶祥每日发奋练习刀法,后来感觉功夫差不多了,才出山去寻找马新贻报仇。出来后,他打听到马新贻已经升任到两江总督,并听说这个月他要在校场阅兵。这真是一个千载难逢的好机会。张汶祥了来到江宁之后,就混在观看的众人之中,寻找时机。马新贻阅完兵后,返回府衙的路上,张汶祥便趁乱冲向前去一刀刺死了仇人。因为此事涉及封疆大吏的夺人之妻的私生活问题,所以清政府才会遮遮掩掩,不肯说明真相。

当然,上面只是其中的一种说法,还有一种说法,说是江苏巡抚丁日昌的公子派人刺杀的马新贻。这种说法主要起因于太常寺少卿王家壁所上的一个指责丁日昌与马新贻被刺有关的折子。他在奏折中说:"江苏巡抚丁日昌之子被案,应归马新贻查办,请托不行,致有此变。"这个案子原来是这样的,有一天太湖水师的哨官王有明等人到苏州逛妓院,结果与同在妓院的丁日昌的儿子丁惠衡和侄子丁继祖发生了冲突。丁公子一怒之下,叫来家将游击薛荫榜将王有明等人以滋事扰民治罪,打了四十军棍。结果致使王手下的一名兵丁伤重而死。丁日昌见子侄滋事,致使勇丁丧命,也不得不上奏请求议

清国两江总督之衙署(正门)

两江总督府正门

处。后来上头命马新贻处理此案,当马新贻传唤丁惠衡的时候,丁日昌却说他越墙逃匿,不知去向。此案发生后不到四十天,马新贻便被人刺杀了,因此,人们才会怀疑此事与丁家公子有关。

此外,还有一种更为离奇的说法,说刺客张汶祥是河南汝阳人,后来投了太平军,在侍王李世贤的部下当兵,认识了被太平军俘获来的清朝小官马新贻。两人在军中谈得很投机,便结拜为兄弟。后来,马新贻在张汶祥的帮助下逃出了太平军,回到清营,因为熟悉太平军的内部情况,所以打了不少胜仗,很快便升到了两江总督的位子。太平军失败之后,张汶祥也投到马新贻的手下当差,但马新贻见张汶祥的妻子长得漂亮,便起了歹心。有一次,趁着张汶祥外出的机会,马新贻欲对张夫人行不轨之事。张夫人羞辱难当,当即自杀而死,张汶祥知道后,蓄意报仇,便找机会刺杀了马新贻。还有一种说法,说张汶祥曾经是捻军的一个首领,手下有八百多名将士,后来,马新贻派人说降张汶祥部,张汶祥信以为真,与马歃血盟誓。谁知投降之后,马新贻便派人屠杀了自己的八百名部下,张汶祥侥幸逃脱,立誓要为兄弟们报仇,便找机会杀掉了马新贻。

最近又有人提出,张汶祥是湘军中的勇士,他刺杀马新贻是因为马新贻抢了湘军辛辛苦苦打下来的江苏这块宝地。还因为马新贻奉慈禧太后之命,调查太平天国财宝金银的下落,快要查到了湘军众统帅的头上。张汶祥受了某位湘军统帅的指使,伺机刺杀了马新贻。

总之,关于张汶祥为什么要刺杀马新贻,后人提出了十几种说法。到底哪一种说法是真的,即使马新贻自己活着,恐怕也说不清楚。

慈安太后
暴死谜案

慈安太后（1837—1881），钮祜禄氏，满洲镶黄旗人。其父穆扬阿曾任广西右江道。咸丰二年（1852）钮祜禄氏被封贞嫔，后来又加封为贞贵妃，她为人幽娴静淑，举止端庄，口木讷不善言辞，在众妃嫔中从不争宠，很得咸丰皇帝的尊重，不久就被咸丰帝立为皇后。

1861年，英法联军入侵北京，咸丰帝带着众妃嫔仓皇逃到热河避暑山庄。咸丰帝原来身体就不好，再加上惊吓和一路奔波，到承德后不久就病倒了。由于皇帝病倒，所以，除了奕訢之外的王公大臣们都在热河伴驾。到了七月，咸丰帝的病情突然恶化。慌忙召亲王载垣、端华、肃顺、景寿、穆荫、匡源、杜翰、焦佑瀛等人觐见，嘱托后事。由于咸丰帝唯一的儿子载淳才刚满六岁，咸丰只好效仿太宗顺治命八人为顾命大臣"赞襄一切政务"。安排好后事不久，咸丰帝就驾崩了。咸丰死后，年方六岁的载淳继承了皇位，年号祺祥。尊奉刚满二十五岁的咸丰皇后钮祜禄氏为慈安皇太后，生母叶赫那拉氏为慈禧皇太后，也就是后人所称的东太后和西太后。

咸丰帝去世之前，既怕八大臣会谋权篡位，又怕慈禧擅权专政。于是，他一方面安排八大臣"赞襄"政务，另一方面又通过控制在两太后手中的"朱批"玉玺来牵制八大臣。据说咸丰还在世的时候，就发现慈禧为人心狠手辣，害怕她将来母以子贵，会擅权专政。八大臣之首的肃顺也曾极力劝咸丰效仿汉武帝杀钩弋夫人的故事除掉叶赫那拉氏，以防止后宫擅政。但咸丰念于感情，不忍下手。所以，咸丰崩

慈安太后

孝贞显皇后（1837—1881），钮祜禄氏，满洲镶黄旗人，广西右江道三等承恩公穆扬阿之女。咸丰帝登基后于咸丰二年（1852），封贞嫔，贞妃，五月晋贞贵妃，六月奉旨立为皇后，时年十六岁。因皇后无子，便立懿贵妃六岁的儿子载淳承继皇位，尊皇后为母后皇太后，上徽号为"慈安"，称慈安太后，尊其生母懿贵妃为圣母皇太后，徽号为"慈禧"，称慈禧太后。因慈安居住在紫禁城东路的钟粹宫，故称"东太后"，慈禧居住在西路的储秀宫，故称"西太后"。

殂之后，慈禧太后对于辅政的八大臣极为不满。为了能够独揽大权，慈禧太后联合咸丰帝的弟弟恭亲王奕訢开始密谋一场宫廷的政变。按照祖制，咸丰帝死后，应该由咸丰帝的亲弟弟恭亲王奕訢辅政，但是由于咸丰帝对他心存猜忌，奕訢被排除在辅政大臣之外，因此他对八大臣辅政也极为不满。慈禧太后秘派自己的心腹太监安德海进京召恭亲王奕訢借口奔丧前来承德商量。同奕訢商量好之后，一场暗藏杀机的宫廷政变就悄悄地展开了。

两宫太后垂帘听政处

八大臣理政后不久，御史董元醇忽然上折，要求请两宫皇太后垂帘听政，遭到肃顺等人的责斥。慈禧太后便借着八大臣要求处置董元醇的机会，到东太后慈安那里说怡亲王等人独断独行，批谕一切，似乎要发动政变，谋夺帝位，我们姐妹也应该加紧采取措施，争取自己垂帘听政。慈安太后本无意于垂帘，但被慈禧这么一说，以为真的是事态紧急，便同意拟了除掉八大臣的懿旨。慈禧得到懿旨之后，便联合在北京的奕訢。

在回京的途中，逮捕了八大臣，宣布由自己和慈安太后亲自垂帘听政，并改年号为"同治"。慈禧虽然是皇帝的生母，但由于慈安曾经是正宫皇后，所以地位在慈禧太后之上。慈安太后生性平和，很少干涉政事，朝政大权实际上操纵在慈禧的手中，但这种地位的差别还是为她日后的命运埋下了一丝隐患。

1881年4月8日，一向身体很好的慈安太后突然暴毙宫中，当时年仅四十五岁。由于慈安太后死得很急，死前没有丝毫征兆，宫廷的正史上对于慈安太后的死因又少有记载，因此，慈安太后死后不久，世人便开始议论纷纷，传出了有关慈安太后死因的多种说法。

一种说法，说慈安太后是因为和慈禧赌气自杀而死。据《清稗类钞》记载，祺祥政变之后，慈安与慈禧共同垂帘听政，执掌朝廷的大权。慈安因为天性平和，不喜欢多问政事，所以朝政实际上是处于慈禧太后一人的控制之下。但有一次，慈禧太后突然得了重病，不能处理政事，慈安太后便代替慈禧独自处理了一段朝政。但权力欲极强的慈禧太后,以为慈安太后这是要夺取自己手中的权力,便说慈安"诬以贿卖嘱托,干预朝政,语颇激",致使慈安气愤异常,恼恨之下,"吞鼻烟壶自尽"。

还有一种说法是,慈禧毒杀慈安说。这一说法有三个版本。一说见于恽毓鼎的《崇陵传信录》。说咸丰帝在热河驾崩之前,心知慈禧为人奸险,害怕她日后仗子为恶,便密书一道谕旨留给皇后,说:"咨孝贞太后:懿贵妃援母以子贵之义,不得不尊为太后;然其人绝非可倚信者,即不有事,汝亦当专决。彼果安分无过,当始终曲予恩礼;若其失行彰著,汝可召集廷臣,将朕此旨宣示,立即诛死,以杜后患。钦此。"慈安同慈禧垂帘听政之后,相处得还可以。到了1881年的一天,慈安太后突然对慈禧提起咸丰末年的旧事,慈安对慈禧提起自己还秘藏着咸丰密诏之事,慈禧看后大惊,当即恳恳宅心仁厚的慈安将遗诏烧了。此后不久的一天,慈安正在荷塘边看金鱼,突然,慈禧身边的太监李莲英送来一盒点心,并说:"这种点心,西佛爷觉得好吃,不肯独用,送一点给东佛爷尝尝。"慈安听了很高兴,当即尝了一块。谁知这天夜里慈安便暴病身亡了,这离慈安接见军机大臣才不过几个钟头的时间。更为奇怪的是慈安太后死后,并没有按照制度,先召军机大臣前来,再叫御医开方拿药,并由军机大臣检查方药,也没让慈安的家人进宫验视,而是暴毙之后接着就收殓入棺了。所以人们推测是慈禧在点心中下毒,毒死了慈安太后,怕别人知晓,才会这么做。

还有一种说法,说慈安因为杀掉了慈禧的得宠太监安德海,又抓住她和戏子私通,慈禧为遮蔽事实,便下毒毒死了慈安太后。这一说法在《清宫琐闻》等野史之上记载很多。说一次慈禧面前的得宠太监安德海出京替慈禧太后置办龙衣。因为按照清宫的成法,太监不许出京城一步,如查出便立刻就地正法。可安德海恃着慈禧太后得宠,不仅大摇大摆地出京,而且还在沿途大为招摇,骚扰百姓。山东巡抚丁宝桢听到这个消息后,慌忙奏于东太后慈安和恭亲王。慈安太后看后大惊,说:"这奴才如此妄为,还当了得!应当以国法处置。"便让同治下旨斩了安德海。慈禧后来得知了这件事情,便开始怀恨慈安。再加上光绪帝即位之后,也喜欢与慈安亲近,令慈禧更加忌恨。

内廷五福捧寿影壁

263

慈禧太后喜欢看戏,经常召当时的一位名伶进宫演戏。时间久了慈禧便看上了他,还留他在宫中过夜。有一天,慈安到慈禧宫里找慈禧,忽然看到有个戏子睡在慈禧床上。慈安看后大怒,当即将这位戏子处死,并拿出先帝留下的"若慈禧仗恃生子骄纵不法,可按祖宗家法处死"的诏书,要废掉慈禧。慈禧跪地求了很久,慈安才答应不再追究此事。但慈禧却一直忐忑不安,生怕慈安哪天会不利于自己。于是慈禧让宫婢给慈安送去点心,慈安吃过后不久便暴殂了,连太医都没来得及叫。

另外,据清代文廷式的《闻尘偶记》记载:光绪八年(1882)的春天,琉璃厂有一位姓白的卖古董商,经李莲英介绍得幸于慈禧。当时慈禧四十六岁。白某在宫里住了一个多月以后被放出。不久,慈禧怀孕,慈安太后得知大怒,召礼部大臣,问废后之礼。谁知慈安当夜便暴死宫中。据说是慈禧听说慈安要废自己,便先下手为强,设计毒死了她。

慈安、慈禧太后定东陵鸟瞰

当然,这些版本众多的说法,都是民间野史笔记的记载。据官方正史朱寿朋的《光绪朝东华录》记载,慈安实际上是病死的。在本书中载有光绪七年(1881)三月十日所发的关于慈安染病的上谕:"初九,慈躬偶尔违和,当进汤药调和,以为即可就安。不意初十病情陡重,痰壅气塞,遂至大渐,遽于戌时仙驭生遐。"同时在《翁同龢日记》中也提到慈安太后生病的事情。说她于光绪七年一月发病,病症为痫病甚重、神志不清、牙关紧闭、痰壅气闭。由此,后世的史学推测慈安太后可能是由于患了类似于现在的脑血栓一类的疾病,这一类疾病通常发病很快,在当时的医疗条件下,医生们往往看不出其中的原理,就会产生各种各样的推测。同时,这类心脑血管病发病时,有时会出现脸色发青、口吐白沫等类似于中毒的症状。这就更会引起人们的种种怀疑了。

慈安太后的死之所以会传出这么多的说法,主要是因为世人对慈禧的不满。即使慈安太后不是死得如此紧急,世人仍然会给慈禧安上其他的罪名。当然,对于慈安的死,后人已经无法知晓其中的事实,所有的说法都只是后人根据某些材料的推测而已。

方伯谦
被杀谜案

济远舰

方伯谦(1854—1894),字益堂,福州人。1867 年 6 月考入福建船政学堂,是这个学堂的首届驾驶专业毕业生。方伯谦在船政学堂毕业之后被任命为伏波舰教官,曾率舰参加过抗击侵台日军的任务。1875 年,方伯谦被升任为福建水师扬武舰舰长。后来,被派留学,学习驾驶。学成归国在船政学堂任教。1881 年,清政府组建北洋水师,方伯谦奉调前往,历任镇西、镇北、威远、济远等舰舰长。1888 年升任北洋水师中军左营副将兼济远舰管带。1894 年 7 月率舰护航运兵船队前往朝鲜,在丰岛海面与日军遭遇。同年 9 月,方伯谦率济远舰参加黄海海战。17 日,中日海军在大东沟洋面展开了一场殊死的主力决战。激烈的战斗持续至下午三时三十分。正当战争打得最激烈的时候,方伯谦擅自率舰驶离战场。次日凌晨丑刻,"济远"先于舰队五小时返抵旅顺口。方伯谦向旅顺营务处奏报的理由是:"轮上阵亡七人,伤者甚多,船头裂漏水,炮均不能施放,驶回修理。"同日,丁汝昌返回军港之后向李鸿章汇报了黄海海战的情况。李鸿章提出"此战甚恶,何以方伯谦先回",并电令丁汝昌等人查明情况。

22 日,丁汝昌经过调查之后,向李鸿章奏明详细的情形说:海战打响之后,致远舰冲锋被鱼雷击沉,"济远"管带方伯谦居然率舰撤出队伍,逃离战场,各船观望星散。倭船分队追赶济远不及,折回将经远拦截击沉,余船复回归队。

济远舰为德国坦特伯雷度的伏尔铿造船厂建造,与铁甲舰"定远""镇远"同批订购,1883 年 12 月 1 日下水,1885 年 8 月完工,同年 10 月驶抵大沽口加入北洋水师,舰长 71.93 米、宽 10.36 米、吃水 5.18 米、排水量 2440 吨(回国时数据为 2300 吨),正常载煤 230 吨,最大载煤 400 吨,动力为 2 座蒸汽机,4 座圆式燃煤锅炉,双轴推进,主机功率 2800 马力,航速 15 节(一说是 16.5 节)。装甲甲板(穹甲)由 25.4 毫米钢质和 50.8 毫米铁质装甲层复合而成,可抵御大口径火炮的轰击,主炮露炮台装甲厚 254 毫米,炮罩及司令塔装甲厚 38.1 毫米,编制 180—202 人,管带为副将衔。首任管带方伯谦。

超勇舱内被敌炮击入火起,驶至浅处焚没。扬威舱内火起,又为济远拦腰碰坏,亦驶至浅处焚没。查战时定远、镇远舱内亦为敌弹炸烧,一面救火,一面抵敌,皆无失事。超勇、扬威若不驶至浅处,火即可救。经远同致远一样奋勇摧敌,闻自该管带等中炮阵亡,船方离队,如仍紧随不散,火亦可救,广甲管带吴敬荣随济远逃至三山岛东搁礁,连日派船往拖,难以出险。现用驳船先取炮位,再不浮起,只得用药轰毁。窃自倭寇起衅以来,昌屡次传令,谆谆告诫,谓倭人船炮皆快,我军必须整队攻击,万不可离,免被敌人所算。此次乃济远首先退避,将队伍牵乱,广甲随逃,若不严行参办,将来无以儆效尤而期振作。余船请暂免参。方伯谦即先逃走,实属临阵退缩,应请旨将该副将即行正法,以肃军纪。

随后,9月24日午时方伯谦被以"首先退避","牵乱队伍","拦腰中撞扬威"三条大罪正法于旅顺军前。一百多年来,关于方伯谦的死,史学界一直争论不休。有些人认为方伯谦确实是临阵脱逃,被杀也是罪有应得。有些人认为方伯谦没有临阵脱逃,他的死只不过是做了李鸿章和丁汝昌的替罪羊,方伯谦案完全是中国近代历史上的一大冤案。特别是近年来,两种观点各执一词,争论不休。

认为方伯谦死得冤的学者认为,丁汝昌从电请参办方伯谦到对方伯谦的正法,只间隔了三天的时间,这三天中并未对方伯谦进行审讯。如此急着处死方伯谦实际上就是要拿方来做替罪羊。甲午海战,北洋海军失利,朝廷如果怪罪下来,身为北洋海军执掌者的李鸿章和前线指挥官的丁汝昌都难逃其咎。为了逃避战败的责任,他们只能拿方伯谦提前脱阵来做文章,由此编造出"首先退避","牵乱队伍","拦腰中撞扬威"三条大罪,将战败责任全推在方伯谦头上,好为自己开脱。

这派学者还拿出了许多证据来证明自己的观点。他们认为丁汝昌给李鸿章的报告,是有意打乱了战场上实际的时间顺序,扬威舰是在一时十分左右中敌炮起火,向大鹿岛方向撤退,并在大鹿岛附近搁浅。济远舰退出战场是在三时三十分左右。济远舰退出战场的时候,扬威舰已不在战场,又怎么可能把它拦腰撞坏呢?另外,济远舰和扬威舰一个在战阵的右翼外侧,一个在战阵的左翼,两舰相差很远,根本不可能相撞。同时,两舰撤出战场的方向也是正好相反,一个向东南一个向西,相背而驶,更没有相撞的可能。丁汝昌之所以要在奏报中打乱时间和位置的顺序就是为了把整个海战失败的原因推到方伯谦一人身上,故意要拿方伯谦做海战失败的替罪羊。

他们指出济远舰的退出不是什么首先退避,而是在力战受伤失去战斗能力情况下保存战舰的无奈之举。从济远舰返回后的情况来看,战舰确实受到了严重的损伤。在黄海海战的过程中,济远舰同广甲、经远、致远四舰共同结阵御敌。当战斗打到下午一两

点钟的时候。广甲舰临阵畏缩首先逃离海战战场,致远舰被敌舰鱼雷击中沉没,经远舰遭敌舰重创丧失战斗能力。也就是说,这一翼的四艘战舰中,此时只剩下济远舰自己孤军奋战。它遭到四艘敌舰的围攻,伤亡严重,又得不到主队的救援,只好在危急的情景下冲出重围西撤。所以,这种情况下的撤离根本不能说是临阵脱逃。另外,据一些学者考证,济远舰在撤离船队之后,也没有放弃战斗,而是独自开辟了与日本的第一游击队在西战场苦战至海战结束,才且战且退地返回旅顺军港。至于为什么日本的海战记录中没有这一段战斗的记载,主要是因为,日舰为报丰岛之仇,以第一游击队四舰围攻济远舰,都未能击沉济远,这事如果说出来将会使得第一游击队抬不起头来。因此,他们不敢在海战记录中明言。至于济远为什么比主力舰队早回旅顺基地几个小时。学者们认为,这也许是因为济远舰同船队航向、航程和航速的差异造成的,并非先逃四小时所致。此外,北洋海军战阵的混乱,也并非是方伯谦造成的。主要是因为丁汝昌、刘步蟾指挥不当,编队有误造成。甲午海战开战之后,丁汝昌把几艘航速比较快的大型铁甲舰置于阵头,而把几艘最弱的战舰置于阵脚。这样在舰队奋力追敌的过程中,由于各舰航速上的差异,舰队队形不打自乱。处于后面的济远、广甲、超勇、扬威等小型战舰因追赶不上被抛在阵尾,使得日舰有机会以快船绕过阵头大舰,转而围攻后翼弱舰,导致整个北洋舰队处于被动挨打的局面之中。此后,又经刘步蟾擅自改变舰队队形,致使船队更加混乱。所以,加给方伯谦的几项罪名都不成立,方伯谦是被冤杀的。

对于上面的观点,持反对意见的学者们也拿出了自己的证据。首先,方伯谦率舰退出战场逃回旅顺,这是不争的事实。依据《北洋海军章程》,"临阵逃亡者,斩立决",所以无论有什么理由,方伯谦都违反了这条军纪,被杀也是罪有应得。

方伯谦

方伯谦(1852—1894),字益堂,福建侯官人。福州船政学堂第一期学生,1871年毕业后,与刘步蟾等同上建威练船实习。1877年,留学英国格林尼治海军学校,1879年秋毕业,1880年4月,留学三年期满回国,1884年,方伯谦任威远舰管带,1889年6月,李鸿章奏以方伯谦升署中军左营副将,委带济远舰。

中日甲午黄海海战

此外,学者指出方伯谦在黄海海战之前的牙山海战中就有临阵脱逃谎报战况的记录。1894年7月25日,方伯谦率领济远舰会同广乙舰,共同护送高升号运兵船前往朝鲜牙山。在丰岛海面,与日本联合舰队中第一游击队遭遇。日舰首先开炮,挑起了丰岛海战。经过一番激战,广乙负伤东退,济远则且战且退,日舰浪速、吉野紧追不放。济远舰曾升起白旗投降,无效。尔后又升起日本海军旗,还是无效。最后,经义愤水手自发发炮还击,击伤吉野号,济远舰方得逃回旅顺。逃回旅顺后,方伯谦反而谎称自己力战挫敌,后又挂白旗诱敌,"我船后台开四炮,皆中其要害,击伤倭船,并击死倭提督并官弁数十人,彼知难以抵御,故挂我国龙旗而奔",以此遮盖自己临阵脱逃的事实。关于方伯谦在丰岛海战中的表现,《东方兵事纪略》这样记载:"济远之奔,倭吉野追甚急。吉野为新式快船,每四刻能行二十三海里,势将及,管带方伯谦及树白旗,继而树日本旗,倭追如故,时有水手王姓者,甚怒而素甚弱,问何人助我运子?又有一水手挺身愿助,乃将十五生特尾炮连发四击……伯谦既度生还,归威海,遂称击毙倭海军总统以捷闻。"由此可见,方伯谦是有着临阵脱逃,谎报军情的前科的。此次在黄海海战中,据当时船上的一些水手们回忆,方伯谦在战斗打响之后,不但不敢在舰桥上指挥战斗,反而畏缩到铁甲仓内,致使军舰丧失战机,腹背受敌。

同时,对于那些替方伯谦翻案的学者们提出的论点,持反对意见的历史学者们也一一进行了反驳。总之,从目前的状况来看,方伯谦到底是不是被冤杀的,还不好下结论。这一问题的彻底解决,恐怕还要作进一步的考证。

袁世凯
告密疑案

袁世凯(1859—1916)，字慰亭，号容庵，是中国近代史上赫赫有名的人物。1859 年 9 月 16 日，他出生在河南项城县一个世代官宦的大家族。因科举不第，便弃文投军，投到淮军将领吴长庆门下。1892 年，袁世凯被派往朝鲜，并取得李鸿章的信任。1895 年，袁世凯在李鸿章的保举之下以道员衔赴天津督练"新式陆军"，开始成为有军权的实力人物。

1898 年，清廷年轻的光绪皇帝在康有为、梁启超等维新派人物的推动下，冲破顽固派的阻挠，开始实行变法维新。

变法运动初期，袁世凯曾经表现出支持变法、积极推动变法的热忱。1895 年，在康有为发动公车上书以后，袁世凯也曾亲自向光绪皇帝上书，条陈变法事宜。1895 年夏，康有为第四次上书光绪，都察院等部门拒绝代陈，袁世凯还曾帮助请求督办军务处代递。强学会成立之后，袁世凯也积极参与，称为强学会的发起人之一。袁世凯受命往天津小站编练陆军时，康有为还曾亲自为他设酒钱行。康有为对袁的印象也极好，认为："袁倾向我甚至，谓吾为悲天悯人之心，经天纬地之才……"变法运动达到高潮之后，袁世凯又派徐世昌到北京与维新派保持紧密联系。袁世凯对戊戌变法的关心，骗取了维新志士和光绪皇帝对他的信任。光绪二十四年(1898)八月初一，光绪帝在颐和园召见袁世凯，破格提升他为候补侍郎，专办练兵事务，并允许他可以不受荣禄节制，各办各事。

1898 年 6 月 11 日，光绪帝毅然颁布《明定国是》的诏

袁世凯

袁世凯(1859—1916)，字慰亭，亦作慰廷，号容庵。

光绪皇帝像

书，正式宣布变法。变法期间，光绪帝发布了上百道新政谕诏，除旧布新，内容涉及政治、经济、军事、文化等各个方面。但是，变法运动一开始就遭到以慈禧太后为首的封建顽固派的敌视与破坏。大部分的改革措施在顽固势力的反对和阻挠下都变成一纸空文。光绪帝和慈禧太后之间的矛盾也逐渐激化，两党形同水火，势不两立。9月5日，光绪帝召见谭嗣同、杨锐、刘光第、林旭四人，授予他们四品官衔，令在军机处章京上行走，参与新政。令下之日，还给四人一道"密谕"，要他们妥筹良策，推进变法。此后，两党之间的矛盾进一步恶化。慈禧太后在守旧势力的怂恿之下，预谋在光绪陪同慈禧到天津阅兵的时候，由担任直隶总督的顽固派大将荣禄发动政变，罢黜光绪帝，推翻一切新政，让慈禧太后重新上台垂帘听政。光绪帝听到消息之后惊恐万分，于9月14日与9月17日连续两次给康有为下达密诏，密诏中说："朕位且不能保，何况其他？"要维新派筹商对策。康有为等人读诏之后，知道形势严峻，又将梁启超找来协商。几个人痛哭一场后，拟定一个孤注一掷的冒险计划：实行兵变，包围颐和园，迫使慈禧太后交权。他们计划一方面要争取手握"新建陆军"又热心变法事业的袁世凯发动兵变，诛杀荣禄，发兵围困颐和园；另一方面派会党首领毕永年带领侠士潜入颐和园，捕囚慈禧。计划的关键在于袁世凯。9月18日深夜，谭嗣同只身前往袁世凯的寓所法华寺，劝说袁世凯举兵诛杀荣禄，包围颐和园。谭嗣同见到袁世凯后，问他："你认为皇上是怎样一个人？"袁世凯说："是旷代圣主！"谭嗣同又说："荣禄他们准备借天津阅兵废黜皇上的阴谋，现在只有你一个人可以救我们的圣主。你如果愿意救，就请救之；如果不愿意救，可以到颐和园向西太后告发我，也可以因此享尽荣华富贵。"袁世凯说："你把我袁世凯看成什么人了，皇帝是我们共同的英主。有什么事情你就说吧，有用到我的，将万死不辞！"谭嗣同见袁世凯说得信誓旦旦，就把诛杀荣禄，围困颐和园，囚禁慈禧的计划告诉给袁世凯。袁世凯当时还激昂地说："如皇上在我军营里，令我下手，那么，杀一荣禄如杀一狗耳！"就这样，谭嗣同以为袁世凯答应帮忙了，便返回寓所同康有为商量下

一步的事情。

9月20日(农历八月初五日)袁世凯向光绪请训,当天便乘火车返回了天津。9月21日早晨,慈禧太后便发动了戊戌政变,将光绪帝囚禁于中南海瀛台,并假借光绪帝的名义,吁请慈禧"训政"。慈禧执掌清廷大权后,下令捉拿康有为,查抄康的住地南海会馆。康有为、梁启超逃亡日本。与此同时,慈禧下令废除在变法期间颁布的几乎一切新政法令与措施。历时一百零三天的戊戌变法遂告失败。

百日维新失败之后,传统的史学观点认为,是袁世凯的告密导致了慈禧太后发动政变。他当天乘火车返回天津向荣禄告密,出卖了光绪帝和维新派。当夜,荣禄又从天津乘车赶到北京向慈禧太后告了密,慈禧一怒之下便发动了政变。后人甚至还编写了一首打油诗来讽刺袁世凯卖友求荣:"六君子,头颅送;袁项城,顶子红;卖同党,邀奇功;康与梁,在梦中;不知他,是枭雄。"

对于这种说法,有人提出了疑问,据天津的《国闻报》记载,1898年9月20日,袁世凯乘坐上午十一点四十分的火车返回天津,抵达天津时,就已经是傍晚了。所以袁世凯到荣禄府上告密,应该是在当天的夜里,荣禄得知这一消息之后,不可能于当天夜里便赶到北京颐和园告密。因为当时北京、天津之间的火车通行不久,只在白天行车,没有夜车。但慈禧太后于第二天的上午就发动了政变,可见慈禧太后发动政变是早有预谋,并非因为袁世凯告密引起。另外一个疑点就是,慈禧太后发动政变之初,并没有立即下令缉拿在密谋围园计划中担任重要角色的谭嗣同。9月22日,谭嗣同还到梁启超避居的日本驻华使馆,把自己的手稿交给梁启超,梁劝谭嗣同一块走,谭嗣同说:"不有行者,无以图将来;不有死者,无以酬圣主。"拒绝逃走。到了9月25日,谭嗣同才被捕。因此,如果袁世凯在9月20日就已经告了密的话。慈禧太后在次日发动政变时,所发布的上谕中不应该只拘捕康有为、康广仁等人,重点应该是谭嗣同,谕旨中没有谭嗣同,而且给康有为等人定的罪名只是"结党营私,莠言乱政",并没有"围园劫后"大逆不道等词语。说明在慈禧太后发动政变之前袁世凯还没有告密。

国闻报

《国闻报》于1897年10月26日创办于天津,系维新派创办的第一家日报,由严复创办并任主编。创刊不久,又增出旬刊《国闻汇编》。严复创办《国闻报》的宗旨是:通上下之情、通中外之故。故二报分工:《国闻报》专登国内之事(如上图);《国闻汇编》专刊国外之事。二者均由铅字排印。

直隶总督荣禄

荣禄(1836—1903)，清末大臣。辛酉政变前后为慈禧太后和恭亲王奕訢所赏识。官至总管内务府大臣。1874年，同治帝死，荣禄参与确定载湉(即光绪帝)继承帝位，为慈禧太后所倚重。1898年6月，百日维新期间，授直隶总督兼北洋大臣，为慈禧太后发动政变的得力人物。旋即内调中枢，授军机大臣，晋文渊阁大学士，管理兵部事务，节制北洋海陆各军，统近畿武卫五军。策划立端王载漪子溥儁为大阿哥(皇储)，谋废黜光绪帝。

即使他已经告了密，消息也还没传到慈禧太后的耳朵中。

据学者们考证，袁世凯其实是在政变发生之后告的密。在袁世凯自己所写的《戊戌日记》中对于告密一事并未讳言，主要是袁世凯写作日记的时候，还是清朝统治时期，告密一事对他来说也不是什么丑闻，反而是忠于清朝的大功一件。但是有一点值得怀疑，那就是袁世凯9月18日就通过谭嗣同知道了维新派企图围困颐和园，拘禁西太后的计划，他如果当时是想通过告密升官发财的话，完全可以在第二天就直接到颐和园向慈禧太后告密，没有必要一直等到9月20日的晚上才通过荣禄托出此事。由此可见，袁世凯在告密之前也是经过了一番利害考虑，并在不得已的情况下才说出这个秘密的。

据后人推测袁世凯之所以一直等到20日晚上才告了密。一方面他是在静观事态发展。从自身安全的角度讲，他不愿贸然地参与到维新派诛杀荣禄、围困颐和园、捕杀慈禧太后的计划中去。他知道维新派手中除了一个徒有虚名的皇帝外，根本没有什么实力。自己如果按照康有为等人的计划，带兵围困颐和园，成功的可能性很小。小站的兵虽然精锐，但人数却远远少于荣禄掌握的军队，况且小站距离北京二三百里，要长途行军，奔袭入京，势必会受到早已被荣禄安置在京郊一带的聂士成、董祥福等部的阻拦。另一方面，维新派的谭嗣同等人已经寻觅了会党人物毕永年以及大刀王五等江湖侠客，还存在出其不意，突袭颐和园，控制慈禧的可能。所以，在事件没有爆发之前，袁世凯还不想完全表明自己的态度。一直等到21日的上午，袁世凯前往荣禄府，看到荣禄的卫兵夹道迎接他，感觉到事态的严重，后来又听到正在荣禄府上的杨崇伊告知他太后已经训政。他见自己已被荣禄怀疑，更怕康有为等人被捕后供出自己在法华寺所说的话，无奈之下只好向荣禄告密，托出维新派兵变围园的密谋，导致慈禧太后进一步加大了对维新派的打击。

不过无论怎么说，袁世凯曾告过密是没什么异议的。不论告密是在事前还是在事后，只要卖友求荣的人都会被钉在历史的耻辱柱上，永世不得翻身。

珍妃
究竟因何而死

珍妃,他他拉氏,满洲镶红旗人,生于光绪二年(1876)二月初三,户部右侍郎长叙之女。其祖父为陕甘总督裕泰,伯父长善为广州将军。珍妃与姐姐瑾妃自幼跟随伯父在广州长大。珍妃、瑾妃姐妹幼年时曾随清末著名的学者、诗人文廷式读书,精通诗词歌赋,是满族人家中少有的才女。

光绪十四年(1888)十月,秀女大选,慈禧太后选了自己的娘家侄女叶赫那拉氏做光绪帝的皇后,漂亮的珍妃姐妹也一块被选入宫中,做了光绪皇帝的嫔妃,为九等宫女序列中的第六等。珍妃入宫之后很受光绪帝的宠爱,1894年,被加封为珍妃。

关于珍妃的事迹在宫廷档案和清朝正史中都少有记载,《清史稿》中仅以"恪顺皇贵妃,他他拉氏,端康皇贵妃女弟。同选,为珍嫔。进珍妃。以忤太后,谕责其习尚奢华,屡有乞请,降贵人。逾年,仍封珍妃。二十六年,太后出巡,沈于井。二十七年,上还京师。追进皇贵妃。葬西直门外,移祔崇陵"等数言概之。至于珍妃最终为什么触怒了慈禧太后,又是怎么投井而死,都没有明确的历史记载,导致后人在珍妃死因的问题上众说纷纭,莫衷一是。

百余年来,在文学故事、影视荧屏上最为流行的说法认为:珍妃的死,一方面是因为她在光绪皇帝面前得宠,引起了慈禧的侄女隆裕皇后的嫉恨。但最主要的原因是她在戊戌变法期间,深明大义,坚决支持光绪变法维新,触怒了顽固保守的慈禧太后。慈禧太后一怒之下,将其幽禁到冷

珍妃照片

珍妃入宫时,照片技术已传入中国。但在当时,相机被认为是污巧之物,会取人魂魄,致使人损寿。而珍妃却能接受照相术,成为清宫后妃中,照相最早者。

宫之中，庚子事变，慈禧出逃西安前夕，怕珍妃年轻受辱，没了皇家的面子，便让太监将她推入宫中的井中淹死。

光绪皇帝大婚之后，娶了一后二妃。皇后隆裕仗着自己是慈禧太后的亲侄女，经常拿慈禧来压光绪。光绪原本就打心眼里讨厌慈禧这个老太婆，隆裕这么做，非但未能得到光绪皇帝的喜爱，反而使得光绪连她都讨厌起来。隆裕皇后从此彻底在光绪面前失宠，光绪成年累月不踏进坤宁宫一步。与皇后的跋扈嘴脸相比，珍妃姐妹天真可人而又活泼伶俐，常常想出一些新颖的点子来逗光绪开心。光绪皇帝也着实从心里喜欢这对小姐妹，整天同她们待在一起。隆裕皇后看在眼里，气在心里，经常跑到慈禧面前说珍妃的坏话。有一次，隆裕为了找珍妃的麻烦，勾结太监总管李莲英，让他指使珍妃宫内的小太监，把一只男人鞋子偷偷地放在珍妃的床下。事后，自己又亲自带了几个人到珍妃宫中搜查。搜出鞋子后，隆裕污蔑珍妃和外边的男人有奸情，要予以严处，光绪不许。隆裕便哭闹着告到慈禧太后面前。光绪心知这是隆裕故意设计陷害珍妃，便谎称鞋子是自己放在那里的。一场宫廷风波才最终得以避免。珍妃年纪小，不太懂宫里的规矩，为了讨光绪皇帝的欢心，她经常换上男人的衣服在光绪皇帝面前走动。珍妃还十分喜欢照相，有一次，她通过宫里的外国人弄到一部相机，在宫中使用，自己还换上光绪的龙袍，照了许多女扮男装照。慈禧闻知后大发脾气，训斥珍妃在宫中随意玩弄妖术，女扮男装不成体统，并派人将珍妃女扮男装照悉数搜来销毁。珍妃还为此受到慈禧太后的严重责罚。

光绪二十四年（1898），光绪皇帝在维新人士的支持之下开始实行维新变法。珍妃积极支持光绪变法维新。除在光绪左右出谋划策外，她还积极参与其中。珍妃劝说老师文廷式和堂兄志锐上疏弹劾李鸿章的心腹御史杨崇伊，引起李鸿章等人对她的嫉恨。杨崇伊便在慈禧太后的面前诬奏珍妃企图在文廷式、堂兄志锐等人的支持下取代隆裕为后，还要支持光绪皇帝自主朝纲。这正好触到了慈禧太后的痛处。慈禧很快以"交通宫闱，扰乱朝纲"之罪，将文廷式罢官革职，永不录用；志锐也被贬谪边疆。珍妃和瑾妃姐妹也因此受到梃杖的责罚，并从贵妃降为贵人。

戊戌政变之后，慈禧重掌大政，将光绪皇帝囚禁于中南海瀛台，珍妃也被慈禧贬入冷宫。珍妃被关入冷宫之后，生活十分凄惨。她被幽禁于一个不满几十平方米的小屋子内，不许出门一步，吃的喝的都是由宫女从门洞中送进来的残羹冷饭。不仅如此，她还经常受到慈禧派来的老太监的责罚。

光绪二十六年（1900）八月初，八国联军兵临北京城下，慈禧太后被迫出逃西安。她不敢让被囚禁的光绪皇帝留在北京，怕他会在维新党和洋人的支持下夺了自己的大权，便挟持光绪皇帝一块出逃。临行前，慈禧怕留下年轻的珍妃惹出是非，便命太监将她从被幽禁的景祺阁北小院叫出来。珍妃见大敌当前，慈禧反而要带着皇帝出逃，便大声说"皇上应当坐镇京师，不能走"，并出言顶撞了慈禧。慈禧听后顿时大怒，骂道："这个畜生实在该死。"对身边的太监总管崔玉贵说，"把她塞到井里去！"光绪皇帝跪下求情，慈禧也置之不理，转身命崔玉贵赶快执行。就这样珍妃被崔玉贵推入慈宁宫后面贞顺门的井中淹死了。当时年仅二十五岁。

两年后，经过一番割地赔款的和议，八国联军从北京撤走。慈禧太后带着光绪帝从西安返回北京，见珍妃所投之井依然如故，便命内务府将珍妃从井中捞起，装殓入棺，随后葬于阜成门外恩济庄内务府太监公墓南面的宫女墓地。为了遮掩当年的暴行，慈禧还假惺惺地下了一道懿旨："上年京师之变，仓促之中，珍妃扈从不及，即于宫闱殉难，洵属节烈可嘉，加恩着追赠贵妃，以示褒恤。"

但根据商衍瀛先生的考证，珍妃并不是因为支持光绪皇帝变法得罪慈禧太后，被沉井而死；而是因为贪赃枉法的缘故，才被慈禧太后处置的。他根据宫里的太监所述的《珍妃之死》及光绪时进士、吏部主事胡思敬所著的《国闻备乘》等材料，发现珍妃确实有贪赃卖官的记录。

珍妃因为得宠于光绪皇帝，在宫中也有一定的势力。由于珍妃生活比较奢侈，经常导致自己的例银不够花，有时还会出现大量的亏空。根据清宫的制度，皇妃一年的例银也就三百多两。这么少的钱根本就不够珍妃挥霍的。她为了弥补用度的不足，便仗着自己得宠于光绪的机会，勾结胞兄志琦和奏事处太监收受外官贿赂，甚至公开标价卖官。据说有个叫鲁伯阳的人，为了求得一个"上海道台"的官职，一次就送给珍妃黄金四万多两，惹得外边的大臣们议论纷纷。珍妃不但不知收敛，反而又于光绪二十年（1894）四月间，收了一个叫玉铭的人的几万两银子，替他谋求"四川盐法道"这个官职。依照清朝的制度，这一级别的官员在放任之前，都要先接受皇帝的召见。光绪在召见玉铭时，命他将自己的履历写出，谁知那玉铭竟然是一个连字都不会写的无用之徒。光绪见状大惊，随即下了一道圣旨："新授四川盐法道玉铭，询以公事，多未谙悉，不胜道员之任。玉铭着开缺，以同知归部铨选。"后来，这件事情传到了慈禧太后的耳中，令光绪皇帝严究此事。经过查究，光绪才知晓此事竟然是珍妃所为。根据清朝的规矩，后宫是不许干政

1900年，八国联军司令瓦德西率军穿过午门进入紫禁城

275

珍妃井

珍妃井在故宫的外东路，1900年八国联军侵占北京，慈禧携光绪逃离京城时，令太监将珍妃推入井内溺死，珍妃死后，尸体在井里泡了一年多，直到第二年，瑾妃到处求情，才打捞上来，宫女们见了无不伤心。瑾妃在井北的小屋里立了牌位，并命名那间小屋为"怀远堂"来悼念珍妃。后来，人们为了纪念珍妃，就把这口井叫做珍妃井。

的。这件事情的处理，据胡思敬的《国闻备乘》记载："初太后拷问珍妃，于密室中搜得一簿，内书某月日收入河南巡抚裕长馈金若干。"慈禧见后大怒，责光绪予以严处，光绪不得已，于十月二十九日下旨："朕钦奉慈禧皇太后懿旨，本朝家法严明，凡在宫闱，从不敢干预朝政。瑾妃、珍妃承侍掖廷，向称淑慎，乃近来习尚浮华，屡有乞请之事，皇帝深虑渐不可长。据实面陈，若不量予儆戒，恐左右近侍藉以为夤缘蒙蔽之阶，患有不可胜防者。瑾妃、珍妃均著降为贵人，以示薄惩，而肃内政。"那些同珍妃一块卖官的太监也都受到了严厉的处罚，掌案太监王俊如被就地正法。珍妃所居的景仁宫的太监很多也被内务府慎刑司杖责而死。珍妃的堂兄志琮惧祸逃到了上海，家产被抄。珍妃则被幽闭于宫西二长街百子门内牢院。由此可见，珍妃被幽禁并不是因为参与变法，而是因为卖官枉法。

至于珍妃的死，最近也有一种新的说法提出。据隆裕皇后的后人回忆，珍妃并不是被慈禧太后害死的，而是她自己跳井而死。1900年，八国联军兵临北京城下，慈禧太后决定带着光绪等人一块出逃西安。临行前她让太监放出被幽禁的珍妃，要她到娘家躲避。珍妃不服从慈禧的安排，非要跟随光绪，并顶撞了慈禧太后。慈禧太后一气之下，抬脚就走。珍妃见太后不理，便跑到井边说："我活着是皇家人，死了是皇家鬼。"说完便跳了下去。慈禧等人急着出逃，也没管她。直到从西安回来后，才派内务府给珍妃处理了后事，并下诏追封。

以上几种说法，都各有依据。没有新的证据，恐怕谁也断不出个谁是谁非！如今，古井依然，美人不在，谜一样的历史，又当如何评说呢？

光绪
死因谜案

光绪三十七年（1908），三十七岁的光绪皇帝载湉在被囚禁的中南海瀛台涵元殿驾崩。他死后的第二天下午，掌握了他一生一世的慈禧太后也在中南海仪鸾殿去世。两位冤家似的人物死的时间竟然如此相近，是巧合，还是另有内幕？由于光绪帝生前曾遭到慈禧太后的囚禁和折磨，于是人们对于光绪皇帝究竟是怎么死的议论纷纷，提出各种各样的说法。

据说慈禧太后临死前不久，神志仍然十分清醒。曾接受军机大臣张之洞的建议，连发几道上谕，立摄政王载沣之子溥仪入承大统为嗣皇帝，封醇亲王载沣为摄政王。当天，慈禧太后便开始发病。第二天，光绪皇帝便于西刻崩于瀛台之涵元殿。慈禧太后便又下谕"溥仪承继毅皇帝为嗣，并兼承大行皇帝祧"，由于"嗣皇帝尚在冲龄，正宜专心典学，著摄政王载沣为监国。所有军国政事悉秉予之训示，裁度施行"。谕旨发出去不久慈禧太后便归天了。由于她和光绪皇帝的死期如此相近，光绪死前后慈禧又作了关于储君的安排，所以人们便开始怀疑光绪皇帝先于慈禧太后一天猝死并不是历史的巧合，而是慈禧在临死之前，自知自己将要不行了，害怕光绪帝在她死后会重掌朝政，于是，便令下诏安排好嗣君后，派人将光绪帝害死。在恽毓鼎的《崇陵传信录》以及徐珂编写的《清稗类钞》中就是持这种观点。光绪皇帝从小就在慈禧的淫威下长大。据《满清野史》记

光绪皇帝像

光绪皇帝载湉，同治十年（1871）出生于北京宣武门太平湖畔醇王府，其父奕譞是道光帝的第七子，其母是慈禧的胞妹，同治病故之后被指定为皇帝，在位三十四年，光绪三十四（1908）年病死，终年三十七岁，庙号德宗，葬于河北易县崇陵。

载:光绪虽然是九五之尊,但整天吃的也是一些"久熟干冷"的馔品,有些食物甚至都"半已腐臭"。有时候光绪皇帝想要御膳房换一些可口的饭菜,慈禧就"辄以俭德责之"。光绪长大之后,也没有什么自由,虽然名义上是个皇帝,但实际上朝政都把持在慈禧太后的手中,自己根本不能做主。甲午战争之后,光绪皇帝在亲信大臣的支持下具有了一定的实力,于是宫廷之中便出现了所谓的"帝党"和"后党"之争。戊戌变法时期,两党之间的矛盾达到了白热化的程度。后来,慈禧太后发动政变,囚禁了光绪皇帝,罢黜了支持光绪皇帝的官员,自己重新独揽起朝廷大权。此后,慈禧太后一度想废掉被囚的光绪皇帝,连继位的人都选好了,只因为外国人不支持,慈禧太后怕引起外国干涉才将此事作罢。但对被囚禁的光绪皇帝她则是百般凌辱折磨,致使光绪的健康状况极度恶化。1908年,慈禧太后病倒,据说光绪皇帝听说了慈禧的病讯之后,还曾面露喜色。这件事情很快传到了慈禧的耳朵中,慈禧害怕自己一死,光绪就会掌权报复自己,于是便想办法害死了他。至于,慈禧到底是如何害死光绪的,历来有两种说法。

一种是著名的历史学家启功所说,说慈禧用下了毒的酸奶毒死了光绪。据启功先生说,他的曾祖父当时为礼部尚书,作为主管礼仪、祭祀之事的最高官员,在西太后临终前他要昼夜守候在她下榻的乐寿堂外。西太后得的是痢疾,所以从病危到弥留的时间拉得比较长。就在宣布西太后临死前,启功先生的曾祖父看见一个太监端着一个盖碗从乐寿堂出来。出于职责,他就问这个太监端的是什么,太监回答说:"是老佛爷赏给万岁爷的塌喇。""塌喇"在满语中是酸奶的意思。光绪在中南海的瀛台,之前也从没听说过他有什么急症大病。但送后不久,隆裕皇后的太监小德张就向太医院宣布光绪皇帝驾崩的讯息。随后,这边就传出慈禧太后去世的消息。由此,后人推测,一定是慈禧太后命人在那碗"塌喇"里下了毒,毒死了光绪。此外,据一位名叫屈桂庭的医生说,他过去曾亲自为光绪帝治过病。他说,在光绪三十四年(1908)十月十八日最后一次进宫为光绪帝诊病时,发现光绪帝本已逐渐好转的病情却突然恶化,在床上乱滚,大叫肚痛。三天之后,光绪帝就去世了。这就更加证明了光绪有可能是被慈禧太后等人毒死的。

另外,还有一种说法说,不是慈禧而是李莲英害死了光绪。据《清室外记》记载:"皇帝殡天之情形及其得病之由,外人无由详知,惟藏于李莲英辈之心中。关于太后、皇帝同时而崩,北京城中,言人人殊,然欲查其原因,则实毫无线索。但日处忧城之中帝,一旦再操大柄,自为李莲英辈之不利。可以断言,当日颐和园中之事,或为太后所不及知者。据当时目击者论之,此亦情势所可有。"也就是说慈禧太后的亲信太监李莲英等人,平日里狗仗主势,经常中伤和作弄光绪帝。他们怕在西太后死后光绪再操权柄,会不利于他们,所以就先下手为强,在西太后将死之前,先将光绪帝害死。这一说法同时为英国人濮兰德所著的《慈禧外传》和德龄所写的《瀛台泣血记》等书所认同。德龄以亲身的

经历认定光绪皇帝就是被李莲英害死的。书中写道：李莲英眼看太后的寿命已经不久，自己的靠山，快要发生问题了，便暗自着急起来。他想与其待光绪掌了权和自己算账，不如让自己先下手的好。经过几度筹思，他的毒计便决定了。"近来奴婢听许多人说，万岁爷的身子很不好"……"奴婢愿意瞧瞧他看，或者可以使他的身体好起来"……就在李莲英说过这一番话的第二天，光绪便好端端的也害起很厉害的病来……只有光绪自己心里是明白的，他料定必是给李莲英在饮食里下了毒，存心要谋杀他。

此外，溥仪在《我的前半生》一书中又提出了另一种说法，说是袁世凯毒死了光绪皇帝。袁世凯在戊戌变法时辜负了光绪的信任，在关键时刻出卖了皇上。袁世凯担心一旦慈禧死去，光绪重新掌权，自己将死无葬身之地。于是便借进药的机会，暗中下毒，将光绪毒死。这种说法，在当时宫内太监中间流传很广，溥仪在《我的前半生》一书中就记载了这一说法，说：光绪皇帝在死的前一天还是好好的，只是因为用了一剂药就坏了，后来才知道这剂药是袁世凯使人送来的。按照常例，皇帝得病，每天太医开的药方都要分抄给内务府大臣们每人一份，如果是重病还要给每位军机大臣一份。据内务府某大臣的一位后人告诉我，光绪皇帝死前得的不过是一般的感冒，他看过那些药方，脉案极为平常，加之有人前一天还看到他和好人一样站在屋里说话，所以当人们听到光绪病重的消息时都很惊异。更奇怪的是，病重消息传出不过两个时辰，就听说已经"晏驾"了。由此可见，溥仪认为是袁世凯毒死了光绪帝。

上面的这些说法，都认为光绪帝是被人害死的。因为这一疑案是发生在皇宫内廷，外边的人就更难以知晓真实的内幕，所以数十年来这一疑案始终悬而不决，众说纷纭。

二十世纪三十年代，光绪皇帝的陵墓被军阀炸开，后来有人对光绪皇帝的遗体进行过研究，却并未发现中毒的成分。由此光绪皇帝的死因变得更加离奇。最近，有人根据宫廷档案的记载，对光绪皇帝的死因进行了研究。最后竟然

光绪帝脉案

光绪二十三年(1897)光绪帝，脉数弦颇减，重按俱见少力。以脉论证，耳响复发，胸闷，腰酸连及胯痛，总之少阴肾家为虚。脾之胜其所胜者肝也，肾之胜其所胜者脾也。所以土木两经亦为不协，转为上盛下虚。上而为热，下而为寒。头晕频乘，食后尤甚，纳食少运，大便为溏，并肿及脚背，胫膝欠健，夜寐欠安。调理诸恙，谨拟固摄去阴通调其气。

279

光绪葬礼

惊奇地发现光绪皇帝其实是病死的。他和慈禧太后先后而死，并没有什么内幕消息，只不过是历史的巧合而已。

学者们通过分析档案馆所藏的清宫脉案中光绪皇帝的病案，发现光绪皇帝自幼多病，且有长期遗精病史，身体素质甚差。光绪帝自己所写的《病原》中也说："遗精之病将二十年，前数年每月必发十数次，近数年每月不过二三次，且有无梦不举即自遗泄之时，冬天较甚。……腿膝足踝永远发凉……稍感风凉则必头疼体……其耳鸣脑响亦将近十年。……腰腿肩背沉……此病亦有十二三年矣。"光绪帝成年以后，依然是经常生病，据光绪二十五年（1899）正月初二的《脉案》记载："皇上脉息左寸关沉弦稍数，右寸关沉滑而数，两尺细弱，沉取尤甚。面色青黄而滞，左鼻孔内肿痛渐消，干燥稍减，时或涕见黑丝。……进膳不香，消化不快，精神欠佳，肢体倦怠。……下部潮湿寒凉，大便燥结，小水频数，时或艰涩不利等症。本由禀赋虚弱，心脾欠虚，肝阴不足，虚火上浮，炎及肺金，木燥风生而动胃火使然。"光绪三十四年（1908）三月初九，御医曹元恒在《脉案》中写道：皇上肝肾阴虚，脾阳不足，气血亏损，病势十分严重。看来光绪皇帝的病并非是一日所得，而是从小就留下了病根子，并逐渐变得越来越严重。据曾经为光绪皇帝看过病的江苏名医杜钟骏说："我此次进京，满以为能够治好皇上的病，博得微名。今天看来，徒劳无益。不求有功，只求不出差错。"由此可见，其实医生们早就料定光绪的病早已是不治之症，并非是野史上所说的光绪帝平时没有得病的迹象，突然暴死。按照《脉案》的记载，光绪皇帝应该是久病而死。

当然，《脉案》也并不是没有伪造的可能，不过相对于野史笔记来说，它的可信度应该是更高一些。

李莲英
死因之谜

曾 经有人这样评价李莲英，说他是"有清以来太监中官品最高、权威最大、财富最多、任职时间最长的权监"。作为一位如此著名的大太监，李莲英也给我们后人留下了许多疑案。人们不知道李莲英是怎么发迹的，也不知道他到底搜刮了多少钱财，更不知道他最后到底是怎么死的。

据说李莲英原名叫李进喜，是直隶河间府大城县臧屯乡李贾村人。根据李莲英的墓志铭记载，他生于道光二十八年（1848），"年九岁入内廷充役使"。清宫档案的记载也证明，李莲英是于咸丰七年（1857）十月十一日由郑亲王端华府送进皇宫当太监的，但年龄是十三岁。也许李莲英在净了身之后，没有直接到皇宫当差，而是在王府当了几年的差，才被郑亲王送进皇宫的。关于李莲英的发迹史，历来有很多种传说，有人说李莲英开始的时候并不是太监，而是一位专门做熟皮子工作的硝皮工，被人称为"皮硝李"。李莲英做这个活实在是做得腻了，心想这种活即使做一辈子，也永远没有出头之日。后来他听说宫里要找一名会梳头的太监。李莲英一听，自己机会来了。自己虽然没有梳过头，但自己整天和皮毛打交道，处理毛发的功夫简直是小菜一碟。于是他便来到地安门外的南砖胡同的净身处，狠心将自己净了身。然后，又到一些理发店学了一些来自南面比较新的发型式样，随后便托同乡的太监介绍进宫当了太监。因为他头梳得好，很快便得到了慈禧太后的赏识，从一个刚入宫的小太监提升到太监总管的位子，甚至还有人给他起了一个"小篦李"的外号。不过这种说法只不过是一种民间的传言而已。实际上李莲英从进宫当太监到坐上太监总管的位子也是经过了几十年的时间。他进宫之初并没有在慈禧太后身边当差，更谈不上为慈禧太后梳头。刚刚进宫的时候，李莲英像其他的小太监一样被安排在奏事处当差。直到同治三年（1864）李莲英才被调到慈禧居住的长春宫服役。不过他仍然只是一个打杂的小太监，连品位也没有。此时在慈禧面前得宠的还是安德海，根本轮不上李莲英这个小太监。后来安德海因为过于张扬，在南巡替慈禧置办龙衣的时

281

候,被山东巡抚丁宝桢以"违背祖制,擅离京师"的罪名斩于山东。安德海死后的最初几年中,李莲英也没有在慈禧面前得宠。

但是,李莲英为人乖巧圆滑,左右逢源,他工于心计,知道如何讨主子的欢心,很快便受到了慈禧太后的赏识。同治十一年(1872),李莲英被赏戴六品顶戴。同治十三年(1874),二十六岁的李莲英又被慈禧太后任命为储秀宫掌案首领大太监。光绪五年(1879),李莲英被慈禧赏戴四品花翎,这已经是清朝祖制规定的赏于太监的最高的品位了。但是,由于李莲英实在是讨慈禧太后的欢心,光绪二十年(1894),又被赏戴了二品顶戴花翎。李莲英就这样成为慈禧太后面前的大红人。

但是,李莲英在慈禧走红之后,并没有像前一任权监安德海那样得志便猖狂。他还是像以前做小太监时候一样在主子面前老老实实地做人。无论是对宫外的王公大臣,还是对宫里的宫女太监,李莲英总是拿出一副宽以待人的样子。正如他的墓志铭中所说,他做事"事上以敬,事下以宽,如是有年,未尝稍懈"。李莲英的这些做法也为他在宫里宫外赢得了不错的口碑,慈禧太后也更加喜欢他。据说,有一次慈禧派他随醇亲王奕譞一块去检阅李鸿章办的北洋水师。李莲英避免招摇,自己出宫之前还特意摘下自己的二品顶戴,换上平民的装束。一路上他也避免同外官接触,而是老老实实地待在醇亲王的车里。对醇亲王也是极其恭敬,甚至还亲自给醇亲王打洗脚水。以至于回京之后,醇亲王一个劲地在慈禧太后面前说李莲英的好话。李莲英不仅处事低调,而且还十分细心缜密。就连历来看不起太监的维新派人士王照也说,李莲英穿着朴实,绝对不像一位得宠的大太监。

由于李莲英很会做事,因此,慈禧太后身边的太监几十年来换了好几批,唯独李莲英她舍不得换。如《晚清宫廷生活见闻》中所记载,慈禧太后的每天三顿饭、早晚起居李

李莲英故居

李莲英位于海淀镇彩和坊南端的住宅,系李莲英给其胞弟修建的宅院,始建于光绪中期,为一座多进式四合院。此宅后由李莲英胞弟之孙李瀛洲居住。

莲英都要亲自服侍，每一道菜品他都要亲自尝过，才拣可口的让慈禧下筷。有时慈禧闷了，他就亲自陪慈禧到外边遛遛，甚至同慈禧聊天聊到深夜。同时李莲英留给光绪皇帝的印象也不错。戊戌政变之后，光绪皇帝被囚于中南海瀛台，每天几乎连一顿可口的饭也吃不上。慈禧太后派人送来的食物不是馊的，就是陈饭剩菜。李莲英知道之后，经常趁着向光绪帝请安的机会，给他带些可口的点心来，使得光绪皇帝大为感动，甚至对外边的官员说："若无李谙达，我活不到今天。"

李莲英墓中出土的玉扳指

李莲英在慈禧面前做了四十几年的权监，真可谓是宫中少有的不倒翁。在这四十年中，李莲英借着得势的机会，收敛了大量的钱财。据说他曾经一次就收受过袁世凯二十万两白银的贿赂。还有人说李莲英在光绪末年，仅仅存放在京城各银号中的白银就有一千六百多万两。同时李莲英还收敛了大量的地产和无数的玉器珠宝。李莲英到底积聚了多少钱财，具体的数目今天恐怕已经难以知晓，不过从当时的记载来看，李莲英手中的钱财绝对是一个大数目。

李莲英墓在北京恩济庄太监墓地，李莲英在建坟时耗资巨大，据说建造坟墓时使用了大量的鸡蛋，用蛋白拌石灰，江米粥灌浆，修筑坟茔。有人曾对李莲英的"鸡蛋坟"吟诗一首："马鬣封头鸡卵坟，黎民血泪染石灰。可叹莲公达显宦，焉与三宝共争辉？"

光绪三十四年（1908）十月二十二日，慈禧死后，李莲英办理完慈禧的丧事，便悄然消失了。对于他的下落至今仍然是一个谜。有人说他在慈禧太后死后，便向隆裕太后请求告老，回到慈禧生前赐给他的南花园过起了低调的生活。他没有大兴土木，也没有过于招摇，只是悄悄地过继了几个侄子为自己的儿子，自己则整天像个花匠似的侍弄花草，直到三年后得痢疾而死。其间，甚至没有人知道他就是曾经在慈禧太后面前呼风唤雨的大太监李莲英。

也有人说，李莲英是被隆裕太后处死的，他死后隆裕太

大太监李莲英

前排右一为李莲英，中间持扇者为慈禧。

后还把他的巨额财产充了公。不过，朝廷杀李莲英应该是一个轰动一时的大事，不会没有文字的记载。还有人说李莲英一生大量受贿于朝廷内外官员，在慈禧面前呼风唤雨得罪了不少人，再加上手中的巨额财产也实在是为众多的贪财之徒拭目以待，想夺为己有。于是，李莲英在离开皇宫后不久就被人给暗杀了。甚至还有人说，李莲英是在山东和河北交界处被大盗给劫杀的，李莲英被大盗一刀就结果了。他的两个侍从急着逃走，便只捡了个头回来。现在葬在李莲英墓里的只有一个头颅，没有尸身。

据《清稗类钞》宦官类记载和李家的后人回忆：李莲英并不是死于非命，而是得病而死。记载中称："孝钦殂后，不意又为隆裕后所庇……殆其病卒，隆裕后特赏银两千两。"李莲英的墓志铭中也说李莲英"退居之时，年已衰老，公殒于宣统三年二月初四日"。但李莲英到底是不是善终的呢？

1966年的时候，人们曾经打开过李莲英的坟墓，人们确实在他的坟墓中发现了大量的珍宝，如像乒乓球一样大小的宝珠，金子做的烟碟以及数不清的珍珠、翡翠、玛瑙等宝物。不过令人吃惊的是，他的棺材里除一颗头颅和一条长辫子外，没有尸身。从墓里的情况来看，李莲英似乎真的是被人杀了个身首异处而死的。不过也有人说，有些太监的墓里面都是只有一个头，这是因为那个时代的人都很迷信，以为自己的残缺之身，是有辱祖宗容颜的事情，死后也没脸去见自己的列祖列宗，于是死后只藏自己的头颅，而将身体舍弃。李莲英死后是不是也是这种情况呢？这也不好说。